Máirtín Ó Cadhain

Rogha Scéalta

Máirtín Ó Cadhain

Rogha Scéalta

Louis de Paor
a roghnaigh

Cló Iar-Chonnacht
Indreabhán
Conamara

An chéad chló 2014

ISBN 978-1-78444-104-3

Dearadh: Clifford Hayes / Deirdre Ní Thuathail
Dearadh an chlúdaigh: Clifford Hayes

Foras na Gaeilge

Tá Cló Iar-Chonnacht buíoch de Fhoras na Gaeilge as tacaíocht airgeadais a chur ar fáil.

the arts council an chomhairle ealaíon cistiú litríocht artscouncil.ie

Faigheann Cló Iar-Chonnacht cabhair airgid ón gComhairle Ealaíon.

Clóchur: Cló Iar-Chonnacht, Indreabhán, Co. na Gaillimhe.
Teil: 091-593307 Facs: 091-593362 r-phost: eolas@cic.ie
Priontáil: Castle Print, Gaillimh.

Clár

Réamhrá

Tá cuntas corraitheach ag Aindreas Ó Gallchóir ar thuras a thug sé ar bhaile dúchais an Chadhnaigh ina theannta sa bhliain 1967 le clár faisnéise ar a shaol agus a shaothar a thaifeadadh:

> Ag deireadh uaigneach an scannáin sin agus é ina shuí cois an range i dteach a dhearthár Pádraic, dúirt sé go raibh saothar idir lámha aige agus dá bhfaigheadh sé uain 'ón uaigh áibhéileach sin in Ard Jerome ina bhfuil mo bhean curtha go dtógfadh Éireannaigh óna seilfeanna é anois is arís' (1978: 85).

Is é an leabhar a bhí idir lámha aige an uair sin ná *An tSraith dhá Tógáil* (1969) mar a bhfuil cuid den scríbhneoireacht is substaintiúla dá bhfuil againn ó láimh Mháirtín Uí Chadhain. Ba dheacair a áiteamh, áfach, go bhfuil sé i measc na leabhar a dtógann Éireannaigh óna seilfeanna é anois is arís.

Níl aon dabht ná go mbíodh léamh níos fairsinge á dhéanamh ar shaothar an Chadhnaigh lena linn féin ná mar atá le tamall de bhlianta anois. Ba mhór an spreagadh dó an méid sin, mar a d'admhaigh sé sa chaint a thug sé do Chumann Merriman sa bhliain 1969: 'Is mór an rud ag scríbhneoir aitheantas. É seo a chloisteáil ag dul thart dhom i bPáirc an Chrócaigh lá mórchluiche: "there goes *Cré na Cille*"'

(1969: 13). Tá scéilín an Chadhnaigh ag teacht, ar shlí, le háiteamh Dhomhnaill Uí Chorcora mar gheall ar an gcaidreamh ba cheart a bheith idir an scríbhneoir agus an pobal. Ina leabhar conspóideach *Synge and Anglo-Irish Literature* (1931), deir Ó Corcora linn gur rith sé leis lá mórchluiche iomána i nDurlas Éile nach raibh aon scríbhneoir Béarla in Éirinn ag freastal ar an 30,000 duine a bhí i láthair. Bhí bearna dá réir, dar leis, idir aigne an phobail agus an chuid is fearr de nuascríbhneoireacht Bhéarla na hÉireann, rud nár tháinig i gceist le litríocht an Bhéarla i Sasana. Seo mar a mhínigh Corkery an gaol a shamhlaigh sé idir scríbhneoirí aitheanta Shasana agus an slua ag cluiche sacair:

> They give the crowd a new significance: through them we may look with better eyes at the massed people of England. The crowd equally deepens the significance of the written word: what stranger, learned in English literature, recollecting it, would not be glad to find himself in their midst, viewing them, listening to them? He might surely well forget the footballing (Corkery 1966: 13).

Pé ní a déarfaimis le fealsúnacht liteartha Uí Chorcora i dtaobh fhreagracht na litríochta i leith an phobail, is léir go bhfuair Máirtín Ó Cadhain aitheantas i measc an phobail sa tír seo tráth. Nuair a bhí míreanna as *Cré na Cille* (1949) á bhfoilsiú ó sheachtain go seachtain san *Irish Press*, chuala sé beirt ag caint mar gheall air sa bhus. 'What do you think of this story serialised in the *Irish Press?*' a d'fhiafraígh cailín a bhí ina suí os a chomhair amach sa bhus dá compánach fir. 'This Ó Cadhain fellow,' adúirt sé. 'A right galoot if ever there was one. A Joycean smutmonger' (1969: 12, 13). D'aontódh go leor dá mhuintir i gConamara leis an gcáineadh, adúirt an Cadhnach, ach níor fhág san nár léadar a shaothar. Cheannaigh daoine *Cré na Cille*, adeir sé, 'nár cheannaigh de leabhar ariamh ach *Old Moore's Almanac* le haghaidh aontaí, nó an *Imeldist* ó na mná rialta nuair nach raibh aon dul as acu. Bhíodh sí á léamh sna tithe cuart agus ar an bportach'. Bhí a mhíniú féin ag an gCadhnach ar an tóir a bhí acu ar an leabhar: 'Bhí sé sách gar d'intinn na ndaoine go raibh nathaíodóirí ag cur rudaí léi nach raibh inti.' (13)

Tá fianaise éigin againn go bhfuil *Cré na Cille* gar go maith d'intinn a mhuintire i gcónaí ón méid a tharla nuair a chuir Macdara Ó Fatharta a léiriú cumasach féin den leabhar ar stáitse na Taibhdheirce sa Ghaillimh sa bhliain 2006. Tugadh lán bus de sheandaoine as Conamara isteach go dtí an réamhléiriú is chuaigh sé dian ar na haisteoirí cuimhneamh ar a gcuid scripteanna nuair a thosnaigh cuid den lucht féachana ag labhairt leis na carachtair stáitse fé mar gur sean-chomarsain leo féin iad ná raibh feicthe acu le tamall. Is cosúil nár chuir cruachaint Uí Chadhain an iomarca stró ar an lucht féachana agus éisteachta a chonaic, nó a chuala, an cóiriú raidió, stáitse, agus scannáin a deineadh ar *Cré na Cille* i gcaitheamh na mblianta, ach ní léir gur mheall an cóiriú sin na sluaite breise chun an t-úrscéal is cáiliúla sa Ghaeilge a léamh gan trácht ar na scéalta a bhfuil an chuid is fearr acu inchurtha le *Cré na Cille* agus níos fearr, b'fhéidir, nuair a chuirtear i dteannta a chéile iad. Is chuige sin an leabhar seo: chun an chuid is fearr de scéalta duine de mhórscríbhneoirí na hÉireann le céad bliain anuas a chur á léamh an athuair.

'Tiomna roimh bhás' a thug Seán Ó Tuama ar *Páipéir Bhána agus Páipéir Bhreaca* (1969), an chaint a thug Máirtín Ó Cadhain do Chumann Merriman bliain sular cailleadh é mar a bhfuil an cur síos is fearr dá bhfuil againn ar a shaothar ó láimh an údair féin (2008: 76). Is léir ón aiste sin cén tábhacht a bhain leis an tréimhse a chaith sé sa ghéibheann ar Churrach Chill Dara aimsir an dara cogadh domhanda. 'Fuair mé an oiread eolais ar an duine', ar sé, 'is dá mbeinn céad bliain ar an saol' (Ó Cadhain 1969: 26). Pé ní a déarfaí faoin gcreidiúint a thug sé do Sigmund Freud thar éinne eile as acmhainn na scéalaíochta nua-aimseartha a aclú, is é bua tuisceana an Chadhnaigh féin is mó, b'fhéidir, a théann i bhfeidhm i gcónaí ar an léitheoir, a chumas chun a bhfuil ar siúl in aigne an duine, faoi bhun leibhéal na bhfocal is an mhachnaimh chomhfhiosaigh go minic, a fhoilsiú i bhfocail.

> An rud is tábhachtaí anois sa litríocht ar fad, an intinn a léiriú, páirt den duine nach féidir an *camera* a dhíriú uirthi. Caint dhílis an duine nach mór. Is acmhainní i bhfad caint chuige sin ná ag tabhairt seoraithe faoin a chuid éadaigh, a ghné chraicinn, a theanga, troscán a thí nó troscán an ardáin, na tíre, ná na nós faoi gcuairt. Más scéal stairiúil é, inseo an stair dhuit céard a rinne pearsana do scéil agus cuideo an aigneolaíocht, an tsíceolaíocht, cuid mhaith leat le tomhais céard a thug dóibh na rudaí sin a dhéanamh. Ní hé an rud atá ar chraiceann an duine a bhfuil an tábhacht ann, ná fiú an craiceann féin, ach an rud a bhfuil sé ag siúl timpeall leis istigh in a cheann. Is mó atá a fhios againn faoi réalta Nimhe ná faoin a bhfuil ar siúl istigh faoin mblaoisc bheag sin le t'ais . . . Má tá rud ar bith thar a chéile uireasach ar chumadóireacht sa nGaeilge, sí an aigneolaíocht í. Is iontach an feabhas atá ar an gcaoi seo i bPádraig Ó Conaire thara's aon nua-dhéantús. (30-1)

Chomh maith le Freud, a léirigh an tábhacht a bhain leis an aigne neamhchomhfhiosach ab fhéidir a fhoilsiú i bhfocail, luaigh an Cadhnach an rian doimhin a d'fhág an scríbhneoir Rúiseach Maxim Gorky air.

> Lá amháin fuair mé seanchóip d'irisleabhar Fraincise ar phínn sílim i siopa leabhar i sráid Aungier i mBaile Átha Cliath, rud a bhí in a oscailt súl domsa cho mór is a tharla

> don Naomh Pól ar bhóthar Damascus! Casadh aistriú Fraincise liom inti ar scéal le Maxim Gorky: lá buana imeasc Casacaí an Don. Gheit mé suas den leaba a raibh mé sínte uirthi dhá léamh. Níor léigh mé a leithéid roimhe sin. Tuige nár inis duine ar bith dhom go raibh scéalta mar seo ann? 'Bheinnse i n-ann é sin a scríobh', arsa mise liom féin. 'Sin obair a níos mo mhuintir-sa ach gur malairt ainmneacha atá orthu'. Tháinig mar bheadh cineál ocrais orm, ocras ba do-fhuilingithe go mór ná an cineál a bhíodh i mo bholg scaití. Thosaigh Cois Fharraige ó bhreaclach go carraig mhaol, go caoláire, go sruthán, go loch, go sliabh, go haghaidh fir, mná agus linbh, dhá cruthú féin thiar ar chúla m'fhoraí dúinte. Bhí an t-irisleabhar sin i mo phóca agus ba bheag eile a bhí ann an lá ar gabhadh mé. (26)

An dáimh chuthaigh leis an gcosmhuintir atá ar fud na mball i saothar Gorky, tá a macsamhail le brath i saothar Uí Chadhain, go mórmhór sna luathscéalta mar a bhfuil páirt an údair leis na bancharachtair atá i ngleic le saol agus luachanna an phobail le brath chomh láidir sin san insint. Más é cás mhuintir Chonamara lena óige a thiomáin isteach sna hÓglaigh é, tá an chuid is fearr de na scéalta in *An Braon Broghach* (1948) agus *Cois Caoláire* (1953) 'thrí lasadh' le comhbhá leis na mná misniúla gur luigh an saol go gránna orthu agus fós nár éirigh leis an saol sin a neamhspleáchas mothála agus intinne a mhúchadh (Ó Cadhain 1969: 32).

D'fhéadfaí a rá gurb é an mothú treascartha céanna a thug isteach sa champa géibhinn é is a dhein scríbhneoir de Mháirtín Ó Cadhain. Scríbhneoir *engagé* ba ea an Cadhnach is tá straidhn feirge an fhir ghnímh le brath os íseal ina chuid scéalta, faoi shrian ag nós imeachtaí na scéalaíochta. Ba dheacair na scéalta is fearr aige a léamh gan an leatrom a imríonn bochtanas eacnamúil an tsaoil thraidisiúnta nó tíorántacht an mhaorlathais nua-aimseartha ar na pearsain a bhrath ná an réabhlóid shóisialta agus polaitiúil ba mhaith leis an gCadhnach a chur ar bun a thuiscint. In ollscoil an phríosúin, 'Sibéir na hÉireann', mar ar thug sé ranganna ar theanga agus litríocht na Gaeilge do na cimí, thum sé é féin i dteangacha agus litríochtaí eile, is chuir oiliúint air féin i gceird na scríbhneoireachta.

> Cuimhním go háirid ar 'An mBóthar go dtí an Ghealchathair' a scríobh mé i gcúinne cúlráideach de phroinnteach cupla lá breá a raibh na buachaillí ar fad thíos sa bpáirc ag déanamh bolg le gréin ba chúitiú eicínt do na boilg sheanga chéanna. Ba é an chéad scéal ariamh é ar chaith me iomlán mo dhúracht leis, cé gur chaith mé dúracht go leor leis 'An Taoille Tuile' a scríobh mé sa ngéibheann freisin. Mhúin 'An Bóthar go dtí an Ghealchathair' dhom nár mhór do dhuine dúracht as compás a chaitheamh le saothar. (Ó Cadhain 1969: 27)

Tá rian a chuid dúthrachta ar na scéalta sin, agus fianaise iontu go raibh na laincisí a shamhlaigh sé á chrapadh roimhe sin á scaoileadh aige de réir a chéile. Má bhraithimid guth an agóidí ag seanmóireacht os ard linn thall is abhus sna scéalta is fearr a scríobh an Cadhnach le linn an chogaidh agus sna blianta beaga ina dhiaidh, bhí foirm oiriúnach scéalaíochta á ceapadh aige mar sin féin le himeacht aimsire chun a léargas ar chás a mhuintire a chur in iúl.

Is deacair a shamhlú, ar shlí, gurbh é an duine céanna a scríobh na scéalta simplí a mheascann gnéithe den scéalaíocht bhéil agus den ngearrscéal nua-aimseartha le chéile ar shlí tuathalach go maith in *Idir Shúgradh agus Dáiríre* (1939) agus an scríbhneoir cumasach atá ábalta machnamh agus mothú na mbanphearsan agus iad faoi bhrú a nochtadh chomh cumasach sin sa dá chnuasach a lean é. An bua míorúilteach teangan a bhí chomh soiléir sin sa chéad leabhar, tá sé ag freastal anois ar léargas íogair an údair ar an teannas idir dlí eacnamúil an phobail agus riachtanas mothála na bpearsan. Ainneoinn na laigí i dteicníocht na scéalaíochta aige sna scéalta is fearr fiú, in *An Braon Broghach* (1948), tá léargas neamhchoitianta iontu ar an tslí gur chuaigh imirce, cleamhnas, pósadh míshásúil, sclábhaíocht oibre, agus féinmharú i bhfeidhm ar na banphearsain chumasacha a chruthaigh sé in 'An Taoille Tuile', 'An Bhearna Mhíl', 'An Bhliain 1912', 'An Bóthar go dtí an Ghealchathair', agus 'Ag Dul ar Aghaidh'. Tá fairsingiú breise le brath in ábhar agus i struchtúr na scéalaíochta aige in *Cois Caoláire* (1953) mar a bhfuil mionléiriú corraitheach ar chás na mná meánaosta neamhphósta in 'Ciumhais an Chriathraigh' agus ar fhulaingt na máthar teipthe gur saolaíodh cúigear clainne marbh di in 'An Strainséara', agus léargas borb ar an bhformad a bhaineann le 'spite feamainne' i measc na bhfear in 'Fios'.

Léiríonn luathscéalta tuaithe Uí Chadhain an taobh bunoscionn d'idéal rómánsúil na hathbheochana teangan agus cultúir a chuir múnla maoithneach neamhréadúil de shaol tuathánach iarthar na hÉireann chun cinn mar eiseamláir den Éirinn nua ba mhaith le díograiseóirí áirithe a chruthú.

> Is aoibhinn le Gaeil áirithe cumraíocht bhéalchráifeach mhídhaonna a dhéanamh de na carraigí nár scuab an Éire stairiúil léi ag trá dí. Is daoine a d'fhoghlaim an teanga cuid mhór de léitheoirí na Gaeilge. Mí shaoire a chaitheamh dóibh i gceantar Gaeltachta. An forchraiceann a fheiceáil faoi scéimh an tsamhraidh, nuair
>
> *Is aoibhinn teacht féar agus fonn*
> *Agus tormán na dtonn le Lios na Sí.*

> An t-eidheann síorghlas ar chúl na gcarraigí a dhiúl le béal pógchíocrach. Ní féidir 'síorthragóid na beatha' a shamhlú le Tír na hÓige! (Ó Cadhain 1978: 75)

Ní hiontas linn mar sin go raibh páirt lárnach ag Máirtín Ó Cadhain sa bhfeachtas chun cainteoirí dúchais Gaeilge a aistriú ó dhrochtalamh Chonamara go Contae na Mí mar a bhfuaireadar seilbh ar thalamh níos fearr sa bhliain 1935. An nasc mothála leis an áit dhúchais agus leis an timpeallacht nádúrtha atá chomh láidir sin i litríocht na hÉireann, as Gaeilge agus as Béarla, baintear casadh diúltach as i gcuid mhaith de scéalta Uí Chadhain. Is foinse sóláis agus dóláis in éineacht an dúlra i saol na bpearsan tuaithe, dúil bheo agus fórsa doicheallach a chuireann ina gcoinne níos minicí ná a mhalairt. Anso arís, braitear creideamh réabhlóideach Uí Chadhain i gcúrsaí polaitíochta á chur in iúl os íseal faoi dhromchla na scéalaíochta.

Ní gan dua a tharla an dul chun cinn neamhchoitianta atá le sonrú i saothar Uí Chadhain ó aimsir an chogaidh ar aghaidh is tá a riansan ar chuid de na scéalta nua atá míshlachtmhar fós in áiteanna. San óráid a thug sé do Chumann Merriman i 1969, chuir an Cadhnach a mhéar ar cheann de na tréithe is láidre ina shaothar, atá ar cheann de na laigí is coitianta aige chomh maith nuair a théann sé ó smacht air: 'An uirnis liteartha is fearr a fuair mé ó mo mhuintir an chaint, caint thíriúil, caint chréúil, caint chraicneach a thosaíos ag damhsa orm scaití, ag gol orm scaití, de mo bhuíochas' (15). Is gné aiceanta é de ghuth faoi leith an Chadhnaigh go raibh sé meallta ag focail aonair thar mar a bhíonn scríbhneoirí maithe próis de ghnáth. Mar adúirt Seán Ó Ríordáin: 'Thug sé a gceart riamh d'fhocail. Thug sé níos mó. Thug sé cead oilc is mhaith dóibh' (1978: 114). Fiú is go bhfuil an raidhse anchuimseach teangan i measc na mbuanna samhlaíochta aige, ní chun leasa na scéalaíochta i gcónaí é.

'Modh an charntha' a thug Seán Ó Tuama ar an gclaonadh a bhí sa Chadhnach dul i bhfad scéil lena bhua teanga, sa tslí gur tháinig róshaothrú na teanga ar a son féin idir an léitheoir agus éirim an scéil. Iomrascáil Uí Chadhain leis na múnlaí scéalaíochta a fuair sé i dtraidisiún béil a mhuintire féin fé ndear an méid sin, de réir an Tuamaigh:

> An liostacht seo, agus an easpa siúráltachta, is toradh é, dar liom, ar an iarracht a bhí ar bun aige scarúint leis an saghas seanscéalaíochta a bhí ginte sna cnámha aige – agus nach raibh sé fós tagtha ar shlí oiriúnach ar a théamaí agus a léargais a chur de réir a chéile go healaíonta mar a dhéanfadh na gearrscéalaithe nua-aimseartha is oilte. Ba mhinic comhráití nó miontuairiscí á gcarnadh ar mhullach a chéile aige ar shlí nár chabhraigh leis a chuid léargas a chur abhaile orainn le doimhneas ná le héifeacht. (Ó Tuama 2008: 81)

Is deacair géilleadh don gCadhnach féin, áfach, nuair a deir sé nach raibh aon traidisiún liteartha gurbh fhiú trácht air sa cheantar inar tógadh é is go raibh sé ag iarraidh 'cathú neamhghlan an bhéaloidis' a sheachaint ina shaothar féin (1969: 8). Is as domhan an traidisiúin bhéil a fáisceadh a chuid pearsan sna luathscéalta tuaithe is tá a rian san ar a gcuid cainte, a gcuid machnamh agus a gcuid iompair. Ba as saol an bhéaloidis a fáisceadh an t-údar chomh maith is tá anáil an traidisiúin bhéil le háireamh i measc na nithe a thugann a cáilíocht faoi leith do scéalaíocht Uí Chadhain. Le himeacht aimsire, d'éirigh leis an ghné sin dá shamhlaíocht a nascadh níos fearr le healaín na scéalaíochta nua-aimseartha. Chomh maith leis an aclaíocht teangan agus an bua aigneolaíochta, mar sin, tá an claochló a dhein sé ar fhoirm an ghearrscéil chun í a chur in oiriúint dá riachtanas cruthaitheach féin le háireamh i measc bhuanna scríbhneoireachta an Chadhnaigh.

Ní raibh an Cadhnach féin dall ar na laigí a bhí braite ag léirmheastóirí ina shaothar, laigí a bhain go speisialta le easpa smachta ar a chumas cainte agus easpa slaicht i gcúrsaí teicníochta agus foirme. 'An cineál friotail atá mé ag iarraidh a shaotharú b'fhéidir go bhfuil sé buille útamálach, ach níl sí cho hútamálach agus a bhí' (1969: 22). Ó aimsir an chogaidh ar aghaidh, bhí stíl an Chadhnaigh á beachtú aige agus foirm an ghearrscéil chlasaicigh á fairsingiú aige chun a léargas ar aigne an duine faoi bhrú ag cúinsí maireachtana frithdhaonna a chur i láthair is a chur i bhfeidhm ar léitheoirí. Fén am gur foilsíodh *An tSraith ar Lár* (1967), bhí barr slaicht curtha aige ar fhriotal agus struchtúr a chuid scríbhneoireachta agus múnlaí nua scéalaíochta á dtarraingt chuige aige. Tá scéalta réadúla agus scéalta osréadúla sa leabhar sin, scéalta gearra néata agus scéalta fada guairneánacha, agus scéal turngnamhach amháin, 'A simple lesson . . .', nach bhfuil a bhrí soiléir go fóill. I gcroí an leabhair, tá sraith scéalta faoi phobal atá ar scaradh gabhail idir an saol traidisiúnta agus an saol nua-aimseartha nach féidir a chur siar faoin tuath féin ná sa Ghaeltacht. Tá bás agus beatha ag rith thar a chéile sna scéalta sin, carachtair agus móitífeanna ag bogadh ó scéal go scéal, agus rian an Bhéarla ag teacht ar chaint na ndaoine, go mórmhór i measc na n-óg. Nuair a shaolaítear leanbh i gcúl eileatraim, braitear timthriall na beatha á fhógairt le meascán de ghreann dóite is de thruamhéil.

Don té a bhfuil luathscéalta an Chadhnaigh léite aige, ní haon iontas gur fearr a éiríonn leis na mná iad féin a chur in oiriúint don saol nua ná mar a éiríonn leis na fir. Is é cás na bhfear is túisce leis an gCadhnach sa chuid eile dá shaothar, áfach, na fir thuaithe atá fágtha ar an trá fholamh nuair a scuabann an saol nua-aimseartha na seanluachanna traidisiúnta chun siúil agus na fir chathrach atá ar adhastar ag inneall frithdhaonna an mhaorlathais a choilleann a gcuid fearúlachta is a mhúchann a neamhspleáchas indibhidúil. Má tá comhbhá an údair leis na banphearsain in uachtar sna luathscéalta tuaithe, treisíonn an íoróin de réir a chéile sna scéalta déanacha nó go n-iompaíonn ina aoir fhíochmhar ar na fir thuí nach bhfuil sé de theacht aniar iontu cur in aghaidh an innill atá á gcloí.

Is toradh ar shíorshaothrú foirme agus teangan an aclaíocht bhreise a bhraitear i modh oibre Uí Chadhain in *An tSraith ar Lár* (1967) agus *An tSraith dhá Tógáil* (1970). De réir a chéile i gcaitheamh na mblianta, tháinig sé ar fhoirm scéalaíochta a d'oir níos fearr do chruth faoi leith a shamhlaíochta féin ná foirm réamhdhéanta an ghearrscéil ghearr a bhraithimid ag cúngú air i gcuid mhaith dá luathshaothar. An leagan Cadhnúil den ngearrscéal fada a fhaightear in 'Ciumhais an Chriathraigh', 'An Strainséara', 'Cé Acu?', 'An Eochair', 'Fuascailt', agus 'Fuíoll Fuine', is toradh é ar iomrascáil leanúnach le foirm chlasaiceach an ghearrscéil idirnáisiúnta agus le cathú na hiomarca ina shamhlaíocht féin. Tá na scéalta sin le háireamh go hard i measc scoth a shaothair.

An saothrú a dhein an Cadhnach ar fhriotal agus ar fhoirm na scéalaíochta chun teacht ar chás an fhir stoite sa chathair, tá sé chomh diamhair céanna leis an gclaochlú a bhí déanta aige cheana ar a mhodh scéalaíochta aimsir an chogaidh. Chomh fada siar le 1952, nuair a a thug sé caint ar Radio Éireann faoin obair a bhí curtha roimhe aige, d'admhaigh sé gur ghá 'cumas ar leith' agus 'teicníc úr, b'fhéidir, nár féachadh sa nGaeilge go fóill' chun a insint féin a thabhairt ar scéal na cathrach mar a raibh an oiread sin dá shaol caite aige.

> Is faide an t-achar i mBaile Átha Cliath anois mé ná bhí mé i mo cheantar dúchais ariamh. B'éigean dom eolas an-bharrainneach a chur ar an gcathair, eolas níos barrainní ná tá ag go leor d'fhíormhuintir na cathaireach féin uirthi, le linn dom a bheith i mo chomhalta feidhmiúil in

> Óglaigh na hÉireann. Is mó de mo dhlúthmhuintir i mBaile Átha Cliath ná sa mbaile. Tá go leor de mo chomharsanaí agus as mo thaobh tíre in a gcónaí gar go leor dhom. Is cineál ghetto muid b'fhéidir. B'as an nghetto Kafka agus Heine gan ach beirt a bhfuil eolas agam ar a saothar a lua. Cho fada agus is léar dom is ghettos ar fad é Baile Átha Cliath [. . .] ach measaim freisin nach cóir do mo leithéidse arb i mBaile Átha Cliath atá formhór mo shaoil caite agam, Baile Átha Cliath a fhágáil in a pháipéar bán. (Ó Cadhain 1969: 22–3)

Sa tréimhse fhada idir 1953, nuair a foilsíodh *Cois Caoláire* agus 1967, nuair a cuireadh *An tSraith ar Lár* i gcló, shaothraigh Máirtín Ó Cadhain canúint nua liteartha sa Ghaeilge a chuir ar a chumas a léargas féin a thabhairt ar chás na bhfear a bhí i bhfastó in oifigí cathrach, ar aimsir ag an bpáipéarlathas:

> Níl uair dá siúilim i gcuid de na sráideanna nach bhfaighim boladh reoite na súmaireacht fhola seo – fuil Bhaile Átha Cliath agus na tuaithe araon – as na scórtha oifigí, idir chinn rialtais agus eile, i mo thimpeall. An té a bhfuil eolas aige ar an domhan sin – agus tá roinnt agam féin – is doiligh dó a ligean ina ghoire scaití gur den phlainéad seo ar chor ar bith é. Níl d'fhláth aige bheith ann, shílfeá, ach le dúil ar a dtugann an gnáthdhuine páipéar a adhradh. Gheobhaidh tú boladh an phárlathais naofa seo i ngach bus ar a deich ar maidin agus i ngach scuaidrín ag an cúig tráthnóna. (1978: 80)

B'fhiú an tairfe an trioblóid, dar leis, mar 'd'ainneoinn gach ní tá giobail den daonnacht ar sliobarna as nach bhféadann an párlathais féin iad a mhúnlú. Mar sin is scéal é is fiú a inseacht' (1978: 80). Bhí iarracht tabhartha aige cheana ar scéal an duine stoite sa chathair a insint in 'An tAonú Fleasc Déag', ceann de na scéalta is suaithinsí in *An Braon Broghach*

(1948), ach faoin am gur fhill sé ar chruachás na bhfear a raibh mianach na daonnachta iontu á choilleadh ag obair shuarach in oifigí cléireachais, bhí friotal agus foirm scéalaíochta forbartha aige a bhí níos oiriúnaí dá léargas ar an domhan áirithe sin. Tá athrú stíle i gceist chomh maith le gach aon ní eile sna scéalta cathrach sin, ó réadúlacht na luathscéalta tuaithe go dtí an mianach osréadúil a threisíonn de réir a chéile sna scéalta déanacha.

Éacht eile de chuid an Chadhnaigh is ea an tslí gur éirigh leis an chuid sin de shaol Béarla na hÉireann a thabhairt leis i nGaeilge:

> Bhíodh sé chomh mall, útamálach ag rá nithe ar uaire – go háirithe nuair is ag aistriú saoil ó Ghaeilge go Béarla a bhíodh sé – go dtuigfí duit go bhfeicfeá é ag cumadh, go bhfeicfeá na focail Bhéarla ag fágaint a gcathaoireacha agus ag géilleadh slí (saoil) do na focail Ghaeilge. Ach d'fhan a chuid Gaeilge neambéarlaithe cé nach raibh d'eiseamláir aici ach eiseamláir an Bhéarla chun go sealbhódh sí chuici féin liomatáistí a bhí go dtí sin i seilbh an Bhéarla amháin in Éirinn. (Ó Ríordáin 1978: 115)

Tá sé le brath, mar sin féin, i gcuid de na scéalta cathrach go bhfuil acmhainn dhaonna na gcarachtar cloíte ar fad ag an gcóras is go bhfuil easpa teannais dá réir san insint. Ní bhraithimid gur den phláinéad céanna iad na fir seo agus is lú dá réir sin ár suim iontu. In 'Fuascailt' agus 'Fuíoll Fuine', ar an láimh eile, braitear crá croí na bpríomhphearsan agus cúinsí an tsaoil ag fáisceadh orthu, an cath a chuireann siad ar na fórsaí lasmuigh agus laistigh dóibh fhéin atá á dtreascairt. In 'An Eochair' agus 'Cé Acu? . . .' tá aoir mháistriúil ar mheatacht an té nach gcuireann in aghaidh an innill atá á mharú, ar shoineantacht daoine aonair agus pobail ghéilliúil a ghlacann le míniú áiféiseach ar shaol atá imithe ó thuiscint orthu.

Cé gur fiú go mór Máirtín Ó Cadhain a léamh mar gheall ar acmhainn neamhchoitianta na teanga aige agus an saothrú a dhein sé ar fhoirm an ghearrscéil sa Ghaeilge, is mar gheall ar an éachtaint a thugann sé dúinn ar aigne an duine faoi bhrú is mó a fhillimid ar a shaothar leathchéad bliain geall leis ó cailleadh é. Sa chuid is fearr de na luathscéalta, tá cur síos léirintinneach ar an anró a bhain le saol na tuaithe in Éirinn sa chéad leath den bhfichiú haois, ar neamhspleáchas intinne agus mothála na mban nár stad ach ag troid leis an saol dá mhéid a chuaigh sé ina gcoinne. Sna scéalta móra in *An Braon Broghach* (1948) agus *Cois Caoláire* (1953), braithimid an teannas bunúsach idir an ghné phoiblí agus an ghné phríobháideach de phear-santacht an duine, idir an méid a deintear agus a deirtear os ard agus an méid a bhraitear agus a smaoinítear os íseal. Leis sin, cuireann an Cadhnach go mór lenár dtuiscint ar shaol an phobail thraidisiúnta a bhfuil cur síos de shaghas eile air i ndírbheathaisnéisí na mBlascaodach, mar shampla, nó i ndánta Mháirtín Uí Dhireáin. Tugann sé dúshlán an léitheora dul siar ar an léamh soineanta a deintear fós féin ar an saol sin, a d'áiteodh orainn gur ghlac baill an phobail sin le 'riail an ghnáis' is leis an mbochtanas mar chuid de thoil Dé, is nár chuir an méid sin aon chorrabhuais rómhór orthu. Fiú is nach féidir leis na mná láidre i scéalta Uí Chadhain éalú óna bhfuil i ndán dóibh, ní fhágann san gur le fonn a ghlacann siad leis an rud ná fuil aon éalú uaidh – cleamhnas, imirce, bás linbh, uaigneas, frustráid chollaí, obair mhaslach – ná go rabhadar cloíte ar fad ag an rud gur chaitheadar géilleadh dó. Má léiríonn an Cadhnach an t-uafás a bhain leis an tslí gur sháraigh dlí eacnamúil an dlúthphobail thuaithe cearta mothála an duine aonair, taispeánann sé chomh maith céanna nár múchadh mianach an neamh-spléachais agus na daonnachta sna mná a fáisceadh as an saol éagórach gur tháinig sé féin in inmhe ann.

Sa chuid is fearr de na scéalta cathrach, tá insint dá chuid féin ag Máirtín Ó Cadhain ar cheann de mhórthéamaí litríocht nua-aimseartha na hEorpa .i. cás an duine atá scoite lena mhuintir agus a phobal, gan aon cheangal mothála aige leis an áit a maireann sé ná leis an obair atá idir lámha aige, an duine díphréamhaithe a bhraitheann go bhfuil sé leis féin ar fad sa tsaol seo. I scéalta Uí Chadhain, i ndialann agus i bhfilíocht an Ríordánaigh, agus i ndánta Uí Dhireáin, tá teacht againn ar leagan Gaeilge den mhearbhall idirnáisiúnta a bhain leis an saol nua-aimseartha cathrach agus léargas uafar ar aigne ghuagach an té a bhraitheann gur strainséar ina shaol féin é. Cé gur chuaigh Éire slán ón gcuid is measa den uafás a chlaochlaigh an Eoraip sa chéad leath den bhfichiú haois, tharla athrú suaithinseach in Éirinn chomh maith a d'fhág a rian ar mheanma na tíre agus a muintire, agus ar shaothar na n-ealaíontóirí is fearr a bhí ag freagairt don gcorraíl sin ó aimsir an dara cogadh domhanda ar aghaidh. Sna scéalta is cumasaí a d'fhoilsigh Máirtín Ó Cadhain sna deich mbliana sarar cailleadh é, tá leagan Éireannach againn den scéal sin atá á ríomh ag cuid de mhórscríbhneoirí na hEorpa le céad bliain anuas. Ainneoinn atmaisféar na hosréadúlachta a bhfuil na pearsain ag snámh ann, tá cuid éigin d'fhírinne chlaonta an tsaoil nua-aimseartha le brath i scéalta cathrach Uí Chadhain agus gné eile de thuiscint scóipiúil an údair ar aigne an duine faoi bhrú ag fórsaí a chloíte.

Tá léargas Uí Chadhain as alt le bolscaireacht an stáit agus an ollstáit anois chomh mór is a bhí nuair a scríobhadh na scéalta seo ar dtús. Éistear lena ghlór . . .

— Louis de Paor

Foinsí

Corkery, D. 1966 [1931]. *Synge and Anglo-Irish literature*. Cork: Mercier Press.
Ó Cadhain, M. 1969. *Páipéir Bhána agus Páipéir Bhreaca*. Baile Átha Cliath: An Clóchomhar.
Ó Cadhain, M. 1978. 'Saothar an Scríbhneora', *Scríobh* 3. Baile Átha Cliath : An Clóchomhar. 73–82.
Ó Gallchóir, A. 1978. 'Turas ar an nGealchathair', *Scríobh* 3. Baile Átha Cliath: An Clóchomhar. 83–6
Ó Ríordáin, S. 1978. 'Útamáil Uí Chadhain', *Scríobh* 3. Baile Átha Cliath: An Clóchomhar. 115–16.
Ó Tuama, S. 2008. 'Nótaí Léirmheasa ar an bPrós Nua-Aimsire', *Aguisíní*. Gaillimh & Baile Átha Cliath: Ionad an Léinn Éireannaigh & Coiscéim. 59–83.

Na Scéalta

An Bóthar go dtí an Ghealchathair

Dhúisigh glao an choiligh Bríd. D'iontaigh sí ar an taobh eile tar éis méanfach a ligean. Bhain sí searradh aisti féin agus dheasaigh sí a cloigeann isteach ar an gceannadhairt an athuair. Ach bhí a fear ina dhúiseacht, freisin, agus bhrúigh sé í.

'Tá trí eadra glaoite ag an gcoileach,' arsa seisean. 'B'fhearr duit éirí.'

Bhí leisce uirthi scaradh leis na pluideanna boga teolaí, ach, tar éis cupla searradh eile a bhaint aisti féin agus na sramaí a chuimilt dá súile, d'éirigh sí de léim. Bhí a cóta nua cabhlach uirthi, an choinneal lasta aici agus í ag cartadh amach na coigilte san am ar tháinig a fear aniar ar an teallach.

'Breá ar bhac tú le héirí,' a deir sise. 'Bheifeá luath go leor.'

Níor fhreagair sé chor ar bith í faoi láthair, ach a dhul ag sméaracht ar an drisiúr.

'Nach ciotach an mhaise dhom é?' arsa seisean, ag tógáil an chloigín agus ag baint croitheadh as faoina chluais. 'Ní raibh ag gabháil fúm ná tharam ach é a *wind*eáil, ach chuaigh mé a chodladh ina dhiaidh sin gan cuimhneachtáil air. Stop sé ag deich nóiméad th'éis a dó.'

'Tuilleadh gliogair aige! Tá sé a ceathair anois.'

'Má tá sé taobh leis.'

'Ní foláir dom a bheith ag imeacht ar an dá luath is a mbeidh mé réitithe.'

'Bheifeá luath go leor ag a cúig le cheithre huaire a thabhairt duit féin. Sciorrfaidh mé síos tigh Thomáis agus mura bhfuil Taimín 'na shuí dúiseoidh mé é. Is mór an chuideachta duit é, tharla nach bhfuil Peige Shéamais ná bean ar bith eile ar an mbaile ag 'ul don Ghealchathair.'

'Dheamhan is móide cos Taimín a chorródh go ceann dá uair fós, tharla cuisliméara aige l'aghaidh na móna. Beidh mé abhaile aige mura . . .'

'Mura bhfaighe tú a mhalrait.'

'Séard a bhí mé ag 'ul a rá,' arsa Bríd de ghlór a raibh an oiread callóide ann le glór a fir, 'mura mbeadh i ndán 's go mbeinn réidh faoi chomhair a thíocht abhaile roimhe agus go n-éireodh aon charr eile liom.'

'Carr as an gCurraigh. Shílfeá gur mil atá ar mhuintir na Curraí agat.'

'Is fearr an aithne atá fós agam orthu ná ar mhuintir an bhaile seo,' arsa Bríd go soineanta. 'Níl mé chúig bliana fós ar an mbaile seo.'

Tháinig aiféala ar an bhfear faoin ngob sin féin a thabhairt di.

'Is sraimlí an t-aistear é don Ghealchathair 'scáth a thairbhe.'

'Sé'n faitíos atá orm nach mbeidh an oiread sin féin tairbhe air feasta. Stop trí cinn de na cearca an tseachtain seo, th'éis mo chuid giollaíochta, agus is gearr nach mbeidh díol an tae féin ag an mbó bhuí. Ní bheidh cion maistre agam arís go ceann seachtaine, tá faitíos orm. Gabhfaidh sé rite liom slí ar bith a bheith agam coicís ó inniu féin.'

'Ní miste duit scíth 'fháil,' a deir an fear, ar nós mar bheadh carghas air an t-adhmad a bhí le baint as a cuid cainte a chur i bhfad scéil. 'Tá tú reicthe ag dul don Ghealchathair chuile Shatharn i mbéal a chéile. Is céasta an t-aistear é, nuair nach bhféadfá *jaunt* a thógáil mar Mháire Sheáinín.'

'Tá sé sách céasta, ach níl aon chlóic orm fós,' arsa sise go sleamchúiseach. Bhí trua ag a fear di, ach ní mó ná gur thaitnigh a cuid cainte leis ina dhiaidh sin. Bean luath láidir nach raibh thar dheich mbliana fichead fós! Ní mar sin a labhraíodh na mná a tháinig roimpi. Ba mhaith an chiall ag a mháthair féin é a théadh isteach le hancard bainne don bhaile mhór dhá cheann de lá san am a raibh sí ina cailín ag Liam Chathail, agus nach mbíodh aon charr aici le marcaíocht a thabhairt di abhaile. Nó a sheanmháthair, a mbíodh céad mine ar a droim aici as an nGealchathair roimh eadra agus gan a ligean faoi ach dhá scíth. Ní raibh ar mhná an tsaoil seo ach aistear uisce a thabhairt ón tobar agus bhídís craiplithe le scoilteacha lá arna mhárach.

'Tá liom má choinníonn bean Bhóithrín an Léana uaim,' arsa sise, ag áitiú uirthi arís gan aon chronaí a chur annsan ná ina chuid toist. 'Murach sin ní bheadh a leathoiread deabha orm – ag iarraidh uain a bheith agam ar chuile dhuine eile. Choiscfeadh sé aistear 'na mhargaidh dom, agus bheinn sa mbaile ard-tráthnóna.'

'Ná bíodh imní 'bith abhaile ort go mbeidh breith mhaith agat air. Bainfidh mise ceart den teach.'

'Mar bhain tú an Satharn seo caite – go mbeadh na páistí bruite dóite ag an gciteal murach gur éirigh le Neil Shéamais a theacht faoin doras. Fainic an gcorrófá ón teach inniu ar chraiceann do chluas, nó go dtaga Neil. Dúirt sí go mbeadh sí aníos taca a deich agus nach mbeadh aon chruóg abhaile uirthi go dtí th'éis am dinnéir. Caithfidh mé bronntanas eicínt a cheannach di faoi Nollaig má chasann Dia na pingneacha agam chor ar bith. Nach bhfuil scoilb le biorú agat? Ná bac le dada eile. Ná fág aon phota ar forbhás in áit ar bith fud an tí. Agus má bhíonn Citín ag caoineadh tabhair braon bainne chnagbhruite di sa mbuidéal.'

'Tabharfad,' arsa an fear go tur.

'Agus cuir síos an loine tigh Pheadair le Neile. Seachain nach gcuimhneofá air. Beidh sí féin ag déanamh bainne inniu. Agus athraigh an lao as an nGarraí Gleannach go dtí an Barr Thuas. Ach, ar a bhfaca tú riamh, fainic an imeofá ón teach, dá mbeadh na seacht sraith ar an iomaire, gan duine a fhágáil i gcionn na bpáistí.'

'Ní imeoidh,' arsa a fear, agus roinnt mosáin ina ghlór.

'Agus ní mór dom mé féin a réiteach ar an toirt,' arsa sise, ag slogadh an bholgaim dheiridh den tae.

'Seachain nach dtabharfá lón leat.'

'Dheamhan call a bheadh dom leis, dá gcoinníodh bean Bhóithrín an Léana uaim. Thug sí isteach 'na cisteanaí mé seachtain is an lá inniu gur thug sí cupán tae dom. Tae breá. É chomh buí le hór. Bean an-ghnaíúil í, agus ní raibh sáraíocht ar bith aici liom mar bheadh ag cuid eile. Sergeant pílears é a fear. As Longford í.'

'Leag mé cruib mhóna i dteach *peeler* ar an mbóthar sin sular dhíol mé an capall. Bhí sí ag strócadh liom a dhul ag ól tae, ach ní dheachas. Ní raibh mo dhóthain Béarla agam faoina comhair.'

'Bean bhánghnéitheach agus gan mórán airde inti – ab ea?'

'Deamhan a fhios sin agam anois. Tá sé ag 'ul 'un cheithre bliana.'

Shlog an fear an taoscán tae agus chuaigh sé amach ar an tsráid.

'Tá os cionn uaire gealaí fós ann,' a deir sé ar a theacht isteach dó. 'Aithním ar an Streoillín nach bhfuil sé dada leis a ceathair a chlog. Sílim go ndéanfaidh sí maidin bhreá, ainneoin go bhfuil an-duifean sa spéir. Níl solas in aon áit. Is cosúil nach bhfuil duine 'bith ag 'ul don Ghealchathair.'

'Níl ach fear móna. Tá a slí ar fad sportha. Nach bhfuil a fhios agat gurb é Seascach na gCearc é?'

'Tiocfaidh mé go ceann an bhóthair leat, nó chomh fada le Taimín Thomáis féin go ndúisí mé é.'

'Is maith luath atá fonn amach ort. An fágáil an tí a dhéanfá agus gan a fhios agat – i bhfad uainn an anachain – céard d'éireodh do na páistí ?'

'Tá siad ag srannadh. Ní bheidh mé dhá mheandar amuigh.'

'Siar leat a chodladh go ceann trí huaire fós. Ní bheidh clóic ar bith ormsa.'

Chuaigh sí siar sa seomra. Bhí an dá pháiste ar an leaba bheag agus iad ag srannadh go sámh. Dá bhrí sin níor chuir an mháthair d'araoid orthu ach braon uisce choisricthe a chroitheadh timpeall na leapa agus an Chroch Chéasta a chur uirthi féin leis.

D'ardaigh sí iris an chléibhín ime a bhí faoi réir aici ó aréir aniar faoina muineál. Dheasaigh an fear a seál siar thar bhéal an chléibhín agus amach léi an doras. Cosán aistreánach smutaithe a bhí ag dul amach ón teach go dtí bóithrín an bhaile. Bhí an t-uisce ag plobaíl faoina boinn agus a cos chlé taisfhliuch ina bróg sular tháinig sí go dtí an bóithrín tacúil a bhí inseolta ag cairt. Ní raibh solas i dteach ar bith ar an mbaile, rud a chuir iontas ar Bhríd, arae shíl sí leis an sinneán cothrom gaoithe aneas a bhí ann go mbeadh daoine ina suí le dhul ag 'sciobadh' feamainne deirge faoi chladaigh. Ní raibh aon solas ag Máire Sheáinín ach an oiread, ach bheadh sí sin sách luath ina suí faoi cheann cupla uair fós, ó d'fhéad sí *jaunt* a thógáil.

Ainneoin a liachtaí uair agus a chuaigh Bríd an bóithrín sin cheana i ndeireadh oíche, ar an ócáid chéanna, ní raibh sí riamh gan aistiúlacht á bualadh leis an mbaile agus é ina shuan mar sin. Ach ní raibh an bruscán teach sin baol ar chomh dona oíche dhorcha nó oíche dhubh. Anocht bhí tamhnacha gealaí gile idir na tithe agus na croithe, agus streoillí scáfara scáile ó na beanna amach. Bhí na gaetha gealaí bioraithe ar ghrán na ngruán eibhir agus loinnir fhuar gháifeach astu ar nós súile nathrach a bheadh ag déanamh forais. Agus an ghileacht cháidh a bheadh ann murach go raibh uabhar na gealaí á cur as a riocht, ba gheall í le ciméara a chuirfeadh an slua sí agus iad ar tí bánú gan fhios, teacht ghairm na gcoileach.

Mada tigh Thomáis an t-aon bhéal beo a bhí anois ar an mbaile sin a bheadh ar bís le broid agus gleo faoi cheann trí nó ceathair d'uaireanta an chloig. Ní raibh de shamhail aige ach Bolscaire an Dúlra ag fógairt de bhéarla dothuigthe go raibh a chodhnach agus céile a chodhnaigh – an oíche – ina dtoirchim suain fós agus gan iad a dhúiseacht. I ndeibhil na gaoithe bhain a allagar tafainn tormán as na tithe agus as na garranta. Chuaigh sé d'abhóg siar sna breaclacha, as sin suas ar chaoráin charracha bharr an bhaile. Go ndeachaigh a mhacalla d'eiltreog righin ó aill go haill ansin, gur shín clochar chuig clochar eile é – agus faoi dheireadh agus faoi dheoidh gur éag sé de shrannán fuasaoideach ar na riasca loma suas amach. Bhí cuisle scáile trasna an bhóithrín as béal theach cairr Thomáis. Claonfhéachaint dár thug Bríd chonaic sí an dá ghabhlóg faoi leathlaidheacha an chairr mhóna, ach ní raibh dé ná deatach as an teach fós. Níor bhaol uirthi dearmad a bheith déanta aici fós ar stuaic a fir faoi nach bhfuireodh sí le Taimín Thomáis. I gceann a bheith ina chomharsa dó ba é Taimín Thomáis col cúigear a fir. Dá gcaitheadh sí a teanga leis ní thoillfeadh sé i gceann a fir ina dhiaidh sin nach le móiréis a sheachnaíodh sí Taimín agus a thapaíodh sí a bheith abhaile i ndáil le gach uile Shatharn le carr eicínt as an gCurraigh – a baile féin – a bhí cúig mhíle siar ar an taobh eile den pharóiste. Ach b'in í an mhóiréis eile. Tar éis go raibh sí cúig bliana pósta anois, ba éanacha cuideáin di gach is a raibh ar an mbaile fós. Ní raibh sí déanta orthu ceart. Ní móide go mbeadh sí déanta orthu go brách. Ní móide go raibh sé de bhuannaíocht aici déanamh ar dhaoine. Ach pé acu sin é, ní raibh tnúthán ar bith aici le comhluadar Taimín Thomáis. Bhí sé ar a cleamhnas. Ba mhaith ba chuimhneach léi fós féin an lasadh a tháinig ina shúile agus greim barr láimhe aige uirthi ag ól a sláinte. Ní raibh acmhainn riamh ó shin ar a leagan súl aici. B'facthas di i gcónaí go raibh dhá thoinn ar a shúil. Scamall luaithe amuigh agus sornóg fheirge, chraois agus chaimiléireachta istigh. Chinnfeadh uirthi comhrá a choinneáil le Taimín Thomáis gan a bheith ag síorshamhailt di féin go raibh aithinní na sornóige sin dá síorchuartú. Ba dheacair di é a thuiscint í féin. Ach b'fheasach di go mbíodh na súile sin mar theas an aithinne ar a craiceann mar sin féin.

Ar a theacht amach as bóithrín an bhaile ar bhóthar an rí di d'éist sí ar feadh ala. Ní raibh torann cairr ná cos le cloisteáil in áit ar bith. Cheap sí go raibh sé buille moch. Murach go raibh bheadh duine eicínt ag corraí. Ach níor mhiste di a bheith ag baint coiscéime as ina dhiaidh sin. Bhí naoi míle Éireannacha roimpi don Ghealchathair, agus b'fhearr ann in am ná in antráth.

Bhí an ghealach maolaithe siar os cionn na nInsí agus trilseáin uaithi a bhí buailte leis na milliúin monóg airgid bheo i gcois dá leith ar an gcuan mar bheidís ina ndroichead don slua sí go Beag-Árainn. Ach ainneoin a ghreadhnaí is a bhí an ghealach, ba mhó an gotha a bhí uirthi gur ag déanamh leanna in uaigneas na spéire a bhí sí agus go raibh a cuid seod ar fad go feiceálach, i riocht is go mba shuntasaí a cuid birt bhróin. B'fhada le Bríd go mbeadh sí faoi. B'fhearr léi go mór an dorchadas a bheith ina chochall ina timpeall. Ba mhó an teanntás a bheadh aici ar an dorchadas. B'fhusa do dhuine le solas na gealaí ná le solas an lae féin dearmad a dhéanamh ar an uige shuthain dar di é agus é féin a shamhlú leis an domhan damhnúil duthain faoi gcuairt. Ba mhó ab aite le Bríd an dorchadas, i riocht is go mbeadh deis ag a hintinn brú amach ar an saol i leaba do ghile agus do réim an amhairc a bheith ag brú cruaichte an tsaoil isteach ar a smaointe. B'annamh di ionú a fháil lena smaointe a dhéanamh de bharr cruóige, cantal clainne agus comhluadair. Ina cheann sin bhí loiceadh aici ón aistear inniu, ach ó bhí sé roimpi b'fhearr léi bualadh faoi de réir a coise féin ná de réir coise duine eicínt eile. Rud nach bhfuair sí óna claonta a inseacht riamh dá fear, ní raibh sí chomh hurrúnta ná baol air ó bhí an páiste marbh aici go deireanach; agus ghoilleadh an tsiúlóid fhada uirthi go mór le gairid. Agus dá mbeadh sí aisti féin ag tarraingt isteach ar an nGealchathair níor dhóide beirthe é nó thógfadh *jaunt* eicínt aitheantais í agus choiscfeadh sé dhó nó thrí de na mílte ba mheasa dá haistear di.

Chuimhnigh sí dá mbeadh sí soir chuig Coill na Maoile, nó ag tarraingt air, sula dtosaíodh na *jauntanna* á scoitheadh, go mbeadh seans maith aici marcaíocht in aisce a fháil an chuid eile den bhealach, arae bheadh lucht na *jauntanna* a ghaireacht sin don bhaile mór is go mbeadh a súil bainte acu dá thuilleadh tráchta. Ach ba ar éigin a thógfadh *jaunt* ar bith beirt, agus dá dtógadh sé duine de bheirt – rud nár dhóigh – níor mhóide gurbh ise an duine sin. Agus dá mba i ndán is go dtógfaí a céile siúil bhí faitíos uirthi go mba dhona a rachadh sé di, a dhul i bhfoisceacht 'mbeannaí Dia' mar sin do mharcaíocht. Bhíodh sí buailte suas i gcónaí anois míle nó dhó ní b'fhaide ó cheann scríbe ná cheana.

Nárbh aoibhinn do na mná a raibh na pingneacha beaga acu, le cupla scilling a chaitheamh chuig *jaunt*. B'in í Máire Sheáinín agus *jaunt* fúithi síos agus aníos gach uile Shatharn dá n-éiríodh uirthi. Ach níor chomórtas ar bith dise Máire Sheáinín a bhí ag cruachadh airgid ó tháinig an cogadh, agus ina cheann sin a bhí ag fáil lán laidhre as Meiriceá d'acht agus d'áirid. Chuaigh sí go bun an angair le gach uile leathphingin Dé Sathairn seo caite go leagadh sí scilling thairsti le *jaunt* a thógáil leath bealaigh inniu. Ach chuaigh an scilling sin freisin san áit a ndeachaigh na scillingeacha eile fré chéile ar feadh na seachtaine – i scipéad an tsiopa.

Ach mura raibh lom dearg an mhí-ádha ar fad uirthi d'éireodh marcaíocht léi as deireadh an aistir. Thógfadh Máirtín Mór, a comharsa féin, í. Ní bhíodh aige ach an triúr céanna i gcónaí. Nár thóg sé í Satharn na Samhna? Nó Seán Choilm. Dá mbeadh ceathrar aige, daile, ní mórán fonn a bheadh air a dhul ag cur duine ar an gcrannóg. Bhíodh sé i gcónaí ag mungailt nár mhaith leis 'an capall a chur thar a fulaingt.' Ach ní fhágfadh Peaid Neachtain ar an mbóthar í ar aon chor. Thagadh sé ag imirt chártaí ó tháinig an t-airneán. Cóil Liam an fear ab fhearr a bhí faoina mharcaíocht ar bóthar. Ní raibh aon tnúthán aici le Mike an tSiopa. Ba mhaith an rud dó airleacan a thabhairt di agus gan a bheith ag súil le marcaíocht air. Cinnte go leor, ní bhíodh aige go hiondúil ach é féin agus bean an dearthár, cé is moite dá dtógadh sé faoi bhealach. Ach ní thógadh sé ach dea-dhíolaí, sin nó duine a raibh sé ag tnúthán lena chuid tráchta a thabhairt ón siopa eile chuige féin. Agus scoitheadh Micil Pheige í i gcónaí. Ba ghnaíúil faoina mharcaíocht é scaitheamh. Dheamhan ní ba ghnaíúla. Ach bhí daol eicínt air le gairid. Bhí sé spréachta faoi dhream a dtugadh sé Sinn Feiners orthu, agus duine ar bith nach raibh ina Shinn Feiner bhí sé réidh le marcaíocht. Is minic a bhí Bríd ag iarraidh a dhéanamh amach cén sórt dreama iad na Sinn Feiners seo. Bhí Pádraig Thomáis Thaidhg iontu agus tógadh an bhliain roimhe sin é, an uair a bhí troid eicínt i mBaile Átha Cliath agus ar an Achréidh. Ach thug 'an tlarla' amach arís é, tar éis go raibh bollaireacht mhór ag na Sinn Feiners a bheith ina aghaidh. Ach bhí 'an tlarla' in ann duine a thabhairt ón gcroch. Deirtí go mbídís ag druileáil le camáin faoi shléibhte de shiúl oíche agus go raibh siad bog te le cogadh a chur ar Shasana. Bhí cruinniú acu i mBaile an Draighin le gairid agus bhí siad féin agus sagart na háite sin in árach a chéile. Ach níor bhain cúrsaí den tsórt sin do dhaoine dona. Cén tuiscint a gheobhaidís iontu? Chaithfeadh an duine bocht fuirseadh leis i gcónaí.

Chuaigh Bríd tríd an sráidbhaile. Cé go raibh solas i gceann nó dhó de na tithe ósta ní raibh deoraí le feiceáil, cé is moite de bheirt phóilíos a raibh a ndroim le doras Yard Gheraghty, agus gan cor ná car iontu. Ag faire ar charranna móna gan aon solas, b'fhéidir, ainneoin go mb'annamh leo iad féin a mhearadh leo. Nó b'fhéidir gur ag forcamhás ar na tithe ósta a bhíodar. Cé air a raibh siad ag caint nó ag smaoineamh? Cé air a mbíodh póilíos ag caint nó ag smaoineamh, rá is nach raibh cruóg chladaigh, ghoirt ná phortaigh orthu agus saol na bhfuíoll acu ag tarraingt a dtuarastail. Ag dul soir ag na Dumhcha di chuala sí torann cairr ag teacht anuas Bóithrín Bhaile Dhonncha, agus bhí sí idir dhá chomhairle fanacht leis nó gan fanacht. Bhí Ard na Fearta roimpi. Chonaic sí uaithi i solas na gealaí na liagáin agus na leachtáin ar an mbreacriasc ar gach aon taobh den bhóthar, mar a bheadh gaiscígh ar a leathriasc ag éirí tar éis a ndúiseacht as a gcodladh le glór an stoic. Ba mhinic an stoc á shéideadh agus an t-ár á sheadú, má b'fhíor do na scéalta. Ach bean a raibh uirthi a dhul don Ghealchathair go minic i ndeireadh oíche – agus a dhul ann ina haonraic, dá hainneoin scaití – bhí uirthi, freisin, taibhsíocht agus siúlacht a chaitheamh as a ceann. Bhí an oiread neamhshuime déanta ag Bríd faoin scéal sin, is an faitíos a bhuaileadh í an chéad am claochlaithe chomh mór faoi seo, agus nár ghéill sí dó anois thar ghéarú ar éigin sa siúl gur bhailigh sí soir an tArd.

Ach ní raibh dada sa ruta sin ní ba mheasa ná Liam, an Táilliúr, agus buachaill óg eicínt eile nár aithin sí ina bhail. D'aithin Nóra glór gairgeach Liam ar an toirt. Bhí a fhios aici

– bhí a fhios ag an tír – go ndéanadh sé clogán streille den oíche go minic ag ól sa sráidbhaile. Ar an dá luath is ar aithin Bríd an glór lig sí fúithi sa siúl agus sheas sí ar fad faoi cheann tamaillín. Ach ní raibh carr ná coisí le cloisteáil, go fiú is an carr a d'airigh sí ar baillín. Bhí airgead ag an táilliúr uirthi – airgead na culaithe ceanneasna a rinne sé dá fear anuraidh – agus bhí an dea-ghealladh is an droch-chomhlíonadh tugtha aici chomh minic dó is nach gceadódh sí ar éadáil dá mbeadh uirthi é a scoitheadh anois. Ach b'éigean di iad a scoitheadh, arae ní raibh siad ach ag snámhaíocht agus bhí ionann agus míle go leith go dtí ceann an bhóithrín seo acusan fós. Bheannaigh sí dóibh.

'I nDomhnach,' arsa Liam go balbh lena leathbhádóir, 'an uair a bhí mise chomh hóg leat ní ligfinn mo leas ar cairde chomh réidh sin. Bean bhreá óg . . .

'Tá comhartha cluas orm cheana,' arsa Bríd, chomh gealgháireach is a d'fhéad sí. Lig Liam a sheanscairt phóitiúil. 'Ná hiarr i ndiaidh na Curraí é,' arsa seisean agus d'áitigh air ag cur ucht chainte de faoi thráthúlacht mhuintir na Curraí, ach cheap Bríd go mba é an rud ba chaiúla di bogadh amach anois. B'fheasach di nár bhaol di iad. B'fheasach di ar ócáid den tsórt seo go mba thúisce a d'ionsófaí bean lena robáil ná lena dhul ag fiachadh uirthi ar chaoi ar bith eile. Ach ní raibh fonn moille ná cainte ar Bhríd, go háirid ó nach ligfeadh an náire di an t-airgead a tharraingt anuas chuig an táilliúr arís. Ach ba dhoiligh di an táilliúr a chaitheamh as a ceann. Nach tráthúil gurb é a chasfaí léi thar dhaoine an domhain? Ní mé an raibh sé ag inseacht anois dá chomrádaí faoin airgead a bhí amuigh aige uirthi? Níor dhuine den tsórt sin é. B'fhurasta é a riaradh agus bhí caomhúint ann. Ach ina dhiaidh sin b'ait an mac an t-ól. Bhuel, chaithfeadh sí é a íoc faoi Nollaig, pé ar bith céard a dhéanfadh dada. Ach cén áirge dó a cupla scillingín ghágacha sise? Bhí slí mhaith airgid tharstu aige, ach gur sna tithe ósta a d'fhágadh sé gach uile phingin agus a bhean agus a mhuirín ag scríobadh leis an nganntan sa mbaile. Ba ghroí an saol é.

Bhí Bríd breá te anois, arae bhí os cionn dhá mhíle siúlta aice. Ní ghoillfeadh sé uirthi na bróga a bhaint di agus iad a iompar ar a bacán. Bhí an t-uisce a bhí leath-bhróg a ligean isteach ag tógáil a coise roinnt. Chaith sí siar an seál ar fad i mbéal an chléibhín agus ba réidhe an achair di an méid sin féin. Bhí stiúir shiúil anois uirthi dáiríre. Bhí an fhuil ag sceitheadh trína cuid cuislí chomh briosc le ceol as orgán. Níor airigh sí an bóthar ag sciorradh óna cuid cos. Thaitnigh an gearradh sin léi. Ba gheall le dúshlán don saol é.

Ó bhailigh sí soir Bóithrín na Leitreach ní raibh teach ar bith den chorrtheach a bhí ar shúil an bhóthair gan solas, agus bhí carranna móna ar feadh an bhealaigh. Cúig nó sé de cheanna acu ina scuaidrín scaití agus beirt nó triúr de na cinnirí bonn ar aon ag cloigeann cairr amháin. Corrcharr a raibh an cinnire ina shuí ar stuaicín na cabhlach chun tosaigh. Bhí go leor ban cléibhín agus ciseán ar an mbóthar freisin. Scata acu in éindigh in áiteacha. Iad ina mbeirteanna in áiteacha eile. Cuid eile ag siúl fré lucht na gcarranna móna. Ní raibh thar aithne shúl ag Bríd ar a bhformhór, agus ba dhiacht di aithne shúl féin a bheith aici ar chuid acu, arae ba as na bólaí soir amach ón sráidbhaile a mbunáite agus cúig mhíle siar ón sráidbhaile a tógadh ise. Ba bheag araoid a chuir sí riamh orthu ach oiread, i ngeall go mbíodh a comhluadar féin aici mórán i gcónaí go dtí inniu. Ach níl aon chíos ar an aithne ar an mbóthar. Ina dhiaidh sin féin is é a ndearna Bríd beannú go laethúil do gach uile dhuine agus gan a dhul i bhfad scéil le haighneas cainte ar bith. Ainneoin nach doicheall a bhí aici leo, bhí sí in imní go mbeadh dream eicínt chomh díocasach faoi fhorradh cainte a chur ar 'an strainséara' agus go gcinnfeadh uirthi a gcur di. B'fhaisean leis na scataí ban dealú ina mbeirteanna tar éis geábh den aistear agus, pé ar bith cén sásamh a gheobhfadh sí as sioscadh scaoithe, ní bheadh gnaoi ar bith aici ar cheiliúr beirte. De bhríthin an bóthar a bheith chomh fada, ba lú luiteamas Bhríde le comhluadar. Dar léi féin b'fhada an t-achar naoi míle agus ba ghabhlánach an rud í an scéalaíocht.

Faitíos a bhí uirthi dá dtugadh sí comhluadar do bhean ar bith eile go ngabhfaidís rótheanntásach sa gcomhrá. Bhí réanna dorcha ag téaltachan faoina hintinn agus saighdeanna goimhe go buanach ag speireadh a croí. Ní fhacthas riamh do Bhríd go mba údar fuasaoide cruatan ná crácamas an tsaoil. Níor chuimhnigh sí amháin go mba mhaith an aghaidh casaoide agus pionóis Mike an tSiopa as ucht trí phraghas a bheith aige ar an earra chéanna de réir mar bheadh duine go géar i dtuilleamaí airleacain, de réir mar bheadh an t-airleacan ag teacht ag gáirí chuige, nó é neamhthuilleamach ar fad. B'fhada uaithi cuimhniú ach oiread gurb é an Duine ba chiontach leis an lear léanmhar a choinnigh in adhastar an anró agus an angair í, a chuir faoi deara di an tuairt sin a chur uirthi féin don Ghealchathair gach Satharn ina cosa boinn, a choinnigh faoi shíorimní agus ag síorsclábhaíocht í . . . Ba dhamhna bróin agus aiféala léi go raibh na rudaí sin amhlaidh, mar chuid de bhró mhuilinn Ghleanna seo na nDeor – mar oidhreacht oidhiúil an Úill. Ach níor smaoinigh sí riamh go mba shiocair phearsanta chun fuasaoide iad, ach an oiread agus a chuimhneodh sí go mba éagóir uirthi féin thar dhuine ar bith eile go raibh sé de bheith uirthi doineann, anachain, bás, nó easpa gréine de shiúl oíche a fhulaingt. Cé gur thuig Bríd go maith céard é 'ádh', 'mí-ádh', agus 'anachain', ní raibh sí in ann aon abhras barainneach a bhaint as 'só agus sonas an tsaoil'. Ach b'fheasach di nach raibh sásamh intinne uirthi ná baol air. Is éard ab aite léi a chású go mba urú ar a sásamh intinne síorbhrú an tsaoil amuigh a bheith ag plúchadh na ngaetha gréine, i riocht is go raibh goimh a croí ag iarraidh brú amach ar an saol ina shileadh séidte domlais . . . Ní fhéadfadh sí anois a dhul ar cuairt chuig a muintir de bharr an dá pháiste, agus an uair annamh a dtaobhaíodh aon duine áirid acu í ní éiríodh aon chúlráid chainte leo, de bharr cunórtais a céile agus a comharsan. Ba mhinic a thabharfadh Bríd cuid mhaith ar a díol teanntáis a bheith aici ar bhean eicínt aitheantais, ainneoin nár léir di go mba íocshláinte ar bith do bhalscóideacha a croí glagaireacht na gcomharsan. Ba é ar léir di go ngabhfaidís ag méirínteacht leo d'aon uaim le borradh leo. Chuirfidís agús i do scéal, faoi nach mbíodh a ndíol suime acu éisteacht leis agus é a thógáil mar is ceart. Ach bhí a fhios aici go mba faoilte mhór dá croí a gearán a dhéanamh. Agus b'fhearr léi é a dhéanamh leis an duine cuideáin, leis an duine i bhfad ó bhaile nach gcuirfeadh de shuim ann thar mar a chuirfeadh sé i siolla den ghaoth, ná le duine aitheantais nach mbeadh sé ach mar mheá dó lena 'scéal fada ar an anró' féin a chuimsiú agus a chású, agus mar údar béadáin dá chomharsa ina aice sin. Rud ab annamh léi, níor shólás ar bith di inniu fios a fháil go raibh ar feadh an bhóthair tuilleadh in aimléis chomh géar léi féin. Bhí an oiread réanna dorcha ar a hintinn inniu agus go raibh sí in imní nach bhféadfadh sí aon ghuaim a choinneáil uirthi féin dá dtéadh sí ar fhuasaoid chor ar bith. Bhí na balscóideacha seile domlais in alt a mbriste le borradh. Tháinig faitíos uirthi go dtosódh sí ag gol . . .

Ba bheag an stró uirthi an chuid is mó dar scoith sí a chur di. Ach bhí bean ciseáin ag bóithrín Ionnarba agus, ainneoin nach raibh aithne shúl féin ag Bríd uirthi, sách rite a chuaigh sé léi í féin a thabhairt as a crúcaí chor ar bith. Níor tholgán di coinneáil suas léi de bharr nach raibh aici ach ciseán éadrom. B'éigean do Bhríd neartú sa siúl, i riocht is go bhfaigheadh an bhean eile caidéis dá furú agus go bhféadfadh sí a rá léi go raibh uirthi a bheith sa nGealchathair leis an im ag custaiméir faoi chomhair an bhricfeasta ag a hocht a chlog. Bhuail cineál aiféala arís í nár fhan sí léi, arae ba chosúil gur bean í a bhí tóiriúil ar chomhluadar an strainséara, a fearacht féin Satharnacha eile . . .

Gleann an Aonaigh. Ard na Cille. Coill na hAille. An Sruthán Geal. Shnámh siad chuici chomh righin le tamhnóga chuig taistealaí tartúil ar lom gaineamhlaigh. Lig sí a scíth ag Bearna na nEach. Lig sí scíth arís ar Chloich an Choiléir scaithín soir. Níor airigh Bríd riamh chomh tugtha traoite chomh luath sin san aistear. Bhuail faitíos í nach raibh inti ach an rith searraigh inniu agus nach bhfanfadh mothú ar bith inti as deireadh na ruaige. Chaillfí le náire í dá gcaitheadh sí a bheith ag ligean a scíthe gach uile phointe san am a dtiocfadh lá. Céard a déarfaí? Rúisc de bhean óg luath láidir. Agus gan aici ach beirt pháistí fós. Nár mhaith an chiall é ag mná a raibh dáréag clainne orthu agus a bhí ag siúl an aistir sin go spleodrach.

Lig sí scíth eile. Bhí iris an chléibhín ag tógáil a slinneáin roinnt, de bharr ar tharraing sí d'fheamainn dhearg ar a droim ar feadh na seachtaine. Ach chuaigh an ghealach faoi agus bhí dorchadas greadánta dheireadh oíche ann anois. D'fhéadfadh sí déanamh go réidh, arae ba ar a chruachúis do dhuine ar bith í a aithneachtáil dá ngéaraíodh sí amach ag dul thairis. Ansin chuimhnigh sí ar a cóta gibíneach a chrapadh suas timpeall a másaí. Ba réidhe an achair dá cosa é, mar bhí an roithleadh allais síos leo. Níor chaíúil an mhaise dise – máthair óg – an cleas sin agus bhí sí buíoch den dorchadas nach gcuirfí aon chronaí ann.

Ach ba ghearr arís go raibh sí ag cruachan in aghaidh na hanachaine ag iarraidh déanamh d'uireasa aon scíth go mbeadh sí ar mhullach an chéad airdín eile. Agus b'fheasach di nárbh fhada go mbeadh sí ina puca arís ó thosaigh sí ag iarraidh barúla a thabhairt cé mhéad coiscéim go dtí an t-ard eile ina dhiaidh sin. Bhí teanntás naimhdeach aici ar gach ard agus fánán, ar gach cor agus cuisle den bhóthar, mar bheadh ag páiste ar ghoití athar ghéir. Ní raibh troigh de nár cheil rísceál a sháródh gaisce Áth na Foraire, dílseacht mhacra Fionntrá, fadfhulaingt Ghoill ar an gCarraig, nó duifean croí Dheirdre na nDólás. Do Bhríd agus dá liachtaí Bríd léi ba Via Dolorosa gach míle, ba Gethsemene gach troigh, ba Úll na hAithne a chúiteofaí le hallas, imní, angar agus umhlacht gach cloch . . .

Lig sí scíth faoi dheireadh ag Droichidín na Saor. Ba é sin an teorainn leath bealaigh. Bhí os cionn ceithre mhíle Éireannach roimpi fós. Ní mé cá fhad ar an mbóthar í? Léanscrios ar an gclog le cleas a dhéanamh. Cá fhad uaidh lá? Ach bhí réalta na maidine go buacach thoir cheana féin, an dearg ag claochlú ina ghlas agus corréan mochóireach ina shuí.

Ní raibh sí chomh seangtha sin riamh leath bealaigh. Bhí a colainn ag bruith leis an gcruashiúl. Bhí a cosa ag dul thar a chéile agus iad ag diúltú a dhul chun cinn. Gach uile uair dá ligeadh sí scíth thagadh na creaití fuaicht uirthi de bharr téachta an allais. Agus d'airíodh sí a cosa ag creathadh, go háirid os cionn na nglún, agus pianta gartha ag teacht in íochtar a broinne. Is maith a bhí a fhios aici cén t-údar na pianta . . . Agus gurbh olc a théadh an tonnáiste sin di le gairid.

D'imigh léi dá siúl ionsaí arís. Bhí gliondar uirthi go raibh an dorchadas ann. Ba thearmann di é. Dá dtagadh meirfean uirthi, is é ar chall di a dhéanamh í féin a chaitheamh isteach i log an mhóinín bháin agus ní fheicfí í go dtagadh lá. Ba mhaith ba chuimhneach léi Neile Mháirtín a fritheadh marbh chois an chlaí mar sin ag Bun an Tortáin. Dúradh ag an gcoiste go raibh sí dhá uair básaithe an t-am ar fritheadh í, agus ba é ráite na ndochtúirí gur lagar ocrais a thug bás di. Bhí sé ag gleadhradh báistí is an mhaidin chomh dubh leis an bpic, agus sáinne isteach sa gclaí san áit a bhfuair sí fód a báis.

Ach ina dhiaidh sin féin nár mhór an t-ionadh nach bhfaca duine ná deoraí de na scórtha a chuaigh thairsti ar an bhfad sin í. Agus d'fhág sí áilín a bhí ar aon chéill ina diaidh.

I bhfad uainn an anachain, dá n-éiríodh an rud céanna di féin, nach é an teach a bheadh ina bhambairne. Céard a dhéanfadh a dhá páiste? Má bhí sé ag dul rite lena fear iad a bhréagadh lá amháin sa tseachtain agus ise as baile, cén ghair a bheadh aige air seacht lá na seachtaine? Fhobair Eibhlín í féin a loscadh leis an uisce bruite an Satharn seo caite, tar éis gur gheall a fear di sular fhág sí an teach nach gcorródh sé amach in éadan a chuid giotamála nó go dtagadh Neile bheag Shéamais ina gcionn. An mbeadh sé chomh beophianta antlásach sin inniu? Ní chomhairleodh an saol é. Ní mé ar dhúisíodar fós agus ar thosaíodar ag gol. Ba mhinic leo leis an deargmhaidin. Agus an gcuimhneodh sé braon bainne te a chur i mbuidéal diúil Khiteen i leaba an bhainne a bhí fuar ann cheana thar oíche . . .

Ba shásamh binibiúil eicínt do Bhríd a shamhlú di féin go mbeadh sé fánach ag a fear aon cheart a bhaint de na páistí dá 'n-imíodh' sí féin. Ach phósfadh sé arís. Bheadh leasmháthair ar an gclann. Leasmháthair a chaithfeadh an droch-cheann leo agus a rúscfadh iad dá dtéidís ar ábhailleacht nó ar chantal. Ní fhéadfadh leasmháthair a bheith ar a mhalairt agus chomh rite agus a théadh sé léi féin scaití gan a lámh a thógáil chucu. Ba mhór an t-anró páistí. Ba thiaráil iad a thabhairt ar an saol. An dá pháiste mharbha a bhí aici féin a d'fhág a cruth cailín óig ar iarraidh agus a chuir spadántacht meánaoise ina cnámha. Ní raibh sí ar a cóir féin ó shin. An mbeadh aon pháiste marbh eile aici? Nár lige Dia. Thabharfadh sé talamh di dá mbeadh. Ach céad fáilte roimh ghrásta Dé. Agus dá mbeadh gan páiste ar bith a bheith aici . . . An mbeadh sí féin agus a fear chomh gafach lena chéile is a bhí siad anois? An é a gcantal fuar balbh féin a bheadh i leaba chantail ghártha na bpáistí? Arbh fhiú lena fear oiread is éirí ar mhaidin den tsórt seo le beannacht an bhóthair a chur léi, dá mba i ndán is nach mbeadh údar aige a rá, mar dúirt sé go héadóchasach inniu, go raibh dóchas aige go bhféadfadh sé na páistí a bhréagadh an fhad is a bheadh sí as baile. Ní raibh aici ach breathnú ar Nora Anna agus ar a fear céile. Iad mar bheadh dhá bhrionglán tlú nua ann ach gan aithinne riamh á bhaint ag an dá bhosóg as a chéile, ach torann bodhar marbh. Bhí an troid agus an t-uaigneas ag an dís sin i bpáirt, má b'fhíor. Ní raibh troid ná uaigneas ag Bríd, ach cantal an dá pháiste.

Cantal. Síorchantal agus abhlóireacht. Í leath na gcuarta ar neamhchodladh acu. Barr ar an mí-ádh, bhí an triuch agus an bhruitíneach ag guairdeall timpeall anois agus na scoileanna dúnta. Níor mhinic leis an anachain a doras féin a scoitheadh gan bualadh isteach. Dá dtagadh an triuch nó an bhruitíneach orthu bheadh sé mí fhada sula mbeadh siad as a gcrioslaigh, agus ní chuideodh sin dada léi féin . . . An bhféadfadh sí scoil a thabhairt dóibh? Níor mhór é, arae go Meiriceá a chaithfidís a dhul. Ba é ráite gach uile dhuine go mbeadh cead Meiriceá arís ach a mbeadh an cogadh thart. Chaithfidís taobh eicínt a thabhairt orthu féin, tharla nach mbeadh spré aicise lena bpósadh in aice baile. Ba dheacair scoil a thabhairt don chuid ba shine ón uair a bheidís inchúntach chor ar bith, ach chaithfidís riar a fháil ina dhiaidh sin, dá mba dá oiread sclábhaíochta uirthi féin é . . . An mbeidís briosc faoi airgead a chur abhaile? Nó an ndéanfaidís fearacht a deirféar féin a gheall di síneadh láimhe a chur chuici trí huaire sa mbliain agus nár tháinig leithphingin rua uaithi ón gcéad bhliain – mura scríobhadh sí an Nollaig seo. Ba mhór an leas cupla punt. Bhí airgead mór ar gach uile rud – an té a raibh an deis aige – ach bhí a cheithre luach ar gach uile shórt dá raibh duine a cheannach, freisin. Agus má ba iad na muca ba dhaoire, bhí siad dá gcriogadh thar a chéile leis na *staggers* anois. Ní mé an dtiocfaidís ar a gcuid suán féin . . .

Mar seo a bhíodh Bríd i gcónaí, i síorfhaitíos do na rudaí a bhí roimpi. Ní raibh leath suime aici san anachain a bhí ann le hais na hanachaine a d'fhéadfadh a theacht. Ba mhór an buille orthu na muca dá mbuaileadh dada iad. Bhí sí ag baint an ghreama as a béal féin lena ramhrú faoi chomhair Aonach mór na Nollag i gceann míosa eile. D'fhéadfaidís a bheith ina bpáineanna maithe an uair sin, dá n-éirídís léi . . . Bhí bille trom sa siopa uirthi, a seál sceite, a cuid bróg ag ligean isteach, 'airgead acraí', airgead táilliúra agus airgead leasaithe lena íoc. Barr ar an dathúlacht, bhí na beithígh ag imeacht amach agus na cearca ag dul ó bhreith. Tar éis a díchill ní bheadh aon slí baile móir feasta aici, dá chruinne dár thiomsaigh sí gach uile bhrobh le beart a dhéanamh agus le snáth a choinneáil faoin bhfiacail. Chaithfeadh snáth na seachtaine a dhul an choicís as seo amach.

Ach níor dhada na tubaistí seo. Bhí siad ann. Bhí siad soláimhsithe. Bhí cumraíocht agus cnámh iontu. D'fhéadfaí a dtroid. Throid daoine tubaistí ní ba nimhe neanta ná iad ar feadh na gcéadta bliain. Throidfí le fuil agus feoil, le crácamas, le tíobhas agus le dóchas iad. Ach coranna nua-aoiseacha nár tháinig sa saol fós agus nár thug rian fiannach an chine fhulangaigh seo aon fhionnoscladh orthu, b'in iad ba dhíol faitís léi ar fad. Ní raibh a fhios céard ba riocht, goití ná faobhar dóibh fós. Bhí an saol ar fad ar forbhás agus gan aon fhéilíocht air. Chuala Bríd sean-fhundúirí ag rá gurbh é 'deireadh an tsaoil' é. Bhí an tairngreacht istigh ar fad. Ba é seo 'Cogadh an Dá Ghall'. Bhí caint mhór ar *chonscription*. Dá dtugtaí a fear uaithi agus é a mharú. Ní raibh aon duine dá ndeachaigh as an taobh tíre sin sa gcogadh gus nuige seo nár maraíodh. Agus dá mbeithí gan a chaitheamh ach aon urchar amháin bhí Bríd cinnte gurbh é a fear féin a bhuailfí. Bhí an smál sin orthu i gcónaí . . .

Agus bhí an saol ag éirí corrach in Éirinn féin. Chuala sí go raibh rachlas eicínt thart síos an lá faoi dheireadh. Agus ba dheacair beatha a fháil, leis an seachadadh síos féin. Bhí sé ina luaidreán nach dtiocfadh plúr, tae ná tobac, ná an siúcra donn féin feasta, agus go dtógfadh na saighdiúirí na beithígh agus an barr an bhliain seo chugainn dá maireadh don chogadh.

Cá fhad ba chall di féin a bheith ag dul don bhaile mór mar sin? Bliain, dhá bhliain, cúig bliana . . . Fiche bliain . . . Go mbeadh an iníon ba shine in ann é a dhéanamh ina leaba. Bheadh sí bunaosta an uair sin agus í ar fharasbarr spleáchais leis an aistear. An bhfoilseodh leagan a héadain agus ligean a colainne caiseal cruach a hintinne dúshlánaí don saol Fódlach leis an aimsir? An dtiocfadh cruit an chléibhín uirthi agus coiscéimeacha fada támáilte chapall an ualaigh ina cois shnoite urrúnta? Nó stiúir chonfach an tsiúil. Nó na gialla géara sceirdiúla mar bheadh tosach curaí ann. Nó na leicne cairtiúla agus priondaí iontu ar nós crúba gé na gcloch míle. Nó súile agus faghairt cháidh na cruach iontu. Mar sin a bhí mná bunaosta a haitheantais: boige a ngotha fuinte ina tonn chruach ag seiftiú na seachtaine agus ag aistear céasta an tSathairn.

Agus an mbeadh ar a clann féin an t-anró seo a shaothrú? Dá bhfaighidís duine eicínt a chuirfeadh a bpaisinéireacht chucu as Meiriceá bheadh leo. Ach ar nós gach uile shórt eile, cá raibh a fhios go mbeadh aon chead Meiriceá níos mó. An rud ba mheasa ar fad, dá gcastaí an oiread spré acu de bharr a cuid stangaireachta féin is a gheobhadh fir dóibh in aice baile. Ansin bheadh seiftiú na seachtaine agus aistear an tSathairn rompusan, freisin. Ach cá bhfios cad é sin? B'fhéidir go mbeadh malairt saoil ann an uair sin. Ní raibh na *jaunt*anna ach ag daoine móra i dtosach, ach bhí siad ag bodaigh thuaithe anois agus na daoine móra ag lascadh thart i mótair. Cá bhfios nach dtiocfadh sé sa saol go mbeadh mótair ag lucht tuaithe freisin, chomh maith leis an 'Iarla'?

Agus ba ghearr ó thosaigh na *bicycles*, ach bhí siad ag cuid de na fir cheana agus ag corrbhean féin. Ba chuma sin. Ní raibh aon *bhicycles* ag mná pósta ná ag mná tuaithe. Ach ba chríonna an té a déarfadh dada ar an saol corrach seo. Cá bhfios nach mbeadh *bicycles* ag gach uile bhean nuair a bheadh a hiníon féin in inmhe . . . Ach cén mhaith *bicycle*? Ní fhéadfadh duine cléibhín ná ciseán lán a iompar air, ainneoin go bhfaca sí bagáistí ní ba mhístuama ná sin ag teachtairí siopaí sa nGealchathair. Ach ba bheag an bhrí é sin in achar gearr. An mótar a d'fhónfadh ceart do bhean an chléibhín ime. Ach ní fheicfeadh sise lena linn féin é. Agus níor mhóide dá hiníon ná do bhean a mic é a fheiceáil ach oiread.

An mbeadh bean a mic – an mac nár rugadh fós – ina deacheann di? An dtabharfadh sí beadaíocht ón mbaile mór chuici, agus a bricfeasta ar an leaba? Nó an á díbliú a bheadh sí mar a bhí bean a mic féin le hÚna Chaitlín? Bheadh sí lách go leor b'fhéidir, nó go dtagadh clann agus cantal. Ach a bpósadh a mac bheadh cúram agus clann agus cantal arís ann, ach gurb ar bhean a mic a bheadh sé ansin. Ach bheadh sé ann pé acu sin é, agus chaithfeadh sise a dhul faoina cion dó chomh maith le duine. Ba mhór an bannaí di ar aon chor go mbeadh sí ag fáil corrphunt as Meiriceá ón gcuid eile den mhuirín, agus nach dtabharfadh sí féin ná an seanfhear an teach agus an talamh thar barr amach don mhac nó go bhfaighidís an pinsean. Ach a bhfaigheadh sí an pinsean, bheadh sí neamhspleách arís. Mura dtaitníodh léi, d'fhéadfadh sí a rogha rud a dhéanamh leis. Bheadh líne óg sa teach ag coraíocht leis na cúrsaí céanna a raibh sise ag coraíocht leo anois. Ach níor dhóide dó thairis sin de mhúisiam a chur uirthi, ó tharla nach ar a craiceann féin a bheadh an t-aithinne. Bheadh ionú cuartaíochta agus comhrá aice. D'fhéadfadh sí stráisiúin fhada a chaitheamh i dteach na comharsan. Ach thiocfadh an tráth nach mbeadh sé de láthar inti an teach a fhágáil – ná b'fhéidir an leaba. Bhí Bríd cinnte go mbeadh drogall uirthi scaradh leis an saol. Ainneoin sin thiocfadh an bás . . . Ach ní dheachaigh Bríd ní b'fhaide leis an smaoineamh sin, tar éis an tsó bhinibiúil a d'fhaigheadh sí as a fuasaoid agus as cuimhniú ar a cúrsaí fulaingthe féin. B'fhollasaí go mór di na críocha déanacha ná cora crua crosta an tsaoil seo . . .

Bhí sí ag Ard na Ceartan anois agus sheas sí lena scíth a ligean. An fhad agus a bhí sí ag smaoineamh, níor airigh sí an bealach ná an tuirse. Ach bhí sí craiplithe go maith agus an gearradh gionach uirthi leis an ocras. Tháinig ríméad uirthi gur thug sí léi an lón a chuaigh sí ar ithe anois. B'annamh léi riamh cheana ocras a theacht uirthi nó go mbíodh sí ar shlata an bhaile mhóir nó i ndáil leis. Bhí an dorchadas ag scáineadh anois agus glas na spéire thoir ag claochlú chun báineachta i leaba a chéile, ach bhí ceo trom ann agus braon i mbéal na gaoithe. Bhuail faitíos Bríd go ndéanfadh sé lá sa gclaí ar fad. Dá ndéanadh bheadh sí ina líbín sula mbeadh sí sa nGealchathair. Cén bhrí ach dá mbeadh uirthi a dhul don mhargadh. Thriomódh a cuid éadaigh ar a craiceann arís, agus níor dhóide cleas di ná drochruaig a tholgadh as. Ach d'imigh riar den imní di mar sin féin. Bheadh an oiread den aistear di aici roimh lá is a bhí aon Satharn cheana. Bhí sé crua aici a bheith mórán le míle ó shráidbhaile na Maoile agus thart faoi sin a bheireadh na *jaunt*anna uirthi i gcónaí. Ach níor mhiste di a bheith thairis, arae, dá mbeadh áit le cois acu, bhídís i gcónaí ag tnúthán le trácht ó bhean airgid, áit ar bith chomh fada leis an sráidbhaile sin. Chuir an stiallóg aráin thuir mothú inti, ach gur bhuail fail í a bhí ag déanamh glugair i mbéal a cléibh mar bheadh súiteán taoille i dtóchar folamh cladaigh.

Ach rinne sí dearmad ar an bhfail ag béal bóithrín Aille an Bhroic, arae thosaigh sí ag smaoineamh ar Labhrás na hAille. Shoraidh dá hathair nach do Labhrás a thug sé í san am ar iarr sé í. Bheadh ionann is sé mhíle bainte dá haistear don

Ghealchathair, agus ní shaothródh sí a leathoiread sclábhaíochta. Nó dá bpósadh sí Páid Concannon as Páirc an Doire, bheadh sí i gcluasa an bhaile mhóir agus ba é a mbeadh uirthi éirí bunmhoch leis na ba a bhleán, suí suas ar a cairrín asail agus a dhul isteach don bhaile mór lena cuid bainne. Ach díol cam air, bhí sé róshean. Agus ar aon chor ní thaitneodh léi a bheith isteach agus amach sa mbaile mór dhá cheann de lá – ná uair sa tseachtain féin, dá mbeadh neart air. Nach mairg nach go Meiriceá a chuaigh sí san am a bhfuair sí a dhóigh, i leaba géilleadh dá muintir.

Bhí géim ard acmhainneach ag Carraig na Loinge. Chuala sí bean as na bólaí sin a bhí fré, maidin, ag rá go mba thuar drochshíne é sin. Bhí an sinneán gaoithe ag feadaíl trí phoill na gclaíocha agus piachán binn scréachta i sreanga an tinscéil. D'áitigh Bríd uirthi ag rá giota d'amhrán amach go hard ina fhocla di féin. Amhrán Phádraig Choilm: 'Tá mé i mo shuí ó d'éirigh an ghealach aréir.' Ach ní raibh aici thar dhá cheathrú. Ansin thosaigh scéal Ridire an Gháire Dhuibh – scéal a huncail, Micil Mháirín – ag folcadh díthreabh a hintinne. 'An áit ba te ba teann. Rinne siad cruán den bhogán agus bogán den chruán, nó gur chroith siad an talamh i bhfoisceacht naoi n-iomairí agus naoi n-eitrí díobh, gur thugadar toibreacha fíoruisce aníos trí lár na leice glaise le neart a gcuid coraíochta.' Thoill macallaí taitneamhacha na cainte in eangaí a hintinne, ach ní raibh an scéal sin aici ach oiread. B'iontach léi nach raibh sí in ann rudaí mar sin a thógáil, ainneoin nach raibh daorbhasctha di ag dul chuig an scoil. Ach ba bheag a haird orthu riamh. Chaithfeadh sí páipéar nuachta a cheannach inniu, dá mbeadh aon phingin le cois aici tar éis luach pionta a choinneáil d'fhear na cairte a thabharfadh abhaile í. Léifeadh sí dá fear lá arna mhárach é agus d'inseodh sí dó céard ba chor don chogadh. Ach ní raibh sí an-chinnte an raibh sí in ann é a léamh anois. Bhí sé an fhad sin ó rug sí ar leabhar ná ar pháipéar. Bheadh sí in ann luach na muc a dhéanamh amach ar aon chor, agus sin é a mbeadh óna fear.

Ar a theacht go mullach Ard an Léana b'facthas di go mba léir di tithe na Maoile ina sondaí éagruthacha áibhéile tríd an gceo agus an dorchadas. Níorbh éadáil mhór riamh léi a dhul ina haonraic tríd an sráidbhaile sin de shiúl oíche, cé go ndearna sí uair nó dhó cheana é. Bhí droch-cháil robála ar an áit ón seanreacht, ainneoin nár chuala sí gur cuireadh aon araoid ar aon duine ann leis an cianta. Dhá ghlúin aithrí agus dea-iompair a bhí di ag an Maoil anois, ach níor leor sin lena clú a tharrtháil. Ar aon chor ní uirthise a rachaidís ag fiachadh, agus bíodh tóirithe ann faoi chéad. Na tithe cruinnithe ina gcaidhlín ar an leiceann crochta den bhóthar mar bheadh scuaine iolrach ar aill ar tí a bhfáiteall a thapú nóiméad ar bith: b'in é an rud a chuireadh scáth uirthi i ndorchadas na hoíche. Agus b'in é an méid.

Cuireadh bachall i dtuinte a cuid smaointe d'aon iarraidh. Bhí duine roimpi ar an mbóthar. Bean a bhí ann – bean cléibhín. Bhí uige a cuid smaointe féin chomh deasaithe sin thairsti arís agus gur tháinig iontas uirthi faoin mbean seo a fheiceáil. B'fhada an stróic bhóthair a bhí curtha di aici ó chonaic sí duine ná deoraí go deireanach. Peigín Nóra as an mbaile ba ghaire di féin a bhí ann. Sheas sí ina staidhce i lár an bhóthair le fuireacht léi agus ní raibh aon ghair aici a cur di ach an oiread is a chuirfeadh coinín easóg a bheadh ar a thí. Thit an drioll ar an dreall uirthi. Tar éis go raibh sí ag seachaint chuideachta ar feadh na maidine d'aon uaim bhí cuideachta aici anois dá buíochas. Agus go mbeadh na *jaunt*anna chuici pointe ar bith feasta. Peigín Nóra thar aon bhean. Bean nach raibh gnaoi aon duine uirthi is a bhéalráití agus a bhí sí. Agus bean a raibh an ghráin ag lucht *jaunt*anna go háirid uirthi. Thóg sí *jaunt* go minic agus chuimil sí sop na geire don tiománaí faoin íocaíocht. Nó sin é an cháil a chuala Bríd uirthi ar aon chor. Bhí sí ina bambairne críochnaithe anois. Ní fheadfadh *jaunt* ar bith beirt a thógáil, gan a áireamh gur dhuine den bheirt Peigin Nóra.

Más in aghaidh a tola a bhí Bríd ag éisteacht, ba ina claibín muilinn a bhí Peigin Nóra ag meilt. Ag meilt mín agus garbh. Luach earraí. Luach slí. *Conscription* a bhí ar ghort an bhaile. Soitheach mór Meiriceánach a cuireadh go tóin poill agus litreacha airgid Nollag uirthi in aice lastas tae agus tobac. Bhí na *staggers* agus an triuch ar an mbaile seo acu féin ó inné roimhe sin. Agus bhí fiabhras arís i Leitir Gaoithe. Ní raibh Mike an tSiopa le ní ba mhó airleacain a thabhairt uaidh do dhaoine áiride mura nglanaidís a gcuid fiach an Nollaig seo. Bhí iníon le Tom Beag ag teacht abhaile. Ní raibh a fhios go barainneach fós cé hé an fear. B'uafás an sagart amárach . . . Ainneoin go raibh ar Bhríd éisteacht, ní bhfuair sí aon bheadaíocht ar an mbéadán seo. Chuimhnigh sí ar a dhá páiste mharbha féin. Bean ar leith ag Bríd í bean ar bith a shrianfadh tríd gan fuíoll. Ní raibh i gcúrsaí eile na giniúna aici ach stuáil d'aothú oidhe-dhráma.

Ag dul thar tigh Mhairéide an Ósta dóibh sa Maoil d'iarr Peigín isteach í. Ba mhór an croí dóibh leathghloine fuisce an duine. Ach b'fheasach do Bhríd nach raibh gair aici an dara deoch a ghlaoch, agus ar aon chor níor ól sí féin aon deoir riamh cé is moite de chorrthaoscán ar bhainis nó ar bhaiste. Ní raibh sí cinnte, pé acu sin é, nár mhór an mheanma di ar a cuid tuirse leathghloine 'puins' a ól, dá mbeadh a luach aici. D'iarr sí ar Pheigín a dhul isteach ar a haghaidh féin agus go bhfuireodh sí léi. Ach ní ghabhfadh. Scrúd sé Bríd go mór go mb'éigean di a dhul i mbarr a sóláis ar Pheigín, ainneoin cáil an óil críochnaithe a bheith uirthi mar Pheigín. Níor fhan mórán cainte ag Peigín ina dhiaidh sin, tar éis go rabhadar beirt cos ar chois. D'fhág sin smaointe Bhríde mar bheadh beithígh éigéille ann, ina hintinn. I dteannta gach aon sóirt bhí sí á bualadh suas ar fad as a cosa agus faitíos ní ba chráite ná riamh uirthi go saródh na trí mhíle deireanacha uilig í. Chaithfeadh sí na bróga a chur uirthi ag breith isteach ar cholbhaí an bhaile mhóir di, agus bhí imní uirthi dá réir sin go dtógfaidís a cosa ar an seal deiridh den aistear. Bhí sé ag teacht ní ba fhliche freisin. Bhí an ghaoth claochlaithe agus brádán salach ann a shraimleodh agus a bháfadh thú gan fhios duit féin. Nó gur fhéach sí ina diaidh lena fheiceáil an raibh aon *jaunt* ag teacht níor chuimhnigh sí a cóta craptha a scaoileadh síos, cé go raibh ar eire aici sin a dhéanamh sular shroich sí an Mhaoil. Bhí an dorchadas ag leá de réir nótaí, agus solas an lae ag coirtiú idir í agus an cochall de cheo broghach a bhí i mbéal Coille na Maoile. Sinneán gaoithe féin ní raibh sa gcoill inniu, ach marbhántacht mar bheadh anáil an bháis ann faoi na crainn loma agus braonacha móra fliucháin ag titim dá mbarr, ina bpráibeanna broghacha ar nós smugairlí taghda droch-chinniúna.

Thoir i nGleann na Coille a scoith na chéad *jaunt*anna iad – trí cinn acu le pont a chéile. Níor bhreathnaigh beirt de na cinnirí, beag ná mór orthu, ach ní raibh aon tnúthán ag Bríd go mbreathnódh, mar níor *jaunt*anna aitheantais iad. Máirtín Mór an *jaunt* láir agus d'fhéach sé fearacht is dá mbeadh mearbhall ar a shúile agus go raibh sé ag cinnt air a chreidiúint go raibh beirt ann. Ansin thug sé súil orthu a dhéanfadh aon duine amháin den bheirt le go dtoillfidís ar an aon áit a bhí aige ar an gcrannóg. Ansin d'ionsaigh air ag tabhairt gach re súil ar Bhríd agus ar an áit fholamh a bhí ar a chúl, ach tar éis beagán braiteoireachta chroith sé an srian agus bhain sé sodar as an gcapall suas in aghaidh an airdín. Faoi cheann ala an chloig scoith Cóil Liam iad agus gan aige ach beirt agus é féin. Thuig Bríd go dtónfadh sé marcaíocht uirthi féin murach an ghráin shíoraí a bhí aige ar an té a bhí ina bail. Bhí Máire Sheáinín ar an *jaunt* seo. Ar ín ar éigin a sméid sí a ceann ar Bhríd agus thabharfadh sí an leabhar gur tháinig faoilte an gháire ina súil an uair ba léir di nach raibh aon rún ag Cóil Liam í a thógáil. Soir tuilleadh thóg Micil Mór Peigín. Dá gcuirtí slat ar Éirinn ní bhfaighfí fear ba ghrádiaúla faoina mharcaíocht ná Micil, agus b'fhearr leis Bríd a thógáil ach go raibh sé chomh coinsiasach is gur shíl sé go mba mhó an scéal an bhean mheánaosta. 'Tá tusa breá láidir agus óg le bóthar a bhualadh,' arsa seisean le Bríd. 'Dá bhféadfainn é thógfainn thú.'

Bhí a fhios aici ó tháinig sí go dtí cóngar na mbóithre agus ó thogair sí a dhul an bóthar ó thuaidh gur drochsheans a bheadh aici ar mharcaíocht a fháil, arae théadh bunáite na *jaunt*anna an bóthar ó dheas. Ba é an bóthar ba mhó cónaí agus ba mhó díol ar 'shlí' é. Chaith sí scaitheamh fada idir dhá chomhairle faoina dhul ó dheas, ach ba é an cupán tae sin a fuair sí seachtain is an lá inniu an t-aon tamhnóg ba léir di ar a gaineamhlach. Níorbh íocshláinte go dtí cupán tae mar sin tar éis aistir. Théifeadh sé go breá thú i dtús an lae, thar is a bheith ort fanacht go dtí a haon nó a dó a chlog tar éis an mhargaidh agus na siopaí, agus gan thú in ann é a ól an uair sin leis an ocras agus leis an tuirse.

Ba ghearr soir i mbun an aird a bhí sí nuair a d'airigh sí carr asail ag toirnéis ina diaidh faoi stró mór. Carr as an gceantar tuaithe sin ar cholbha an bhaile mhóir a bhí ann agus é luchtaithe le gach uile bhrotainn slí: fataí, cabáiste, meas talún, ciseán, ancard bainne. Is é a raibh ar an gcairrín bean aonraic agus í gróigthe amuigh ar an gcorr tosaigh, a cosa urrúnta ar sliobarna agus gach re snaidhm aici ar chairrín an asail, á chinnireacht in aghaidh an aird. Fhobair do Bhríd marcaíocht a iarraidh uirthi. Murach go raibh an oiread ar aire na mná féin i gcosúlacht is nach raibh ionú aici aighneas dá laghad a chur ar Bhríd, ná oiread is breathnú uirthi amháin.

Ansin tháinig carr asail eile as an gceantar céanna amach ina haghaidh, tar éis aistear bainne na maidine a fhágáil sa mbaile mór. Níor chall broid ar bith a chur san asal: bhí bogshodar aige uaidh féin. Bhí bean ina suí ar thóin stainnín fholaimh. Bean phléascánta ghéagach a bhí inti, snua a codach uirthi agus í i mbruach a daichead bliain. Ainneoin go raibh allas léi agus saothar inti de bharr chroitheadh an chairrín, b'fhurasta a aithint uirthi go raibh sásamh intinne aici agus a cion de shó an tsaoil. Ní raibh aithne shúl féin ag Bríd uirthi, ach chuimhnigh sí ar an toirt ar bhean Pháid Concannon, an bhean a phós sé tar éis é a eiteach fúithi féin . . . Bhí *jaunt* eile ag teacht. Tháinig fonn cráite uirthi breathnú ina diaidh ach ní ligfeadh an náire di ina dhiaidh sin. Seán Choilm a bhí ann. D'aithin sí a 'hup' grúscánach sular tháinig sé chomh fada léi chor ar bith. Níl baol ar bith nach dtógfadh sé í, arae cé go raibh ceathrar aige bhí sí cinnte nach gcomhairfeadh sé go mba éagóir ar an gcapall duine a chur ar an gcrannóg, scáth a raibh den aistear roimhe anois. Ach scoith sé í gan cur chuici ná uaithi . . . B'iontas le Bríd é a fheiceáil ag dul an bóthar ó thuaidh. Agus chuimhnigh sí gur inis sí do Cháit Cheaite, a bhí ar an *jaunt* aige, cá raibh an bhean a choinnigh an seifte uaithi féin seachtain is an lá inniu. Bheadh Cáit sách aigeanta le rud ar bith a dhéanamh.

Ach ní raibh sí baileach in ucht an aird mhóir an uair a chuala sí *jaunt* eile ag teacht ina gheamhshodar. D'fhéach sí ina diaidh dá buíochas agus gheit a croí. Peaid Neachtain a bhí ann. B'iomaí goradh maith a thug sé dó féin ar a teallach ó thosaigh airneán na gcártaí, cé nach bhfaca sí anois é le dul chun coicíse. Agus ní raibh aige ach triúr. Níor mhórán le gurbh fhiú di an mharcaíocht anois, agus gan roimpi ach corradh agus míle Éireannach go dtí an Bóithrín Buí. Ach b'fhiú ina dhiaidh sin. Ba é an míle sin ba mheasa, arae bhí an t-ard fada agus marbh. Bhí an capall ionann is lena hais anois agus í ag claochlú sa siúl in ucht an aird. Ní dhearna Peaid filleadh ná feacadh ach fadhb a thabhairt di, an srian a chroitheadh agus an capall a shíneadh nó gur scoith sí Bríd sna seala babhtaí suas an t-ard. Fhobair di titim ar áit na mbonn. Ní chreidfeadh sí é, murach go ndearna feiceáil fírinne. Ná ní cheadódh sí ar éadáil anois gur bhreathnaigh sí ina diaidh . . .

Shnámh Bríd léi soir in aghaidh an aird. B'éigean di an seál a tharraingt aniar uirthi féin, arae bhí an brádáinín báistí ag dul isteach léi. Cé go raibh an ceo ardaithe, bhí an duifean i mbun na gaoithe agus ba é a chosúlacht go dtosódh sé ag gleadhradh pointe ar bith. Bheadh sí ina bogshifín faoin am a mbeadh a seifte dá lámha aice, a cuid bagáistí agus teachtaireachtaí ceannaithe agus í faoi réir le cupán tae a ól sa teach itheacháin . . . Agus ansin b'fhéidir go mbeadh moill uirthi ina cuid éadaigh fliuch sula bhfaigheadh sí carraeir a thabharfadh marcaíocht abhaile arís di . . .

Shroich sí mullach an aird ag Coill an Choláiste faoi dheireadh agus faoi dheoidh. Bhí sí i bhfíorchluasa an bhaile mhóir anois, na tithe mora áirgiúla ina haice, na sráideanna colbha scaithín soir, agus gan an Bóithrín Buí ach ceathrú míle uaithi. Agus ní raibh roimpi ach fánán isteach go slata an bhaile mhóir. Leag Brid an cliabh sa gcailleach a bhí sa sconsa ard. Chaithfeadh sí a bróga a chur uirthi. Chúns a bhí sí ag dúnadh na n-iall bhí sí ag cuimhniú arís ar an gcupán tae a gheobhadh sí, agus ar an aistear agus ar an anró a choiscfí di, dá mbeadh i ndán is go gcoinneodh bean an *Pheeler* a cuid seifte. B'fhéidir do dhuine eicínt eile a bheith ann roimpi. Ach ní móide. Nach mairg gur chaintigh sí le Cáit Cheaite chor ar bith air. Bhí 'pláibistéaracht' an tsaoil mhóir ag Cáit chéanna. D'fhéachfadh sí é ar chaoi ar bith ar an gcéad iarraidh in Éirinn, ainneoin go mba farasbarr maith ar a haistear é mura n-éiríodh léi ach bonnaíocha. Ní raibh gar dá mhoill.

D'fhill Bríd an t-éadach siar d'éadáil an chléibhín ar fhaitíos nach raibh gach uile shórt ar deil. Bhí an meascán ime ina luí chomh soineanta scéimhiúil le Cóitín Luachra an tráth ar dhúisigh an Ridire Gaisce as a codladh í. Monóg uisce i lorg an phrionda agus an t-im tacúil téagrach ní hé fearacht is an phráib a dhéanadh im an tsamhraidh é. Bhain sí an tuí agus na páipéir de na huibheacha agus chomhair sí arís iad. Bhí siad ansin – trí scór acu – glan sciúrtha suáilceach: cuid geal, cuid buí, agus cuid gléghorm. Ainneoin nach raibh aon chóiriú ar leith aici orthu, b'fhurasta a aithint di uibheacha gach circe. Ubh na heireoigín léithe. Ubh na circín roillí: an ubh gheal a bhí ionann is ina bogán. Agus uibheacha na coc-chirce: na huibheacha mora buí ar nós uibheacha lachan a raibh sí chomh dúlaí iontu agus ar shantaigh sí corrcheann acu a chur síos di féin ó tháinig Seascach na gCearc, murach nár mhaith léi a dhul á dhéanamh ar chúla téarmaí. B'ait iad na cearca bochta, go lige Dia slán iad. Ach murach an ghiollacht a bhí siad a fháil is fadó a bhí siad i ndeireadh a líne. D'fhill Bríd suas na huibheacha arís agus dheasaigh sí an tuí ina dtimpeall. Chuir sí an t-éadach anuas orthu agus bhí sí faoi réir le himeacht an athuair . . .

Bhí sé éirithe as an mbrádán anois agus an t-aer glan ó smúit. Agus soir ó dheas uaithi chonaic sí an ghrian ag cur scolb ar chrotal dorcha dúshlánach de néalta ceo agus báistí agus ag brúchtadh amach tríothu ina háille éadrachta, nó go ndearna a scalán seoda de dhuille deorach na coille agus de bhraonacha báistí an bhóthair. Ba gheall an t-éirí sin le buinne bruach caithréime don ghrian tar éis di tonnáiste, guais, easonóir agus anró a shaothrú agus a shárú trí chríocha dorcha domheanmnacha doghluaiste na hoíche. Thug Bríd súil ina diaidh siar an bóthar. Súil siar ar na naoi míle fhada fhánacha sin a rinne sí as deargstrócántacht. Chuimhnigh sí go gcaithfeadh sí iad a dhéanamh arís agus arís agus arís eile. Iad a dhéanamh nó go mbeadh gialla sceirdiúla aici agus géaga tarraingthe agus faghairt ina súil. Ach bhí siad déanta aici inniu agus b'údar dóchais é sin. Bhí borradh ina cuisle agus ceol ina croí. Bhí sí spreacúil spleodrach. Bhí meanma óighe an mhiolghaire ina hintinn agus ba speal tar éis faobhair ar bís lena dhul sa mbá a colainn. Bhí sí faoi réir arís lena dhul faoina cuid de bhró mhuilinn an tsaoil. Chuir sí a lámh ar iris an chléibhín ime . . .

An Bhearna Mhíl

Chaith Nóra Liam Bhid oíche fearacht mar chaith sí an oíche aréir roimhe sin, ag réiteach tae do lucht na bainise. Ach anois bhí bánsoilse smúitiúil an lae tús Faoillte ag smúracht isteach sa bparlús leathbhánaithe, agus ó bhí an glantachán déanta tar éis an tae dheireanaigh, agus Nóra ar scor, thosaigh an coimhthíos ag spochadh léi arís. Coimhthíos leis an bpósadh, leis an malairt, leis an Achréidh strainséarach: an daol céanna nár scar léi an oíche údan, tá mí ó shin, ar tháinig a hathair abhaile ó Aonach na Gaillimhe agus a ndeachaigh sé ag inseacht dá máthair go cúlráideach 'go raibh ceithearnach Achréidh déanta amach aige do Nóra'. Níor chlaochlú ar bith ar an gcoimhthíos sin di a fear agus a chuid deirfiúracha a fheiceáil den chéad uair ar an gcleamhnas an tseachtain roimhe sin. Ar nós eochrasaí a chuibhreofaí i gcaológ chalcaithe mhúnlaigh i dtosach a scríbe, agus nach mbeadh i ndán di ligean a fháil choíchin ar áthanna glana síolraithe uachtar na habhann, a chuaigh Nóra faoi chuing an phósta i séipéal an Aird, ard-tráthnóna inné. Agus anois, ó nár shólás ar bith di tláthchaint a máthar, bladar póitiúil a hathar, sáimhe shochma a fir, ná sioscadh a cuid banchliamhaineacha a raibh an spleáchas ina orlaí trína gcuid láíochta, thug sí an chisteanach síos uirthi féin chuig an gcóisir chomharsan a tháinig ón Aird leis an mbainis.

Bhí scioból an damhsa taobh amuigh bánaithe le scaitheamh agus an chistineach anois plódaithe le daoine ar bhuail tost iad ar a theacht di i láthair. Ba gheall le céadfaí corpartha an toist na hanálacha séideánacha leanna, na dlaíóga deataigh tobac agus na mionphúireanna gainimh sprusaigh den urlár stroighne a tháthaigh le chéile ina gcuisne cheo, agus a rinne uirthi mar bheadh taise ann ag féachaint an mbainfeadh sé an chaint aisti a d'fhuasclódh pioraíocha a anama. An tráth sin de mhaidin bainise a bhí ann a bhféadfadh duine a dhul ag ullmhú scléipe agus fios aige nach bhfaigheadh sé fear a bhactha. Bhí an splanc imithe as na glórtha póitiúla agus an ghile as an ngáire. Dar le Nóra go mba le mífhonn a chuaigh an t-aos óg ag damhsa an phoirt, leisce deis a thabhairt do na lánúineacha pósta agus don 'tseanmhuintir' an tost a bhí ag gabháil binne ar an teach a thapú agus a rá go raibh sé in am scortha. Má ba iad aos óg an Aird féin iad a raibh fíor ragairne agus síoraíocht sclábhaíochta iontu, ní raibh duine acu anois nach raibh an oiread támáilteachta ina ghlór agus ina leagan súl is a bhí ina chuid cos. An t-aon duine sa teach a raibh a chosa ina dtine chreasa agus a ghrua ina splanc ghealáin fós ba é Beairtlín, buachaill aimsire a hathar, é.

Bhuail Nóra a ceann fúithi, agus lig sí aithinne den tine chreasa trína hintinn agus ga den ghealán trína hanam, nó go raibh sí neamhairdiúil ar an tost agus ar an gcoimhthíos. Chuimhnigh sí ar a liachtaí uair a ndearna sí suirí gan ghoimh leis agus í ag sciobadh creathnaigh uaidh sa samhradh, nó sa bhfómhar agus iad beirt ar leac na sráide ag briseadh na gcnónna a thugadh sé chuici ó Ghorán Leasa, nó oícheanta airneáin chois na tine tar éis don seanchúpla a dhul a chodladh agus ise ag fanacht go dtagadh a dearthái Pádraig ó chuairt. Ba mhinic cailíní óga an Aird a bhí ar an mbainis anocht á saighdeadh, ag samhailt Bheairtlín léi. Ach tar éis go mba anocht an t-aon oíche nach samhlódh ceachtar acu léi é, ba anocht an t-aon oíche nach gcuirfeadh sé a dhath mosáin uirthi. Nathaíocht Bheairtlín a bhaineadh an lionndubh dá gáire gach uile uair dá mbíodh a hathair agus a máthair ag tionscailt cleamhnais di. Cneasú thar ghoimh fós féin a bhí in aiféala Nóra de bharr a mhéad is a bhí cúl a cainte léi agus a laghad suime agus a bhí aici a dhul ag lochtú gnaithe Dé an lá údan ar dhúirt Beairtlín léi 'go raibh an seanbhuachaill ag déanamh cleamhnais di arís, agus nach mbeadh comhaireamh na sop le fáil ag aon duine nach mbeadh ina cheannaí siopa nó ina bhoicín Achréidh.' Níor le holc do Bheairtlín as ucht ar dhúirt sé a fuair sí caidéis dá bhearna mhíl an lá sin. Ina leaba sin, is éard a bhí fúithi a rá 'go n-imeodh sí bog te leis ar áit na mbonn'. Ach ar theacht don chrú ar an tairne, níor dá chruth seang deilfe, ná dá shúile glasa spéiriúla, ná dá ghrua ar dheirge 'an mhéirín' a ghéill a súile, a croí ná a béal, ach don éalang cholúil bhroinne nár fhéach sé a chlúdú le croiméal féin. Mura mbeadh a mhinice agus a chuaigh ag a col ar a rún níor chailimhineog liath chaillte a bheadh i ngréasán a saoil óig inniu. Anois féin ba í an bhearna mhíl sin a chonaic sí ag déanamh chuici mar bheadh péist an dá shúil déag ann trí lochán glas mara; agus ainneoin ar lig Beairtlín amach dá mhosán go raibh 'an teach faoina mullóg féin ag muintir an Achréidh i gcaitheamh na hoíche lena gcuid *reel sets'* níor fhéad sí cluas ar bith a thabhairt dó go rabhadar beirt ar lom an urláir ag damhsa *plain set* an bhaile.

'Tá an chuingir ort faoi dheireadh,' arsa seisean, mar a bheadh fonn nathaíochta air tar éis an mhosáin.

'Dia á réiteach,' arsa Nóra. Daingníodh ina ceann den chéad uair rud nár fhéad cleamhnas, pósadh, ná an bhainis féin gus nuige seo a chur i dtuiscint di mar is ceart.

'Ná bíodh cumha ar bith ort. Is maith an mhalairt agat fuíoll na bhfuíoll agus do chomhairle féin anseo ar chlár an

Achréidh thar is carracáin agus sclábhaíocht an Aird Bhig . . . ní áirím aireachas an tseanbhuachalla. Cuirfimid corrlastas creathnaí agus corrbhuidéal poitín aniar chugat, agus maingín chnónna sa bhfómhar.'

Scioch rud eicínt faoi chroí Nóra. Níor chuimhnigh sí go dtí sin nach raibh creathnach, cnónna ná poitín anseo.

'Chaith mé an oíche aréir fré chéile ag iarraidh thú a fheiceáil, a Bheairtlín, go n-abrófá "Doire an Fhéidh Chasla" dom, ach ní raibh amharc in áit ar bith ort trí na daoine. Déarfaidh tú é th'éis an damhsa . . . Déan . . . Is fada go gcloise mé arís é.'

Ach ní maith a bhí a sceadamán réitithe ag Beairtlín san am ar tháinig a máthair agus deirfiúir a fir agus ar ardaigh siad siar sa bparlús arís í.

'Tá sé thar am baile againne,' arsa an mháthair. 'Sin é ina lá geal é agus Máirtín anseo ar neamhchodladh ó arú aréir. Tá sibhse sa mbaile, bail ó Dhia oraibh, ach féach an t-aistear atá romhainne.'

'Aon mhíle dhéag go Gaillimh,' arsa Máirtín Ó Riain, fear Nóra, de ghlór righin téachta ar chuir canúint Ghaeilge an Achréidh barr coimhthís ann. 'Cúig mhíle dhéag as sin siar, nach ea? Sin é a deireadh spailpín a bhí agam anseo, bliain, ón Aird.'

Ainneoin na mílte fada a lua agus an t-anbhá a bhí ann ag fáil cótaí agus seálta, níor lig Nóra lena hais go raibh a muintir agus a comharsana á fágáil. Níor lig sí sin lena hais gur tháinig gearrchailí an Aird chuici gur phóg siad í agus gur dhúirt siad léi 'gan aon chumha a bheith uirthi, go sciorrfaidís aniar ar cuairt corruair.' D'aithin Nóra gach uile ghlao dá raibh ó ógánaigh an Aird agus iad sna feiriglinnte ar na rothair siar bóthar na Gaillimhe, agus chuir sin tuilleadh coimhthís uirthi le muintir an Achréidh a bhí ag fágáil sláin aici i ngeamhsholas na maidine ceobránaí, agus na driúillíní fuaicht agus scátha ag snámh ina cuisleacha lena bhlasta is a bhí 'Mrs. Ryan' ar bharr a ghoib ag gach uile dhuine díobh. Na gluaisteáin a tháinig le cuid de mhuintir an Aird, bhí siad ag dordsantacht ar an mbóthar agus na haraí ag an stiúir ag séideadh na mbonnán. Ar nós mar rinne sí a liachtaí uair cheana i ndeireadh bainise agus í ag dul abhaile, chuir Nóra a cóta uirthi féin agus shiúil sí amach ar an mbóthar. Ba é Beairtlín an duine deireanach a coiglíodh isteach i gcúl an ghluaisteáin a bhí ag a muintir.

'Dia á réiteach, a Bheairtlín,' arsa sise. 'Coinnigh glac chreathnaí dom.'

Ainneoin an mheatha i raibh sí bhraith Nóra meacan sa gcaint a tháinig de bhrúisc amach trí inbhear na bearna míl, de bharr a dheasaithe lena bhéal agus a bhí beanna cába a chóta báistí ag Beairtlín.

'Ná bíodh faitíos ort. Tabharfaidh mé maingín chnónna agat freisin, sa bhfómhar.'

'Tá an cuimse cna sna creigeanna anseo,' arsa a fear lena gualainn.

D'fhan Nóra ina staic ag an ngeata ag breathnú i ndiaidh an ghluaisteáin nó gur bhailigh sé siar Airdín an Chrosbhóthair, ach níor lig sí uirthi féin gur chuala sí buille scoir a máthar ag cur aithne uirthi 'gan aon chumha a bheith uirthi, gur ghearr go bhfeiceadh sí arís iad.'

Cumha! An cumha an gruiféad dobhriste a choinníos an t-anam deorata ar ancaire i gCaladh an Dúchais? Ní cumha a bhí uirthi. Ag bocáil i mbarr toinne faoi thoiliúna Dé a bhí sí, i ndiaidh téad ancaire a hanama a scor, agus gan an oiread is an t-aon sine lena dúchas a bheith fágtha ó d'imigh Beairtlín. I ndiaidh a cinn roimpi, ar nós na loinge den eolas, chuaigh sí go dtí Airdín an Chrosbhóthair. Ainneoin nach raibh Nóra riamh ní ba ghaire don cheantar seo ná Gaillimh, agus ainneoin go raibh sé ina oíche ó Ghaillimh aniar ar chóisir na bainise aréir, ní le hamharc a fháil ar an tír faoi gcuairt a tháinig sí go dtí círín an tortáin seo. Ní raibh de smaointe in intinn Nóra ach círín ar bith ba thúisce aici a ardú sula bplúchtaí í idir dhá thonn na hAimsire Caite agus na hAimsire Fáistiní. An pointe sin níorbh fheasach di an ar a deasóg nó ar a ciotóg a bhí Máirtín Ó Riain, ná níor chuir sí cronaí ar bith i gcois a phíopa ag guairdeall timpeall na n-airde; agus is é a ndearna na hainmeacha aisteacha anaithnide a bhí ag tionlacan chos an phíopa cur i gceann a coimhthís agus a bearráin. Ná níor airigh sí an Rianach ag imeacht uaithi ar ais don teach.

Bhí an ceo á chornadh féin suas agus na cornaí á mionú arís agus á bhfuadach amach ina strácaí liatha caillte go ciumhais na má leis an mbeochan gaoithe. Ar feadh a hamhairc ní fhaca sí ach páirceanna móra míne gan chloch gan charracán agus gan troigh dá gcuid fál nach raibh chomh díreach le dorú, cé is moite den áit a raibh na fálta báite ag fuarlach an turlaigh. Bhí doire coille anseo, garrán ansiúd agus corrgheadán creige síos amach uaithi, mar bheadh altanna an adhmaid trí chlár déile tar éis é a thuaradh agus a sciúradh. Ach ba é an áit a raibh sí ina seasamh an cnocán ab aeraí ar an achréidh méith marbh seo. Ní raibh na tithe ina gcaidhlíní anseo: b'facthas di go raibh an brionglán suaite deataí ba ghaire di míle ó láthair. Ba mhar a chéile na tithe ar fad. An déanamh céanna. Na háirgí céanna ina dtimpeall. Agus an fhoireann chéanna crann ag déanamh foscaidh do chlaíocha na n-iothlann. Níor thug Nóra de shamhail dóibh ach ollteach a scáinfeadh in imeacht na hoíche agus a ndealódh a chuideanna chomh fada ó chéile is d'fhéad siad le teann doichill. Bhreathnaigh sí ar theach a fir. Níor neamhchosúil é ina dhreach agus ina dhéanamh le teach ceann slinne dhá stór a hathar, cé is moite go raibh gotha ní b'úire ar theach a hathar, go raibh an fharraige ina fhianaise, na maolchnoic ar a chúl, agus gan ann féin ach mar a shnoífí alt eibhir den tír charrach chreagánach i riocht is go mbeadh gallán suaitheantais eicínt i lár an chnuasaigh tithe ceann tuí a dtugtaí an Aird Bhig air. Ach ba é an méid sin an chuid ab fhánaí den idirdhealú. Bhí an dá theach thairis sin chomh neamhchosúil le chéile is atá uisce agus bainne leamhnachta. Fearacht na tíre faoi gcuairt, bhí sotal sonta eicínt i ngotha a hárais nua a mheabhródh di an meangadh sámh a dhéanas ceannaí siopa ar fhéachaint ar a leabhar bainc. Is éard a bhí gotha an tí sin a iomardú lena béal nár fhás aon oíche é – ach cuid den Bhuaine féin. B'fheasach do Nóra go mba theach 'te' é. B'fheasach di mura mbeadh gurbh ea nach gcuirfeadh a hathair 'ann' í, tar éis a liachtaí boicín a d'eitigh sé fúithi, agus an spré a bhí aici. Chuaigh driog fuaicht tríthi ar chuimhniú di nach mbeadh inti feasta ach ball acara de bhaill acara an tí sin. Anseo ní raibh réim sléibhe agus farraige mar bhuairín ar an gcois luaithneach ná mar dhaoradh reatha d'aisling na hintinne fálróidí. Ní raibh ann ach an clár mín aonghnéitheach le tnúthán agus tréathra éagsúla daoine a shlogadh agus a dheilbhiú in aon uige fhuar aon snáithe, mar dheilbhíos an fharraige gach uile bhraon uisce riamh ar a haon ghné ghlas dhiamhair féin, bíodh sé ar a rogha dath nó dúchas sula mbeireann a broinn air. Arís choíchin dá laghad caidreamh dar dhóigh di a bheith aici leis 'an mbaile', ní bheadh inti sa gcaidreamh sin féin ach snáithín caol den uige dhlúth seo.

Bhí fuacht nárbh fhíorfhuacht – macasamhail láíochta a cuid deirfiúr céile – sa maidin, agus chuaigh sí isteach. Mhothaigh sí nach raibh dada dá thais ag an áit istigh. Tar éis an phléaráca ar fad ní raibh an chisteanach sách mór as a riocht le go bhféadfaí a rá go raibh sí 'tíriúil', ní áirím 'gaelach'. Ba mhinic cisteanach a dtí féin sa mbaile ina cíor thuathail i bhfad ní ba mheasa i ndiaidh cupla uair de dhamhsa airneáin. Cé is moite den dá bhord a bhí as fad a chéile fós sa bparlús, d'fhág an lucht freastail sular imigh siad gach uile shórt ar a chóir féin, gan bun cleite amach ná barr cleite isteach a mheabhródh go ndeachaigh eang sa ngabhail, agus gur snaidhmeadh dhá anam le cuing spioradálta is colannda an aontís agus an chéileachais i riocht is go mbuanófaí foinse beatha an tí. Na cúrsaí ba mhó a bhain le cinniúint an duine, ní raibh iontu ach sciot ar uisce méaróige ar dhromchla sámh mór na tíre seo.

Shuigh sí síos agus thug súil thart faoin gcisteanach, rud nach bhfuair sí ionú a dhéanamh ó tháinig sí don teach. Bhí séala daingean an Tíobhais – bean choimhdeachta na Buaine – ar gach uile mhíle ball, ó na sáspain ghlana sciúrtha go dtí an dá *phress* mhóra a raibh finne fómhair ina gcuid adhmaid. Níor dhóigh beirthe é ná go gcuimhneodh sí ar an bhfoireann a chuirtí sna hárais anlacain agus nach ndéantaí a gcorraí ná a gcaitheamh nó go rodaíodh an aimsir iad; ach, ó nach raibh eolas ar bith ag Nóra ar sheandálaíocht, ag cuimhniú a bhí sí cén chaoi ar fhéad an Rianach, agus é taobh leis féin, a theach a choinneáil chomh piocúil ornáilte agus a bhí sé. Ní raibh uireasa lámh mná ar an teach seo! Ach an rud ba choimhthí ar fad le Nóra gan teallach gan tine a fheiceáil, ach an sornán dalba doicheallach a raibh an dé tar éis múchadh in áit eicínt istigh ina bhroinn.

Cá'il an mhóin, ní mé?' arsa sise léi féin ag éirí, arae le hoighear an choimhthís a chlaochlú chun scaláin an teanntáis níor mhór léi cladach tine a chur síos a dhéanfadh caor dhearg de chruach an tsornáin agus a chruthódh di go mba chumasaí tine agus teas ná an t-iarann fuar daingean.

'Gual ar fad a bhíonns agamsa,' arsa a fear. 'Nach mb'fhearr duit gan bacadh le tine ach spuaic a bhaint amach ar an leaba.'

Scanraigh sí. Níor chuimhnigh sí amháin ar an leaba go dtí sin. D'airigh sí ugach teanntáis an ghlóir mheathchodlataigh sin ag cur rabharta coil faoin gcuisle aici, ach thuig sí go raibh an glór ró-údarásach lena shéanadh dá mb'áil leis an scéal a chur go spriog.

'Níl aon chodladh orm,' arsa sise, faoi dheireadh agus faoi dheoidh, ach bhí a fear imithe amach i gcoinne an ghuail. Ba ghearr go raibh sé ar ais arís agus gur theilg sé sluaisteog de isteach i gcab an tsornáin. Chuir na sáití den phócar a bhí sé a thabhairt do ghríosach na tine núis ar Nóra. Ba gheall le hanam a bheadh ar mheá an chathaithe ag an diabhal agus é ar a mhine ghéire ag féachaint le é féin a shlánú, coscairt dhriopásach na gríosaí ag iarraidh lasta. Thabharfadh Nóra Éire anois dá mbeadh athair céile, máthair chéile, duine de dheirfiúracha béalráiteacha a céile, nó balbhán féin chois an teallaigh. Bhí deatach phíopa an Rianaigh ag gluaiseacht go dtí an t-áiléar ina phúir chuimseartha gan mhairg gan mhúisiam. Strácaí catacha coilgneacha a sílfí orthu go raibh siad ag coraíocht le rud eicínt san aer a dhéanadh gaileanna Bheairtle agus a hathar. Ní raibh aon riasc fiáin – aon cheo de choirce scéin a ceantair féin – i gcaint a fir. Ba ar a chruachúis dó a bheith chomh cruinn barainneach murach go mba chlár mín gan ísleán gan ardán a intinn fré chéile . . . Ón gcorrgheábh grinn a rinne sé, agus ón meangadh a mhaíodh i lúibinn rite a shróine lena linn sin, mheabhraigh sé do Nóra Dia na Críonnachta ag iarraidh a dhul uairín le haer an tsaoil. De réir mar a bhí sí ag taithiú le leagan logánta na cainte, b'amhlaidh ba mhó a bhí a brí ag dul chun coimhthís di. Thit an drioll ar an dreall uirthi. B'fhada léi go dtagadh clanna eicínt nach mbeadh d'aon uige: malairt duine, malairt lae, malairt aimsire, an oíche arís, nó dodaí ina ghlór, i leaba an doird mhairbh sháimh nach ndearna thar thoilliúint ina cluais anois.

D'éirigh sí agus chuaigh sí amach i mbéal an dorais ar an bhfionnuartas. Ainneoin nach raibh siad ach tar éis cead scoir a fháil, ba bheag an súnás a bhí ar na páineanna cearc ach ag scríobadh leo sna láithreacha bláth ar gach aon ghiall den chis stroighne taobh istigh de chéimeanna gheaitín an bhóthair. An corrbhláth a bhí tar éis goineachan trí thalamh, taltaíodh aréir é. Ba dhiacht di gan lorg coise Bheairtlín a aithneachtáil agus a liachtaí uair ar chronaigh sí cheana í ar mhóin, ar ithir agus ar ghaineamh. Ag grinneadh chumraíocht na bróige a bhí sí san am ar tháinig fear tromchosach faoina hata bog tuataigh agus a bhríste *cord* thart an bóthar. Bhí cuimhne ag Nóra go mba chomharsa áirid dá fear é, i ngeall go bhfaca sí comaoin ar leith á cur air sa bparlús aréir. Gan claochlú ar a choiscéim agus gan a cheann a shníomh thar dhubh na fríde chuici, bheannaigh sé di chomh drogallach beagfhoclach is dá mba phingin sa gcíos gach uile shiolla den chaint. Bhí an ceo ina chochall broghach anuas faoi dhroim an chláir an athuair, agus gan tríd ach corrdhing de léargas. Ach mar sin féin níor mhóide do Nóra a dhul isteach chomh tobann, murach an taghd a bhuail í leis an gcearc otraithe a raibh cumraíocht na coise scríobtha lena crág mhístuama aici den chréafóg bhog shodhealfa . . .

Shuigh Nóra ar an gcathaoir chéanna arís chois an tsornáin. De bharr teas na tine agus an tuirse bhí a fear ina shrann chodlata – srann mharbh thomhaiste, gan mhúisiam gan mhairg, mar bhréidín lách farraige loime le duirling ar théigle shamhraidh. Den chéad uair chuaigh sí ar ghrinndearcadh a fir, fearacht is dá mbeadh sí á fhágáil go deireadh mar bhall suarach dá saol nua. Fear géagánach corrghuailleach. Séala na gcéadta bliain de ghrian, de dhoineann, d'ithir agus de chrácamas ar an gcolainn urrúnta, ar an muineál féitheach agus ar an gceannaghaidh garbh bláthbhuí. Gruaig dhubh a raibh ciumhaiseog liathachain mar fhíor an nirt léi. Súile marbha malla nach ndearna Nóra faoilte an gháire, lasadh na feirge ná boige seirce a shamhailt leo. Polláirí fonsacha séidte nach bhféadfadh a bheith an-éisealach faoi bholadh. Croiméal cróndubh a bhfacthas di ón gcupla smearamharc a thug sí uirthi cheana gur ghéar a theastaigh a díogáil uaithi. Agus go háirid ó thug sí faoi deara go barainneach anois nach raibh na dosáin thiubha róine ag clúdú aon bhearna mhíl . . .

An Bhliain 1912

'An trunc.'

Ainneoin a réchúisí agus a dúirt an mháthair an focal, bhí dubh na fríde den bhundún lena aithneachtáil ar a glór. Ní ghabhfadh sí don Ghealchathair ag ceannach an trunc, seachtain go Satharn seo a chuaigh thart, in éindigh lena hiníon. Ná níor lú dar léi an sioc ná an stiúir a bhí air ar feadh na seachtaine, gróigthe mar bheadh íol adhartha ann ar dhroim chomhra na cisteanaí, agus spraoi an domhain ag na páistí á oscailt, á dhúnadh agus á dhearcadh. Ní bhfaigheadh sí ina claonta a dhul ag cur múisiaim ar an iníon an tseachtain deiridh. Murach sin bheadh sé craptha siar sa seomra agus isteach faoin leaba aici ó thús. Ach má bhí oiread eile d'fhonn ar an iníon an ball éadálach sin a bheith go feiceálach i bhfianaise na cóisreach a bhí cruinn anocht, rinne an mháthair an rud ba bhreá léi féin i dtús na hoíche, ó tharla go raibh contúirt bhriste nó lioctha ar an trunc san áit a raibh sé. Ba bhall dóite, ba cholm bolgaí ar scéimh a saoil é a fheiceáil anocht go háirid, ó b'annamh léi oíche chroídhílis a bheith faoi chaolacha a tí. Ní raibh ina dheiseacht agus ina fhóint uile go léir ach ciméara draíochta le céadcheap a broinne agus fios fátha a saoil a fhuadach uaithi, go díreach agus an t-ól, an mheanma, an ceol agus an siamsa ag dul go barr bachall. Seacht seachtaine ó shin, sular tháinig an phaisinéireacht, bhí sise chomh beophianta ag fuireacht léi is a bhí Máirín. Níor chuid iontais léi a hiníon féin a fheiceáil ag dul go Meiriceá ach an oiread leis an ochtar deirfiúr arbh é a géarchuimhne cuid acu a imeacht ann. Idir ord agus inneoin an tsaoil múineadh dise lena croí a cheansú agus a gean máthartha a chriogadh i ngreim scóige mar a bhí ag Éabha a dhéanamh le nathair na hAithne. An phaisinéireacht a chuir an chríonach trí lasadh arís. Agus mar bheadh teangacha feasa ann ó chéadfaí scoite, bhí lasracha as dóiteán a croí ag goradh chiall agus réasún a hintinne agus ag ligean feasa léi go mba mheasa an imirce ná creachadh teampaill agus ná bánú tíre . . . Ach ní raibh cluas bhodhar le tabhairt do stoc na cinniúna ní b'fhaide. Bhí an lá gealta. Patch Thomáis imithe faoi choinne an *jaunt*. Mire scréacha tar éis a theacht sa siamsa thíos sa gcisteanach bheag phlúchta, mar bheadh fuíoll áir cine a raibh an díobhadh i ndán dóibh lá arna mháireach ag cur barr drabhláis driopásach dheireadh oíche ar a mbigil ollghardais. Níorbh fholáir do Mháirín a bheith ag téisclim . . .

Bhí coinneal leathphingine ar choimhrín le balla an tseomra agus smál uirthi de bharr an gheoladh gaoithe a bhí isteach faoi chorr an pháipéir ar phlána briste na fuinneoige. Bhí doimhneacht, draíocht agus diamhaireacht duibheagáin dhochuimsithe sa mbleánach sholais a bhí eitealadh na coinnle a thál ar chnapáin phráis an trunc. Níorbh ar an toirt a d'fhéad an mháthair cuimhniú cá bhfaca sí cheana gné bhuíochta chaillte an adhmaid: snua coirp tar éis tórraimh fhada aimsir mheirbh. Agus ní ligfeadh an col di breathnú isteach sa trunc sin anois ach an oiread is a ligfeadh sé di féachaint ar chorp i gcónra, tar éis gur thug sí obainn ar sin a dhéanamh go minic.

'Bhfuil chuile shórt a'd?' a deir sí leis an iníon, gan ligean dá súile lonnú ar an solas. Bhí gach uile shórt ann: caorán móna, sceallóg den tinteán, dlaíocha gruaige, mogall seamróige, ainneoin gurbh é an fómhar a bhí ann, stocaí glas caorach, glac dhuilisc, balcaisí éadaigh agus páipéir a bhain leis an iomlacht anonn. Thóg an iníon a bróga, a cóta, a hata agus a gúna amach as an trunc agus leag sí ar an gcoimhrín iad lena gcur uirthi. Le seachtain, ba mhinic uirthi iad sa ngeadán céanna, ach níor thaobhaigh an mháthair riamh í agus chuaigh sí go bog agus go crua uirthi i dtús oíche anocht gan a gcur uirthi go maidin.

Dhún an mháthair an trunc arís, agus chaith sí súsa na leapa anuas air 'lena choinneáil glan' B'fhada faitíos uirthi, ach a mbeadh an iníon in éadaí Mheiriceá, go mbeadh an coimhthíos céanna aici léi a bhí leis an trunc. Bhí Máirín ina boinn agus í nochta, cé is moite de léinteog fhada gheal a bhfuair sí tiaráil mhór uaithi á deisiú uirthi ard-tráthnóna agus nach raibh aon rún aici a baint di arís go mbeadh sí in áras duine mhuintearaigh ar an talamh thall. Lena feiceáil mar sin, ba gheall le brionglóid óna hintinn féin í: an t-aon bhrionglóid a raibh a céadsnua scéimhiúil buan fós. Brionglóid go mba chruth di goltraí bhinn Chrann na Beatha, go mba dhealramh di snua meangach Úll na hAithne: céadiompar agus céadabhras máthar. Bhí an iomad rud ar bharr a goib aici le rá léi: na rudaí teanntásacha ceanúla a bhíos i dtaisce i gcroí máthar, mar bheadh bradán a beatha ann, ón uair a n-airíonn sí gin bheo faoina broinn nó go bplúchann an lóchrann síoraí smearsholas an tsaoil.

Le mí anuas, is iomaí rud a dúirt sí leis an iníon ina sceidíní i bhfad ó chéile . . . Nár mhiste léi dá n-imíodh a raibh sa teach ach Máirín fanacht . . . go n-aireodh an teach í, ach í féin go háirid . . . go mba í an duine ba lú a bhfuair sí anró uaidh de na páistí í . . . go mb'ait í in aice tí. Ach ní raibh iontu sin ach an screamhóg mhullaigh. Bhí sí mar bheadh bean choimhdeachta ann a scorfaí an bráisléad a bhí sí a chur faoi bhráid na banríona agus a mbeadh a cuid liaga lómhara scaipthe anonn agus anall, i gcontúirt a dtaltaithe agus a millte. Ba gheall le neach naimhdeach di a bheadh ag scagadh a cuid cainte agus ag cur treampán uirthi an rosc a chur di a mhaolódh docht a croí. Bhí a fhios aici nach raibh aon ghair aici go héag na rudaí a bhí ar a hintinn a rá i litir a mbeadh sí i dtuilleamaí duine eile faoina scríobh agus i dteanga a raibh a féith agus a cuisle ní ba choimhthí di ná féith agus cuisle Shíogaí na Bruíne. Drochshop críon in áit scuaibe beo an bhéil agus na súl agus na gceannaithe a bhí i litir. Thraoithfeadh agus théachtfadh fuarlach na hintinne agus rabharta an chroí sa scríbhneoireacht dhoicheallach.

Agus níor mhóide di Máirín a fheiceáil go ceann fada fada. Bheadh a paisinéireacht lena íoc aici. Ansin paisinéireacht duine nó beirt den chlann, i dteannta riar a chur abhaile. B'fhéidir go mba thúisce a d'fheicfeadh an páiste a bhí faoina broinn í ná í féin. An dá mhar a chéile a bhí sa gcóta Meiriceá agus sna taiséadaí go hiondúil. Ní raibh sa 'céad slán di' a déarfaí feasta, agus daoine ag caintiú ina hainm uirthi, ach taobh bun os cionn de 'bheannacht Dé lena hanam'. Ba mhinic páistí ag déanamh cíor thuathail den dá leagan sin. Agus an tráth a gclaochlaíodh an 'céad slán' ina 'bheannacht Dé' dáiríre, ba chlaochlú gan chóiríocht gan chróchar, gan chás gan chaoineadh é. Na taiséadaí féin ní bheadh ag máthair sa mbaile lena mbaint as a bhfilleadh anois agus arís mar réidhe an achair dá brón, ná ainm agus sloinne ní bheadh ar réchláirín i gcill cois Caoláire do na glúine a thiocfadh. Scríobfadh an t-iomlacht – an domhnaíocht seiscinne fuaire sin – an t-ainm de ghinealach an chine. Mar na géabha fiáine a bheadh a himeacht.

Ach cé go raibh na smaointe sin mar thaos nimhe in intinn na máthar, ní ligfeadh sí lena hais nach bhfeicfeadh sí go deo an iníon. Bhí a ciall agus a réasún ag inseacht di nach bhfeicfeadh, agus a croí, a dóchas agus a misneach ag rá a mhalairte. Agus ba dá croí a thug sí cluas. Ach bhí a fhios aici ach a bhfeiceadh go mba bheag ab ionann í is an gearrchaile sóntach, tíriúil a bhí anois in aois a naoi déag, agus gile a dealraimh fearacht snua gréine maidine ar mhala cnoic i dTír Tairngire. Bheadh domlas ar a béal ó chaora Chrann an Mhaith agus an Oilc. Bheadh easóg dhorcha na gangaide ina croí. Nathair shleamhain na céille ceannaithe ag snámh ina hintinn. Faghairt na cruach fuaire ina ceannaghaidh. Canúint ar a cuid cainte, ar nós fuíoll díoltais leasmháthar. Mar sin a bhí na Poncáin uilig. Níor mhór di í féin a fhoilsiú di anois, mar d'fhoilsíodh máthair amhais na huachaise í féin dá clann san am go mba chúrsaí báis agus martraithe gach geábh dá dtugtaí ag sireoireacht bídh. Í féin a fhoilsiú di chúns nach mba dhíol magaidh léi fós a cuid seanórtais agus aineolais féin agus nach raibh díchreideamh ná dochreideamh na hiníne ina bhádhún idir a dhá n-intinn . . .

I ndar léi féin, ní raibh tionscailt ar bith ab fhearr ná an t-airgead. Tharraing sí sparán éadaigh as a brollach, bhain sí as a mbeadh de mhionairgead ag teastáil ón iníon sa nGealchathair, agus ansin shín sí chuici é. Chuir an iníon an sparán faoina muineál agus dheasaigh sí go maith ina brollach faoin scaball é. 'Fainic anois, a leanbh, nach dtabharfá aire mhaith dó,' a deir an mháthair. 'Ní móide go dteastódh sé chor ar bith uait, ach mura n-éirí obair leat go tráthúil ba mhór an ní duit a bheith i gcleithiúnas aint Nóra agus an mhuirín atá uirthi féin. Coinnigh an súsa deasaithe i do thimpeall go maith ar an soitheach. Ná taobhaigh aon duine mura i ndán is go mbeidh duine aitheantais ann go díreach. Beidh leat ach a sroichfidh tú chomh fada le tigh Nóra. Má chaitheann tú pá bheag féin a thógáil, ná cuir thar d'fhulaingt thú féin ag obair . . . Tabharfaidh tú cuairt abhaile faoi cheann chúig bliana. Bhuel, deich mbliana ar a fhad . . . Ní féidir duit nó beidh pingneacha beaga agat an uair sin . . . Mo . . .'.

Tháinig a cuid spleodair léi ar sheol na braiche go dtí sin. Ach ar an dá luath is ar shíl sí an screamhóg mhullaigh a bhriseadh níor fhan focal den chaint aici, ach staidhce a dhéanamh ag féachaint ar a hiníon. A lámha ag sméaracht le cruinniúchaí a naprúin. Luisne a raibh an gáire agus an gol ina lánúin léanmhar inti ina grua. Leathleiceann léi ní b'fhaide ná an leiceann eile i gcosúlacht. Roic chrotacha ag cruthú go hanróiteach ina baithis, mar bheadh eochracha ann ag coraíocht le glas. Bhí an iníon i ndáil le réitithe anois agus d'fhiafraigh sí 'cá raibh na pingneacha beaga a theastódh uaithi sa nGealchathair?' Leis an ruibh chainte a bhí ar an máthair roimhe sin níor lig an dearmad di an spaigín a fháil agus a gcur ann. Ar iontú thart di anois le dhul ina choinne bhuail an oiread anbhá í agus nár chuimhnigh sí go raibh an t-airgead i gcúl a glaice nó gur thit sé uaithi ina sprus ar fud an urláir. Ba é an rún a bhí ag an máthair ó thús fuireacht go dtagadh déantús ceart cainte ina teanga; ansin an mionairgead seo a sheachadadh dá hiníon mar thoirbhirt naofa, í a phógadh agus a dheornadh . . . Ina leaba sin coilleadh a Soitheach Naofa as a láimh . . .

Ag cur spaigín an airgid i bpóca a cóta di, mhothaigh an iníon clúdach litreach ann. 'Dlaoi de do chuid gruaigese, a mhama,' arsa sise. 'Shíl mé gur chuir mé sa trunc í in éindigh – leis an gcuid eile.' Chuir sí an dlaoi dhubh idir í agus an choinneal agus thláthaigh a dhá súil ghorma nó go raibh siad mar shúile páiste. Tháinig fonn uirthi rud eicínt a rá lena máthair ach ní raibh a fhios aici go barainneach cén rud. Bhí a cuid smaointe ag sméaracht fúthu agus tharstu mar bheadh aineolaí ar eanach caochphollach oíche dhubh. Níor mhór don bheirt a bheith ar aon leaba, an solas a bheith múchta, agus ga gealaí isteach tríd an bhfuinneoigín mar bheadh maide milis ann leis an teanga a bhealú. Bhreathnaigh sí idir an dá shúil ar an máthair, féachaint an bhfaigheadh sí ugach ar bith uaithi, ach níorbh fheasach di go raibh a máthair mar bheadh cnoc ann a mbeadh tormach chéatach ina chrioslaigh, tar éis nach raibh an tine in ann aon scolb a chur ar a fhorscreamhóg thinn theangmháilte . . .

Chuir an iníon an cóta scagach scanraithe agus an hata caisealmhór uirthi. Ba chuid de na cóirithe catha, dar léi, seal fada a chaitheamh ag deisiú agus ag athdheisiú an hata, ainneoin nach raibh goic áirid ar bith ba mhian léi a chur air. Níor chuimhnigh sí riamh nár bharr slaicht uirthi a mhéad agus a chrotaí is a bhí a chaiseal, ná go raibh buí a bróg, dubh a hata agus rua a cóta fearacht tríonóide mallaithe datha a bheadh ar thí scéimhe a ceannaghaidh ghil snuaúil. Ach bhí sí faoi réir: hata agus cóta agus bróga ísle agus láimhainní *lady* uirthi – le fanacht uirthi níos mó. Bhuail an oiread coimhthís agus iontais í is a bhuailfeadh féileacán ar mhothachtáil dó an chéad uair go raibh sé tar éis géaga craiplithe an spigneanta a sceitheadh agus go raibh fairsinge dhochoimsithe dhobhacainneach an aeir inseolta aige lena chuid sciathán scolbánta. Mhothaigh sí ina cheann sin páirt d'aeraíl agus d'uabhar an fhéileacáin . . .

Nó go raibh an glas ar an trunc níor chuimhnigh an mháthair nár chuir sí aon cheo de mhaith na circe ann, ná i mbalcaisí na hiníne ach an oiread. Ach ní iarrfadh sí a dhul ag baint an ghlais de anois ar bhás an domhain. Dá dtosaíodh a hiníon ag séideadh fúithi nó ag samhailt pisreog léi an mhaidin sin, ba bheag é a hacmhainn thar is riamh. Chroith sí scaird uisce choisricthe uirthi agus an fhad agus a bhí sí ag cur an chleite sa mbuidéal arís bhí an iníon imithe síos go lúcháireach ar lom an urláir lena culaith Mheiriceá a thabhairt le taispeánadh.

Ní raibh an *jaunt* ar fáil fós. Bhí gleadhradh damhsa ann agus Tom Neile de ghuth phóitiúil ag gabháil 'An Triúr Mac' sa doras dúnta, ainneoin go raibh sé ag plúchadh an cheoil:

'Is iomaí forrá-á-nach breá-á-á lúfar lá-á-á-á-idir
A théanns thar sá-á-á-á-á-ile a's nach bhfilleann choí-í-chin.'

'Déan go réidh leat féin,' arsa an mháthair le Tom. Ach thabharfadh sí cuid mhaith ar an ala sin dá mbeadh fonn aici mar a bhí ag Tom, leis an ualach a bhí ar a croí a chur amach de ina shile cheoil. Bhí na gearrchailí cruinnithe timpeall ar an iníon arís, ag fáil caidéise dá feisteas, ainneoin go bhfaca siad é go minic le seachtain. Ní raibh gair ag an máthair í a thaobhachtáil acu. Dar léi, ba bheag acu ding a chur sa nádúr, nárbh éagóraí de mhórán ná é an ding a bhí an tseiscinn mhór fhuar a chur ann. Ag ceiliúr faoi Mheiriceá a bhí na mná óga. Ag ceiliúr faoin saol a bheadh acu abail a chéile ar fad i South Boston go gairid, mar ba dhual do chine arbh é trunc Mheiriceá a n-aingeal coimhdeachta, arbh í an long imirce a réalt eolais agus arbh í an Fharraige Mhór a Muir Rua. Mheabhraigh Bidín Johnny di iarraidh ar a col ceathrar dlús a chur lena paisinéireacht. Dúirt Judeen Sheáin, ar a bhfaca sí riamh, a inseacht do Liam Pheige faoin spraoi a bhí ar thórramh shean-Cháit Thaidhg.

'Seachain nach n-inseá do Sheán se' a'inne go bhfuil Garraí an tSléibhe faoi fhataí arís i mbliana a'inn,' a deir Sorcha Pháidín. 'Dúirt sé ag imeacht dó nach dtiocfadh aon duine ar an gcine arís go deo ó d'imeodh sé féin a bhuailfeadh faoina chur, bhí sé chomh deacair sin.'

'Abair le mo bhuachaillse, a Mháirín, gur gearr go mbí mé anonn chuige,' a deir Nóra Phádraig Mhurcha de chogar a chuala na gearrchailí ar fad.

'Dar príocaí, ní bheidh sé i bhfad go mbaine mise aithinneacha as leacacha South Boston,' a deir scorach fionnrua ar chuir an t-ól ruibh na cainte air.

'Go bhfóire Dia ar an dream a chaithfeas fanacht sa mbaile,' a deir sean-Séamas Ó Curráin.

Bhí an fuisce ag dul timpeall arís. 'Ara seo, b'fhearr duit blaiseadh dó,' a deir an fear roinnte – Peaitsín Shiubháine – agus bhí sé ag tónadh na gloine ar Mháirín, nó gur dhóirt sé steall de ar a cóta leis an gcreathadh a bhí ina láimh. 'Ní dhéanfaidh lán do bhéil lá dochair duit. Maidin chrua í ar *jaunt*. Dheamhan is móide deoir phoitín a d'fheicfeá le do lá arís.'

Bhí meacan ina ghlór, arae bhí sé ag cuimhniú ar sheisear iníon leis féin a bhí 'thall' – duine acu le cúig bliana déag agus fiche – agus gan aon súil aige a bhfeiceáil go brách . . . 'Ólfaidh mé féin mar sin í. Do shláinte agus go dtuga Dia slán go ceann cúrsa thú, a Mháirín.'

Ba bheag an lua ag Peaitsín – ná sa gcás sin ag aon duine dá raibh ar an gcóisir – cuimhniú ar 'Go seola Dia abhaile arís í' a chur d'agús sa méid sin. Faoi cheal an oiread sin d'fhios a labhartha a bheith orthu spréach an docht tine a bhí sa máthair.

'Ní fheicfidh tú cúig bliana ó inniu go mbí sí abhaile arís,' arsa sise go mosánach.

'Go dtuga Dia di,' a deir Peaitsín agus Seáinín Thomáis Choilm as béal a chéile.

'Agus pósfaidh sí fear airgid agus fanfaidh sí inár mbail ar fad,' a deir Citín, deirfiúr do mháthair Mháirín, go gealgháireach.

'Dheamhan mórán den rath a bheas agam in imeacht chúig bliana,' a deir Máirín, 'ach b'fhéidir go bpósfá féin mé, a Sheáinín, gan pingin gan bonn.'

Ach bhí Seáinín faoi seo craptha leis siar go doras dúnta agus é ag stolladh cainte d'fhonn magadh na ngearrchailí a ligean thairis.

'. . . Ná bíodh aon chanúint ort ar chuma ar bith,' a deir buachaill óg de chol ceathrar léi, 'agus ná bí ag *guess*áil fút agus tharat mar bhí Mícheáilín Éamainn nár chaith ann ach dhá mhí agus a tháinig abhaile trasna na ngarranta agus leathghine agus veist nua aige de bharr a aistir.'

'Ná ag fiafraí "*What's that, mammy?*" nuair a fheicfeas tú an mhuc.'

'Cuirfidh tú mo phaisinéireacht chugamsa ar chuma ar bith,' a deir Mairéad, an iníon ba ghaire do Mháirín agus splanc ag rince i mac eilmistín a súl.

'Agus chugamsa,' arsa Nóirín, an deirfiúr eile arís.

Ba deich mbliana de ghiorrúchan saoil ar an máthair dilleoireacht na beirte sin. Bhí na blianta moille dá gcarnú ar chuairt a hiníne, mar charnaítear na sluaisteoga créafóige ar chónra. Agus bhí lá cairde na cuairte sin ag féithiú uaithi siar – siar go Lá an Bhreithiúnais. Toradh a broinne féin ba naimhdí leis an máthair ar an ala sin.

Chuir sí Máirín ag ól tae an athuair, ainneoin nach raibh sí ach tar éis éirí uaidh go gairid roimhe sin. Ach theastaigh uaithi ligean a fháil uirthi arís. Níor mhór di arán a bhearnú, comaoineach sláin a dhéanamh agus caidreamh agus comhar teanntásach an tsuipéir dhéanaigh a shnaidhmeadh lena hiníon. Déarfadh sí léi gan frapa gan taca nár chreid sí go mba é an lón imeachta seo lón a báis chomh fada is a bhain sé leis an mbaile: go dtiocfadh Cáisc roimh an mbreithiúnas. Ach níor fágadh eatarthu féin é. Bhrúigh a deirfiúr Citín, a clann iníon agus cuid de na gearrchailí isteach chuig an mbord a bhí leis an mballa nó go raibh Máirín faoina mullóg féin acu gan mórán achair.

Ní raibh aon dúil i mbeatha ag an iníon. Bhí luisne na splaince ina ceannaghaidh: tnúthán, anbhá, iontas agus beophianadh a hintinne á n-ionchollú féin ina grua. An Ghealchathair an t-achar ab fhaide ó bhaile a bhí Máirín riamh. Ach ba sheanchas faoi Mheiriceá an chéad bhia sa sliogán di. Ba ghaire go fada do chomhlaí a tuisceana agus a samhlaíochta South Boston, Norwood, Butte Montana, Minnesota, nó California ná Baile Átha Cliath, Belfast, Wexford, ná go fiú is áiteacha nach raibh thar chupla míle ar thaobh an Achréidh den Ghealchathair. Fuineadh agus fáisceadh a saol agus a smaointe as cáil Mheiriceá, as saibhreas Mheiriceá, as siamsa Mheiriceá, as fonn cráite a dhul go Meiriceá . . . Agus ainneoin go raibh cumha uirthi an baile a fhágáil anois, níor chumha é gan an gliondar, an dóchas agus an t-iontas a bheith ina orlaí tríd. Faoi dheireadh thiar bhí sí ar thairseach na Brúine Draíochta . . . Farraigí uafásacha, slata seoil, soilse greadhnacha, sráideanna ar dhath an airgid, daoine cróna a raibh loinnir an daoil ina gcneas, ag cur in éagruth cheana féin uirthi gort, sliabh, carraig agus caoláire.

Ní raibh ina hintinn ar feadh na hoíche ach cleitheog thaisce a dtoillfeadh uairleacháin chuileáilte a cuimhne inti, nó go bhfaigheadh sí ionú ar a dteilgean amach sa mbruth faoi thír feadh is í ag seoladh. De bharr chomh neamhairdiúil is a bhí sí anois thug sí cead í féin a chinnireacht amach ar lom an urláir ag damhsa, ainneoin go raibh sí i bhfeisteas Mheiriceá agus eile. Ach ní bhfaigheadh sí óna claonta Pádraigín Pháidín a eiteach ar aon chor. Chuir sí scrúdaí uirthi féin anois faoi gur fhág sí an fhad sin é gan é a thaobhachtáil. Bhí sí buille támáilte as tosach an damhsa, ach chuaigh fíor an cheoil – an ceol sin ar cuireadh comaoin air sa mbruíon féin – faoina cuisle; agus gan mórán achair ní raibh de shamhail aici ina gléas breac ballach ach os fuiliúil cuideáin a mbeadh miolghairí an tréada ag macnas ina timpeall le cur faoi deara di a gaisce agus a tréathra a thaispeáint, chúns a bheadh na fundúirí ina suí faoi gcuairt ag cur a gcomhairle i dteannta a chéile. Ag smaoineamh a bhí an mháthair ach a bhfeiceadh sí arís í go mbeadh eolas doscúch an tsaoil ina bhró mhuilinn ar an meanma dhamhsa sin. I leaba an reacht fola boirbe a thug do ligean a géag a bheith ar spéiriúlacht réalta, bheadh sceidín liathuisce na haoise agus na céille ag greamú a cnámh ceansaithe don chréafóg.

Ach ina dhiaidh sin agus uile níor dá hiníon ba mhó a thug an mháthair suntas ach do Phádraigín Pháidín a bhí ag damhsa léi. Bhain sí abhras as an scéal ar an toirt. B'fhurasta a aithint é. Níor mhóide don bheirt focal a rá riamh le chéile faoi ghrá. Níor mhóide gur dhúirt siad focal anocht. Agus ní móide go n-abróidís focal go brách. Ach thuig sí go bpósfaí i South Boston iad, má ba faoi cheann bliana, cúig bliana nó deich mbliana ó inniu é . . . Bhí sí splanctha. Sin é an cuthach damhsa a bhí ar Phadraigín. An rud a bhí cinnte uirthi féin a rá lena teanga bhí seisean á rá as damhsa. Bhí a chosa agus a cholainn ag cumadh rídháin a raibh snafach agus síneadh, cumas agus cáilíocht ag teacht faoi i leaba a chéile, nó gur bhain lasc dá bhróg thairní aithinne ghreannta as leac an teallaigh ar aon bhuille le nóta deiridh an cheoil. Déarfadh daoine go mba shúgaíl óil é, ach bhí a fhios ag an máthair nárbh ea. Ba bhailchríoch dáiríre an aithinne sin: buille scoir dé ar chaithréim iomlán. Agus ar an dá luath is a ndearnadh a shamhlú leis thosaigh sé ag gabháil fhoinn gan a dhath mairge, ainneoin go raibh saothar an damhsa fós ann. Níor fhan aon aird ag an máthair ar an iníon ach ag éisteacht leis:

> 'Tá'n gairdín seo in' fhásach, a mhíle grá, agus mise liom féin,
> Níl toradh 'bith 'fás ann, bláth na n-airní ná duilliúr na gcraobh,
> Ní chluintear ar an tsráid seo guth cláirsí ná ceiliúr na n-éan
> Ó d'éalaigh mo ghrá uaim, craobh álainn, go Caisleán Uí Néill.'

Gearrcach dé óig ag iarraidh scolb a chur ar chrotal cruinne a bheadh á chuibhriú: b'in é a dhíocas foinn. Bhí an ghráin shíoraí ag an máthair faoi seo air. Neach mallaithe i gcionn a ciste chirt féin a bhí ann . . .

Airíodh úmacha capaill agus clascairt *jaunt* ar an

mbóithrín amuigh. Scoir an ceol agus an siamsa d'aon iarraidh, cé is moite de 'Óra, mhóra mhóra' Sheáinín Mhic Thuathaláin a bhí sínte óltach ag an doras iata: 'Ar an taobh ó dheas de chéibh New York sea landáilfeas mé thall.' Níor thóg Seáinín d'amhrán riamh ach an 'lúibín' sin.

'Ba féirín do Mheiriceá thú, muis. Múchadh agus bá ort nach ar chéibh eicínt atá tú thar is a bheith i do scramaire anseo,' a deir scorach a raibh sé ag cinnt air aon fhoighid a chur ann.

'Tugaigí amach é sin agus ceanglaígí ar an *jaunt* é,' a deir an mháthair, ach ar tógadh an trunc anuas as an seomra agus ar gróigeadh mar bheadh lao óir ann ar an mbord é.

'B'fhéidir go mbrisfí é. Ná bacaigí leis,' a deir Máirín, 'go mbí mé féin faoi réir le dhul amach freisin.' Ba é an trunc sin a cuid dindiúirí agus grámh le hata galánta a bheith ar a ceann, le cóta gáifeach a bheith ar a droim i leaba seáil. Dá uireasa sin ba dhiamhlasa é an feisteas *lady*. Dá ligeadh sí as a hamharc é ar feadh ala an chloig níor dhóide cleas do na baill fheiceálach sin ná seargadh ina ngioblacha luaithe thuas ar a craiceann.

D'ionsaigh Máirín anois ag fágáil sláin ag an dream nach raibh sé de láthar iontu í a thionlacan chomh fada le bóthar an rí. Seanfhundúirí craiplithe a d'fhéad sméaracht trasna na sráide ar éigin, agus nár dhóide dá bhformhór a dhul ar aon chóisir arís go brách óna dteach féin amach. Ba é seo an chéad sine den slabhra á roiseadh: an chéad rud dáiríre a chuir i gcion uirthi a dhalba agus a dhoilí is a bhí an scarúint. Pé ar bith céard a dhéanfadh dream ar bith eile, bhí sí réidh le iad sin a fheiceáil go brách. Ainneoin a raibh d'anbhá agus de dheabha uirthi, thug sí amharc tollta ar gach duine acu i riocht is go mba lón dá cuimhne go héag a gceannaghaidh agus a gcruth. Níor thit an drioll ar an dreall ceart críochnaithe uirthi nó gur tháinig sí chomh fada lena seanmháthair ar an tinteán. Bhí an oiread ceana aici ar an tseanmháthair is a bhí ar a máthair, agus farasbarr teanntáis. Agus ní raibh aici ach malairt. Gach uile sheachtain dá n-éiríodh uirthi choinníodh an tseanbhean brabach eicínt den phinsean le tabhairt di, pé ar bith céard eile a bheadh ar deireadh. Smid ná smeaid ní raibh ag an tseanbhean ach an oiread is dá mba mheall créafóige í cheana féin. Agus go deimhin ba bheag nárbh ea, mar bhí dhá dtrian di ag 'fear na coise caoile cruaidhe', agus an trian eile ag fuireacht go mbeadh a háras faoi réir ag an anachain chruógach. Bhí a béal chomh seasc le hadhmad cónra úrdhúnta agus, murach sméideadh na bhfabhraí ar éigin a thug dá cianfhéachaint cruinniú ná ba ghaire do láthair, shílfeadh Máirín nach raibh a fhios aici beirthe ná beo céard a bhí ar siúl.

'Ní fheicfidh mé go brách arís thú, a mhamó,' arsa Máirín, agus meacan goil ag cur a cuid cainte as a riocht faoi dheireadh agus faoi dheoidh. 'Tá Dia láidir,' arsa an mháthair, buille stuacach. Ba theas agus téagar samhraidh do Mháirín, tar éis sceirdiúlacht agus dúluachair an gheimhridh, na páistí laga agus an naíonán a bhí sa gcliabhán a phógadh ansin. Coisreacan céadfaí a bhí ann ar chol na dtaiséadaí.

D'ardaigh an mháthair siar don seomra an athuair í. Ach ba ghearr thiar iad san am a dtáinig Citín agus Mairéad aníos ina mullach, go bhfaighidís a gcuid seál lena dhul don Ghealchathair fré Mháirín. Leáfadh an mháthair iad. Mura mbeadh a gcuid cunórtais b'fhacthas di nach gcalcfadh an neascóid bhróin a bhí i mbéal a cléibh arís. Níor fhéad sí a rá le Máirín ach go mba mhaith a shaothródh sí é; go raibh súil aice go bhfaighidís aimsir bhreá ar an bhfarraige; agus ar a bhfaca sí riamh a pictiúr a thógáil thall agus é a chur abhaile.

'Mo leanbh 's mo lao thú,' arsa sise, agus scioch sí cuileoigín chlúmhaí de shlinneán an chóta agus bhain sí liocadh driopásach as bileog an hata, ach gur chuir an iníon a cóir féin air arís ar an toirt. Agus i ndiaidh smearamharc a thabhairt ar fud an tí bhí sí faoi réir lena imeacht.

Thosaigh an *jaunt* ag tornáil leis go corrach ar bhóithrín aistreánach an bhaile agus an mathshlua, idir fhir, mhná agus pháistí, ina dhiaidh aniar. Ní raibh de shamhail acu ach cóisir íobairte: an *jaunt* ar tosach mar charn losctha, púireanna tobac na bhfear ag cónaí in aer soineanta na maidine fómhair ar nós túisthoite, agus Máirín lena feisteas cuideáin agus lena ceannaghaidh lasúnta mar bheadh draoi na toirbhearta ann.

Shiúil an mháthair bonn ar aon leis an iníon agus thairg an súsa a iompar di, ach sciob Bríd Shéamais é agus d'iompair sí féin é. Bhí rún ag an máthair an iníon a bheith faoina mullóg féin aici den gheábh deiridh seo, ach chuaigh Citín agus Mairéad seo aici féin ina barr uirthi arís. Ansin bhrúigh na gearrchailí uile go léir ina timpeall, cuid acu ag sioscadh go gealgháireach, cuid acu a raibh an oiread cumha acu ina diaidh is nach bhfaighidís óna gclaonta mórán a rá, agus tuilleadh a raibh buaireamh orthu nach ina bróga nó ag dul ina bail a bhí siad féin. Ba láidir má d'fhan cumha ar bith ar an máthair anois, leis an bhfaltanas a tháinig aici don bhrotainn seo ar mhian leo a hiníon a scuabadh uaithi sula raibh sí oiread is as a hamharc. Bhí sí i bhfaltanas leis an *jaunt* freisin. Bhí an oiread siúil faoi is dá mba 'fuadach géar 'na cille' a bheadh sé a thabhairt do chorp. Dar léi féin ba é an trunc a bhí gróigthe ar an gcrannóg agus finne déise ina chuid adhmaid faoi ghaetha na gréine óighe a bhí ag cur broide an bhuanaí sa gcapall. Níor fhan focal den chaint aici . . .

Bhí luisne mhoigllí ón ngrian nach raibh ach ina suí. Drandail gháire ar na críocha agus ar na clochair. An coinleach taltaithe sna póicíní fánánacha stalcánta, cosúil le mullach Shamson eicínt a mbeadh deimheas Delilah tar éis a dhul air. Gleoiteog a bhí i ndiaidh an chalaidh a fhágáil ag treabhadh scríbe gile le cóir siar an Caoláire. D'fhéach Máirín ar ais ar an teach ó Ard Aille an Chuilinn, arae bheadh sé féin agus caidhlín tithe an bhaile faoi gcuairt ó léargas uirthi ní ba mhó.

Ba gheall le fáithim ghreamúis na hAimsire Caite agus na hAimsire Fáistiní an stráca dromannach, san áit a raibh díon úr na bliana anuraidh ag breith ar an seandíon dubh dreoite. Agus bhí gotha an tsuain ar an mbaile arís, ar nós is dá mbeadh sé gan a dhéanamh ach dúiseacht ar feadh ala an chloig le smugairle a theilgean sa bhfarraige mhór, go bhféadfadh an ghleoiteog cis ar easair a dhéanamh dó fúithi . . .

Sheas an *jaunt* ag ceann an bhóithrín. Rinne na daoine bruscán cruinn i mbéal bhóthar an rí, i riocht is go mba ar éigin a bhí ligean ar bith ag an máthair ar an iníon. Bhí sí báite sna daoine. Ní raibh inti féin ach cloch éidreorach sa leacht. Ba é an cás céanna di é gan gaol ná páirt a bheith aici léi. Thar is riamh, ba mhór léi anois é do Chitín agus do Mhairéad a bhí le dhul don Ghealchathair le Máirín. Ar thionscailt don phógadh ba gheall iad na mná le dioscán sclamhairí ar thí creiche. Bhrúdar suas chuig a hiníon go míchéatach, d'fháisceadar a lámh, agus sciobadar póga uaithi i mbéal a chéile ar nós plód druideacha ar chosamar. Chroith na fir lámha léi go giorraisc cúthail, mar a bheidís ag rá gurbh é an t-aon chás amháin é, agus má ba rud é a bhí rompu go raibh ar eire acu é a chur díobh ar an dá luath is a d'fhéadfaidís. An cleas céanna a rinne Pádraigín Pháidín; ach, níorbh é fearacht na bhfear eile é, d'ardaigh sé a cheann oiread na fríde, nó gur bhraith an mháthair súile na díse i nglas ina chéile in imeacht ala an chloig . . .

Ba é uain na máthar é ar deireadh thiar. Níor phóg sí a hiníon ó a bhí sí ina páiste cheana. Ach chinn uirthi mórán de chumha ná de chrá a croí a chur sa bpóg, ainneoin go raibh a béal spalptha dá huireasa. Nár thug sí póg do gach uile dhuine? Nach bhfuair gach uile dhuine tús pógtha agus deornta uirthi uaithi féin. Póg fhuar leamh a bhí i bpóg na hiníne, ar nós is dá mbeadh an chlimirt bainte di ag gach is a raibh ag blaismínteacht cheana léi. Bhí a colainn fuar, freisin

– fuar míthéagrach mar a bheadh síogaí ón mbruíon. Is éard a chuir an phóg ó rath ar fad uirthi nár fhéad sí súil a thógáil den trunc a bhí geall le ag cur cogair ina cluais: 'Ní fhuasclóidh aon bhéal saolta geasa póige an neach sí arb í a chluain an só, an fhánaíocht agus an dearmad; agus arb í a bhruíon an gréasán óir a fhíos mianta na hóige as na gaetha gréine ar na cnoic ghlasa i bhfad ó láthair . . .'

Bhí Máirín thuas ar an *jaunt* anois. Mairéad ina suí lena hais, Citín ar an leathchaoin eile i dteannta an tiománaí, agus Pádraigín Pháidín ag daingniú an trunc eatarthu ar an gcrannóg. Don mháthair is éard a mheabhraigh siad – an trunc mallaithe, Mairéad a bhí ag tnúthán lena paisinéireacht ar luas, agus Pádraigín Pháidín a bhí ar bís a dhul go Meiriceá agus a hiníon a phósadh – tríonóid áibhirseoirí ag cur pioraíocha ar a céadghin agus ar a cuid den saol . . .

Bhí Pádraigín críochnaithe anois agus na daoine ag teannadh i leataobh le réiteach a thabhairt don chapall. D'ionsaigh na mná orthu ag snogaíl agus d'ardaigh an tsnogaíl ina huaill ghártha nach raibh de chumha inti ach an glór agus na deora, dar leis an máthair. Fiú is só an chaointe ina haonraic ní fhágfaidís aici féin féin. Agus níor ghoil sí deoir . . .

'Feicfidh mé thú roimh chúig bliana,' arsa sise, de ghlór neamhdhiongbhálta, agus ní bheadh aon ghair aici a súile a ardú ar shúile a hiníne ar bhás an domhain.

'Feicfidh,' a deir an iníon trína meacan goil den charr a bhí anois ag gluaiseacht. Ach dúirt croí na máthar chomh maith lena ciall anois nach bhfeicfeadh. Ba thúisce a d'fheicfeadh Pádraigín Pháidín í agus gearrchailí an bhaile agus a clann féin, go dtí fiú agus an leanbh a bhí faoina broinn . . . B'fheasach don mháthair nach raibh inti ach céadghearrcach an áil a bhí ar imirce go Críocha an tSamhraidh agus an tSó: an Ghé Fhiáin nach bhfillfeadh ar an bhfara dúchais go deo deo . . .

An Taoille Tuile

Shearr Mairéad í féin agus rinne sí gabhlóg den mhéar fhada agus de mhac an daba leis na sramaí a chuimilt as a súile. D'airigh sí fuacht na deargmhaidine ina bunríocha. Ba shámhas léi loiceadh san obainn a thug sí ar éirí. Rinne í féin a chrapadh siar arís ar cholbha te na leapan a d'fhág Pádraig nóiméidín roimhe sin.

An mhí tar éis di a theacht abhaile, i dteannta na dtrí seachtaine ó phós sí, a bhain as a cleachtadh í. Chuimhnigh sí ar na deich mbliana sin i Nua-Eabhrac a mbíodh sí ar an urlár le céadghairm an chloig roimh fháinniú lae. Rinne sí é go foighdeach fadfhulangach gach uile mhíle maidin ar shon . . . ar shon an lae seo – an lá a mbeadh luí agus éirí ar a toiliúna féin.

'Ar éirigh sibh fós?' Glór criotánach a máthair chéile ón seomra thiar a tháinig chuici tríd an doras a d'fhág Pádraig oscailte ina dhiaidh.

'D'éirigh,' arsa Mairéad, agus chuimil srama eile as a súil.

'Dúirt siad,' arsa sise léi féin, 'nach mbeadh sé de shíoraíocht i bPádraig fanacht liom go n-íocainn anonn paisinéireachtaí mo thriúr deirfiúr. Dúradh ó ba bhior in aon tsúil é go ngéillfeadh sé dá mháthair agus go bpósfadh sé bean eicínt eile fadó . . . Dúradh is chomh hóg is bhí mé féin ag dul anonn go gcaithfinn as mo cheann é, go bpósfainn thall agus nach móide . . .'

'Éirigh, a Mhairéad. Beidh an Loideánach ag dul le buile . . . Ní fhanfaidh an trá le haon duine . . .'

An cantal a bhraith sí den chéad uair i nglór na seanmhná a bhíog Mairéad as a haisling. Ba é an ghairm scoile é go raibh an comhrac síoraí idir 'máthair mic agus a chéile' ar tí a thionscailte. Ar fháisceadh uirthi na mbalcaisí ba sholáimhsithe aici sa meathdhorchadas smaoinigh sí ar na luaidreáin a bhí ag gabháil thart go raibh an tseanbhean ag clamhsán faoina laghad spré is a thug sí don teach. Fanacht deich mbliana . . . Cur suas d'fhuíoll na bhfuíoll agus do dhuine uasal i Meiriceá . . . Rinne iall a bróige dhá leith sa dara súilín íochtair . . . Chuaigh síol faltanais faoina croí.

'Is fadó cheana nár éiríodh chomh moch sa teach seo! Tá an t-earrach ar ghort an bhaile faoi dheireadh. Scaird tae a dhéanfadh brín óg anois díom, a Mhairéad . . .'

Bhí tine bhreá thíos ag Pádraig, an citeal ina shrann fhiuchta agus é ag tabhairt máimín coirce don chapall a bhí srathraithe ag béal an dorais. Leis an ngealgháire a bhí ina ghlór agus an gean grá a mhaígh ar a cheannaghaidh ag lua a hainm, théaltaigh mosán Mhairéide ar an toirt. Is mór an achainn a bheadh aici ar angrántacht na seanmhná ar shon an mhéid seo. Focal aranta ní thiocfadh idir í agus Pádraig go brách, nó dá dtagadh bhí sí cinnte go mba uirthi féin a mhilleán . . .

Ní mó ná geal ceart a bhí sé ag fágáil an bhaile dóibh. Thíos ag béal Bhóithrín an Chladaigh bhí beirt iníon an Loideánaigh ina suí ar dhá chliabh a raibh a mbéal fúthu agus an Loideánach féin síos agus aníos ceann na duirlinge ag cnádadh a phíopa.

'Dar mo choinsias,' arsa seisean, idir shúgradh agus dáiríre, 'shíl mé dheamhan sop feamainne a bhainfí ar an gCora inniu. Ní fhaca mé aon lánúin nuaphósta riamh ar mharaigh a ndeifir ag éirí iad.'

Tháinig meangadh gáire ar an mbeirt iníon agus lig Mairéad a seanscairt.

'Tá píosa tráite aige,' a deir Pádraig go maolchluasach.

'Píosa tráite aige! Agus é ionann is ina dhíthrá! Tá an rabharta ar an darna lá dá neart, agus mura dtapaimíd é, inniu agus amárach, ní thiocfaidh aon trá arís i mbliana a mbeidh sé in arraíocht scothacha domhaine na Cora a bhaint!'

'Rabharta mór é,' a deir Mairéad go simplí. De bharr di a dhul go Meiriceá chomh luath as tús a hóige ní raibh thar smearthuiscint anois aici ar chuid de na cúrsaí baile a raibh a n-ainmneacha i ndlúth agus in inneach a cuimhne.

'Rabharta mór,' arsa an Loideánach agus gotha easpaig air a mbeifí tar éis diamhasla dalba a lua os a chomhair. 'Rabharta mór na Féile Bríde! Níl tú taithithe ar na rabhartaí fós, a stór, agus ní hiad is cás leat.'

Chaoch sé an tsúil ar Mhairéad agus chrom amach a cheann go dtugadh sí suntas do Phádraig a bhí amuigh chun tosaigh, ag dul le fán na duirlinge agus cliabh Mhairéide i mbéal a chléibh féin thiar ar a dhroim.

Ba dhrogallach ó Mhairéad mórán cainte a dhéanamh anois. Níor bheag di cuimhniú ar an gcion oibre a bhí roimpi inniu.

Le seachtain anuas is é an rabharta a raibh de leathrann ag an tseanlánúin, ach a dhath imní ní raibh ar Mhairéad a dhul 'sa trá', nó go bhfuair sí í féin anois i mbéal na duirlinge.

Saolaíodh Mairéad agus tháinig in inmhe 'ar bhord an chuain mhóir.' Bhain sí faochain agus scadáin ghainimh, sleabhcán, creathnach agus carraigín cheana. An t-earrach sula ndeachaigh sí 'anonn' bhí sí a chúnamh dá hathair ag baint barr cladaigh. Ach d'imigh sí sula raibh sí déanta i gceart ar sclábhaíocht an chladaigh. Níorbh fhada gur roic níocháin, sciúrtha agus fulachta a bhí ina cuid lámh, i leaba leathar righin an fhátallaí farraige. Na deich mbliana sin a mbeadh an fharraige ag cur a goirteamais féin ina cuid fola agus a fobhairte féin ina cnámh chaith Mairéad iad gan an sáile a fheiceáil mórán thar dheich n-uaire.

Ach ar theacht ar bhinnsceird na farraige dóibh anois chuir an ghaoth ghoirt isteach den mheath mór meanma ina cuisle arís.

'Nach iomaí mo leithéid eile istigh sa bpobal,' arsa sise léi féin, 'a chaith fiche bliain i Meiriceá, agus atá chomh gafach leis an sclábhaíocht seo inniu is dá mbeidís gan an baile a fhágáil riamh. Céard í sclábhaíocht na farraige ach cuid den sclábhaíocht a gcaithfidh mé mé féin a thaithiú léi arís? Cé measa í ná sclábhaíocht an phortaigh, sclábhaíocht an ghoirt, sclábhaíocht beithíoch agus muc, sclábhaíocht iompair agus oiliúna má gheallann Dia clann dom.'

Ina dhiaidh sin agus uile b'fhearr le Mairéad mura mbeadh an roinn fheamainne sin ar an gCora le baint i bpáirt idir iad féin agus na Loideánaigh. An mbeadh Nóra agus Cáitín Loideáin ag magadh faoin 'aineolaí', agus an dtiocfadh cáil a ciotaíle abhaile chuig a máthair chéile? 'Nach maith gurb ar an gcéad lá in Éirinn a chaithfí a dhul ag baint na Cora i gcomhar! Faraor má tá ann ach mé féin agus Pádraig!'

Bhí fúithi a dícheall a dhéanamh i ngeall ar Phádraig, ach b'fheasach di gurb in é an dícheall fánach a ligfeadh seisean di a dhéanamh, ar fhaitíos go gcuirfeadh sí í féin thar a fulaingt le hainchleachtadh an tsaothair. Mura mbeadh i gcíléar na bó ach dhá fhata ba 'Dia aithníthear, do dhroim' ag Pádraig léi é. Ba mhó ab aite le Mairéad ar ala na huaire dá gcaitheadh sé an chúthaileacht i gcártaí agus fanacht go gcuirfeadh sé lámh inti. Bhí sí ag fáil an-tonnáiste go héag ó chruinnchlocha corracha na duirlinge a bhí ag brúscadh faoina cosa agus a dhá oiread bís sciorrtha orthu de réir mar d'fhéachadh sí le siúl tharstu go haigeanta.

'Is mór idir an áit seo agus sráideanna New York,' arsa an

Loideánach, ag briseadh síos bun na duirlinge dóibh. 'Bhí agat bróga tairní a chur ort féin. B'fhearr an ceart a bhainfeá den chladach sna cosa boinn ná le na *toy toys* éadroma sin.'

'An chuid ba thúisce agam ar maidin,' a deir Mairéad, agus rinne gáire – in aghaidh a tola an iarraidh seo.

Ar lom na trá chuir an gaineamh briosc tacúil an oiread meanman ar Mhairéad is gur thug sí seársa beag go dtí baiscín cuachmaí agus faochan biorach a d'fhág an taoille thar oíche ar an trá. Chuir sí barr a bróige fúthu agus bhuail Pádraig aniar sa gcolpa leo. Ach níor fhan sé léi ina dhiaidh sin. Crácamas mór a fuair Mairéad, agus a bealach a dhéanamh sa log a dtugtaí 'an cosán' air, ó íochtar trá go híochtar láin, agus arbh é 'dea-ghealladh agus droch-chomhlíonadh' bliantúil gach líne dár tháinig de Loideánaigh agus de Chéideacha cosán capaill a dhéanamh de. Rinne Mairéad cuid mhaith den bhealach aistreánach seo le habhóga glanoscartha a thabhairt thar na locháin. Nuair a chastaí chuig carracáin achrannacha í shníomhadh sí í féin tharstu i ndiaidh a leataoibh le barróg a chur ar mhodhlaer cloiche. Níorbh fhearrde cíocha agus garbháin charraige a turas. Galabán bundún leice a choinnigh ar a cosa í uair. Uair eile chuaigh ríocht bheag faochan a bhí ar bhaithis leice ag clascairt síos sa lochán. Bhain gáirí geala na meithile macalla as scailpeacha agus áfacha an chladaigh fré chéile.

Ba í an Chora an chuid ab fhaide amach den chladach: scothach charraige a raibh ailpeanna agus sclamhanna snoite aisti ag síorídiú seanfharraige. Ní bhíodh an Chora leis amach agus amach aon uair; ach go mb'fhéidir a bhaint ar dhíthrá rabharta mhóir dá dtéadh duine i gcleithiúnas é féin a fhliuchadh. D'fháisc Pádraig beanna abhus a bháinín faoi thosach a bhríste agus chuaigh go dtí a chorróga sa gcuisle, ach shriain ar ais arís ó tharla go raibh sé 'á bhaint'.

'Is fearr dúinn tosaí ar an bhfeamainn dubh seo,' a deir an

Loideánach, mar a bheadh sé ag ídiú na stuaice a bhí aige do na Céideacha ar ball ar an taoille righin trá anois. 'Nach in é an aimléis?'

'Ní fiú dúinn a dhul dár meath féin le fás bliana,' a deir Pádraig, ach ó bhí gach uile dhuine cromtha thosaigh sé féin. Ba charghas le Mairéad an sáile a fheiceáil ag sruthladh as a chuid éadaigh. Dhearc sí air, go mion agus go minic, i riocht is go gcuirfeadh a leagan súl i gcéill an trua a bhí ag a croí dó, ach a cheann níor thóg Pádraig. Thuig Mairéad ó bhí fátall an tsaothair le roinnt droimscoilte ar an dá theaghlach go raibh Pádraig ag iarraidh cion beirte a bhaint, ó tharla triúr de na Loideánaigh a bheith ann. Níorbh fhada go mba léir di gur duine in ómós trír é, arae ba chuma ann nó as í féin. Bhí sí ag sciorradh ar na leacacha bealaithe agus an fáisín carrach bliana chomh righin sin go raibh an forchraiceann sceanta dá cuid alt ag iarraidh cairt gharbh na gcloch a lomadh. Ba bheag an mhaith a liacht faobhar is a chuir sí ar an miodachín ach oiread. Ghearr sí a méar le fuinín den fheamainn. Dhearc sí ar an sruthladh fola ag titim ar an leac, leisce í a fhuasaoid, nó gur bhraith Cáitín Loideáin í agus gur chuir sí ceirt de *chalico* a cabhlach uirthi, a bhog an sáile di arís gan mórán achair. D'airigh sí fuairnimh ina méara agus thosaigh balscóidí dúghorma ag éirí timpeall na n-alt ar dhromanna a lámh. B'éigean di tosaí ag cuimilt droim leathláimhe de ladhar na láimhe eile. Ach ní raibh sé ina náire cheart uirthi go raibh uirthi a dhul 'ag slupáil'.

D'fhéach Pádraig i ndiaidh a leicinn uirthi cupla uair agus an cantal ina shúil, dar le Mairéad – cantal gur chuir an comhar faoi deara dise saothar a dhéanamh nach n-iarrfadh sé ar a aghaidh féin uirthi choíchin.

'Tá goimh na bhFaoillte sa maidin fós,' a deir Cáitín Loideáin. 'Is dóigh go n-airíonn tú an cladach aisteach.'

'Dheamhan mórán,' arsa Mairéad. 'Caithfidh duine theacht isteach air, creidim.'

'Is sraimlí an éadáil é,' a deir Nóra Loideáin. 'Dá mbeinnse i Meiriceá, a Thiarna, is fada go bhfágfainn é. Tiocfaidh mo phaisinéireacht an samhradh seo.'

'Tá caitheamh agus cáineadh agatsa i gcónaí ar an mbaile,' a deir Cáitín lena deirfiúr óg. 'Ach b'fhéidir go mba mhaith leat agat fós é.'

De ghlór seanórtha na mná tí a raibh teach, talamh agus trá Loideáin le fáil aici a labhair Cáitín. Ach b'fhacthas do Mhairéad go raibh goimh sa gcaint thar is mar ba chall di le cur ar shon an bhaile. Tháinig sé go dtí an béal ag Mairéad inseacht di faoin gceannaí siopa i mBrooklyn a bhí ag tóint phósta uirthi go dtí an lá ar fhág sí Meiriceá, ach choinnigh sí guaim uirthi féin ina dhiaidh sin. Údar magaidh a bheadh ann i dtithe cuartaíochta an bhaile an oíche sin. Ar tháinig sraoill ná slamóg as Meiriceá riamh nach raibh *millionaire* eicínt ag iarraidh í a phósadh thall?

Le dul go dtí íochtar a mbronn sa bhfarraige bhí sé in arraíocht ag na fir a dhul isteach ar an gCora faoi seo. Ach d'fhan na mná mar bhíodar go dtrádh sé tuilleadh sa gcuisle.

Ón gCora féin níor tháinig iamh ar an Loideánach ach ag fógairt isteach ar a chlann iníon 'na clocha a fheannadh' agus 'nach mbainfí arís go ceann dhá bhliain iad.' B'fheasach do Mhairéad go maith gur chuici féin a bhí sé ag ligean, ainneoin nach lonnaíodh a shúil beag ná mór uirthi. Faoi cheann scaithín theann na mná soir leis an gcuisle i mbéal na meath-thrá gainimh rua. Sheas Mairéad ag faire ar phortán a bhí ag guairdeall leis i lochán, nó go ndeachaigh sé isteach faoi sceabh cloiche. Ba é a seandícheall an chloch a bhaint, ach céard a thiocfadh amach uaithi ach iascáinín bricíneach a d'imigh óna crúba agus a chuaigh isteach i sáinn bheag idir dhá liagán. Thug croí Mhairéide preab. Smaoinigh sé ar an loscadh a bhí aici ina gasúr ar phortáin agus ar iascáin. Níor tháinig a hathair abhaile riamh as trá fheamainne gan cnuasach cladaigh eicínt a bheith aige. Murach chomh cruógach is bhí Pádraig d'iarrfadh sí air glac phortán agus iascán a chuibhriú di. Bhí an leac lena hais foirgthe le bairnigh. Ba chuimhneach léi go maith an rí-chorruair ar réitigh sí bairnigh agus cearca geala i Meiriceá mar sholmar beadaí. Ach trumpa gan teanga ní thabharfadh sí ar an réiteach sin le hais toit ón ngríosach. Tháinig dúil aici sna bairnigh. B'fhéidir freisin go mbainfidís an cantal den tseanbhean sa mbaile. Sháigh sí an mhiodach isteach faoi sceabh bairnigh a bhí bogtha roinnt den chloich. Ba charghas léi ar dtús a dhul idir é féin agus an leac. Gan bhuíochas di féin bhí sí ag smaoineamh ar a máthair chéile ag dul idir í féin agus Pádraig. Ach tháinig an bairneach léi chomh réidh is nár fhan scrupall uirthi ní ba mhó. 'Nach mairg gan ceaintín nó buicéad agam?' arsa Mairéad. Ansin chuimhnigh sé dá gcrapadh sí an práiscín a bhí taobh amuigh dá gúna Meiriceá agus é a cheangal taobh thiar go dtuillfeadh foracan mór ann. D'fhéadfadh sí iad a chur sa gcliabh tar éis na trá. 'I leaba a chéile tá grinneadas an chladaigh ag teacht ionam,' arsa Mairéad léi féin.

'Ní fiú duit a bheith do do mhearú féin leis na bairnigh sin, a Mhairéad,' a deir an Loideánach. 'Tá a dhá oiread bia sa mbairneach barr cladaigh is atá i mbairneach mín íochtar cladaigh, agus ar aon chor ní bhíonn an bairneach ina mhaith go n-ólann sé trí dheoch d'uisce an Aibreáin.'

Ainneoin fírinne na cainte, thuig sí an leid nach ag baint bairneach a tháinig sí ach ag baint feamainne.

Theann Mairéad soir tuilleadh abail an bheirt bhan. Thaitnigh na murlocha beaga léi sa meath-thráin. Bhréag dord fann na toinne i mbéal na cuisle a smaointe agus chuir na bréidíní beaga sáile ag briseadh ar an tráin soineantacht ar a hintinn, i riocht is gur luigh sí leis an obair. Níor airigh sí chomh coscartha í ach oiread. Ainneoin gur míoránach ba thréine ar an gcineáltas anseo b'uaibhrí an fás feamainne duibhe ann ná thiar ar na clochair gharbha. Bhí sceadanna barrchonlaigh tríthi agus dosáin bhogúracha feamainne buí a bhí ina gciabhanna óir ag maidí gréine na maidine. B'íogmhaire ó Mhairéad anois drannadh leis na dosáin sin ná leis na bairnigh ar ball.

Bhí bundún ag borradh i nglór an Loideánaigh anois:

'Dar ndóigh, ní cheapann sibh, a mhná, gur in ann míoránach a leá atá an tseanghráinseach de bharr garbh siúd thuas agamsa! Beidh gach uile shop riamh di ina cumraíocht féin sa talamh an fómhar seo chugainn. Ní mó ná dá mbeinn ag cur dúrabhán íochtar an bhaile go n-iarrfainn bhur ngnaithe oraibh. Tá bhur ndóthain tanaíochain sa taoille anois le teacht amach anseo.'

Amach le Cáitín Loideáin sna cosa boinn ar mholáinín faoin gCora. Bhain Nóra na bróga di féin agus chuaigh sí amach ar leac eile. Rinne Mairéad an cleas céanna lena bróga féin. Ar a dhul ag crapadh a gúna di loic sí uair nó dhó agus d'fhéach go haghaidhnáireach ar an Loideánach agus ar Phádraig. Ní raibh uirthi faoi ach cóitín scagach Meiriceánach. B'údar iontais léi i dtosach chomh beag de chaíúlacht is bhí an bheirt eile ag crapadh, nó gur chuimhnigh sí nár fhágadar an baile riamh. Chúb a cosa ó fhuacht an uisce agus ba gheall é a himeacht le siúl cait ag dul thar fhliuchán. Bhuail faitíos í go 'mbainfeadh' lonnadh na farraige í a bhí ag briseadh ina cuiltheoigín bhán ar an moláinín sa gcuisle. Bhí boinn a cos íogmhar ar an ngrinneal meathgharbh. Tháinig strainc uirthi, mar b'fhacthas di go raibh na Loideánaigh ag gáire fúithi. D'fhéach go tnúthánach amach ar Phádraig a raibh a dhroim léi agus é ag lomadh chomh tréan in Éirinn is a bhí sé ag fáil aon bhuntáiste ar bhéal na toinne. Oiread is a cheann a ardú ní dhearna sé . . .

Bhí sí anois ar lom na Cora i mbéal máithreach na coirrlí.

Chuir na copóga uaibhreacha saint i Mairéad. Tháinig díocas sladta uirthi. Díocas na leacacha a chrinneadh go mbeidís chomh lom le pláta. Ba shámhas léi gíoscán na sraoilleach ag scaradh lena ngreim agus seabhrán an scuabáin ag titim i loganna na leice. Ainneoin fuachta agus amlua an tsáile d'airigh sí broid ina cuid fola – broid nach raibh inti cheana le deich mbliana . . . Tháinig sí go dtí bráid chineálta ar scáth droinne na Cora, áit a raibh clúmhnachán carraigín ar leiceann na gcloch. Nár mhinic a chuir an slam carraigín sin a thug Nóra Sheáin Liam go Meiriceá a hintinn ag preabadh go dtí 'bord an chuain mhóir', go dtí an cladach geanúil a raibh mian a croí! . . . Smaoinigh sí ar a máthair chéile arís agus d'iontaigh uirthi ag piocadh an charraigín.

'Shílfea,' arsa an Loideánach, agus fíriúlacht na farraige ina ghlór anois, 'gur dona atá sibh ag cruthachtáil, a mhná. Níl an storaic seo leathfheannta fós. Nach oraibh atá an drogall sibh féin a fhliuchadh! Ní dhearna an sáile dochar d'aon duine riamh.'

D'éirigh Mairéad as an gcarraigín, ainneoin nár chuir glór an Loideánaigh aon mhosán uirthi an iarraidh seo. Bhí muinín aici go raibh sí in ann a cion féin a dhéanamh anois, go raibh fobhairt na farraige ag dul ina craiceann agus fíor na sclábhaíochta ar feadh a cuisleann.

Bhí an Loideánach ag fógairt faoi uafás arís :

'Tá sé ag tuileadh. Féach Carraig an Mheacan ionann is folctha. Nach fearr do na mná a dhul ag tarraingt? Is fearr le dul iad anseo.'

Den chéad uair inniu d'ardaigh Pádraig a cheann agus d'fhéach idir an dá shúil ar Mhairéad. Thug sé obainn ar rud eicínt a rá ach dhaingnigh na liopaí arís sular tháinig an chaint. B'fhurasta aithint do Mhairéad go gcoiscfeadh sé an saothar sin di, dá bhféadfadh. Guaim chumasach an chomhair a cheansaigh an croí a bhí ag splancadh ina shúil ar an ala sin. Níor chall imní dó. Bhí faoi Mhairéad a thaispeáint dó más é gotha an tochrais bhoig a bhí uirthi go raibh an fíochán crua inti freisin. Ba dhá chuid maitheasa uirthi gur ar a shon seisean a bhí sí á cur féin go dtí an spriog.

As an gcuid ab fhaide amach a thosaíodar ag líonadh. Bheadh breith ar an gcuid isteach go mbeadh geábh maith tuilte aige.

B'íocshláinte do lámha a bhí deich mbliana faoi theas broghach cisteanaí cúinge, ramallae righin na feamainne greamú dóibh chúns a bhí sí ag brú an chléibh. Ní bhfuair sí mórán tolgáin sa gcéad chliabh, ainneoin chomh haistreánach is a bhí an bealach agus an sáile ag sruthladh as an bhfeamainn lena droim.

Chuir sí an oiread maolóige le ceachtar den bheirt Loideánach ar an dara cliabh. Murach scuabán den mhaológ seo a bhí ar forbhás ar fhiacail an chléibh agus a thit di, ag teacht amach ciumhais na Cora, ní móide go sciorrfadh Mairéad. Ach má sciorr níor treascraíodh í. Thapaigh sí cloch a bhí lena cúl agus choinnigh sí an oiread de ghreim ar an gcliabh is nár thit ach cupla scuabán den mhaoil. B'fhearr le Mairéad dá ndéanadh an bheirt Loideánach ar a n-aghaidh, thar is a gcuid cliabh a leagan ar chlocha agus a theacht ar ais arís ag cruinneáil na scuabán sin a chúnamh di. Ón tríú cliabh amach b'fhacthas do Mhairéad go raibh na Loideánaigh ag moilleadóireacht d'aon uaim le fanacht léi féin. Bhí an t-aistear sin ó íochtar láin go dtí ionlach na feamainne, naoi nó deich de shlata os cionn barr láin, ag dul chun síneadh le gach uile chliabh. Dar le Mairéad ba gheall é le dul ag taoscadh an láin mhara féin.

D'airigh sí an roilleadh allais ag maolú fuachta an tsáile i ngach uile mhíle bail dá corp. Thosaigh an iris ag tógáil léasracha ar a bosa agus an sáile á dó i nglúiníní a méar. Bhí a droim stromptha, agus maidir lena cosa – d'fhéadfadh sí na cosa a fhágáil as margadh ar fad! Ba gheall le cosa duine eicínt eile iad thar is cosa an duine a tháinig anuas an bóithrín go lúfar beo ar maidin. Faitíos a bhí uirthi gach uile phointe go n-iontódh sí orthu. Bhí na boinn éirithe glanoscartha dá bróga éadroma. Níl aon uair dá dtarlaíodh sí ar chloichín bhiorach nach gcrapfadh sí siar a troigh sa mbróg, nó go mbíodh ucht a coise ina cruit faoi na lascaí. Ba gheall í le capall a mbeadh tairne i mbeo inti ag ardú a coise d'fhaocha ghobaigh nó de shliogán bairnigh. Ina aice sin bhí ocras céatach uirthi anois. Níor chaith sí mórán ar maidin. Ba ghnás léi cupán tae cosnochta a fháil ag a haon déag gach uile lá i gcaitheamh deich mbliana. Ach níor dhada troscadh ar ghualainn na treascairte agus an tsaothair nimhe neanta seo. I Meiriceá bhí scíth nó malairt oibre tar éis dreasa. Ach an t-aistear céanna ó íochtar go barr cladaigh arís, arís agus arís eile . . .

Bhí sé ag dul chun na huaire móire ar an Loideánach bonn ar aon leis an tuileadh, agus níor fhéach sé leis an ngoimh a mhaolú ina ghlór ní ba mhó:

'Is righin sibh, a mhná! Creidim go gcaithfimid féin an scothach seo a fhágáil gan baint agus a dhul ag tarraingt. Má bhímid in bhur gcleithiúnas sibhse beidh cuid dá bhfuil bainte ag an taoille tuile!'

Ó thosaigh na fir ag tarraingt ba ghéire arís an choimhlint. Níor chuir aistreán an chladaigh a dhath mairge orthu. Ní mó ná Cáitín Loideáin agus í cosnochta a bhí in ann coinneáil bonn ar aon leo. B'iondúil go mbíodh Pádraig ag folmhú a chléibh féin ar an ionlach san am a mbíodh an chuid eile ag an snáth mara agus gan Mairéad thar chorr thíos na trá.

Mothú ar bith ní raibh fanta ina cosa anois. Amanta nuair a thagadh sí ar chorr na trá gainimh dhúnadh sí a súile, ar feadh scaití, i riocht is nach mbeadh an scair deiridh dá 'turas' go síoraí á gciapadh. Bhí sí bodhar ar an bpian ar fad anois. Threabh sí léi fearacht is dá mbeadh duine eile istigh inti dá saighdeadh. Má bhí sí stromptha as a colainn níor thaise lena hintinn é. Is é ar tháinig di giotaí beaga de smaointe bearnaithe: 'an comhar . . . Dá mbeadh an fheamainn faoi Phádraig agus fúm féin . . . Caithfidh duine é féin a thaithiú leis an sclábhaíocht . . . An taoille tuile . . .

Mhaolaigh sí suas uchtóg na duirlinge an iarraidh seo agus gan é d'éitir ná de mhisneach inti a súile a oscailt mar is ceart. Níor airigh sí riamh go raibh sí sa snáth mara a bhí faoi shliogáin agus faochain, práibeanna de chosa ceanna slat, píosaí de chláir ghiúirinneacha, dlaoitheanna rocálaí agus cosamar feamainne deirge a tharla lán mara an rabharta aníos as an áit a raibh sí ag lobhadh ar mallmhuir. Ar chraobhóg bhealaithe den fheamainn dhearg a sciorr Mairéad. D'airigh sí na cosa ag imeacht uaithi go maith, ach scaoil sí leo. Ba shámhas léi iris an chléibh a ligean as greim . . . Líon Pádraig an cliabh agus thug go ceann scríbe é. Bhraith Mairéad faoilte an gháire i súile ban Loideáin, tar éis ar dhúradar faoi 'clocha cleasacha' agus 'aistear rófhada' . . . Teolaíocht Mheiriceá a fhágáil i ngeall air seo. Ach ní ag Pádraig a bhí neart air . . .

'Ní call duitse a dhul síos níos mó, a Mhairéad,' a deir an Loideánach. 'Baileoidh an triúr againne an chuid thiar amuigh d'aistear, agus ní tolgán ar bith de do chinnirese cléibhín a dhéanamh den chosamar thoir ag an gcuisle. A Phádraig, a fhleascaigh, déan deifir nó ní bheidh dosán fágtha ag an tuile.'

Ach bhí faoi Mhairéad a dhul síos anois. Nach maith nach n-iarrfaidís ar Nóra ná ar Cháitín Loideáin fanacht abhus? Ghabhfadh sí síos dá mba olc orthu é . . . Dá mbeadh 'an cosamar' sin taobh le dosán amháin dhéanfadh sí dhá leith den dosán! An leaba a thomhais sí di féin bhí fúithi codladh inti . . .

Ainneoin an choimhlint a bhí air bhí sí ag crinneadh Phádraig ag dul síos, agus ar shroichint íochtar láin dóibh níor mhó an saothar a bhí inti ná annsan. Ba roinnt sásamh intinne uirthi go raibh Pádraig aici di féin den chéad gheábh ó theacht chun an chladaigh dóibh. Chaith sí as a ceann anois a cion féin den chosamar feamainne a chur ina cliabh: ní raibh taoscán cléibh ann agus gach uile thiomsachán a bheith cruinn.

Shílfeá, is chomh haranta is a bhí an taoille tuile ag brúchtadh isteach anois, gurbh aiféala a bhuail í gur imríodh uirthi ar maidin agus go raibh fúithi cúitiú go binn anois as ucht nochtadh chor ar bith. Bhrúcht sí isteach an chuisle ag líochán na moláiníní lena smut fuar, ag smúracht sna háfacha lena sróin shrannánach, ag sméaracht i bhfad suas ar an meath-thrá ghainimh rua lena ladhracha fada santacha agus ag tabhairt farraíocha alpartha faoi na slamanna feamainne nár cruinníodh fós. Cheana féin bhí cupla glac téagrach tarlaithe léi aici agus cuireadh Pádraig ar a ghlúine ag iarraidh carnáinín coirrlí a tharrtháil ar a craos.

Bhí arann agus ampla na farraige ag réiteach go maith le hintinn challóideach Mhairéide. Ba shuantraí dá croí ciaptha ruathar an bhréidín mara ag stuineadh na míoránaí ar na clocha agus ag briseadh go diomúch, ainneoin gan an droinnín gainimh ar an meath-thrá a bheith díláithrithe fós. Ach sula raibh taoscanna beaga scaite na céad toinne súite ag an ngaineamh bhí neart na hatoinne ar fáil, leis an droinnín a bhaint as a lúdracha faoi dheireadh agus faoi dheoidh. Sheas Mairéad sa lochán fuar ar cholbha na meath-thrá gur shruthlaigh an fhriotonn a bhain an droinnín a cosa suas go glúine. Amach le luainneachán as áfach ag sireoireacht ar ghuaillí gleannacha na toinne. D'imigh faocha den charraig mar bheadh sé ina 'bhuailim ort, tigim leat' aici féin agus ag an scaird fharraige a thug áladh faoi na tiomsacháin dheireanacha den fheamainn. Amach le Mairéad i mbéal na toinne go n-aimsíodh sí dosán – dosán loinneartha feamainne buí.

'Fág mo bhealach,' arsa Pádraig, agus chuaigh go dtí a

leasracha le deireadh na creiche a sciobadh ón muir amplach. Dhírigh Mairéad, bhíog a hintinn ar an toirt leis an nglór sin. Glór borb coimhthíoch. Glór ó ríocht eile thar is ríocht na litreach éagaoineach, thar is ríocht an chumainn chluana, ríocht na ceannadhairte. Leis an díocas a bhuail í bhris an boilgín feamainne idir a méara agus chuir scuaidín bhodhar ruaime go dtí a grua.

An ré dhorcha a bhraith sí ar cheannaghaidh Phádraig ar an ala sin, bhí sí chomh doicheallach domheanmnach leis na riascanna dubha a bhí an beochan gaoithe a chur i moing cholgach na taoille tuile . . .

Ag Dul Ar Aghaidh

Bheadh plaic bainte aici féin as an screamhóg righin ruadhóite murach go ndeachaigh ag an gcarghas ar an ngoin aici. Agus níorbh iad na súile rite scéiniúla a chuir an carghas uirthi ach an lámh shuaite a sháigh an malrach sé bliana idir an screamhóg agus a bhéal le barróg a chur ar shaol a bhí ag sciorradh uaidh sula raibh sé de dheis aige a ghreim a dhaingniú air. An leathmhuigín bainne – cion bleán maidine na bó – leag sí ar chorr an bhoird le hais a fir é. Ach ní dhearna seisean ach amharc leataobhach dá shúile scólta a thabhairt ar láimh an mhuigín, cochaille righin réama a theilgean sa tine agus an tsráid amach a thabhairt dó féin an doras iata. Leagan súl a fir agus é ag tarraingt an dorais ina dhiaidh a thug dise gan an malrach a bhacadh faoin mbainne a sciobadh ach oiread. D'éist sí nóiméad leis an nglugar a bhí na súmóga bainne a dhéanamh i bpíobán an mhalraigh antlásaigh. Bhí sí ar hob a rá leis gur mhó an solmar a bheadh ar an screamhóg dá dtumadh sé sa mbainne í, ach níorbh fhiú an tairbhe an trioblóid anois ar scáth a raibh fanta de bhainne ná de screamhóg agus ó nár chuir sí de stró uirthi féin an méid sin a rá i dtosach. B'fhusa léi é a dhéanamh an uair sin ná a rá anois. Bhí a teanga mar bheadh boilg ann i gceárta bhruite . . .

Thóg sí mám de dhíogha coirce ó thóin an chomhra, chroith sí ar an urlár é agus d'oscail sí an púirín caolaigh sa gcúinne. Ach níor chuimhnigh sí, nó gur fhógair sí 'tioc tioc' agus nár fhreagair aon ghrág a fáir, gur chrinneadar cnámha na circe deireanaí inné roimhe sin. Ar a dhul amach di i gcoinne canna uisce d'fhan a hintinn ar nós is dá mbeadh sí i ngreamú sa lá inné agus gan gair aici a réiteach. Ag teacht isteach an chéim di leag sí an canna ar phúirín na ngéabha a bhí in aghaidh chlaí Gharraí an Tobair mar a dhéanadh sí i gcónaí agus canna i ngach aon láimh léi. Ansin d'áitigh uirthi den bhuíochas di ag iarraidh a aimsiú ina hintinn féin an inné nó seachtain ó inné nó mí ó inné a bhí géabha go deireanach sa bpúirín sin. Agus leis an gcaoi a raibh cúrsaí a saoil, agus na seachtainí agus na laethanta le ráithe anuas ag dul thar a chéile agus ag teacht salach ar a chéile agus i bhfostú ina chéile ina hintinn, bhí sí ar a cromada agus an chomhlachín chláir bainte as doras an phúirín aici sular mheabhraigh sí di féin nach bhféadfadh aon ghéabha a bheith istigh ann. Bhí a fear ag féithiú anonn ón gcarn aoiligh go dtí doras chró na mbeithíoch agus stráca aoileach-bhealaithe dá bháinín ar sliobarna taobh thiar leis, mar bheadh deoraí de dhiabhal i bhfostú ann. Ar bhaint an phionna dó as lúbán an dorais thug sé amharc giorraisc faoin tsráid agus ar feadh ala an chloig d'fhostaigh sé súile na mná ina shúile piolóideacha féin. Ach níor scrúdaigh na súile piolóideacha faoina croí í chor ar bith. Chuaigh sé ó aithne uirthi go ceann nóiméid. Ansin chuaigh sé ó aithne phósta agus chéileachais uirthi. B'fheasach di i gcaitheamh na faide gur isteach i gcoinne an asail a bhí sé ag dul, lena shrathrú agus le hualach aoiligh a thabhairt ar an ngort fataí i mbarr an bhaile, mar ab iondúil leis gach uile mhaidin. Thug sí obainn a rá leis nár ghar dó an chruóg sin a chur air féin, faoi nach raibh síol ag gabháil leo anois, ach cér chall di an oiread sin dá anró a fháil agus fios maith aige féin air.

Scaird sí an t-uisce sa bpota beag agus chroch sí ar an tine é, agus gan d'údar aici leis ach go mbruitheadh sí brúitín de bhunanna cabáiste do na cearca an tráth sin gach uile mhaidin. Ní raibh ann ach go raibh an t-uisce ar an tine aici san am ar chuimhnigh sí nach raibh cearc ná eireog aici anois. Chuaigh sí amach leis an mbó a sheoladh go Garraí an Chladaigh, mar a dhéanadh sí i gcónaí tar éis an malrach a réiteach i gcomhair na scoile. Fuair sí a fear roimpi sa gcró agus an t-asal scaoilte amach ar an tsráid aige. Tháinig sé anall as cúinne an asail go scaoileadh sé an bhó freisin. Rud ab annamh leis, é féin a cheangail an bhó an oíche roimhe sin agus glas-snaidhm a chuir sé i leaba cuachóige a mhná. Bhí an tsnaidhm ródhocht, agus in áit í a scaoileadh ba réidhe leis an braighdeán a bhaint amach as an maide ceangail ar fad agus é a chaitheamh suas abail braighdeán an asail ar an tsail thrasna go mbeadh cruóg leis tráthnóna arís. A dhath caidéise níor chuir ceachtar acu ar an duine eile. Thug sise chun cruinnis go mbíodh an fear bailithe leis den tsráid an tráth sin gach uile mhaidin. Ach sular tháinig a leathléas eile tuisceana di nach raibh síol le cur i dtalamh, bhí an scéal téaltaithe glanoscartha as a hintinn ar fad.

Mar ab iondúil léi, chothaigh sí cos na bó a raibh a heolas féin aici go Garraí an Chladaigh. Ar an mbealach go dtí bóthar an rí sea chuimhnigh sí gur fhág sí an pota beag 'thíos' agus gan an tine a dheasú faoi, agus nár réitigh sí an malrach faoi chomhair na scoile. Ach níor thúisce a d'fhéach sí le crú a chur ina thosach ná bhí a hintinn mar choire uisce ar chaor thine agus an scoil, an malrach, an pota beag agus an bhó ag freagairt aníos abhus agus thall mar shúileoga mallachta ar a huachtar. Agus ar an toirt ghineadar sin súileoga eile. An t-aonach. An t-airleacan a bhí seanchaite aici. Síorcheilt a hainriochta ar an gcomharsa. Na síolta a bhí ídithe. An plúr *committee* a bhí geallta agus nár tháinig. Agus an *poorhouse*. Chuaigh na súileoga chomh mór chun seachmaill uirthi agus gur chinn uirthi ceann a shonrú thar a chéile, agus rinne sí ar a haghaidh.

Ba lú tapa an bhó inniu ná aon mhaidin eile, ach níor éiligh sí aon bhroid a chur inti. Fiú is iad ag teacht amach i mbéal bhóthar an rí, agus bonnán gluaisteáin ag sianaíl go goilliúnach gartha, níor chuir sin farasbarr deifre uirthi féin ná ar an mbó le bóithrín an chladaigh thall a bhaint amach sula mbeadh an gluaisteán ina mullach. Seabhrán gaoithe an ghluaisteáin ina crioslaigh agus cnáfairt a chuid coscán le hais ucht na bó a bhain bíogadh aisti den bhuíochas. Dá maraíodh an gluaisteán an bhó agus iad i bhfoisceacht dhá lá de lá an aonaigh! Ansin a tháinig an smaoineamh di den chéad uair dá maraídís féin an bhó agus a hithe! Bheidís básaithe roimh lá an aonaigh agus iad leathbhliain i mbéal a chéile ar angar agus ar anó. D'fhéach sí leis an scéal seo a bharraíocht. Ach anois mar chró cúng snáthaide a mbeifí ag iarraidh a thrí nó a ceathair de thuintí a chur inti in éindigh a bhí a hintinn, agus ní raibh smaoineamh ar bith ag toilliúint inti lena liachtaí ceann is a bhí ag teacht salach ar a chéile. Níorbh é an céalacan féin ach an síor-chuimhniú faoin gcéalacan, faoin airleacan, faoin *gcommittee*, faoin aonach, faoin mbó, faoi chuid na hoíche agus faoi chuid na maidine a chlaochlaigh a céadfaí sa meath mhartraithe a rabhadar. Agus ó tharla nár fhéad sí cuid na maidine a sholáthar in aon áit inniu bheadh cead críonta ag a hintinn feasta, mar bheadh ag seanlong thráchta ar ghrian an chalaidh tar éis a lucht deiridh a thabhairt i dtír. Ba mhór an só di go raibh an mothú bainte aisti agus a céadfaí claochlaithe. Gach uile uair dá dtugadh sí faoi na smaointe a dhéanamh bhuaileadh an daol só sin a colainn. Thionsclaíodh mar bheadh daigh ann ina broinn. Speireadh sí a carbad agus a teanga ina gáinní iota. Bhriseadh sí ina balscóid i gclár a héadain go leathnaíodh a cuid smaointe ina mílte súileog os comhair a súl san aer. Bhí a céadfaí corpartha i gcoraíocht ghéar le chéile, a fhearacht is dá mbeadh gan a bheith i ndán ach don cheann ba nimhe neanta acu an treascairt a shárú. Amanta b'fhacthas di go raibh fuaimeanna na cruinne fré chéile ina cluasa agus, dá bhrí sin, nach raibh sí in ann fuaim aitheantais ar bith a aithneachtáil. Scaití eile chlaochlaíodh a héisteacht ar fad agus ina leaba thagadh amharc dochoimseach neamhphearsanta, ach gan feiceáil gan grinneas gan sonrú in aon rud thar a chéile ag siúl leis. Faoi cheann scaithimh arís a blas a bhorradh go mbíodh goirteamas gach sáile agus díolaim meala gach corcóige ar rinn a teanga.

Maidin chineálta dheireadh Faoillte a bhí inti. Gal chumhra as ithir. Pocháin ag goineachan ar chrann. Duille glas súmhar ar rosán agus roschrann thar claí. Bhí ceiliúr cúplála loin, méileach uain aonraic, agus tuairgínteacht taoille tuile rabharta móire le duirling mar bheadh dúileamh garach eicínt ag déanamh feola dá bhriathar ag ionchollú an Nádúir óigh. Ach dise ba shaol é nach raibh gafach le céadfaí an duine. Saol gan scéimh gan chumhracht gan bhlas gan fhuaim. Saol gan fad gan leithead gan tiús gan tacaíocht gan arann. Saol gan rún gan soiscéal gan teastas a thuismithe ná a chríocha déanacha. Ba gheall le saol é a bheadh ag teilgean a chuid airíona aithnide agus nach mbeadh sé de ghus ann goití úra a chur de.

Seamaidí féir ná duille súmhar ná sceach níor chrinn sí faoina fiacla inniu, mar a dhéanadh sí go dúlaí gach uile mhaidin gus nuige seo. Ba bhéas léi freisin moilliú ag maolbhearna an Gharraí Ghleannaigh. Ag seoladh na bó di gach uile mhaidin isteach an mhaolbhearna sin a théadh sí ag sracadh an bhiolair a bhí sna logáin uisciúla ar chúla na gcríoch. Is ann a dhéanadh sí aicearra freisin de shiúl oíche leis na síolta fataí céadfhómhair seo acu féin sa gCeapachín a thochailt agus a bhruith sa mbaile gan fhios dá fear. Bhí biolar sna logáin fós agus iomairí gan tochailt sa gCeapachín, ach ní raibh sise sách dúlaí a bheith beo, ná an oiread de spleodar an tsaoil inti, le go dtiocfadh sí dá soláthar. Tar éis ala an chloig thug sí bosóg don bhó a bhí ag sracadh féir uaibhrigh le claí agus rinne sí ar a haghaidh.

Ar a haghaidh go dtí Garraí an Chladaigh leis an mbó, mar a rinne sí inné agus arú inné agus seachtain ó inné. Bhí Garraí an Chladaigh i bhfostú i gcró a hintinne agus a hanama freis an aonach, fre na tráthanna bídh a d'fhéad sí a thabhairt chun cruinnis agus na tráthanna arbh éigean di troscadh. Siúl támáilte a rinne an bhó, ag sracadh dosán féir den cholbha agus ag cangailt leath an dosáin faoina fiacla chúns bhíodh sí ag slogadh na leithe réchrinnte eile siar ina cíor. Cuid den fhéar uaibhreach a raibh glaise agus súiteán mór ann i gcosúlacht agus a mheabhródh duit bainne bleachta ó d'fhiacail síos ar chaisín do chroí. Rug sí uair ar ladhar den fhéar glas as béal na bó, ach bhí drad na bó ródhrogallach faoi scaradh leis agus lig sí uaithi arís é gan aon araoid a chur uirthi ní ba mhó.

'Deaide!' Ní thógfadh sí a crobh de chairín na bó go mb'éigean dá malrach breith ar thosach a naprúin sular lonnaigh leagan a súl air. 'Deaide!' arsa seisean, agus gach uile shiolla dá chuid cainte scagtha ó chéile ag an meacan saothair agus anbhá a bhí ann. 'Amuigh i gcró na mbeithíoch . . . na braighdeáin faoina mhuineál . . . agus é 'sliobarna as an tsail . . . agus a shúile iompaithe 'na cheann . . . mhama . . . mhama . . . téirigh abhaile go beo . . . beo.'

'Maith buachaill . . . ar sliobarna as an tsail.'

Bhain na focla tine chreasa as cró a hintinne, mar bhain coscáin an ghluaisteáin ar ball, agus sheas sí d'aon iarraidh … Ach bhí a fhios aici go raibh sí ag seoladh na bó go dtí Garraí an Chladaigh mar a dhéanadh sí gach uile mhaidin. Bhuail sí bosóg ar an mbó arís faoi cheann scaithín . . . arae b'fhusa a dhul ar aghaidh. Ar nós mar shníomhfadh séideadh gaoithe i seomra dorcha téada duán alla anonn agus anall, sea bhí uige a cuid smaointe sise ag sníomh agus í bonn ar aon leis an mbó spadánta ag déanamh ar a haghaidh . . .

Ciumhais An Chriathraigh

'Cé an smál atá ag teacht orm . . .?'

An meascán ime nár dhíogáil Muiréad sách cúramach. Nuair a bhí sí dhá chur isteach in íochtar an drisiúir scaoil sprochaille dhe anuas ar an bprionda agus amach ar a ladhair.

'Cé an smál atá ag teacht orm . . .?'

Chuir sí an cheist in athuair le héisteacht le cantal a glóir féin. Ba roighin ón gcisteanach mhóir mhaoil an macalla a shú . . .

Níor chuimhnigh an claibín a chur ar an gcuinneoig tar éis í a bhrú isteach leis an doras iata.

'Fearacht an tslaghdáin ní foláir dó a sheal a thabhairt,' arsa Muiréad, ag suí di ar an stól.

Ní shuíodh Muiréad le tuirse cnámh ach uair i bhfad ó chéile. Ba mhinic, ámh, an cantal dhá cur ina suí le roinnt laethanta anuas. Ba chruaí an cantal sin ag lomadh síos i gcré fhiáin a fréamh ná aon deachmha eile dar ghearr an saol uirthi go fóill. Bhásaigh a haon deirfiúr i Meireacá. Báitheadh a deartháir. Éag a máthar deich mbliana ó shoin a d'fhág ina haonraic í ar chiumhais an chriathraigh mhóir.

Chuaigh an brón seo ina phéiste polltacha thrí ógthoradh a haoibhnis. Má chuaigh níor choisc sé í ó earrach ná fómhar a dhéanamh, ó fhreastal do mhuca ná d'éanlaith, do bheithígh ná do mhaistrí, ná ó cholbhaí den chriathrach a shaothrú. Luath go leor a fágadh í i muinín saighdiúireacht a géag féin. Iata sa gcaiseal seo di ba thír theiriúil, ba chríoch námhadúil lámh chabhrach ná béal comhairle ar bith eile. Bhí an oiread dá dúthracht caite ag déanamh díogaí dorú sa móinteán le deich mbliana is go raibh a haigne ina linn: linn mharbh a bhí cuibhrithe ag cheithre cladaigh díreacha earraigh, shamhraidh, fhómhair agus gheimhridh . . .

Ba é an lá go n-oíche a chéas í ar bhainis Neainín Sheáin a mheabhraigh di go bhféadfadh malairt cladaigh a bheith ar an linn. Ag síorchuimhniú ar imlíne na gcladach a bhí sí ó shoin; ag gléas tamhan cúlta smaointe sna gannshamhaileanna a thóig sí ó thlacht aitheantais móinteáin, cnoic agus cuain . . .

Earrach, samhradh, fómhar, geimhreadh. Eallach. Muca. Maistrí. Díogaí. Deich mbliana . . . Deich séasúr ina heochrasach, iata i linn . . . Agus áthanna glana ag uachtar abhann . . .

Tháinig eireog ag grágaíl isteach i lár an tí. D'éirigh Muiréad lena cur amach. D'athraigh an t-éan cúrsa ar sheol so-ghluaiste a sciathán, chuir an luaith ag frasaíl agus thuirling ar bhruach na cuinneoige. 'Mo chuid tubaiste leat, a rálach! Tá an bainne ina phicill luaithe agat, tar éis mo shaothair . . .! Creidim gur smál eicínt féin é . . .'

Ba mhinic adeireadh a máthair nach raibh maistre an Luain sona. Ní raibh aon ghéilliúint ag Muiréad do sheanchaint den tsórt sin. Ach loine ní chuireadh sí i gcuinneoig sa samhradh féin agus bainne ina dhórtadh ag an loilíoch . . .

Inniu, den chéad uair, a thuig sí go follasach gurbh fhearsaid riachtanach ina saol an turas ar an siopa gach maidin Luain . . .

Ní dhearna sí aon mhaistre Luain le deich mbliana . . .

Bhrúcht aniar thrína hintinn, ar áit na feirste, cúltsruth rágach, a thiomsaigh chuige féin torchairí a cantail uile. Ba í an chomhla dhall sin ar uachtar láin a hintinne a choinnigh uair moille ar an maistre . . .

B'oilithreacht fhuascailteach an turas sin, a thugadh go barr binne gaofaire í, as gabháltas cúng a lae agus as criathrach caoch a seachtaine . . .

Phreab a hintinn treasna an chriathraigh mhóir go dtí an mála bran a suíodh sí air i siopa Bhun Locha. Ba shólás a bheith i gcamhaoineach an tsiopa bhig aon fhuinneoige dhá biaú féin ar na haislingí a raibh tuilleadh agus a ndíol díobh ag daoine eile . . .

Earrach, fómhar, beithígh, maistrí, díogaí . . .

Ba shin iad freisin monadh comhrá ban Chill Ultáin agus an Chinn Thiar a thigeadh chuig an Íclainn i mBun Locha lena gcuid leanbh. Ní shamhlaítí do Mhuiréad, ag éisteacht di leis na mná ag ceiliúr sa siopa, gurbh ar leithéid a hearraigh, ná a beithígh ná a díogaí féin a bhídís ag trácht. Ba ar earrach, beithígh agus díogaí é as tréimhse sul ar briseadh na slata draíochta: earrach, beithígh agus díogaí anall ón aimsir ghil aerach úd roimh theacht dise ar an saol . . .

Bheadh Meaig Mhicil i mBun Locha. D'fhanfadh sí le Muiréad agus d'fhanfadh Muiréad – fearacht i gcónaí – nó go mbeadh na mná eile réidh. Ansin thiocfadh sí féin agus Meaig abhaile i gcuideachta, mar nídís gach Luan. Leis an driopás a bhí uirthi ag tabhairt a peata ghoilliúnaigh chuig an Íclainn ní raibh ionú ag Meaig inniu a gnáth-bhrúcht cainte a chur di ag geata Mhuiréide. Chuirfeadh sí an siopa thrína chéile leis an bpeata linbh. Bheadh sí chomh piaclach ina thaobh ar an mbóthar abhaile is nach gcrothnódh sí smúit an chantail uirthi féin, ach oiread le lá ar bith eile . . .

Cúig nóiméad don haon déag . . .

D'éirigh Muiréad le féachaint a raibh earra ar bith de dhíth uirthi ón siopa. Bhí an máilín bran ina chruit bhog fheiceálach sa gcófra, gan aon ídiú mór ón lá ar thug an leoraí taistil chun na sráide é. An páipéar leath-fholamh min choirce mheabhraigh sé go raibh rún aici min bhuí a fháil le seachtain anuas. B'earra shaor fholláin í leis an mbearna ocrais a dhúnadh idir na seanfhataí a bhí ídithe aici agus na fataí nua nárbh fhiú a rómhar fós . . .

Déarfadh sí gur le haghaidh cearc nó muc í. D'fhanfadh nó go mbeadh gach duine riartha. Bhíodh coislimeára eicínt istigh i gcónaí, ámh. B'eolas do Cháit an tSiopa, dar ndóigh, go raibh Muiréad ag déileáil leis an leoraí taistil. Chuirfeadh sí filleadh beag gangaideach ina béal:

'Ag cuimhniú a dhul ar "starababht", a Mhuiréad . . .!'

Ba táir le gach aon, cés móite de chorrchailleach, 'starababht' a ithe le blianta anuas. Agus gan an dá fhichead baileach scoite aici féin fós! Eochrasach . . .

Bhí an tseilp in íochtar an drisiúir chomh luchaithe leis an gcófra. Pósadh Neainín Sheáin ba chiontach le go raibh an lastas deiridh ón siopa neamh-bhearnaithe go fóill . . .

B'inín dearthár di Neainín. Níorbh as an dlúthghaol sin a tháinig a cion ar Neainín. Ní fhéadfadh Muiréad féin a inseacht go barrainneach cérb as ar tháinig, nó ar bheag mór é. Gach aon Domhnach ó bhí sí ina girsigh, thigeadh Neainín anoir chuici ar cuairt. Théidís amach i gcuideacht ag féachaint ar mhuca, ar chearca, ar ghoirt nó ar aon mhainchille bháite den chriathrach a bheadh Muiréad a thriomú. Uaireanta thugadh Neainín gearrchaile nó dhó eile lena cois. Ar ócáid den tsórt sin sa samhradh théidís síos go dtí Poll na hEasa, le féachaint ar na bradáin ag rómhar i mbéal an tsrutha, nó suas Leitir Bric leis na glaschuain a fheiceáil ina mbachaill niamhdha i mbléin na gcnoc . . .

Tháinig de dhaol ar Neainín bhreá gur imigh agus gur phós sí saighdiúr – saighdiúr nach dtiocfadh chuici ach uair sa gcoicís. Seachtain ó inné bhí sí abhus ar cuairt mar ba ghnáthach. Shiúileadar an gabháltas agus síos go dtí Poll na hEasa. Ba é ar dhúirt sí go raibh na sicíní ag méadú go breá, gur bhocht an éadáil cur tús bliana, agus ar iontú di ó thámhlinn na hEasa, dúirt go raibh na bric fré chéile imithe suas . . .

Sicíní, fataí, bric . . . Ach níor thrácht sí a dhath faoi phósadh . . .

Dé Máirt ba sheo abhus ar athchuairt í, le hinseacht do Mhuiréad go mbeadh sí dhá pósadh Déardaoin! Thrí lasadh gan bhréig! Agus gan í ach trí bliana fichead . . .!

An ruainnín muiceola a cheannaigh Muiréad le haghaidh dinnéir do Neainín inné, bhí sí sa drisiúr fós, chomh hamh le lot. B'fhurasta cuairteanna Neainín a chomhaireamh feasta. Ní chuirfí aon chaitheamh i bhfeoil Mhuiréide ar an Domhnach. Ba í an mhuiceoil an t-aon rud nach raibh le fáil ón leoraí. Dá réir sin ní bheadh aon chall siopa ar an Luan faoi chomhair an Domhnaigh dá éis. Bheadh an Luan mar an Domhnach, an Domhnach mar an dálach, agus Domhnach agus dálach mar a chéile ar nós líne d'uibheacha glogair . . .

Bhí na muca ag dianscreadach sa gcró, agus ní raibh an leath-dhoras dúinte i ndon sciathán ná píobán na gcearc a shrianadh ó choire ghlórach a dhéanamh den chisteanach. Níor bhac Muiréad le muic ná circ, ná le cupán tae 'cosnochta' an eadra a líonadh cúinne dá hocras féin go dtí uair an lóin. Dul suas i bPáircín na Leice a rinne sí ag gortghlanadh an chuir tús bliana . . .

Ba mhó an salachar a bhí sna fataí ná a shíl Muiréad.

Bhí glúineach dhearg, flith, slóchtáin agus mogaill bharráiste gabhalaithe ar gach das, ag seangadh a lorgaí agus ag fálú na gréine óna chuid duilleog. D'ionsaigh Muiréad an daoraicme mhídhlisteanach seo. Ba líonmhaire go mór an fhialusra ann ná anuraidh, tar éis gur mhó an saothar a rinne Muiréad ag tógáil clascanna i mbliana. Bhí sé chúig bliana ó bhí an giodán seo faoi fhataí go deireannach. Caorán amh a bhí ann an uair sin, ach b'fhearr an barr a bhí air ná an iarraidh seo . . .

Bheadh Cáit an tSiopa ag rá má ba daor leo é a dhul go dtí an leoraí . . .

D'inseodh Jude Chill Ultáin do Cheaite an Chinn Thiar gur dhúirt Sagart an Mheigill léi go bhfeicfeadh sí a Cóilín beag ag rá an aifrinn ar altóir Chill Ultáin fós . . .

Déarfadh Ceaite an Chinn Thiar le Jude Chill Ultáin gur innis Bean Chuimín Mhurcha di go raibh sí ag ceapadh go mbeadh beirt aici ar an luí seo, agus nach dtóigfeadh an dochtúr cianóg ní ba lú ná dhá phunt déag: chúig phunt an naíonán agus dhá phunt airgead lansa . . .

Ní raibh barráiste ar bith ar an gcur óg ar an gcúl ó thuaidh . . . Dath an bharráiste a bhí ar a gruaig féin . . . Deich mbliana ó shoin . . . Deireadh a máthair gurbh uabhar a bheith ag féachaint rómhinic sa scathán. Ba shin é a níodh Liúsafar. Bhíodh cíor aige de ghaethe gréine ag slíocadh a chuid buíbhachall. Sa deireadh sháigh sé leota dhá theanga amach faoi Dhia . . .

Thiúrfadh Meaig Mhicil a leanbh i ngreim láimhe ó dhuine go duine. Bhí coimhthíos déanta ag an gcodladh anois uirthi dá bharr . . .

Leasaigh sí ar fheabhas é le lucht de ghaineamh griúánach, agus bualtrach caca cadáis an mhaoil os a chionn. Dhoimhnigh na díogaí uaidh . . .

Ní raibh sí siúd fiche bliain fós. D'innis sí a haois an Domhnach deireannach a raibh sí abhus le Neainín. Níl Domhnach dá dtagadh sí i leith nach n-insíodh a haois . . . Scáile docht de bhlús a bhí uirthi oíche na bainse. Bhí cumraíocht a dhá cíoch go glé thríd mar dhá úll a bheifí tar éis a scoth den chraoibh: úlla ina bhfanfadh an tsine . . . Agus an chaoi a ndearna sí sacshrathar di féin istigh ina ucht . . .

Criathrach caca a bhí ann agus b'amhlaidh dó nó go ndoireadh grian gealach . . .

Phóg Neainín a saighdiúr gan cás ná náire os a coinne.

Bhrúigh an dís isteach doras duibheagánach an sciobóil. Ní raibh sé d'fhoighid acu fuiríocht nó go scaipeadh an chóisir . . .

Níor chóir go mbeadh aon bharráiste ar an íochtar anseo ach an oiread leis an gcúl ó thuaidh . . . Earrach. Fómhar. Maistrí. Díogaí. Eochrasach . . .

Níor thúisce na gearrchailiú amach an doras ná rugadh orthu abhus agus thall. Lig chuile ghearrchaile ariamh acu síon bheag chomh luath is a cartadh isteach i ngabhainn na lámh í. Ach gháireadar ar an bpointe aríst. Ag gáire a bhíodar ag dul siar sna tomacha ar chúl na gcroithe agus síos an seanbhóithrín cúinneach. Phlúch bosca an cheoil i dteach na bainse síon agus gáire in éindigh . . . B'ealaíon é sin freisin … An dá cheoltóir tosaigh ag comhsheinnm . . .

Galra galánta an diabhail air, mar bharráiste! Ar an tanaíochan chois na leice a bhí aige a bheith agus ní thíos anseo ar na híochtair . . .!

Rop ógánach uaibhreach eicínt i leith dhá fastú féin. D'ainneoin na hoíche d'fhéad sí, lena ghaireacht is bhí sé di, a fheiceáil gur ceannaghaidh rosach buí a bhí aige. Thaispeáin an toitín ina bhéal di an lasadh ina shúile agus an goirín ar a ghrua. Bhí baladh te an óil ar a anáil agus súgaíl ar a chuid cainte. Leag sé buicéad uisce a bhí le corr an tí agus é ag preabadh faoina déin . . . Níorbh í an tsíon a lig sí a chuir guaim air. Bhí na lámha leata aige agus a aghaidh cromtha uirthi anuas. Ansin d'aithin í agus ghliondáil leis . . .

A leathoiread luifearnaí ní raibh ar an gcnocán san áit ar dhual di a bheith. Ní dheachaigh gaineamh griúánach ar bith ansin, ná aon aoileach, ach tuar tur an asail . . .

Nóiméidín ina dhiaidh sin chuala sí a gháire ag binn an tí. Ba é a gháiresan é. Ag inseacht do bhuachaillí eile a bhí sé gurbh fhobair dó . . . An cabairín . . .!

Loic na fataí sa mBuaile anuraidh. Sin é a d'fhág d'uireasa seanfhataí anois í . . .

Ní bhfuair dé i dteach na bainse níos mó an oíche sin air. Ba chiotach nár aithin sí é! Cheal gan a bheith ag dul amach ar fud na ndaoine. Súile lasta. Rosach buí . . .

Criathrach caca. Chomh crinnte spalptha le seanchnáimh ar an leic agus róbháite ar an íochtar . . .

Síon diúltach a lig sí féin . . . Rinne sí clamhsán ina thaobh le Neainín ina dhiaidh sin. Ag súil le fios a ainme a bhí sí. Ba é an saighdiúr a d'fhreagair í:

'Dheamhan dochar a rinne fáscadh breá láidir d'aon bhean ariamh, a Mhuiréad . . .'

Fáscadh breá láidir . . .

'Cé an smál atá ag teacht chor ar bith orm?' arsa Muiréad, ag strachailt lán a ladhaire as an iomaire idir chré agus eile.

'Cé an chaoi a n-inseoidh mé é seo don tsagart . . .? Cé an chaoi a n-inseoidh mná óga na bainse fré chéile é . . .? Ní raibh mise siar ar chúl na gcroithe, i bhfalach ar chuile shórt, ach ar réalta Dé . . .'

'Barráiste caca!' arsa sise, ag meilt na bhfocal aniar thrí shéanas a draid uachtair.

Mar sin féin, níor ghlac col ina céadfaí i leis an luifearnach uaibhreach, mar ghlacadh babhtaí eile. Thug gabháil shoip ón íochtar go dtí an leachta ar an leic. Ag dul siar an chlaise di níor thóraigh a polláirí baladh an dúchain. Gach tráthnóna an taca seo de bhliain shiúileadh sí a gort fataí d'aon uaim le deimhniú nárbh ann dó. Bhí cluasa beaga rua ar na duilleoga agus carraíocha de lobhadh bán ar chnocán maolscreamhach na leice. D'fhulaing súile Mhuiréide go neamhpháisiúnta iad.

Thit streachlán den ghabháil ghiobach. Ar a bheith íslithe dhi dhá thiomsú chonaic gur barrannaí fataí a bhí ann. Bhí fata bisithe ar cheann amháin a ropadh aníos ón bhfréimh. Gáire cuasaithe a rinne éadan Mhuiréide le linn don cheist chéanna a bheith aríst eile ag gíoscadh aniar ar a hanáil:

'Cé an sórt smáil é chor ar bith . . .?'

Chaith uaithi an sop ar an gcnocán. B'ionadh léi nár oscail neamhghlaine an ghoirt cuisle thréan a himní. Bhí néal, néal éagruthach, néal dorcha, ag luí ar an gcriathrach. Níorbh fhios do Mhuiréad céard ba tuar don néal sin. Ba bheag aici, go cinnte, ar ala na huaire, é a bheith ina loiceadh bairr ná dúchan . . .

Facthas ariamh do Mhuiréad gurbh aoibhinn don duine a d'fhéad an bagáiste a scoradh dhe féin agus a dhroim a dhíriú san aer éadrom fionnuar. Bhí bagáiste na himní scortha aici féin anois . . .

Níor mhiste léi a dhul ar baosradh ar fud an chriathraigh an nóiméad seo de ló. Siúl spreangaideach na gcorr a dhéanamh ar bhruach na glaise. Tosaí, ar nós na gcearc, ag luí agus ag éirí sa bhfraoch. Uanaíocht ghoil agus gháire a dhéanamh do réir mar ba ré dhorcha nó scalán gréine a bheadh i nGleann Leitir Bric. Teacht go támhchéimeach anuas an sliabh leis an sruthláinín, cúnamh a thabhairt dá cheol meardhána in aghaidh na mboghailéar, agus osna a ligean san áit a raibh a streancán deiridh dhá dhaoradh sa scrath ghlogair. Imeacht ag dordsantacht ó thulán go tulán ar anadh aerach leis an dreolán teaspaigh. Na bric a leanúint go dtí gealáthanna uachtar abhann . . .

B'iontach léi a bhoirbe is bhí a hanáil, a ghlé is bhí a súil, ó chuir sí an bodharuisce as a geolbhach. Rinne an t-uisce íon barr easa a céadfaí a úradh. Ó theilg sí dhi a cúram tur bhí síongháire na bainse ina chlog binn síorghleárach ina cluais. Ba é an ceol céanna é le dord ainsrianta an dreoláin agus le haoibheall an tsrutha bhig dhaortha isteach den tsliabh . . .

Súile lasta . . .

Gheit Muiréad thart ón ngabháil shoip i leith an tí . . .

B'fhusa inseacht don tsagart go raibh tú in éindigh le buachaill . . .

Bhí Meaig Mhicil ag dul síos an bhóthar, agus an leanbh

aici i ngreim láimhe. Stopadh ó thráth go tráth chun a bhéal a chuimilt lena naprún. Marach gan Muiréad a bheith thar leath bealaigh chun an tí an tráth ar thug sí Meaig chun cruinnis dheifreodh le brúcht comhrá a dhéanamh. Níor ghar brostú. Bhí Meaig dall . . .

Bhuail éad í leis an mbean eile in imeacht ala an chloig. Ba mhéanra di mar Mheaig, nach bhféadfadh rud ar bith a dhul idir í agus a cúram piaclach don pháiste sin. D'fhanfadh Meaig go brách mar bhí sí féin le deich mbliana: Earrach. Fómhar. Maistrí. Díogaí. Imní . . .

An droim ar a mbíonn bagáiste an ghrá bíonn dóchas an ghrá agus más dóchas is imní – imní an ghrá . . . An dteilgeann an droim an bagáiste sin freisin . . .?

Bhí prós dearbhach na ndeich mblian cuimlithe den mhóinteán ag eití faona an dreoláin teaspaigh, agus Muiréad dhá athscríobh ina chomharthaí ceiste ar an spéir shíoraí bhodhair . . .

A sonas leithleasach féin a bhí ariamh ó Mhuiréad. Uaireanta, ámh, ní bhíodh an caiseal i riocht an solas niata as saol daoine eile a choinneáil amach. Ansin d'fhéachadh Muiréad uaithi ar an saol agus dhúlaíodh a thaispeáint go raibh ósta don ghaisce agus don íbirt ina croí féin freisin. Ó ba é an criathrach an t-arracht ba ghaire dá láimh d'ionsaíodh go fíriúil – bíodh gur go neamhriachtanach – é.

É a thriomú. Cuid suntais a dhéanamh dhe. An saol a chur ag caint air amhail is dá mba ar niamhinín é, nó ar éachtmhac. Cuimhne a bheith ar a saothar fós mar bhí anois ar amhrán shaobhfhile eicínt den tseanaimsir. Í féin a fhágáil ina haisling bhuain ar chlár an chriathraigh le léamh ag an té a thiocfadh . . .

D'eascraíodh a tnútháin suas, ina stumpaí de bhogha ceatha, as dhá cheann an mhóinteáin. Ach sheasaidís, i gcónaí ariamh, ina dhá lorga bhriste ag sliasta na spéire, agus an criathrach mór mar dhing eisíon dhá gcoinneáil dealaithe gach uair . . .

Thuig sí inniu gur chaoifeach nár mhór, caoifeach a ghabhfadh faoi scair de bhagáiste a himní. Ní fhéadfadh sí féin choíchin na lorgaí briste a shnadhmadh ina stua lán, ná fíon geal súgach an dóchais a dhéanamh d'uisce bréan an amhchriathraigh . . .

Ceannaghaidh rosach . . . D'aithneodh sí aríst é . . . D'aithneodh dá bhfeiceadh ach ní fheicfeadh. Ar baosradh i Sasana nó sna saighdiúir a bheadh sé, agus pósta.

Chuaigh Muiréad siar sa seomra go dtí an scáthán nár fhéach sí le blianta ann, ach amháin maidineacha Domhnaigh, roimh imeacht di chun an aifrinn . . .

An ghruag throm sholasmhar ar bhuíocha an bharráiste go fóill. An aghaidh dhea-chumtha chomh háilíosach le toradh aipidh . . . Bhí an ghrua riafa le eitrí díreacha . . . Bhí an chorróg agus an más ag fairsingiú an tseanghúna . . . Eochrasach . . .

Diabhal eicínt a bhí ag cur cathuithe uirthi . . .

Bhí an bhó le bleán. Ansin a thuig sí gur fhág cíléar an bhainne ramhair gan sciúradh tar éis an mhaistre. An maistre breá ba tús leis uile go léir! Ní dhéanfadh sí aon mhaistre Luain feasta. Díth céille na hóige, b'fhéidir, a thug di gan aon aird a thabhairt ar na seandaoine . . .

D'ardaigh an cíléar amach go dtí claí na hiothlann chun é a chuimilt le gaineamh. Ní fhaca sí Pádraig Dháithí nó gur chroch a 'Bhail ó Dhia' a ceann dá saothar. B'ionadh léi nár bhuail Pádraig a leathbhróg suas ar chéim sconsa na sráide. Choinnigh ag féachaint ina dhiaidh nó gur bhailigh sé suas an bóthar. Bhí a choisíocht bheo ag cur stuaice uirthi. Ní raibh anois i gcéim a sráidese ag Pádraig ach céim eile sa gcora, arbh í céim a shráide féin a ciumhais thall . . .

Bhain Muiréad fleascanna de thaobh an chíléir le díocas a

ladhar. B'iontach an bhroid a bhí i bPádraig Dháithí! Nach bhféadfadh sé dreas cainte a dhéanamh mar níodh gach tráth a castaí an bóthar é . . .?

Bhí an t-uisce bruite ag plobáil as lámha Mhuiréide thar bhruach an chíléir, agus ag sciúradh na créafóige grianfhuinte de na clocha duirlinge sa tsráid . . .

Ní féidir gur duine eile clainne a bheadh tigh Phádraig? Bheadh tuairisc ag Meaig Mhicil, dá mbeadh sé d'fháilíocht inti seasamh, ar a céim suas nó ar a céim síos, le labhairt le duine. An siar ann a bhí a deifir ar maidin? B'fhéidir, tar éis an tsaoil, nár thug sí an páiste thar an scoil. Céard a bheadh sí a dhéanamh thiar ann an t-achar sin? Fuiríocht ann go raibh sé in am baile ag na scoláirí! Céard a bhí sí a dhéanamh ann . . .?

B'ait le mná pósta, i gcónaí, a bheith ag méiseáil i dteach clainne. Chloiseadh sí sa siopa iad ag rá go gcuiridís cuthach ar an dochtúr ar ócáidí den tsórt sin.

'An bhfuil tinneas clainne ortsa freisin?' adeireadh sé le duine ar bith díobh a tharlaíodh ina bhealach.

Ansin ligeadh an bhantracht, as béal a chéile, racht gáire a líonadh an siopa beag dorcha, ar nós éan mór diamhair eicínt ag foluain a sciathán sa gcamhaoineach. A thúisce an racht sin díobh ag na mná thosaíodh gach beirt acu ag caint os íseal. Níor fhéad Muiréad ariamh bunúdar a ngáire, ná a dtóir ar thithe clainne, a bharraíocht. Snámhaí bocht spadchosach ar sheiche an chriathraigh a bheadh go deo inti, ag féachaint in airde ar na héanlaith ag spréamh a sciathán ar bhuaic an bhogha ceatha, agus ag seinnm a rúnphort i gcluais na gréine.

Chaith Muiréad tamall ag féachaint i ndiaidh plobóga an uisce bhruite a dhóirt sí amach sa bhfiodán le bóthar . . . Ag cuimhniú a bhí sí ar a liacht oíche a chaith Pádraig Dháithí ag comhrá léi, ag céim na sráide agus thuas ag balla na scoile. Mar ghairdín amhra a chumfadh é féin seal nóiméide as dúla dalla an chriathraigh a chuimhnigh Muiréad anois ar an oíche dheireannach úd, an oíche ar dhúirt sé léi go n-iarrfadh sé Nuala Hiúí, mara bpósadh sí féin é . . . Agus bhí an naoú duine clainne saolaithe inniu dó féin agus do Nuala . . .!

Ar éigin a bhí Muiréad istigh sa teach leis an gcíléar san am a raibh an gadhar isteach de ruathar ina diaidh. Chuaigh de léim ar an gcathaoir agus rinne sé a theanga a spréamh go hanbhuaineach ar an mbord, ag líochán an spros aráin nár ghlan sí i ndiaidh a dínnéir. D'ionsaigh ansin ag smóracht agus ag crúbáil ar chomhla an drisiúir. An canda aráin a thug Muiréad dó ní dhearna dhe ach lán béil, agus shníomh a chosa tosaigh suas uirthi ag tnúthán le tuilleadh. Ar bhreith dó ar an dara canda uaithi shíl an tsráid a thabhairt air féin leis, ach bhuail Muiréad an braighdeán den bhalla timpeall a mhuiníl. D'ainneoin a chuid glamhóide d'éignigh léi siar ar chúl an tí é. Dá mba istigh sa gcisteanach a chuibhreodh sí é ní ligfeadh a shíorgheonaíl néall codlata léi go maidin.

Bhí na cearca tar éis dul ar an bhfara sa bpúirín. Ní fhéadfadh sí é a chur ansin. Ná i gcró na muc ach oiread. Bhí cró na mbeithíoch falamh, ach níor tháinig Bile Beag leis an doras nua a chur air fós. Ba phian chluaise chomh mór é an gadhar i gcró gan doras, le bheith istigh dó sa teach. Chaithfeadh sí rud eicínt a dhéanamh leis ar aon nós, nó go mbeadh an bhó blite.

Léirscrios air mar ghadhar! Shíl sí go raibh suaimhneas beag i ndán di ó a dhíol sí an t-asal. An t-asailín breá! Grianchogar an dreoláin a bhioraíodh a chluasa móra marbha. Rópa ná gabhainn ní chuibhreodh ar an ngabháltas é ó scardadh don tsamhradh geal ina ghlór agus ina chuisle . . .

D'fháisc glas ar an bpúirín agus shnaidhm an rópa do lúbán an dorais.

'Cá raibh tú, a rálach, nuair a bhí na gamhna ag déanamh aniar ar an scrath ghlogair inné? Nó inniu agus na caoirigh sa síol féir . . .?'

Bhuail Muiréad dá bróig thairní isteach ar an mbolg é. Níor éagaoin sé an iarraidh, ach rinne é féin a liocadh ar an talamh, a chluasa a mhaolú siar agus a liopa uachtair a bhogadh in airde, mar bheadh sé ag iarraidh maiteanais. Ba shin é an chéad uair ar thug Muiréad an íde sin ar an ngadhar. B'fhearr léi anois nach dtiúrfadh.

Bhí leota mór dá chluais ar sliobarna, úrscead rua ar a mhás, é ag imeacht ar thrí chois, agus a mhala anuas ina bhró fola ag dorchú lasadh a shúile. Ba é an chéad turas chun an tí aige le dhá lá é . . .

B'aoibhinn le Muiréad an bleán an taca seo de bhliain. Bhí dual dá tromfholt ag cuimilt le gorúnaí na bó, agus an bainne ina thrí streancáin fhiaracha, ag sceitheadh anuas chomh briosc is a sceithfeadh méara aclaí snáth de spóil. Lacht frasach tréan an tsamhraidh . . .

Tháinig fuaim eicínt ón tsráid a chuir an bhó le dod. Aird dá laghad níor thug sí ar an ascaillín soip ná ar an 'Só bhó bhóin' a chan Muiréad lena tabhairt chun sáimhe. D'aithin Muiréad gur bheag eile den bhainne a bhí le tál. Marach sin ghabhfadh sí chun an tí faoi dhéin na buaraí. Bhí an dúchinniúint fuaite i gcónaí ar an gcriathrach – glais, rópaí, braighdeáin, buarachaí . . .

Thug an bhó gan aireachtáil tosach a crúibe don tsoitheach, agus sceith bleánach síos an cnocáinín crinnte chomh fada le bréinleach bualtraí . . .

D'fhan ag grinniú an bhréinligh uaibhrigh nó nach raibh léas de ghile an bhainne le feiceáil . . .

Amuigh ar an sliabh bhí an sruthláinín alluaiceach i marbhfháisc ag an scraith ghlogair. Anseo bhí an chlimirt gheal imithe síos i mbun an bhréinligh, síos sa dorchadas, chuig an bpéist agus chuig críonach na seanchoille. Shloigfeadh putóga bréana an chriathraigh gach aon rud – allas an duine chomh maith le climirt na bó – agus ní dhéanfadh dhe ach seamaidí colúla bréinligh, scrath ghlogair agus críonach . . .

Ba chóir don bhainne bríomhar sin scéimh eicínt a leasú, barr a chur aníos sa ngaoith ghlain agus sa ngréin . . . Dhéanfadh másaí a muc chomh bog le bológa úra. Dhéanfadh sé, de lao dubh an mhaoil, gaiscíoch tairbh a mbeifí ag tabhairt bheithíoch chuige ó chéin agus ó chomhgar. Dhéanfadh luisne ghléigeal a chur i ngrua linbh . . . Climirt a bhí ag cur na bpluc ar pháiste Mheaig . . .

Níor dhonaide cnámha géagánacha Mhuiréide iad a bheith go dtí leibheann an dá fhichead bliain. B'fheidhmiúla inniu iad ná deich mbliana, ná chúig bliana déag, ó shoin . . .

Ach bhí an sruthlán cnaíte go dtí plobóg sa moing. An crann ba thóstalach bláfar i mbéal na gréine, ní raibh ann anois ach carcair ghiúsaí faoi thoinn an chriathraigh. Seancharcair chrosta . . .

Ní fios cá fhaid a bheadh Muiréad ag aifear a chuid coireanna ar an gcriathrach, marach gur chuala sí caoineachán. Bean a bhí chuici anuas an bóthar. Ghluais Muiréad soir le bheith faoina cóir ag an teach. D'imigh an bhean chuideáin léi síos, gan féachaint ar an ngeaitín caolaigh ná ar chéim na sráide . . .

Bean tincéara a bhí inti. Níor mhór é a gean ar mhná tincéara. Chuireadh amach iad chomh mín gann is a d'fhéadadh – taobh le máimín chriochán go hiondúil. B'ionann ag Muiréad cneamhairí agus tincéaraí, d'ainneoin nár ghoideadar seo faice ariamh uaithi. Ach ní bhfuaireadar ar sliobarna é . . . Ba ghnáthach léi an glas a fhágáil de shíor i lúbán an dorais bhóthair, agus é a chur mara dtéadh ach chuig cró ar chúl an tí. Bhí an gadhar múinte le faire a dhéanamh san oíche, nó nuair a bheadh sí féin giota ó láthair . . .

Siar cosán Mheaig Mhicil a chuaigh an bhean tincéara.

Chuirfeadh Meaig amach taobh le cupla criochán í freisin

. . . Ní móide. Bhí fios a gnótha ag an tincéara. Déanfaí trua d'eire glórach a baclainne. B'fháilte a thíocht le malrach san áit a raibh malrach roimpi . . .

Ba bheag é spéis Mheaig in aon mhalrach ar ghualainn a malraigh féin. A thúisce, daile, is a chloisfeadh sí scread ullmhaithe an tincéara óig bhrúifeadh sí anall, threoródh a gasúr féin i ngreim láimhe lena thaispeáint, agus d'inseodh don bhean eile nach bhfuair sí aon néall codlata uaidh le mí . . . Chomhairfeadh suas a aois go dtí an lá . . . D'áireodh gach ní a bhí sé a cheasacht an tráth nach raibh aige ach aois an tincéara óig . . .

Climirt a bhí ag cur na bpluc air . . .

Gheobhadh an tincéara allúntas fial bainne dá páiste . . . Ba dearfa go raibh fios a gnótha aici mar thincéara. Ní isteach chun tí a raibh a chuid climirte diúlta ag craos bréan an chriathraigh a thiocfadh . . .

Shiúil Muiréad aniar de leiceann na haille óna raibh sí ag féachaint indiaidh na mná. Bhí cupla cearc ag imeacht leathlionraithe ar chúl an tí fós. Ba shin é an uair a thug sí chun cruinnis cé an toirnéis a scanraigh an bhó. Bhí an gadhar greadtha, an lúbán foréignithe as an doras aige, agus lúbán, glas agus rópa crochta chun siúil! Lúbán ná glas eile ní raibh aici anois le cur ar chró na gcearc. Ná gadhar le airdeall a dhéanamh. Agus na tincéaraí campáilte sa gclais ghainimh ag Trosc na Móna . . .! A dtabhairt isteach ar an lota mar ab éigin di a dhéanamh cheana cupla babhta . . . Agus a himní domblasta a ghabháil ina baclainn athuair . . . Fanaidís mar tá . . . Ba doicheall le na tincéaraí féin teacht ina gaobhar anois . . .

Leag Muiréad soitheach an bhainne istigh agus shuigh fúithi ar an stól . . .

Bhí sí rófhada inchollaithe i gcreat an ghnáis le scíth a ligean chomh luath seo sa tráthnóna. Níor mhór gabháil neantóg le haghaidh na gcearc agus na muc . . .

Chuaigh Muiréad amach aríst agus thart ó thuaidh an Leacachín, gur ionsaigh tom dlúth díobh leis an gclaí thiar ... Bia folláin d'éanlaith a bhí ins na neantóga. Agus do mhuca freisin. Chaithfidís déanamh leo anois go mbeadh na fataí luatha inbhainte . . . Dá bhfeiceadh . . . Dá bhfeiceadh féin . . . Dá bhfeiceadh, céard déarfadh sí leis . . .? Dúirt mé liom féin, a Athair, dá bhfeicinn é go n-abróinn leis . . .

Strachail Muiréad an stoca dá láimh . . . B'fhearr a dhul le haosradh bog te ná a bheith ag slíocadh gadhair fhiáin siar i bhfail a hintinne, ar a leithéid seo de chuma . . . Tá mórán in ifreann nach ndearna ariamh é . . .

D'iontaigh anonn chuig na méiríní dearga, ar a raibh cluasa beaga le héisteacht ar feadh an chlaí thoir. Bhain méirín de dhos agus phléasc í idir pioraimidí a dhá ladhar. Oíche na bainse agus na damhsaí foirne ar siúl níodh na buachaillí smeach mar sin lena gcuid méar. Ba chomhartha é dá bpáirtí go raibh a ndreas-san den damhsa ag tionscailt . . . Níor iarr aon duine ag damhsa ise, ar feadh na hoíche. Dá n-iarradh . . . Ní dhearna aon chéim dhamhsa le deich mbliana ar a laghad . . . Ba bheag damhsa a rinne sí ariamh. Bhí na tithe rófhada ó chéile ar an móinteán doicheallach . . .

Dá n-iarrtaí ag damhsa í cé an bealach a n-eiteodh sí an cuireadh . . .? Go raibh an bhróg ag luí uirthi . . . Gur ghortaigh a rúitín an lá cheana . . . Go raibh a bróga éadroma dhá ndeasú . . . Ní fhéadfadh sí a rá nach raibh aon damhsa aici . . . Bheadh sí ag bualadh faoi gach duine ar an urlár. Náireodh í féin . . . Ach níor iarr . . .

Bhog a boinn agus ghluais a dhá béal go rithimeach . . . Síos mar seo . . . Suas aríst mar seo . . . Treasna . . . Timpeall . . .

Phléasc Muiréad a raibh de mhéiríní thuas ar an dos. Thug an saothar seo sásamh aisteach eicínt di nach bhfuair sí ar aon obair eile, in imeacht an lae. Ba shin é freisin, dar léi, an sásamh a gheobhadh sí ar thoitín a dheargadh, a pus a bhiorú agus súgáin chaola deataigh a ligean ar an aer. Níor chuir toitín ina béal ariamh. Ghlac na hógmhná ó na fir iad, oíche na bainse. Chlaonadar a gcloigeann isteach idir cúl na mbuachaillí agus an balla, le nach bhfeicfeadh an tseanmhuintir ina mbéal iad. Níor tairgeadh aon toitín dise. Dá dtairgtí, an ndiúltódh? Bhioraigh a béal . . .

Chuaigh go dtí dos eile. Gan mórán achair bhí colbha thoir an gharraí faoi bhulbaí briste de chrainn soilse na sí. Deireadh an seandream go raibh lóchrainn rúnmhara sna méiríní, agus gur lena solas a d'fheiceadh na mná sí, ar dhrúcht glas na hoíche, éadan an fhir shaolta ba chead aitheach dóibh a tharlú leo mar nuachar . . .

Fuaraídís ina gcraiceann sí! Bhí a chuid leannán féin sách gann ag an saol . . .! Arbh amhlaidh a chúlaíodh na fir sí siar uathu sa dorchadas agus pléascadh amach ag gáire . . .?

D'aithneodh sise é d'uireasa lóchrann méirín ná drúchta . . . Níor ghá di, mar dhéanadh baothóga eile, a léine a níochán thuas údan ag cumar na dtrí sruthán i nGleann Leitir Bric . . . Ceannaghaidh rosach. Goirín. Súile lasta . . .

Bhí crónachán an lae fhada beagnach téaltaithe nuair a tháinig beach antráthach, le díomua a tóra sna méiríní millte a ídiú ar a crobh . . .

Shiúil Muiréad aniar agus shuigh ar an leic mhóir ar aghaidh an tí. Níorbh áil léi tae ná bainne a ól arís, tar éis iad a bheith ólta aici trí huaire inniu. Bhíodh Neainín agus na gearrchailiú ag rá i gcónaí go gcoinníodh tae ar a suipéar ar neamhchodladh iad.

Níor chuimhneach léi a bheith amuigh tráthnóna deireannach mar sin leis an tsíoraíocht. I lár an tsamhraidh féin bhíodh an maide éamainn leis an gcomhla aici, agus an solas lasta, ó ló. Le chúig sheachtainí anuas níor las sí solas ar bith ach luí agus éirí leis an ngréin. Ba mhairg nár smaointigh sí ar sin luath sa ló . . .! Ní raibh striog ola sa teach . . .

Dá mbeadh sé gan a theacht chuici ach uair sa gcoicís . . .!

Bhí an solas ag geamhadh ar an móinteán agus crobha fada fuara na hoíche ag sméaracht ar ghuaillí na gcnoc, dhá strachailt isteach sa duifean ag íochtar na spéire . . .

Chuir Muiréad a cluas leis an tséideoigín ghaoithe. Ní raibh geoin ar bith ó na tincéaraí sa gclais ghainimh. Ba é a raibh len aireachtáil cársán cuasach, mar bheadh ag seanduine ina chodladh. Bhíodh an cársán sin ag an gcriathrach an taca seo de bhliain i gcónaí. A phutóga bréana a bhí súite ag an triomach . . .

Bhí sí dall nár léar di go dtí anois é! An tsráid fuaite le copóga! Na géasadáin ag comórtas leis an bhfiúise le claí! Iad ina dtóstal uaibhreach isteach go tairsigh na fuinneoige, lena mogaill leabhra síl! Broibh bhioraithe – féasóg bhradach an mhóinteáin aríst! – ar chúl thiar Gharraí an Tí . . . Ba é sin a bhí aici a chur i mbliana, mar adúirt Pádraig Dháithí léi a dhéanamh. B'fhearr an dóigh fataí é ná cré spíonta na Leice . . .

Ba gheall na tortáin ar an gcriathrach le beithígh, beithígh mhóra a bheadh ag fanúint crom, lena bhfogha a thabhairt ar éagadh don tsolas . . . Bhí léas den lá gorálach ar Thulaigh an Fhéidh fós. Ar feadh nóiméide thug sí toirt gheal chun cruinnis ag dul thríd an scáthán cúngaithe sin . . . B'fhéidir gurbh é Gilín a bhí ag filliúint ón tréad. Ó a rugadh ina uainín meirbh faoi Fhéil Bríde é níor fhág comhgar an tí go dtí ar maidin. Dá mba léi a bheadh sé ó thráthnóna, istigh sa teach a bheidís agus é ag placadh stiallóga aráin a mbeadh siúcra orthu as cúl a doirn. Ba chuideachta é an t-uainín le contráth fada samhraidh a chéasadh. D'airigh Gilín cruachúiseach anois. Níl aon lá le seachtain nach thuas ar an Aill Mhóir dhá ghrianú féin a bhíodh, agus ag éisteacht go soineannta . . .

Bhí sí cineálta leis an asal, leis an ngadhar agus leis an uan, ach ba chuma sin. Bhioraídís a gcluasa móra agus d'éalaíodh . . .

Bhí na cnoic mar bheidís lena hais aríst. Ba léire a bhfíorchruth sa dorchadas ná sa ló – faithní móra crua ar shliasad an mhóinteáin. Amuigh ansiúd idir dhá chnoc, mar a raibh an poll geal san uaimh dúscamall ag bruach an aeir, a bhí an Meall Bán. Uaidh sin a bheadh Neainín ag faire an bhóthair, tráthnóna sa gcoicís, ag súil abhaile lena saighdiúr. D'fheicfeadh sí dhá mhíle ó láthair é, adúirt sí. D'aithneodh a chuid cnaipí ag lonradh sa ngréin, adúirt sí. Rithfeadh isteach, adúirt sí, d'fhágfadh an citil ag fiuchadh agus shiúlfadh síos an cosán le bheith roimhe ag béal an bóthair . . .

Copóga. Géasadáin. Broibh . . .

Ní inniu ná inné ná oíche na bainse a tháinig na gearbóga míofara seo. Síolrú amach a rinneadar as giodán fialusach nárbh eol di a bheith inti féin go dtí anois. Ba é a raibh dhe gur éirigh clúid den cheo den chriathrach, in imeacht meandair, agus gur nocht os a cóir an scrath ghlogair ina raibh sí dhá múchadh . . .

Ní thugadh an chriathrach ach anadh beag uaidh, don sruthlán, don dreolán, do gach aon rud. An preabán a d'éigneofaí as a ghreim, a ndéanfaí órdhiasa dhe bliain amháin, shíneadh sé isteach a ghéill bharbartha, lena chuid brobh agus bodharuisce a chur thríd an bhliain dar gcionn . . .

Ar a shon sin bhí an móinteán gafach lena héill go dtí i mbliana. Le bliain anuas a rinne an dath ar an doras na léasáin sceite ba dhearbhléir i mbreacghile na hoíche. Ba chóir di, mar mhol Pádraig Dháithí, cupla stráca tuí a chur i dtús bliana le taobh an tsimléir, san áit óna raibh an streoille súí anuas ar an mballa anois . . .

Mara dtigeadh sé go dtí í ach lá sa gcoicís féin, dhéanfadh sí giall brobhach an mhóinteáin a bhearradh agus a phutóga bréana a thraothradh dhá uireasa . . . B'fhaoilí cuairt sa gcoicís ná Neainín gach Domhnach agus ná an siopa gach Luan . . . Bheadh a súil ó dheas faoina choinne ón Aill Mhóir . . .

Chuimleodh cnaipí a ionair le pont a méar . . . Chuirfeadh sí ruainne ime gan tsalann leis an ngoirín . . .

Ó, bhó, bhó, cé an chaoi a ngabhadh sí chuig an sagart lena scéal gleoite . . .?

Chuaigh an mheann ghabhair thart san aer, a meigeallach dhá silt anuas aici ar an gcriathrach agus dhá coimeascadh le loinneoig Mheaig Mhicil ar a cuairt antráthach chuig an tobar. Ní raibh iarracht ar bith de lúcháir Mheaig i nóta éagaointeach an éin. Shíl Muiréad dá mba é an lá gléigeal a bheadh ann go bhfeicfeadh sí an mheann ag tarraint scáile dhorcha, ba mhó go mór ná í féin, treasna thríd an gcriathrach. Cumha, cumha anbhuaineach a bhí ina glór: cumha a bhí fréamhaithe siar, b'fhéidir, go dtí an ceann eile den mhóinteán, go dtí lúcháir, báinseoga cumhra, baile a d'fhág sí ina diaidh . . .

Saighdiúr Neainín ag imeacht, uair sa gcoicís, tar éis lá go n-oíche sa mbaile . . . Sa seomra ba lú i dteach mhuintir a mhná . . . Ag tnúthán a bhí Neainín oíche a pósta go dtiúrfadh Muiréad seomra ina teach féin dóibh:

'Ní chaithfinn oíche sa teach sin, i m'aonraic, a Mhuiréad, dá gcuirtí ós cionn an airm uilig mé as a ucht . . .! Fear ag dul síos agus fear ag dul suas, na tincéaraí sa gclais ghainimh gacha le coicís, agus an slua sí ag druileáil ar an sliabh chuile oíche . . .! Nach bhfeiceann tú nach bhfanfaidh an gadhar féin ann . . .!'

Amach as áirc leithleasach a deich mblian a d'fhreagair Muiréad:

'Tá doirse agus boltaí dúshlánacha air . . .!'

Tháinig aniar den fharraige, thar Chnoc Leitir Bric, gaimhín ghaoithe a chuir barr na ngéasadaí ag cuimilt sa bhfiúise. D'airigh Muiréad codladh driúillic ag snámh suas ina más ón leic chruaidh ar a raibh sí ina suí . . .

Tharraing triopall eochrach aníos as filltíní fairsinge a

gúna . . . Ní raibh aon ghlas ar an doras! Dhearmadaigh é a chur, ag fágáil an tí di go deireannach. Ní raibh sé curtha ach oiread agus í ag bleán. An gadhar breá ba chiontach . . .!

Bhí aici cupla fód coise a fhágáil sa tine. Níor léar aithinne beo sa spros luaithe. Gheobhadh sí crácamas ag déanamh tine ar maidin, gan deor ola faoi mhullach an tí . . .

Chrom Muiréad ar an luaith. Tharraing brionglán den tlú go dásach thríthi. Thug roinnt aibhleog díbheo aníos ar a huachtar. Chuaigh siar sa seomra, ámh, gan a gcnuasach, ná a gcoigilt i gcóir na maidne . . .

Dheifrigh a béal thrína hurnaí i bhfianais na leapan. Mar lochán cladaigh ag líonadh leis an sáile a bhí a hintinn, agus gan í acmhainneach ar na bricíní gorma, a bhí ag síorluain isteach agus amach faoi na clocha ann, a ghabháil . . .

Ach ba seabhrán eicínt taobh amuigh a chuir ina suí dá glúine í: geonaíl an ghadhair a bhí tar éis filleadh abhaile, nó tincéaraí ag guairdeall ar chúl an tí, b'fhéidir. Níor chuir an maide éamainn leis an gcomhla . . .! Ar theacht aniar sa gcisteanach di chonaic nach raibh an bólta féin air . . .

Níor bhuail aon fhaitíos í a dhul amach ar an tsráid. Ná siar ar chúl an tí . . . Neainín lena cuid tincéaraí agus taibhsí . . .!

Bhí na cearca ar an bhfara agus piachán beag suain acu thrína ngoib. Fuair sí an bhó leis an móta ag cangailt a círe go sáimh . . .

Níor mhadadh, tincéara ná cársán sa gcriathrach a rinne an seabhrán . . . An ghaoth, b'fhéidir, ag toinnteáil fuamán na taoille as an nglaschuan ar chúla Leitir Bric . . . Nó plobarnaíl an tsrutháin dhá mhúchadh sa mbogaigh . . . Níor ghá é a fhiosrú. Ba dóigh gur ceann de rudaí simplí an tsaoil a bhí ann, rud chomh simplí agus chomh diamhair lena hanáil féin . . . Scíthshrannadh an bheo agus an fháis ag athnuachan a nirt, faoi choinne saothair an athlae dhóchasaigh . . .

Chuirfeadh an féar i nGarraí an Tí glúinín eile amach

amáireach. Amáireach thiocfadh snafach faoin ngéasadán chois an tí. Charnódh an bhó úgh bhainne. Dhéanfadh an chearc údar uibhe eile a sholáthar . . . Dóchas. Beatha . . .

D'iontaigh Muiréad aniar ar an teach arís. Bhí sé ansin mar bhalscóid mhór ina shuí ar chrónchraiceann an chriathraigh. Ba chóir cead a thabhairt don chriathrach fás agus bláthú mar ba toil leis féin . . .

Chuaigh siar a chodladh in athuair gan bólta ná maide éamainn a chur ar an gcomhla . . . Cér mhiste di a doras a bheith ina uaibhéal . . .?

Dá dtagadh sé . . . Ag iarraidh solais le rothar a dheasú . . . Ag filleadh ó theach ósta . . . Bheadh doras fáilteach roimhe . . .

Céard déarfadh sí leis . . .? Gur thug anáil phóitiúil isteach ar fud an tí . . . Gur aithin sí a shúile, a ghoirín . . .

Cá bhfios nach dtiocfadh . . .? Le maiteanas a iarraidh faoin oíche úd . . . Faoi iontú . . . Agus pléascadh ag gáire fúithi . . .

Cá bhfios muis . . .? Níodh daoine rud den tsórt sin . . . Má b'fhíor do na hamhráin . . . An oíche a chéasadh ag déanamh leanna chois tí a gcumainn . . . Scannán forallais a bheith ar a aghaidh ar maidin . . . Allas as bruth an ghrá . . . Amhrán a dhéanamh ansin agus a hainm ann . . . Bheadh daoine ar nós Mheaig dá ghabháil ag teacht ón tobar, nó ag bréagadh a linbh, agus d'fhanfadh cuimhne uirthi féin go brách . . .

Dá dtagadh . . . A leathbhróg a bheith ar chéim an sconsa ag éirí di ar maidin agus a fholt glas ó dhrúcht na hoíche . . . Gháirfeadh sí leis . . . Gáire a bhioródh cluasa an mhóinteáin agus a chumhródh a phutóga bréana . . . Gáire na bainse . . . Bangháire . . .

Dá dtagadh . . .

Bhí codladh driúillic sa leataobh a bhí fúithi de Mhuiréad. D'iontaigh a haghaidh le balla . . .

Ach ní thiocfadh . . . Ní raibh ina lá uilig ach saobhealaín, mar bheadh sí ag iarraidh tuar ceatha a shníomh as rudaí loicthe an chriathraigh – as dasa direoile an ghoirt, as an sruthlán caochta, as an sproisín deannaigh a dhéanfadh liopa an gheimhridh den dreolán ar thortóig luachra eicínt . . .

Níor fhág sí an linn mharbh inniu ach oiread le haon lá. Siolla glanghaoithe a thug an borbsháile isteach den tseiscinn agus a chuir an linn ag guagadh. Mar phaisinéara ar bhád nach dtiocfadh aon fhoireann ó na hóstaí chuici leis an taoille tuile a thapú, d'fhuirigh feistithe sa támhchaladh . . .

Agus ba shin é saothar tubaisteach a lae! An cumhdach a réabadh de thiobrad thoirmeasctha a croí agus a dhul ar snámh sa tuile dhorcha a dhóirt as. Míshásamh. Mianta fraochmhara. Eagla i riocht úr. Uamhain chomh héagruthach le plobarnaíl in abhainn san oíche, nach mbeadh a fhios arbh iasc é, luch Fhrancach, sciotar cloiche, nó duilleog chríon ag dul san uisce . . .

Ach ba lá dá saol é . . .! An chéad lá dá saol! Lá nár lá earraigh ná fómhair ná cearc! Ná Luan ag éisteacht go sostach le Meaig agus le mná an tsiopa. Ná Luan ag inseacht do mhná eile faoina cuid díog sa sliabh, lena ndearbhthús, a ndearbhthreoir, a ndearbhchríoch . . .

Bhí scéal aici de bharr an lae inniu, a scéal féin . . . Ceann chomh maith le scéal aon mhná eile . . . Rós beag lúcháireach aníos as mórmhoing de bhrón agus de bhréanleann . . . Glé alluaiceach mar uisce an tsruthláin, mar phort an dreoláin, nua órtha amhail ciabh an tuair cheatha . . .

B'fhéidir go dtiocfadh léi dán a dhéanamh dhe, rud nach ndéanfadh choíchin den chriathrach. Bhí sé ina údar chomh maith lena lán rud a ndéantaí amhráin díobh . . .

D'iontaigh Muiréad a haghaidh anuas arís ar an bhfuinneoig a raibh líochán beag de luathmhainneachan meán samhraidh inti cheana féin. Dhealaigh a béal ina bhogchrónán:

'Níl mé críonna, a's céad faraor nílim
Ach mealltar daoine a bhíos glic go leor . . .
Sé críoch gach baoise – '
Cé an chríoch a bheadh ar a scéal féin . . .?

Críoch ar bith, b'fhéidir. Ní móide gur dual de chríoch don scéal mór, an scéal fíor, an scéal álainn, ach é a dhícheannadh sa moing, nó fanacht, ar nós lorgaí an bhogha báistí ar an móinteán, gan snadhmadh choíchin . . .

Críoch shimplí, críoch dhiamhair na hanála, b'fhéidir . . .

'Cé an smál atá tar éis a theacht orm chor ar bith . . .?'

Cé an chaoi a n-inseodh sí an scéal sin don tsagart . . .?

Ní fhéadfadh sí é a inseacht don tsagart . . .

Fios

Shuigh an triúr acu i lúibinn chlaí an chladaigh: fear na leathmhainge ar a ghogaide, fear na claonfhéachana ar a leathriasc agus fear an cham-mhuinil ar a leathghlúin.

'Is mór is fiú do na daoine go bhfuil sé ag trá anois,' adeir Cam-mhuineál. 'Féadfaidh muid scíth a ligean.'

'Beidh airde crann báid di isteach leis an lán mhara arís,' adeir Leathmhaing. 'Sé an chéad lá de neart an rabharta é.'

'Dheamhan an oiread sin feamainn dearg a chonaic mé i dtír ariamh cheana faoi Bhealtaine,' adeir Claonfhéachaint. 'Má chothaíonn an ghaoth sa gceard sin, lobhfaidh sí sna cladaigh cheal an té a thóigfeas í.'

'Cheal an té a thóigfeas í.'

'Cheal an té a thóigfeas í, muis.'

'Lobhadh sí léi, i dtigh diabhail!' adeir Leathmhaing. 'Tá fuílleach agamsa anois di: an oiread is a leasós cúpla cúilín *mangels* dom. An síleann tú go ngabhfaidh mise ag triomú feamainne agus dhá cocadh ar nós na mBreathnach? Is túisce a thiúrfadh an diabhal leis mé. Lobhadh sí léi . . .'

'Lobhfaidh sí ar mo shonsa,' adeir Claonfhéachaint. 'D'éirigh díol *mangels* agus *swedes* inniu liom . . .'

'Lobhfaidh, a mhaisce, agus ar mo shonsa,' adeir Cam-mhuineál.

'Dá dtéadh an ghaoth ó thuaidh anois!' adeir Leathmhaing.

'Dá dtugadh Dia dhi!' adeir Claonfhéachaint.

'Dá dtugadh cheana!' adeir Cam-mhuineál. 'Shílfeá muise go raibh fonn uirthi a dhul suas i ndiaidh a tóna ar ball.'

'Ba mhór ab fhiú é. Ní thiocfadh mórán feamainne faoi thír ansin chuig na Breathnaigh le cocadh.'

'Nach faoi sin atá mé, a chloiginn?' adeir Claonfhéachaint.

'Agus mise.'

'Agus mise chomh maith le ceachtar agaibh.'

'Ba chumasach an sásamh dhúinn féin agus don bhaile é.'

'D'fhéadfá a rá.'

'D'fhéadfá sin a rá.'

'Ní bheadh sé de chiall go deo ag an ngaoth é a dhéanamh.'

'Dheamhan a mbeadh a fhios agat.'

'Cá bhfios goidé sin?'

D'iontaigh Cam-mhuineál timpeall agus chuaigh ar an nglúin eile. Dheasaigh sé binn a bháinín anonn le taobh íseal Leathmhainge, chun go gcumhdódh sé na cipíní a bhí dhá gciorrbhadh ag an stolladh gaoithe aneas ar bhéal a phíopa sin.

'Shílfeá go raibh tú féin agus an sean-Bhreathnach ar thob a dhul san úll ag a chéile thíos sa gCuisle,' adeir Cam-mhuineál le Leathmhaing.

'Nár fheice Dia an t-ádh air féin ná ar a chineál!' arsa Leathmhaing, dhá fheistiú féin siar ar a ghogaide in athuair. 'Cine faoi chopóig! Na Breathnaigh buinneacha as Íochtar Tíre ar fhág a n-iothlann chuile luch ariamh faoi ocras. Meas tú nár scoilt sé an snáth feamainne orm . . .! Dar diagaí scoilt!'

'Scoilt?'

'Scoilt anois?'

'Dar brí an leabhair bheannaithe scoilt! 'Ara cé an sórt ceird í seo?' arsa mise. 'Ag scoilteadh feamainn Bhealtaine, i lár an lae agus eile. Scoilt leat i dtigh diabhail í! Tóigfidh mise í dhá scoilteá faoi chéad í!' Chuir mise deifir ag imeacht air ón gCuisle. Rop leis siar ansin chuig an bhFearsaid le dhul i mbéal Mháirtín Thaidhg thiar . . . Cé an bhrí ach gan inti ach cuailleachaí! Múchadh agus báitheadh air!'

'Múchadh agus báitheadh aríst air!'

'Múchadh agus báitheadh aríst eile air!'

'Is dona í an fharraige, agus a dtugann sé uaithi, nach mbáitheann é.'

'Is dona.'

'Is dona cheana. Is iomaí duine ba neamhchóra di ná é a bháith sí.'

B'éigin do Leathmhaing é féin a choigilt isteach ar scáth Claonfhéachana, ó tharla go raibh iomghaoth le corr an chlaí ag múchadh na gcipíní air. D'athraigh Cam-mhuineál ar an nglúin eile:

'Bhí beirt inín an Bhreathnaigh ag sciobadh uaimse thíos ag an gClochairín,' arsa seisean. 'Duine acu ar chaon taobh díom agus iad go corrógaí i bhfarraige.'

'Go corrógaí i bhfarraige muis.'

'Sin é an chaoi lena rá: go corrógaí i bhfarraige.'

Bhí urchair dheataigh as píopa Chlaonfhéachana agus é ar a leathriasc aríst an tráth seo:

'Chonaic sibh an chaoi a ndeachaigh an Breathnach óg taobh amuigh dhíomsa thoir ar an trá . . .? Bhí sé go gualainn i bhfarraige agus an píce aige faoi chuile dhosán a d'fhéachainn le thógáil. Nár ba slán saolach é ar maidin ná tráthnóna! Ní mórán ceartais a bhí ann nó gur chuir mise an píce báite sa mbréidín feamainne ag a ucht. Dheamhan a fhios agam anois ná an uair sin tuige nach treasna thrína phutóig a thiomáin mé é . . .'

'Dheamhan a fhios agam,' arsa Leathmhaing, agus d'fhéach i leathshúil air.

'Dheamhan a fhios ná agamsa,' arsa Cam-mhuineál, ag féachaint sa tsúil eile air.

'Sin é an chaoi,' adeir Claonfhéachaint. 'Dá mbeadh duine

gan a bheith ag iarraidh é a dhéanamh . . .! 'Nár chuire Dia an t-ádh ná an t-amhantar ort!' arsa mise leis. 'A amplacháin chaca! Níor tháinig scuabán feamainne i dtír ón tráth seo anuraidh nach thú féin agus a bhfuil i do theach a thóig. Bíonn sí scoilte agaibh roimh lá, agus ardmheán lae, agus le comhthráth na hoíche. Dhá mbeadh náire ionaibh ní thaobhódh sibh an cladach beag ná mór inniu. D'fhágadh sibh an snáthín seo ag an gcuid eile den bhaile nár ramhraigh a súil ar aon tsop i mbliana, ach sop a bhí ar bruach agaibhse. Nach bhfuil an cladach soir agus siar agat gan an dosáinín strae a ghreamós do mo ghlaicsa a sciobadh. Bí ag imeacht go beo deifreach, nó dar Dia sáithfidh mé thú . . .' M'anam péin gur dhúras.'

'Go lige Dia do shláinte dhuit.'

'Go lige Dia do shláinte agus do shaol dhuit.'

'Sin a thomhais oraibh,' arsa Cam-mhuineál, 'céard a d'iarr *seanlady* an Bhreathnaigh ormsa ar ball: cúilín thiar an gharraí sin istigh agam, leis an bhfeamainn a thriomú air? "Tá muid féin inár mball séire d'uireasa clúidín thalúna anuas anseo ag bruach na toinne," adeir sí. "Is buan an bealach é le dhul ag lámhacán le boirdín feamainne as seo go dtí an Fóidín Buí siúd thuas amuigh againn. Ní call díbhse a dhéanamh ach seasamh sa lán mhara agus í a scaradh den phíce amach ar an ionlach." "Tá a chuid talúna féin sách gann ag chuile dhuine," adúras-sa.'

'An chaint chumhra chéanna a rinne mise léi,' arsa Leathmhaing. 'D'iarr sí binn den Dumhachín sin thiar orm.'

'Agus mise,' arsa Claonfhéachaint. '"Tá trí roinn thalúna ag síneadh leis an gcladach agaibh," adúirt sí, "agus is ríméadaí libh *magpies* a fheiceáil ag fámaireacht siar agus aniar iontu ná an tuar beag feamainne sin a choiscfeadh aistear don chomharsa. Nár ba é an t-achar is faide gur ag daimhsiú *jig* ar bhur n-uaigh a bheas siad!" adúirt sí.'

'Dúirt?'

'Dúirt anois?'

'Dúirt, dar mo choinsias!'

'Nach beag de shuim atá aici a bheith ag eascainí ná ag loscadh mionna móra!'

'Nach beag d'fhaitíos í roimh Dhia ná Mhuire!'

'Ó bhó go deo, nach í an maistín í!'

'An raicleach.'

'An rálach.'

'An raibiléara.'

'Is cóir, adeir siad, go gcoipfeadh fuil Bhreathnach i lár na farraige. Gan í féin agus a bhfuil ina teach sa duibheagán is doimhne ansin amuigh!'

'Sa duibheagán is doimhne ansin amuigh.'

'Sa duibheagán is doimhne ann.'

Chruach Leathmhaing é féin siar giota eile ar a ghogaide. D'iontaigh Claonfhéachaint ar a leathriasc deiseal. D'athraigh Cam-mhuineál go dtí an ghlúin eile.

'Ní hiad na Breathnaigh féin is measa ach an streilleachán sin ag Patch a thug ionlach dóibh thoir ansin sa gCurraigh.'

'A thug ionlach dóibh?'

'A thug ionlach dóibh, dar Dia.'

'Labhraigí go réidh! Seo chugaibh é! An streilleachán!'

Ghabh sé síos ar a dhá ghlúin idir Leathmhaing agus Claonfhéachaint. Thosaigh ag mionchasacht. Bhí trí phíopa cocáilte air agus a dtoit ramhar dhá sua ag an ngaoith thrína anáil phreabanta.

'Ní bheadh aon chipín agaibh?' adeir sé.

'Cipín! Is dóigh go raibh cuailín díobh i dtaisce ag Fear Rua na Ruibhe sul ar tháinig an Cogadh,' arsa Cam-mhuineál. 'Níl agamsa ar aon chor.'

'Ná agamsa.'

'Ná agamsa.'

'Dheamhan deargadh níos gaire ná na tithe mar sin,' adeir an Streilleachán, agus d'fhéach go díomuach ar na trí bhéal ag loscadh deataigh go fíochmhar, amhail is dá mba chuid de dheasghnáth – de dheasghnáth mallaíochta – a bheadh ann.

'Faraor nár thug mé splanc liom. Tá mé scrúdtha gan gail.'

Thóig Cam-mhuineál a phíopa as a bhéal. Chuir a cheann i gcúl a ghlaice. Bhrúigh an tobac lena ordóig. Bhuail béal faoi sa gcosamar feamainne brúite agus puití a bhí ar uachtar rocach na leice é. Thit burla leathdhóite tobac anuas ag a mhása. D'fhéach siar aríst ann:

'Shíl mé ach a mbaininn an luaith as go mbeadh an oiread ann is a chuirfeadh dinglis bheag i do chláirfhiacail,' adeir sé. 'Ach tá an ghail ghorm caite ann. Is iomaí cipín ceanndearg fáilí a folcadh faoin bpoll sin amuigh le cúpla bliain.'

Rop Leathmhaing burla as a phíopa féin anuas ar an leic.

'An amhlaidh nach bhfuil aon chipín ag na Breathnaigh?' adeir Claonfhéachaint, ag taoscadh amach a raibh ina phíopa féin. Chaoch súil ar Leathmhaing. Chaoch Leathmhaing súil ar Cham-mhuineál. Chaoch Cam-mhuineál súil ar Chlaonfhéachaint. Chaoch Claonfhéachaint an dá shúil faoi seach ar an Streilleachán . . .

D'éirigh an Streilleachán agus théaltaigh soir an duirling le claí na Curraí . . .

'Bailíodh leat anois.'

'Bailíodh leat anois.'

'Bailíodh leat anois, i dtigh diabhail.'

'Ag iarraidh cipíní lá gála.'

'Agus chomh gann is atá siad.'

'Agus chomh daor is atá tobac.'

'Is breá an sásamh air é.'

'Ní theastódh uainn ach cipíní agus tobac a bheith i mboc boise againn dó.'

'Faigheadh sé ó na Breathnaigh iad, ós orthu is mó a chomaoin.'

'Tá sceilp mhór de phíopa tobac amú agam leis, ach b'fhearr liom sin féin ná an oiread dhá chroí a thabhairt dó is go bhfaigheadh sé aon ghail dhe,' arsa Claonfhéachaint, ag ladhráil dó ar an leic chun an bruscar a bhí ag déanamh bachlóga toite fós faoina cheathrú a ghabháil.

'B'fhearr agus liomsa.'

'Agus liomsa, creid mé dhíbh ann.'

'Gan bhréig ar bith gheobhadh sé cipín agus goradh den phíopa dhá dtiocfadh sé le comhar, agus gan áit scartha a thabhairt do na Breathnaigh sa gCurraigh. Chuaigh sé in aghaidh an bhaile. Rinne sé drochdhaoine uile go léireach dhínn.'

'Rinne sé drochdhaoine uile go léireach dhínn.'

'Rinne sé drochdhaoine uile go léireach dhínn muis.'

Dheasaigh Cam-mhuineál binn a bháinín anonn le taobh íseal Leathmhainge, lena chipín sin a chumhdach ar shireoireacht dhána na gaoithe.

'Ní bhfuair mé sásamh ar bith ar mo ghail ar ball.'

'Ná mise.'

'Ná mise ach an oiread libh.'

'Is breá an rud gail ar só.'

'Is fíor dhuit.'

'Is fíor dhuitse sin.'

'Nárbh fhearr dúinn scathamh eile oibre a dhéanamh?'

'B'fhearr.'

'B'fhearr. B'fhearr sin.'

'Dhírigh Claonfhéachaint suas dhá leathriasc agus d'fhéach soir. Dhírigh Leathmhaing suas dhá ghogaide agus d'fhéach soir. Dhírigh Cam-mhuineál suas dhá leathghlúin agus d'fhéach soir:

'Beidh an Churrach spréite le feamainn gan mhoill.'

'Gan mhoill muis.'

'Gan mhoill ar bith muis.'

'Is do na Breathnaigh is fusa sin agus chúig chrúbálaí acu ann dá stialladh leo aníos.'

'Chúig chrúbálaí gan bhréig.'

'Chúig chrúbálaí gan bhréig ar bith.'

'Sé an áit a bhfuil an Streilleachán faoin gclaí thoir ag comhrá leis an máthair agus leis an inín.'

'Leis an máthair agus leis an inín?'

'Leis an máthair agus leis an inín, dar Dia.'

'Níor lig sé an mí-ádh ag diúl air féin nó go ndeachaigh i gcomhar le na Breathnaigh.'

'Bréanfaidh an bhrotuinn sin a streille fhada mar bhréanadar a liacht streille nach í.'

'Is gearr ó gur ar dhrámhasaí Dé a bhí sé dhá gcur.'

'Agus ag dul chun cúirte leo bog te. Rinne a gcuid beithíoch foghail air i mbarr an bhaile. Dheamhan lá beo nach ag foghlú air atá siad.'

'Mhionnaigh sé dar luaith ifrinn dom féin nach raibh siad ag fágáil aon fhód móna ag gabháil leis agus go mbeadh air a dhul chun an phortaigh roimh lá ag faire.'

'Agus gur ghoid siad clúid fhataí as an scioból air agus go mbeadh sé i gcleithiúnas aráin go fómhar . . . Aire dhíbh! Tá muid braite acu ag féachaint orthu . . .'

D'iontaigh Leathmhaing an taobh íseal siar aneas i mbéal na gaoithe. D'iontaigh Cam-mhuineál sléim a mhuiníl soir aduaidh i mbéal an bhaile. D'iontaigh Claonfhéachaint a chuid súl i dtiomchuairt darbh fhearsaid Inín agus Máistreás an Bhreathnaigh agus an Streilleachán:

'Ní bheadh a fhios agat cé an grá a thug sé dhóibh d'aon iarraidh. D'eitigh sé faoin gcarr iad seachtain sa lá inniu.'

'Agus faoi shluasaid.'

'Agus faoi ghráinne siúcra agus gráinne sóda agus braon bláthaí.'

'Dé hAoine seo caite thug sé cneamhaire ar an athair.'

'Agus scaibhtéara ar an mac Dé Sathairn.'

'Agus raibiléara ar an máthair agus boilgín brothallach ar an inín Dé Domhnaigh.'

'Is doiligh an saol seo a bharraíocht.'

'Deir siad ariamh é, a mhaisce: is doiligh an saol seo a bharraíocht.'

'Ní bheadh a fhios ag aon duine céard atá idir an Streilleachán agus iad féin,' arsa Leathmhaing.

'Sin é an chaoi lena rá: ní bheadh a fhios ag aon duine céard atá idir é féin agus iad féin,' arsa Cam-mhuineál.

'Tá a fhios agamsa,' adeir Claonfhéachaint de phlimp, ag lúbadh timpeall dó chuig Leathmhaing a bhí siar aneas i mbéal na gaoithe, agus chuig Cam-mhuineál a bhí soir aduaidh i mbéal an bhaile. Bhí a shúil ina buachloich a raibh snas diamhair i gcuid di agus a ciumhais eile faoi chré go fóill. Chaoch í ar Leathmhaing. Chaoch í ar Cham-mhuineál. Ach níor chaoch Leathmhaing aon tsúil ar Cham-mhuineál, ná níor chaoch Cam-mhuineál aon tsúil ar ais ar Chlaonfhéachaint. D'fhanadar beirt ansin – siar aneas i mbéal na gaoithe agus soir aduaidh i mbéal an bhaile – ag tnúthán le léas eicínt tuisceana ón tsúil leathréaltach.

D'iontaigh Claonfhéachaint agus rinne soir ar an snáth mara, áit a raibh cornaí scuabacha feamainne nár fhéad na fátallaithe eile bráigill a dhéanamh díobh go fóill. Ar theacht go béal na duirlinge dhó thug a aghaidh timpeall ar an mbeirt a bhí siar aneas agus soir aduaidh i gcónaí.

'Tá a fhios agamsa é. Tá a fhios agamsa go maith é,' arsa seisean aríst, de ghlór buacach údarásach: glór an fheasa.

An Strainséara

1

Néall níor chodail Nóra ar feadh na hoíche. Chuala sí glogar an tsíol fraganna as Garraí an Locháin agus scréach smólaí a dúisíodh go hantráthach, i dtomacha Pháirc na Buaile taobh thiar den bhóithrín.

Lig an coileach a chéad ghlao – mar theilgfí smeachóid bheag smúrach isteach i nduibheagán mór an tsuain. Níorbh amhlaidh don dara headra é. Ba é a bhí tuineanta sotalach. Bhí gob cruaiche ar a gharg-ghairm ag dul thrína cliabh. Arís ar feadh na maidne níor bhodhraigh an smeachaíl ina cloigeann ná an fuadach faoina croí. Bhí mífhonn uirthi éirí nó go raibh sé go maith thar an ngnáthuair.

An 'rapar' a chuir sí uirthi féin. Ba ghlaine é ná a cóta dearg ciumhais-sceite. Ní raibh aon údar aici an cóta eile – cóta an Domhnaigh – a chur uirthi lá maitheasa.

Ba ghnáthach léi a bheith ag imeacht cosnochta nó go mbíodh an bricfasta thart. Tharraing a bróga uirthi ar éirí di inniu. Dhúinfeadh ní ba deireannaí sa maidin iad.

Ba ar an gcuma a bhí uirthi agus í cromtha síos le breith ar an tlú ba léire a deilbh agus a dreach. Bhí a colainn docht néamharach mar thuailm rótheannta.

Dá ceannaghaidh, ámh, is mó a bhéarfá sontas. B'aghaidh chnapach míshnuamhar ar nós muirtéil é. Bhí sé mar roinnfí le barr liatháin é ina phainéil – gach painéal dhe chomh tirim, shílfeá, is go n-éireodh sé ina screamh faoi bharr d'iongan. Agus ó shamhlódh duine an muirtéal uair amháin, ba dhóigh dhó na sliogáin ghalbánacha a cuirtear ann a shamhlú freisin agus é ag féachaint ar a dhá súil ghloineacha chrua, lena bhfabhraí ganna silte. Liath a bhí a gruag: liath agus éadrom – ar éadroime an dlaíógín deataí sa tine dhíbheo.

Chuimil Nora an ghruag siar as a súile. Lig uaithi an tlú a raibh sí ag priocadh sa teallach leis. Sheas ala an chloig ag féachaint fúithi i lár an tí. Bhí na roic i gclár a héadain dhá sníomh aici mar bheadh cneachaí pianmhara:

'Ní chuirim orm é go dtéim ag bleán . . .'

An seáilín craobhach – mar thugadh sí air – de stuaic an drisiúir a dheasaigh sí aniar faoina bráid.

Chrom ar an tlú aríst. Chart amach an choigilt. Chnuasaigh na smeachaidí beo in aon chaidhlín amháin. Thug trí nó ceathair d'fhóide coise as an gcarnán móna le balla. Bhris agus dheasaigh timpeall ar na smeachaidí beo iad. Mar leamhan gránna dhá bhreith as a thruaill shníomh gailín deataigh aníos as an tine úradhainte . . .

A thúisce téisclim an bhricfasta déanta shuigh sa gclúid ag oiliúint na tine a bhí ag cnádadh faoi seo.

Bhí an luaith ina láithreachán ar an teallach thar oíche amhail sceathrach thriomaithe a d'fhágfadh beithíoch mór eicínt ina dhiaidh. Scannán deannaigh ar an urlár. Scráibeanna de phuiteach bhróg, bachlóga fataí agus ruainní clumhaigh thríd. Locháinín uisce mar a raibh na tubáin agus na buicéid thiar leis an doras dúinte. É sáinnithe ag sop tuí, ag bláthanna *mangolds* agus ag veist a bhí titithe de phionna sa mballa . . .

D'itheadh a bricfasta gach lá roimh an gcisteanach a scuabadh di agus an luaith a chur amach.

Ag féachaint suas di air ón gclúid anois, ba shalachar de chineál nua neamhghnáthach é nach raibh a súile i ndon a fhuilint. Rug ar an scuaib. Scríob go broidiúil roimpi anuas go tine an mhír ramhar den tsalachar, gan dul i ngaobhar a chuid gabháltas aistreánach faoin gcófra ná leis an doras iata go dtí tráth eicínt eile.

Thug isteach an tsluasaidín smutaithe gan aon chois ó bhinn an tí. Chaith scaird uisce ar an luaith. Níor cuireadh amach roimhe sin í le dhá lá. Chúig lán na sluaiste dhi a bhí ann: chúig aistir go dtí an carnán ar an tsráid ó thuaidh: aistireacha nár ghá chor ar bith ar a céalacan, adúirt sí léi féin . . .

Ar fhilliúint di i ndiaidh an aistir deiridh bhí a fear céile Micil agus an Fear Óg ina suí.

2

Bhí dianghreim ag Micil ar gach aon phluic dá bhróig dhá strachailt air.

'Nach maith gur liomsa a d'éirigh uachta bhréan na seanbhó!' adúirt sé, idir dhá osna.

Ba shin é rosc catha Mhicil gach maidin roimh thús a chur dó ar an tsáriarracht a d'éigníodh an bhróg chúng aníos ar a chois.

Sa gclúid eile a bhí an Fear Óg ag féachaint ar an mballa ó thuaidh: ag féachaint ar an sreabh súí amhail brónbhratach a bhí ag déanamh dhá leith den ghileacht anuas go híochtar . . .

'Má tá aon bhraon *castor oil* agat,' arsa seisean, ag iontú anall ar Mhicil dó, 'bogfaidh sé iad.'

'Chuir mé im orthu,' adúirt Micil, 'ach ba é an cás céanna é . . .'

An scian a bhí sí a chuimilt i mbinn a naprúin thit as láimh Nóra. D'iontaigh thart gan í a thógáil agus tharraing cíléar a raibh taoscán uisce ann amach ón doras dúinte. Bhí sé ar a leathriasc aici agus an t-uisce cab ar chab lena bhord nuair a d'éirigh an Fear Óg le breith as a láimh air.

'Céard a dhéanfas mé leis?'

B'éigin dó an cheist a chur dhá uair le súile Nóra a bhogadh de bhróga Mhicil, lena teanga a iarannáil amach ina leithscéal:

'É a leagan amuigh ar an tsráid.'

Níor ghá bacadh leis an gcíléar ó thús. Athobair a bheadh ann dhá thabhairt isteach san áit chéanna. An Fear Óg ba chiontach . . .! Caintiú ar *chastor oil* . . .! Caintiú ar *chastor oil* i dteach nár tháinig aon *chastor oil* ariamh . . .!

'An dteastaíonn aon chúnamh eile uait?' arsa an Fear Óg, tar éis dó an cíléar a leagan taobh amuigh de ghiall an dorais.

'Fan i do shuí ansin,' adúirt Micíl. 'Ná déanadh duine aon cheo go bhfaighe sé a bhricfasta. Sin é an chaoi a bhfuil mise ar aon chor.'

'Tá cleachta maith agamsa ar obair chéalacain,' arsa an Fear Óg. 'Ba mhinic a thugainn díol an lae de mhóin abhaile ó na Rua-Thamhnaigh roimh mo bhricfasta! Dheamhan mórán maidin ar feadh séasúr na gliomadóireachta a n-itheann muide aon ghreim nó go mbíonn muid istigh ar ais ó na potaí.'

'Díchéille, a mhic ó!' arsa Micil. 'Díchéille a thiúrfainnse air sin! Ní cheart rud ar bith a dhéanamh ar céalacan. Mug maith tae! Sin é an fear oibre! Ní ghabhfainn go dtí giall an dorais ansin amuigh dhá uireasa. An lá a mbíonn sagairt ag éisteacht faoistean ar an mbaile is beag nach dtiteann déidín agam . . .'

Rop Micil leis. Níor chuala Nóra chor ar bith é. Bhí sí thrína chéile ag caint an Fhir Óig, chomh mór thrína chéile is dá mba carraigreacha nua a bheadh timpeall ar an teach i ndiaidh na hoíche . . . Lena chur ar bhróga a d'fhaigheadh mná *castor oil* . . .! A dhul chun an phortaigh ar céalacan.

Cliabh móna thiar ar chúl do bhoilg ar céalacan . . . B'fhearr sin, ámh, ná a dhul go cladach agus curach a chur de bhairéad ar do cheann, dhá thabhairt go béal na toinne . . . An churach ansin ag sraonadh léi suas go dtí corc an phota gliomach, mar chiaróig mhóir go dtí cnaipe i bhfilltíní glasghúna. An gliomadóir, i gcónaí, ar céalacan . . .

Bhí Nóra coimhthíoch ar an ngliomadóireacht. Níor facthas an cheird sin sa dá bhaile sin ach le cúpla bliain. Gliomadóir as an Tír Thiar a chonaic Nóra dhá dhéanamh ar dtús. Abhus san áit seo a chaitheadh sé an séasúr anois gach samhradh. D'fheiceadh é uaireanta agus í ag an gcladach. Ba léar di freisin ó shráid ó dheas an tí é, ag triall ar an gcaladh agus ag iomramh amach le féachaint ar amhantar a chuid potaí. Níor chuimhnigh sí ariamh gurbh fhéidir dó a bheith ina throscadh . . .! Ba ghradha na béasaí a bhí acu sa Tír Thiar . . .!

'Tá na portaigh comhgarach díbhse thiar ansiúd,' a bhí Micil a rá leis an bhFear Óg.

'Thar mar atá siad aniar anseo is cosúil. Ní mórán le ceathrú míle na Rua-Thamhnaigh uainn. Déarfainn féin gur saoire do dhuine gan cúnamh thart anseo gual a cheannach, má tá na portaigh an fhaid sin ó láthair . . .'

'Dhá mba ansin amuigh san iothlainn a bheidís ní ghabhfadh muid go dtí iad ar céalacan . . .'

Ba í Nóra a labhair. Ag cosaint na réidhchúise a bhí sí – réidhchúis a fir agus a baile: dhá gcosaint ar na nósa nua-aosacha, ar an méin ropanta, ar an saol danartha ba dual do rosannaigh agus d'oileánaigh na Tíre Thiar . . .

3

'Tá do bhricfasta réidh anois,' adúirt sí leis an bhFear Óg.

Bhí an stól tarraingithe leis an mbord ag Micil cheana féin.

Maol ar bhilleoig an bhoird a leag sí ubh Mhicil, ach chuir sí ceann an Fhir Óig in uibheagán le hais a chupán tae.

Ba chupán a thug sí dó – cupán agus sásar. Muigín a bhí ag a fear. Dhá mothaíodh sé an tae róthe gheobhfadh sé sásar den drisiúr lena fhuarú air. Chrup Nóra lena muigín féin isteach sa gclúid.

Lean an bheirt fhear dá gcomhrá. Dhá uair a labhair Nóra, gach uair acu le fáithim an chomhrá a choinneáil ó sceitheadh amach ina dhianthost.

Bhí cluas uirthi in imeacht an ama . . .

Bhí a theanga aclaí so-ghluaiste mar shnámh éisc. Focla cneasdorcha na Tíre Thiar! 'Créalach' a ghlaoigh sé ar an luaith, 'sleaic' ar mheirfean, 'tonn fhriochóg' ar scrath ghlogair agus chuir sé 'aice', 'leathrachaí', 'aighre' ag scréachaíl ina n-éanacha cuideáin ar fud an teallaigh . . .

Aréir roimhe sin tháinig cailín comharsan – Máire Jim – isteach go dtí í le rudaí ón siopa. Rinne an Fear Óg babhta nathaíochta léi. Thosaigh Máire ag athléamh air, ag tabhairt 'mucaí' ar 'muca'. An rud céanna a dhéanfadh a Nóirínse, a chol ceathar. Chaithfeadh Nóra leidhce faoin gcluais a thabhairt di lena béal a dhúnadh. Bheadh sí ag caoineadh ansin. Ach a thúisce amuigh í imeasc aos óg an bhaile thosódh Nóirín ar an gceird chéanna arís. Mar sin a bhí gasúir agus gearrchailiú. B'fhéidir gurbh iad a ghortú a dhéanfadh an Fear Óg. Ní leidhce bhog faoin gcluais a thiúrfadh lámh ón Tír Thiar. Cé a thóigfeadh orthu a bheith ag athléamh ar chaint na Tíre Thiar . . .?

Curachaí agus báid! 'Na Rosa' agus 'Na hInsí' ar gach dara siolla . . .! Chluineadh Nóra caint ar na háiteacha sin gach lá ó bhí sí ina naíonán. Ní mórán le fiche míle siar a bhíodar ón mbaile fearainn seo aici féin.

Fiche míle go dtí an Tír Thiar. Leathmhíle go dtí potaí infheicthe an ghliomadóra, i stupóig an chladaigh, ar aghaidh an tí. Ghiorraíodh na fiche míle ina leathmhíle. Shíneadh an leathmhíle ina fhiche míle. Duibheagán dorcha nár chúngaigh an t-iomrá agus nár shoilsigh an radharc a bhí iontu araon. Ba é an coimhthíos céanna a bhí aici leo freisin: coimhthíos an mheath-aitheantais.

Ba mhinic a scríobhadh a deirfiúr Bríd – máthair an Fhir Óig – dhá hiarraidh féin agus Micil ar cuairt. Ghealladh sí do Bhríd, ach ní bhfaigheadh ina claonta a geallúint a chomhlíonadh. D'fhág sin nach raibh sí sa Tír Thiar ina saol. Bhí Micil thiar – uair amháin . . .

4

Ba é ar bhain Micil dá uibh féin an fíormhullach. Rinne chomh muirneach é is dá mba ag filleadh siar na n-éadaigh leapan de pháiste, le féachaint an raibh ina chodladh, a bhí sé.

Mheasc an Fear Óg a chuid tae. Rop an spúnóg thrí bholg na huibhe gur ardaigh a leath ar an gcéad iarraidh. Maide rámha ag scoilteadh toinne . . .

Bhí de rún ag Nóra an t-arán a ghearradh inniu, ach níor chuimhnigh air nó go bhfaca sí Micil ag síneadh an cháca chuig an bhFear Óg:

'Seo dhuit féin é. Is staidéaraí an dá láimh atá agat, bail ó Dhia ort, lena ghearradh ná agamsa!'

Ina stiallóga tanaí treasna an cháca a ghearr Micil a chuid féin. Bhí sé chomh haireach ag cur na scine thríd is a bhíodh leis an rásúr ar a éadan. Siar díreach ina bhéal a chuireadh an t-arán, bhogadh de leataobh é, agus i ngeall ar a fhiacla a bheith fabhtach shílfeadh duine gur charghas leis aon ghreim dhe a ídiú.

Ach ina chanda choirnéalach isteach go croí an cháca ba ea a ghearr an Fear Óg é Chuimhnigh Nóra ar ghob biorach agus ar dheireadh díreach na curaí.

Chuir sé im ar gach éadan dhe. Ní bhrúdh sé siar ina chraos chor ar bith é, ach a ardú i bhfogas orlach dhá bhéal agus an drad a shíneadh lena chur báite ann. Bhí fiacla geala folláine aige! Mar sin a sciobadh breac an baoite de dhuán! Ag inseacht do Mhicil agus do Nóra faoi na héisc oilbhéasacha ar a raibh taithí aige – faoi theanachair an ghliomaigh, faoi áladh an fhíogaigh agus an choncair – a chéas an Fear Óg an oíche roimhe sin . . .

Bhí Micil chomh réidh, chomh neamhbhroidiúil, le bó ag cangailt a círe. Ba í fiacail na foghla a bhí ag an bhFear Óg. Bhí ampla na heascainne ann, é airdeallach mar shionnach fáitill agus a shúil chomh haimhreasach le gadhar a mbeadh daba ina bhéal. Ba é a lón an lón a tomtar sa sruth fola agus a caitear ar fhód an bháis . . .

5

Chuimil Micil a bhéal le binn a bháinín, agus d'iontaigh amach ón mbord.

'Níor fhéad mé,' arsa seisean, agus é ag stróiceadh giob de pháipéar siúcra den fhuinneoig, leis an bpíopa a dheargadh, 'a dhul ag obair ariamh gan gail a chaitheamh an chéad uair.'

Bhí a dhroim in aghaidh an bhoird arís, a chosa thar a chéile agus a ghnúis, thrína phéacáin toite, ina thaos spadúil ag an suan go fóill.

'Cá'il do phíopa? . . . Seo' – agus shín a ghiota tobac anonn chuig an bhFear Óg.

Tharraing sé seo stuipéad as póca a ascalla.

'Tá fuílleach tobac agam,' arsa seisean. 'Agus píopa. Ach ní bhainim flaim ar bith as nó go n-ársaíonn an mhaidin. Tá mo ghoile goirt – '

'Sáile,' arsa Nóra léi féin.

'Agus tá tobac ródhomlasta le bualadh síos os cionn beatha. San airneán seo caite ní chuirinn blas an phíopa ar mo bhéal nó go dtéinn ar cuairt san oíche.'

'Nach haoibhinn duit!' adúirt Micil. 'Sé mo sheandícheallsa troisceadh an lá a mbíonn faoistean ar an mbaile . . .'

Ba ag Nóra a bhí a fhios sin. Oíche ar bith a mbeadh sé gan píopa tobac in oirchill na maidne, ba chorrach é a shuan agus ní éireodh lá arna mháireach nó go mbíodh sise sa mbaile ón siopa.

D'fheiceadh sí a hathair ag dul amach, de mhaol a mhainge, ar an mbóithrín roimh an gcomharsa, agus a phíopa ina ghlaic aige. D'fheiceadh sí a deartháracha . . . Ní raibh aon duine dhá muintir féin, ná de mhuintir a fir, a throiscfeadh nó 'go n-ársaíodh an mhaidin' . . .

D'fhairsingigh a súile gloineacha ag scrúdú an Fhir Óig.

6

Deireannach tráthnóna aréir a shroich sé an teach. Bhí rudaí beaga le déanamh ag Nóra. Ansin tháinig Máire Jim. Istigh i gclúid Nóra a shuigh an Fear Óg agus ní fhéadfadh sí é a dhearcadh as an gclúid eile gan a ceann a chlaonadh.

Bhí sé sa teach cheana, uair nó dhó, ar cuairt. Ba bheag moill a rinne sé ceachtar de na cuarta sin. Cé an mhoill a dhéanfadh a mhacsamhail ina comhluadar féin agus Mhicil? Ní raibh sa mbia a réitigh sí dó, ná ina comhrá leis ar na hócáidí sin, ach mar d'fhéachfadh sí go fánach ón doras, in imeacht nóiméide, ar bhád seoil ag dul thart an cuan. Inniu an chéad uair di ag tabhairt a cheannaghaidh agus a chomhrá chun cruinnis . . .

Dreach úr óg. Adhartáin ramharfhola ina ghruanna. Mailí dubha garbhrónácha. Leathar rosach buí: gné craicinn a athar . . . ach an bhoirric a bhí i lagán a leicinn!

An bhoirric bhuí roighin sin! An bhoirric ar fad!

Ní raibh boirric i Micil ná in aon duine dhá mhuintir. Ní raibh sí inti féin, ina hathair ná ina máthair, in aon deirfiúr ná deartháir léi. Go cinnte ní raibh sí i mBríd – i máthair an Fhir Óig seo. Cá bhfaigheadh sí a leithéid . . .?

Ach bhí an bhoirric bhuí chéanna san áit cheanann chéanna in athair an Fhir Óig – i bhfear Bhríde . . .

7

Chonaic Micil an Fear Óg ag féachaint ar an mballa san áit a raibh an súí.

'Níl aon rath i do thuíodóir ort?' adúirt sé. 'Tá braon báisteach anuas orainn.'

'Dheamhan a bhfuil daorbhasctha dhom,' arsa an Fear Óg.

'Tá mé ag breathnú agus ag freastal ar thuíodóirí ó rugadh mé, ach dheamhan ar thóig mé le aon tuí a chur ina dhiaidh sin. Scriosfadh tuíodóirí thú ar an saol seo.'

'Scriosfadh.'

'Scriosfadh muis. Naoi scilleacha sa ló. Bhí píosa le cur ar an taobh ó dheas ansin anuraidh agam agus fuair mé Droighneánach na Tamhnaí thuas. Chaith sé dhá lá agam. Ó diabhal thiomanta a dhath ach trí stráca sa ló! Cuireann sé an-phointeáilte í, ach má chuireann féin . . .'

'Má tá tuí agat,' adúirt an Fear Óg, 'ní cailm ar bith ormsa an oiread a chur duit agus a chalcfas an braon anuas . . .'

'Go lige Dia do shláinte dhuit! Togha fir a bheadh i ndon a cur, dar ndóigh.'

'Tá chuile dhuine sa teach se'againne ina thuíodóir.'

'Is diabhlaí an rud é sin féin. Ní raibh ceo ar bith ach go gcuirfeadh an mhuintir se'againne díon ar chruach choirce. Suas go cíor an tí ní ghabhfainn, dá gcloisinn ceolta na bhFlaitheas thuas ann, go maithe Dia dhom é! Bhuailfeadh ré roilleagán sa gceann mé . . .'

'Ghabhfainn go barr crann loinge gan aon chlóic.'

'Féach sin anois! Ní hionann tréithre do chuile dhuine. Diabhal a bhfaca mé aon duine de mhuintir Nóra anseo thuas ar theach ariamh, ach oiread.'

'Sin é a chuala mé ag mo mháthair. Is minic m'athair ag rá gurb éard adeireadh a athair-seisean – Réamonn Mór – gurb é féin an chéad duine dhá chine nach i mbád a rugadh. 'Ar theach a rugadh mise,' adeireadh sé. 'Ar theach agus máiléad i mo láimh.''

Sciúr Nóra soithigh an bhleáin le uisce as an bhfiuchadh . . .

8

Shrathraigh Micil an t-asal.

'Cuirfidh mé cúig nó sé d'ualaigh aoiligh soir as láimh, ar an ngarraí sin thoir,' arsa seisean. 'Ní mé cá'il an dorú talún a bhí anseo, a Nóra? Ní foláir na boirdíní feamainne duibhe siúd a scaradh.'

'Scarfaidh mise í,' adúirt an Fear Óg.

'Go deimhin féin ní scarfaidh! Sách luath, a mhic ó, a bheas ort a dhul in adhastar an anró. Ar aon chor ní bheadh aineolaí i ndon iomrachaí a tharraingt amach ar an gcúl thoir.

Tá mé féin dhá shaothrú le os cionn leathchéad bliain agus diabhal mé go dtéann áit na hiomaire agus na claise amú orm, ina dhiaidh sin . . .'

Bhí móiréis i nglór Mhicil: móiréis go raibh tomhais aige a chinnfeadh ar an bhFear Óg a fhuascailt.

'Dar ndóigh, buailfidh mé faoi. Féadfaidh tú mé a chur ar an eolas. Céard tá orm ach an fheamainn a scaradh ina hiomrachaí?'

'Á, níl sé chomh réidh sin ag aineolaí sa ngarraí seo thoir. Tá go leor leachtaí ann agus ní foláir lorga chuile iomaire a bheith díreach glan san áit a mbíodh i gcónaí. Is fearr na híochtair a shocrú, agus caithfidh mé crúbáin a dhéanamh ag claise an tsrutha . . .'

'Crúbáin?'

'Nach shin é anois é!' arsa Micil, go cathréimeach. 'Ní hé an té a rinne an bád a rinne an teach. Tá an ghliomadóireacht agatsa ach is é mo chompás-sa is fearr i nGarraí an Tí . . .'

9

'Bail Dé ort!' arsa an Fear Óg, ag lúbadh a chinn isteach sa gcró a raibh Nóra ag bleán na mbeithíoch ann. 'Chuir Micil uaidh mé,' arsa seisean, go gealgháireach.

'Chuir sé uaidh thú!' adúirt sí, faoi iontas. Scaoil a seáilín agus chuaigh a chorr síos sa gcanna.

'Ní ligfeadh sé in aice cúl thoir an gharraí mé dhá mbeadh sé gan earrach ar bith a dhéanamh i mbliana!'

Lig sé scairt gháire. Cheangail sise an seáilín aríst.

'Ó, sin é Micil i gcónaí,' adúirt sí. Díomuach a bhí a glór aríst, ach ba chaoine é ná tráth an bhricfasta. Bhí sult an Fhir Óig i ndiaidh cuid den ghéireadas a shnoíochan as.

'Bheadh Micil chomh coilgneach le eascann áil dhá ndrannadh aon duine eile leis an gcúl sin!'

Chuir a caint deiridh féin sua beag gáire isteach agus amach i roic a gnúise. Thug súil suas air le feiceáil an aithneodh sé gurbh ag déanamh aithrise a bhí sí ar iasc-chomhrá na hoíche aréir.

'B'fhéidir go bhféadfainn cúnamh eicínt a thabhairt duitse anseo,' adúirt an Fear Óg.

'Cé an cúnamh a d'fhéadfá a thabhairt dom?'

'Cúnamh beag ar bith, ó tá mé i mo chónaí. An bhfuil an bhó seo ar a sochar, bail ó Dhia uirthi?'

'An bhó bhuí . . . Tá. Dhá mhí ó shoin a rug sí.'

'Níor bhligh tú fós í? . . . An bhfuil aon tsoitheach eile agat?'

'Ag braith ar a dhul dhá bleán atá tú! Ní tháilfeadh sí do dhuine ar bith ach dom féin. Tá tú i ndon beithígh a bhleán?'

'Táim, i nDomhnach,' adúirt an Fear Óg, go réidh-chúiseach, gan an géireadas a bhí aríst ina glór a thabhairt faoi deara.

'Ní le do mháthair a chuaigh tú mar sin! Cuimhním fadó, nuair a bhí muid inár ngearrchailiú ar an mbaile seo taobh thoir, nach mbíodh fonn bleáin ar bith ar Bhríd, céad slán di!'

'Bíonn m'athair ag fonóid fúithi agus ag rá go gcaithfeadh sé gur beithígh sheasca uilig atá anseo. Is fearr é féin ná bean ar bith ag bleán.'

'Ba bheag an lua a bheadh ag an gceann atá anseo cromadh faoi aon bhó muis! Ní iarrfadh Micil ach ag réabadh talúna. Ba doicheallach an smut a chuirfeadh sé air féin leis an té a dhéanfadh bleán a shamhlú leis! Bhí m'athair féin – go ndéana Dia trócaire air! – amhlaidh. Agus mo thriúr dearthár . . .'

10

Ar theacht ar ais do Nóra ó sheoladh na mbeithíoch bhí dhá láí nua ag an mbeirt fhear i lár an tí.

'Ró-éadrom,' a bhí Micil a rá le láí an Fhir Óig.

Bhí greim docht aige ar a feac idir a dhá láimh, ag deargadh an aeir go heolgach léi. Bhí an t-adhmad geal mínshnoite gan loinnir ar bith ina shnáth díreach. Ba roighne é, i gcosúlacht, ná an chruach ghlan fháilí a bhí dhá líochán ag an gcaolteanga íseal gréine thríd an doras.

'Ró-éadrom, cheapfainnse. Dhéanfadh sí cúis sa talamh atá siar agaibhse, ach ní foláir an meáchan anseo. Clocha agus talamh trom, a mhic ó . . . Beannacht Dé dhuit! Ní bheidh leath a díol láin inti sa gcréafóig sprosach atá i nGarraí an Tí, anseo thoir! . . . Tá an iomarca slise ar an bhfeac thíos ansin. Breathnaigh thú féin anois air! Cé a chuir isteach dhuit í?'

'Mé féin. An oíche sul ar tháinig mé aniar. B'fhusa í a iompar leis an bhfeac a bheith inti.'

'Is diabhlaí deaslámhach tú, bail ó Dhia ort! Chuirfinn féin feac i láí freisin, ach is pruisleach uaim. B'fhearr liom a fhágáil faoi Taimín, anseo thíos . . . Anois, b'fhéidir! Siúil uait! Chugat, a gharraí! . . .'

Chuaigh an bheirt amach, cléibhín síolta ar a ghualainn ag Micil agus a láí ina láimh eile.

Leag an Fear Óg a láí féin amuigh le claí, thug dhá nascán rothaíochta a bhí i nglas ina chéile aníos as a phóca, agus dheasaigh isteach íochtair a bhríste le nascán a chur ar gach aon chois. Chroch sé an láí ar a ghualainn ansin agus lean Micil . . .

Choinnigh Nóra, ó ghiall istigh an dorais, súil seachantach ina dhiaidh ag dul amach an mhaolbhearna den tsráid dó agus soir Garraí an Tí . . .

Chuir an rud a rinne sé mearú beag ar a súil. Dhá nascán a chur ina bhríste ag dul ag cur fhataí dó. Nascáin mar bhíodh ar an bpóilí ag cuartú gadhar! . . .

Ba shin rud nach ndéanfadh aon duine thart anseo. Ní bhíodh seiríní le feiceáil ach ar lucht an tsléibhe agus, dar ndóigh, chaithfidís sin a gcosa a strachailt thrí na cíocraí.

Ba mhinic striochlán d'íochtar a bhríste dhá tharraingt i ndiaidh a choise ag Micil. Ach é a stialladh dhe a dhéanfadh ní ba thúisce ná a nascfadh sé é, mar a rinne an Fear Óg. B'fhéidir go gcuirfeadh sé faoi deara do Mhicil péire acu a fháil anois le haghaidh a bhríste féin! . . .

11

Ba ansin a chuimhnigh sí nach ndearna sí aon urnaí mhaidne fós.

An bricfasta a chuir as a cuimhne é.

Dheasaigh an chathaoir anonn leis an mbord agus chuaigh ar a glúine, i bhfianaise an phictiúir a bhí crochta ar ghiall na fuinneoige, ar dheisiúr na gréine. I scálán misiúin, na blianta ó shoin, a cheannaigh sí é.

B'urnaíoch dúthrachtach í Nóra. Níor mhinic anois an seanstadam dhá bhualadh: stadam na mblian úd arbh é iomlán a hurnaí an Paidrín Páirteach a fhreagairt do Mhicil san oíche. Aon tráth a mbuaileadh, sparradh sí a súile ar an bpictiúr:

An chrois sceirdiúil ar ghualainn an chnoic. Ná súile tlátha. An ceann caoin a raibh an bogha lóchrannda air agus é ar leathmhaing. Na práibeannaí fola ar áit na dtairní. An bhean a raibh an fhallaing luchtmhar uirthi ag bun an chrainn, ag féachaint suas ar a Mac agus fear an éadain riastraithe ag oscailt a Thaoibh leis an tsleigh . . .

An chéad am a bhféachadh sí ar an bpictiúr éad agus aicís

a bhuaileadh í: éad agus aicís leis an mbean a raibh a Mac ansin os a coinne, más dhÁ chéasadh féin a bhíothas . . .

Bhláthaigh na cuibhrinn chlochacha sin dá hintinn tar éis tamaill . . .

Ba shin í Muire Mhór. Bhí falach imní agus anshó faoi chiumhais scuabach a braite. Bhí leigheas gach dóláis sna súile tlátha, sa gceannaghaidh caoin agus sa mbogha lóch-rannda. Ba íocshláinte gach péine an fhíonfhuil a bhí ar na tairní agus ar an tsleigh. Chuiridís dúthracht bhog na hurnaí ina croí spalptha agus ina súile sioctha gach tráth.

Ach inniu, ar fhéachaint suas ar an bpictiúr di, níor chruinnigh aon deor faoina súil. Ba é ar léar di adhartáin ramharfhola, mailí garbhrónacha, leathar rosach agus boirric . . . Boirric ar an bhfallaing; boirric ar rinn na sleighe; ar áit na dtairní; ar an gceann caoin; ar mhala an chnoic; ar sciatháin na n-aingeal i bhfroighibh na spéire . . .

'Sé do bheatha a Mhuire, atá lán de ghrásta. Tá an Tiarna leat. Is beannaithe thú thar na mná . . .'

Sheadaigh Nóra an urnaí nóiméad eile. Ach níor ghar é. Cloch ní raibh ar a paidrín nach ina boirric a bhí . . .

12

Chuaigh sí soir sa ngarraí.

Bhí an bheirt fhear ag obair leo: Micil ag rianú na n-iomrachaí, ag leagan an dorú, ag socrú na talún leis an láí, agus an Fear Óg ag scaradh na n-ualaigh feamainne duibhe a bhí giota ó chéile ar fud an chúil.

'Ní mheathfaidís iad féin siar againne ag baint fáisín carrach den chineál sin,' arsa an Fear Óg, ag slamadh dosán den fheamainn dó agus dhá chaitheamh anuas buille mífhoigheach leis an dorú.

Dhírigh é féin agus thug aghaidh ó dheas ar an gcuan a bhí i bhfogas leathmhíle do láthair. D'fhéad na moláin aonraice, faoina ndlúthdhíon dorcha feamainne, a fheiceáil ag muscailt aníos as pluid shilteach na taoille trá. D'ainneoin an rabharta a bheith ag cúlú le cúpla lá ba léar, i bhfad amach, crága den chladach ag nochtadh – crága borba míchumtha amhail ginte a bheadh an talamh eascairdiúil a bhreith.

'Shílfeá gur chóir go mbeadh feamainn bhuacach ar an gcladach sin thíos.'

'Tá freisin,' arsa Micil, ag breathnú taobh an chladaigh é féin. 'Tá coill choirrlí amuigh ansin ar an gCarraig Bhuí, ach cé an mhaith sin nuair nach féidir a dhul ann de do chois.'

'Cé an mhaith sin!'

'Thiocfá ar an Scothach ansin thiar ar an rabharta, ach í a ligean le sruth agus gaoith a chaithfeá a dhéanamh. Tá sé ró-aistreánach ag capall ná asal go dtí í. Feamainn pháirteach í. Dá mbeadh fear den bhaile sásta a dhul dhá baint bheadh beirt nach mbeadh. Níor baineadh aon dosán dhi anois le fiche bliain.'

'Le fiche bliain!'

'Le fiche bliain muis. Níl an dream atá ann anois chomh fíriúil leis na seandaoine.'

'Is suarach an t-ionadh sibh a bheith gan leasú!'

'An roinn fheamainne duibhe is fearr ar an gcladach istigh is agamsa atá sí. Sin cuid di. Fás dhá bhliain. Níl aon fheamainn ar an gcladach anois mar bhíodh.'

'Nár dhúirt tú go raibh coill choirrlí – '

'Feamainn dubh, adeirim. Tá sí sceite ar fad. Smál eicínt ...'

'Is diachta di nach sceithfeadh, más ag síorfheannadh na gcúpla cloch céanna a bhíos sibh! Nach mairg gan curach agam! Chuirfinn cruiteanna coirrlí uirthi! Cé an bhrí ach an speireadh a d'fhéadfadh duine a dhéanamh ar ghliomaigh!'

'Is dona na gnaithí a bheadh ort.'

'Is iad an nead iad is fiú a choilleadh, a mhic ó, agus iad ag dul ceathair fichead an doiséine!'

'Thóig mise gliomachín in áfach an lá faoi dheireadh agus mé ag baint na feamainne seo. M'anam gurb é a ithe a rinne mé féin agus Nóra.'

'Dhá mbeadh an churach agamsa níl aon lá ar feadh an tséasúir nach n-íosfadh sibh gliomach. Agus mangaigh, ronnaigh, troisc agus iasc mór sa ngeimhreadh . . . Nach diabhlaí, áit atá i smaois na farraige mar seo, gan curach ar bith ann! . . .'

Bhí meanga socúil i súil Mhicil, amhail is dá mba scéal greannmhar eicínt a bheadh dhá inseacht ag an bhFear Óg.

'I nDomhnach muis, níl curach ná bád ar na cheithre bhaile seo.'

'Fan go bhfeice mé . . . Tá cúig . . . sé . . . hocht . . . naoi gcinn ar an mbaile se'againne thiar.'

Shnámh naoi scáile dhorcha isteach go dtí an cúinne d'intinn Mhicil ina raibh madraí oilbhéasacha, easóga, tairbh agus saighdiúir . . .

'Diabhal mo chois chlí ná dheas a chuir mé i gcurach ná i mbád ariamh,' arsa seisean. 'D'ordaigh Dia an anachain a sheachaint.'

'Nach bhfuil Dia ar an uisce chomh maith is atá Sé ar an talamh!'

'Tá mé ag breathnú ansin amuigh ar an bhfarraige sin le os cionn trí fichead bliain agus deirim leat, a dheartháir, gur bainríon fhiáin í! Mar bheadh gearrchaile socair ann in imeacht leathuaire! Ina cailleach chaoch aríst ar an toirt! Cantal eicínt! Cantal mná . . .'

'Cé an dochar? Má bhíonn duine déanta uirthi – '

'Ní dochar do dhuine é féin a bháitheadh, b'fhéidir! . . .'

'Má tá an t-imeacht ort imeoidh tú ar tír freisin. Is mó imíos ar tír ná ar toinn . . .'

'Beannacht Dé dhuit! Nár báitheadh a raibh siar agaibhse ariamh! Lig do na curachaí, tá mise ag rá leat . . .'

'B'fhearr liom ar an seas tosaigh inti ná an mótar is breátha dhar déanadh ariamh a bheith faoin gceathrú agam. Na leabharachaí a chloisteáil ag pléascadh faoi na fonsaí, le neart iomramha! An tslat bhoird a bheith cab ar chab leis an uisce! Do ghraidhp a bheith ag brúscadh na farraige agus an mhaidhm do do thuairteáil le fánaidh, mar hata i mbéal gaoithe móire! A dheartháir m'anama thú! Amach anseo . . .'

'Ní sheo áit ar bith dhuit a bheith ag caint ar churachaí,' adúirt Nóra. 'Ní raibh Micil se'againne in aon churach ariamh. Ná mise. Ná m'athair . . .'

13

'Hó! Foighid!' adúirt Micil leis an bhFear Óg. 'Crúbáin a chaithfeas a dhul ansin.'

'Níor chuala mé aon chaint ar na crúbáin thiar againn féin ariamh . . .'

'Dar ndóigh, níor chuala! . . . Spagáin bhréana d'fhataí muis a bheadh ar an lag fliuch sin, dhá bhfuireasa. Foighid anois! Ligfidh muid anuas go híochtar as taobh na hiomaire sin iad . . . Mar seo . . .'

Rianaigh Micil síos suas dó, lena chois agus le cipín an dorú, cé an chumraíocht a bheadh ar na crúbáin.

'Ó sea, chonaic mé aniar i ngarrantaí chois an bhóthair iad. Iomairíní beaga mar fhiacla i raca . . .'

'Sin é an fáth ar iarr mé ar maidin ort gan a dhul ag tarraingt amach na n-iomrachaí,' adúirt Micil go sásta. 'An chéad uair eile a mbeidh an garraí seo dhá chur cuimhneoidh tú féin go gcaithfidh crúbáin a dhul anseo. Ní móide go mbeinnse sa gcomhaireamh ceann an uair sin. Ach beidh a fhios agat féin cé an chaoi lena ndéanamh, má fhaireann tú mise . . .'

'An faoi uisce a bheith ag cónú ann atá tú ag déanamh na gcrúbáin seo?'

'Sea, cad eile?' arsa Micil, agus d'fhéach go truaíoch ar an bhFear Óg seo. 'Tá broinn mhór uisce anuas ar chlaise srutha an gharraí seo: uisce an bhaile se'againn féin agus riar d'uisce Bhaile an tSrutháin seo thoir freisin. Sceitheann sí sa ngeimhreadh.'

'An bhfuil a fhios agat céard a dhéanfainnse leis . . .?'

Chuir an cheist sméidíl anshocair faoi shúile Mhicil.

'Líméir a dhéanamh.'

'Líméir?'

'Sea. Nuair a gheobhainn an garraí bán.'

'Beannacht Dé dhuit! Dhéanfadh na beithígh cis ar easair de do chuid líméar!'

'Leacracha a chur leo.'

'Chuirfeása leacracha leo!' Bhí scornach Mhicil ag snagadh le hiontas. 'Ag diomallú talúna a bheifeá. Talamh mhaith freisin . . .'

'Ní dhiomallóinn ná fód. Scrathachaí a stuáil ina mullach arís. Thiúrfadh Fear na bhFataí *grant* duit as a ucht. Fuair muid féin sa mbaile chúig phunt dhéag anuraidh.'

'A chonách sin oraibh muis! Tugann Fear Fataí na háite seo riar uaidh freisin don mhuintir sin siar. Ach diabhal a mbacann na bailteachaí seo anseo le rudaí den tsórt sin. Ag strachailleacht linn a bhíos muide mar a bhíomar ariamh . . . Hó! Foighid anois! Loic do láimh ansin, nó go gcuire mé an dorú leis an mbord . . .'

Bhí os cionn slaite de leiceann na hiomaire frámáilte le caolchéibh fheamainne ag an bhFear Óg, gan an dorú a leagan léi chor ar bith . . .

'An gcuireann tú dorú le chuile iomaire?'

'I nDomhnach, cuirim.'

'Féach a mbeadh d'fheamainn scartha agat, chomh uain is bhíos tú ag cur síos agus ag athrú an dorú sin! Ní dhéanfadh duine aonraic ach ag siúl ó bhall go posta chuile mhionóid . . .!'

'Agus céard a dhéanfása?'

Níorbh iontas anois le Micil an Fear Óg ag rá go ligfeadh sé curach ar snámh i gclaise an tsrutha, go gcuirfeadh díon ar na hiomrachaí fataí, nó go ngabhfadh ag gliomadóireacht sna leachtaí cloch . . .

'An fheamainn a scaradh gan dorú ar bith. Cad eile? Is dírí a thiúrfainnse iomaire ná aon dorú. Bhí mé scathamh sna saighdiúir . . .'

'Le hanam do mharbh, an raibh tú sna saighdiúir?' adúirt Micil.

Chuaigh dhá choiscéim i ndiaidh a chúil agus lig an dorú as a láimh.

'Shíl mé go raibh a fhios agat é. An bhfeiceann tú . . .? Cocáil do shúil mar bheifeá ag dul ag caitheamh urchair.'

'Ag caitheamh urchair,' arsa Micil as a scornach shloigthe.

'Barr do láimhe a dhíriú uait ón tsúil go dtí claise an tsrutha. Leag do shúil ar mharc eile leath bealaigh síos . . . An bord a thabhairt amach ar an gclochín biorach siúd thíos . . . Seo! Déan thú féin anois é . . .! Seas anseo . . .'

'Uair eicínt eile,' adúirt Micil, ag druidim uaidh i leith Nóra a raibh a droim leo, agus í ag scaradh giota ó dheas uathu ar an íochtar. 'Fan go mbeidh Taimín ann agus Jim seo thiar . . .'

Shiúil Micil síos suas le claise an tsrutha ag cornú agus ag sceitheadh an dorú dó.

'An dáiríre atá tú? Ní chuirfeása aon dorú leo?'

'Diabhal dorú a bhíos siar againne leath na gcuarta.'

'Siar agaibhse . . .!'

Ba dona a cheil crústa gáireata a ghlóir laíon tarcaisneach na cainte ag Micil:

'Maidir libhse ru! Nár chuala mise fear aniar ag rá anseo uair go bhfuil an tír chomh feannta rite is gurb é an chaoi a sáitheann sibh na síolta i múirín móna istigh i seanbháid . . .!'

'B'fhéidir nach gcreidfeá gur dhíol an mhuintir se'againne tonna go leith fataí anuraidh . . .'

'Marach gur tú féin adeir liom é, dheamhan creidiúint. Nuair a bhí sé seo curtha go deireannach – sé bliana go ham seo – bhí hocht – '

'Chuirfinn mo rogha geall leat nár dhíol tusa tonna go leith as an ngarraí seo ariamh.'

'Beannacht Dé dhuit! An-gharraí é seo. Togha geadán talúna uilig atá agam. Féach an chréafóg dhúramháin sin! Nuair a bhí mise i d'aois-sa, bail ó Dhia agus ó Mhuire ort, b'aite le mo shúil í ná *lady* dhá bhreátha . . .!'

'Ara nach bhfuil an talamh seo chomh spíonta le cíocha caillí, dhá chur ó hitheadh úll na haithne! Ar lagphortach a saothraíodh a bhí na fataí sin againne. Dheamhan sprae a chuaigh ariamh orthu! Bhí mé féin ag déanamh téarma sna saighdiúir. Ag iascach agus le gliomaigh a bhí Colm agus an seanbhuachaill . . .'

'Sin é é. Leathchois ar muir agus leathchois ar tír a fhágas duine gan salann gan mil ina bhéal. Is furasta leis an talamh a dhul i léig, mara bhfaighe sé an chóir is dual dó. Níl aon lá sa mbliain nach bhfuil saint láimhe ar bith d'obair ar an ngabháltas seo agamsa.'

'Is cosúil é!'

Smaoiniú ar éisc a rinne Micil, ag féachaint dó ar an ngáire mór fairsing a leath aniar ar bhruacha béil an Fhir Óig . . .

'Cuirfidh mé mo rogha geall leat, a Mhicil, go mbeidh an oiread céanna de bharr an gharraí agat ar mo chaoi-sa. Déarfadh m'athair i gcónaí go mbíonn arbhar díreach ar an ngrua cham.'

'Is mór an lán buinneachántacht chainte adeirtear, is mór

sin,' arsa Micil, ar dhearg ball beag feirge ina ghrua, go ceann nóiméad an chloig.

'Níl sa dorú ach ag cur slaicht air, mar dhóigh dhe, i súile na gcomharsan. An barr an buachaill! Bíodh duine ag déanamh iomrachaí nó go gcuirfidh sé an garraí thar maoil leo! Sin é a déarfainnse . . .'

Níor bhog gothadh bodhar balbh Mhicil.

'Fuirigh leat anois go bhfeice tú chomh díreach agus a thiocfas an iomaire seo amach gan dorú ná eile.'

D'áitigh an Fear Óg in athuair ag cumadh an bhoird go dícheallach.

'As ucht Dé!' adúirt Micil, tar éis dó a bheith meandar ag féachaint air. 'Nach shin í chomh cam í . . . chomh cam le slat boird curaí!'

Bháigh cipín an dorú sa talamh ag claise an tsrutha. Ag luascadh agus ag tarraingt an dorú ina láimh dó, dheifrigh leis an gcipín eile a sháitheadh ag mullach na hiomaire. Shílfeadh duine gurbh é an preabán talúna a bhí ar tí teitheadh chun siúil agus gur le hadhastar a chur air a dheifrigh sé suas. Chuaigh an dorú i bhfastó i gclocha, i gcléibhín na síolta, i gcosa an mhadaidh agus i nascáin an Fhir Óig . . .

'B'fhéidir gurb agatsa atá an ceart. B'fhéidir i nDomhnach . . . Níl a fhios agam. Mar seo a rinne mise le leathchéad bliain é,' arsa seisean, ag filleadh dó ar ais leis an dorú a réiteach agus a ríochan. 'Mar seo a chonaic mé chuile dhuine ar na bailte dhá dhéanamh. Mar seo a níodh m'athair é. Agus mo sheanathair . . .'

'Chuireadh an mhuintir se'againne freisin dorú leo i gcónaí . . .'

Bhí béal Nóra chomh hamh le gáig idir an bheirt fhear.

14

Scaradar stiall mór den chúl faoin bhfeamainn. Chuadar ag scaradh an aoiligh ansin agus lig siad Nóra i mbun na sceallán.

'Déanfaidh dathín beag é,' adúirt Micil leis an bhFear Óg. 'Tá craiceann air agus é seanleasaithe . . . Ná fág ina dhabaí mar sin é. Chuirfeá ag brúchtaíl le leasú é.'

Bhí cheithre iomaire faoi aoileach acu chomh uain is a bhí Nóra ag scaradh péire faoi shíolta.

Lig Micil é féin isteach ar leachta cloch agus fuair a phíopa. Ag teacht dó ó íochtar iomaire chuir an Fear Óg tosach a bhróige faoi chruinneoig chloiche agus thiomáin roimhe í aníos le talamh. Rug i gcúl a chiotóige ansin uirthi agus chuir de sheanurchar os cionn a ghualann í, anonn sa gclochar le claí.

As a dheasóig a chaitheadh Micil cloch le caora: as a dheasóig, ina cúrsa támhleisciúil ar feadh an aeir agus iomrallach i gcónaí. Níor mhór do Mhicil dorú le rud a bhualadh, a cheap Nóra. Ghreamaigh an chloch – mar bheadh sí ag fás inti – i nglaic an Fhir Óig. Bláth fola ba dual do ghéaga na Tíre Thiar . . .

D'fheistigh an Fear Óg é féin le taobh Mhicil in éadan an leachta. Ba ansin a tharraing sé a phíopa – píopa ceannmhór a raibh fáinne airgid ar a lorga – aníos as a phóca.

Bhí a scian an-mhór freisin, fáinne buí ag bun a coise agus bior inti ab éigin dó a chrochadh, sul ar tháinig an lann leis.

Ghearr sé cion píopa den tobac d'aon scor agus spíon go broidiúil é lena ingne láidre. Choinnigh a ladhar fáiscthe anuas ar cheann an phíopa ina bhéal, amhail dá mba léar dó féin rud eicínt a bheadh ar tí é a sciobadh uaidh.

'An ghreim a gheobhas an chrúib sin ní go bog a scarfas sí léi,' adúirt Nóra, agus í ag breathnú i ndiaidh a leicinn air.

Má bhí airde sa bhfear eile thar Mhicil, ba de bharr droim

agus ceann Mhicil a bheith cúbtha anuas faoin leachta é. Níor dhoiligh di gaileanna a fir féin a aithint: puthanna beaga liosta ag dualadh amach le talamh agus a gcinn ag déanamh coirníní in aghaidh gann-anáil an lae. Brúchtanna tiubha a bhí dá stolladh ag an bhfear eile as a phíopa ceannmhór. Nídís crága duánacha anuas ar dheatach Mhicil, dhá strachailt chucu suas san aer . . .

Bhí tost cainte tar éis luí ar an mbeirt fhear . . .

Chuimhnigh Nóra go tobann gur tús tuisceana é . . .

Éadromán mór toite a bhí timpeall an leachta, ach bhí aer agus cré an earraigh taobh amuigh chomh cumhra, chomh híon, le soitheach túise . . .

Réiteach faoi láthair, b'fhéidir . . .

Ach phléascfadh an t-éadromán luath nó mall . . .

15

'Ciotach atá tusa, bail ó Dhia ort!' adúirt Micil leis an bhFear Óg, agus chuaigh anonn gur leag a bháinín ar chiumhais an chlochair. 'Deiseal atá mise. Deiseal a bhí chuile dhuine ariamh againn.'

'Deiseal. Cad eile?' adúirt Nóra go híseal, mar bheadh sí ag caint léi féin.

'Lagfadh an seanbhuachaill se'againne thú ag cur síos ar an uair a mb'éigin dó láí dheiseal a cheannach do mo mháthair . . .'

Strachail dhe a chóta glas caorach agus theilg uaidh de thuairt anonn chun an chlochair é. Leis an díocas a bhí air ag dul i gcionn na láí níor thug faoi deara gur chaith sé anuas an báinín den chlochar. Ba í Nóra amháin a chonaic an giob beag dá mhaínchille ag síneadh amach ó íochtar an chóta ag bun an chlochair . . .

'Nuair nach mbíonn beirt ar aon deis anseo,' adúirt Micil, 'osclaíonn gach aon duine a chlaise féin.'

'Nuair a bhí mé féin agus an seanbhuachaill anuraidh ag cur na bhfataí sin adúirt mé leat, is é an chaoi a raibh chaon duine againn ag cur leath na claise isteach . . .'

'Bíonn éascaíocht mhór ar an gcaoi sin ag an té a bhíos ar an gclaise osclaithe, thar is dhá gcuirfeadh chaon duine a chlaise féin isteach.'

'Cé an dochar? Fág tús na gclascannaí agamsa! Gabhfaidh mé ag scoilteadh.'

'Is caraid adéarfadh é. Cuirfidh muid ar ár rogha caoi iad. Ní ag coimhlint a bheas muid, ar aon nós. Tá an óige agatsa, bail ó Dhia ort, agus ní aireoidh do ghlaic na gága!'

D'aithin Nóra an ghail bheag dhíograiseach as glór Mhicil! Bhí an Fear Óg tar éis tír nua a sparradh anuas ar dhil-láthair a shaoil . . .! B'fheasach di nár thús réitigh iomracha a fhódú mar sin i nGarraí an Tí . . .

Bhí an gealgháire fillte ar chaint Mhicil aríst ar an toirt:

'Baic feasta, a bhuachaill!' arsa seisean, ag dul síos dó go dtí bun na hiomaire. 'Chugat anois b'fhéidir! . . . Is gearr go bhféada muid a rá nach mbeidh le cur ach cuid acu!'

Chuaigh an dá láí ag sioscadh na talún in éindigh: Micil ar an bhfód le claí: an Fear Óg ar an leathbhord amuigh. D'éirigh dhá bhurla shreangacha aníos as craiceann roighin na talún leis na lánta. Níorbh fhada go raibh dhá fháithim dhorcha ag síneadh le naprún riastach na cré.

Modh cainte ag Nóra a rá gurbh 'ag réabadh talún' a bhíodh Micil. Shioscadh an spreab chomh cineálta is dá mba éard a bheadh sé a dhéanamh ag tabhairt lámh chúnta chun éirí d'othar ionmhain. Duine ag cur barróige ar chom mná a shamhlófaí duit, le bheith ag féachaint air ag geantáil taobh na coise deise faoi chró na láí, agus dhá ligean féin amach ar a dheasóig chun an bord a ardú agus a iontú anuas. Ina chrois a sceanadh sé an taobh dearg den fhód.

Bhí an cor caoin ina láimh i gcionn na talúna seo. Ba chomaoin dó: bhí muintir Chéide dhá dheargadh le naoi nglúin.

B'fhíor dó ar maidin é. Ní raibh a dhóthain láin i láí an Fhir Óig. Ar nós uisce ag sruthladh de bhois maide rámha bhí an chréafóg ag sciorradh anuas di aríst sa gclaise. Theannadh sé an droim, thugadh an chos chlé chun cinn – greim docht ag a chiotóig thíos ar an bhfeac – agus ó sháil go gualainn roighníodh a thaobh é féin i gcóir an fhobha. Ar an bhfód a bheith iontaithe aige ropadh sé an t-iarann thrína uachtar chomh fíochmhar is dá mba námhaid chloíte é i gcomhraic bheaignéad . . .

Ag féachaint di ar dhromanna an bheirt fhear ag triall uirthi anuas chuimhnigh Nóra nárbh ar aon obair amháin a bhíodar . . . ná a d'fhéadfaidís a bheith . . .

Ní raibh cosúlacht ar bith le Micil ag an dromán cearnach, ná ag an gcúl cinn íseal a bhí ar scair anuas ar an slinneán. Orlach bacaird óna mháthair ní raibh thuas ar a chorp! Cré a athar – cré an bhádóra a phós a deirfiúr Bríd i Meireacá – a bhí siar agus aniar ann!

Bhí sé ag druidim léi anuas ar an mbord ba ghaire do láthair. Scinn súile Nóra dá dhromán, thar a leiceann, thar an iothlainn, nó gur thuirlingíodar mar éanacha máite, ar an gclaí idir an iothlainn agus Garraí an Locháin ó thuaidh . . .

Théaltaigh sí siar go dtí maolbhearna Gharraí an Tí agus isteach ar an tsráid, gan féachaint níos mó ar an mbeirt a bhí ag créachtadh caoin-ucht na talún . . .

16

Rinne sí cúpla sudóigín aráin le haghaidh an tae. Réitigh an dínnéar. Bhí scadáin aici agus bhain na cloigne díobh sul ar róst sí ar an tlú iad. I leaba iad a ligean ag ithe d'aon phláta amháin – mar ba bhéas léi féin agus Micil – thug pláta an duine dóibh. Leag ceann den dá mhéis mhóra chré a bhí ar bharr an drisiúir faoi na fataí, rud nach ndéanadh sí ach Lá Nollag.

A mearú intinne le cheithre lá anuas a thug di an saothar neamhriachtanach sin a chur uirthi féin. Ní fhéadfadh sí, aríst eile, a smaointe a shrianadh ó dhul siar go dtí an oíche Déardaoin roimhe sin: ó dhul siar go dtí an dá phíopa tobac a stoll Micil i mbéal a chéile sa gclúid, i ndiaidh an Phaidrín Pháirtigh:

'Cé an chiall nach dtéann tú a chodladh, a Mhicil? Tá ceart agat a bheith tuirseach tar éis an trá rabharta.'

'Tá mé tuirseach freisin. Tá mé tuirseach, an-tuirseach, ní ag ceasacht ar Dhia é, ní hea sin!'

'An rud ar bith atá ort, a Mhicil?'

'Muise ní hea, ach an oiread is a bhí i gcónaí, a Nóra, ach go bhfuil tuirse orm, go bhfuil sin . . . Bhí mé le rud eicínt a rá leat, a Nóra . . . Tá an bheirt againn anseo agus an aois ag teacht orainn: Tá an geadán talúna ag dul i léig agus is mór an scéal sin, mar sé an gabháltas is fearr ar an mbaile é . . .'

'M'anam gur fíor dhuit sin, a Mhicil, gurb é.'

'Sé muis. Ba mhinic adúirt m'athair féin é, go ndéana Dia maith air! An uair a bhí sé ar leaba an bháis séard adúirt sé liom:

'Fágfaidh mé agat an geadán talúna, a Mhicil,' adúirt sé. 'Tusa an naoú glúin de na Céide ann. Níl a shárú ar an mbaile – ná ar an gceathrú, dhá n-abrainn é, Lig uait do bhean, a Mhicil. Lig uait do chapall, do bhó, do phéire bróg, do róipín láir agus do léine. Ach ná lig uait talamh Mhuintir Chéide, dhá mba le greim fiacal aníos as d'uaigh a choinneofá é."

'Dúirt, a Mhicil?'

'Nár lige Dia go gcuirfinn bréag ar an té atá imithe, a Nóra . . .! Dá bhfeiceadh sé na Garrantaí Gleannacha ag déanamh fiataíle cheal clascannaí a thógáil iontu! Nó an scuaine driseachaí atá ag cairiú amach ar Pháirc na Buaile. Agus, dar ndóigh, tá an lochán . . . Féach an phislín shúí atá anuas ansin thall . . .'

'Is fíor dhuit sin, a Mhicil.'

'Agus barr ar an mí-ádh, ní mórán misnigh atá agam féin bualadh faoi earrach i mbliana, tar éis gur beag é ár ndíol curaíochta.'

'An bhfuil tú chomh dona sin, a Mhicil?'

'Táim agus nílim. Sin é an chaoi é, sé sin. Tá sracadh maith oibre ionam fós, ach shílfeá nach bhfuil an cumha céanna ar mo chnámha i ndiaidh na láí i mbliana, is a bhíodh roimhe seo . . . Sé a bhfuil ann go dtiúrfainn cúnamh do dhuine eile.'

'Faigheadh muid fear pánnaí, a Mhicil. Tá an oiread againn is a íocfas é.'

'Ba deise an chaoi a d'fhágfadh collach muice ar gharraí ná na fir phánnaí sin! Agus scriosfaidís thú. Ba shaoire dhuit fataí a cheannacht ná earrach a dhéanamh ar an gcuntar sin. Ach ní hiad na fataí féin is mó cás liom, a Nóra, ach an geadán talún a fuair allas naoi nglúin de Chéide len ól a bheith ina Gharlach Coileánach.'

'Ní bheadh a fhios ag duine cé an chaoi é, a Mhicil.'

'Bhuel, is é an rud a raibh mé ag cuimhniú air, a Nóra, mara ndéantar anois é, ní foláir dúinn é a dhéanamh faoi cheann cúpla bliain . . .'

'Ní bheadh a fhios ag duine cé an chaoi é, a Mhicil.'

'Ní bheadh a fhios. Sin é é. Níl duine ar bith de Mhuintir

Chéide in Éirinn lena fhágáil aige. Ní thiocfadh ceachtar den chuid atá i Meireacá abhaile. Chuaigh fios orthu cheana. Níl ann ach do dheirfiúr Bríd sa Tír Thiar. Céard adéarfá faoin bhfear óg de mhac atá aici?'

'Fear luath láidir é, ach . . .'

'Cé an 'Ach'?'

'Dheamhan 'Ach' ar bith . . .'

Maidin Dé hAoine fuair Micil marcaíocht ar leoraí go dtí an Tír Thiar agus thug suas a chuid talún do mhac deirfíre a mhná.

Faoi dhó nó trí – ar a shlí soir nó siar – a bhí an Fear Óg sa teach roimhe seo agus a chéas sé cúpla uair de tráthnóna Domhnaigh, le scáile scéaltach an tsaoil amuigh a ligean anuas ar a n-urlár ciúin.

Ní fhéadfadh sí faltanas ar bith a bheith aici don bhFear Óg seo a bheadh ar aon urlár léi as seo suas.

Fiche uair ón oíche Déardaoin, dúirt sí léi féin go mbeadh cion aintín aici air.

Ón oíche Déardaoin go hoíche Dé Domhnaigh bhí a scáile ina shail mhóir ina súil.

I mbéal oíche aréir a tháinig sé agus thug bréidín den dorchadas isteach leis, ar urlár an tí . . .

17

Tar éis an dinnéir, chuaigh sí ag cóiriú na leapachaí.

Ar a dhul isteach sa seomra thiar di lonnaigh a súil láithreach ar éadaigh Domhnaigh an Fhir Óig, ar shlinneán na cathaoireach. Ba mhaith feiceálach a d'fhág sé iad! Thiúrfadh sé le fios go raibh sé ann, ar chaoi ar bith!

Agus an filleadh slachtmhar a bhí aige orthu! Ba bheag lá nach gcaitheadh sí 'straic' a thabhairt ar Mhicil. Níor mhiste leis cá gcaithfeadh sé a chuid éadaigh. Ach d'fhaigheadh sé le casadh léi é! Ba mhinic a cuid féin ar mhaoilscríb freisin . . .

Cá raibh an eitre dhomhain a d'fhágadh Micil ar áit a chloiginn? . . . Ní bheadh a fhios ag duine gur codlaíodh ar an gceannadhairt seo ariamh! Ceannadhairt ag bádóir! . . . Cúl cinn íseal ar scair ar an slinneán! . . . Le codladh ar chláir! . . . Codladh bíogúil nach liocfadh aon adhairt! . . . Ach an oiread is a liocas báitheadh an fharraige! . . .

Ní raibh a fhios ag Nóra cé an chaoi ar tharla an t-éadach leapan sa gcruth a raibh sé! – in aon dromainn fhada stáidiúil amháin ar nós brachlainn sa gCaoláire ar uair ropach. Níor chall di a dhéanamh ach a bhfilleadh anuas arís agus bhí an leaba chomh slíoctha le muir théigle! . . .

Bhí ar thob an seomra a fhágáil nuair a chonaic sí, brúite síos ar chúla an scátháin, póca beag páipéir de chineál nár chuimhneach léi a fheiceáil cheana ariamh.

Rug air agus chraith é. Thit cúpla pictiúr amach as. Ba bhád mór ceann acu agus í feistithe i gcaladh. Bád mór a athar.

Teach a bhí i gceann eile. Iasc dhá thriomú ar an gceann tuí. Maidí rámha buailte suas ina aghaidh. Moing bhreac ag síneadh siar ar a chúl go dtí cnoc clochach ceo-bháite. Teach a athar . . .

Bean. Bean óg. A tóin agus a droim siar aisti mar dhuán. Í ag dradgháirí.

Chuir Nóra an pictiúr sin suas faoin solas . . . Mar sin a gháirfeadh eascann concair! Bean cheannasach . . . Bean gan boige-shíne ar bith . . . Bean ón Tír Thiar . . .

Bhí pictiúr eile ann fós. An bhean chéanna – agus fear. Mailí dubha . . . Ba é an Fear Óg é! Agus a dheasóg aniar faoi ascaill na mná! . . .

Ba shin é an chaoi a raibh sé anois! Bhí an fear seo mór le cailín den Tír Thiar! B'ise an t-aon úll gáireach ar a chrann! Ní bheadh sé sásta cleamhnas a dhéanamh leis an gcailín ab áin léi féin agus le Micil: Máire Jim, Jude Taimín, nó duine aitheantais eicínt eile . . .!

Bhéarfadh sé isteach dá mbuíochas, ar an urlár acu, éan cuideáin as an Tír Thiar! Bean a thóigfeadh cuain strainséaraí ar an urlár. Gadhar de bhean a stróicfeadh í féin agus Micil . . .

Bhuail Nóra na pictiúirí anuas faoin bhfuinneoig . . .

18

Chuir sí di a saothar glantacháin as an ngoradh sin.

D'fhéadfadh sí anois dul ag freastal i nGarraí an Tí.

Chonaic uaithi soir ón tsráid go raibh an cúl fódaithe, go dtí ucht an chnocáin, ag an mbeirt fhear . . .

Bhí a súil chomh so-ghluaiste anois is a bhí roimh an dinnéar, is a bhí le cheithre lá. An nóiméad a ghluais Micil chun na Tíre Thiar ghluais súile Nóra taobh ó thuaidh den iothlainn agus thaithíodar ann, oiread is a thaitheodh éan áit a nide . . . An chomhraic sin le cheithre lá ag iarraidh na cosa a shrianadh ó na súile a leanúint! Agus an chaoi ar chinn uirthi aréir . . .!

B'fhéidir do Mhicil anois, anoir as an ngarraí, í a fheiceáil ag cónú ansin ag maolbhearna na sráide . . . D'fhill isteach chun an tí. Ghabhfadh sí ag gearradh síolta . . .

Ag imeacht abhaile do Mháire Jim aréir thíolac sí suas í go ceann na hiothlann. Ní bhfaigheadh sí inti féin filleadh láithreach chun an tí tar éis Máire a ligean ar siúl. Isteach san iothlainn a thug sí aghaidh agus soir ó thuaidh, le claí Gharraí an Locháin. Scáilí croma na híseal-ghealaí, dhá seitheadh dhe suas i nGarraí an Locháin ag claí ard na hiothlann, a thug di gan mórán moille a dhéanamh san áit sin. Sin agus eagla go dtiocfadh Micil ar a tóir . . .

Dá dtéadh sí soir chuig an mbeirt fhear anois, ar an

gcnocán a bheadh sí ag obair. Bhraithfeadh Micil a súil ag guairdeall anoir i leith na háite a raibh sí aréir . . . Bhí an cnocán sin ina thoircheas mór cruaidh aníos ar imleacán an gharraí. B'airde é ná na claíocha thart timpeall. Bhí amharc uaidh ar an iothlainn fré chéile, ar chuid de Gharraí an Locháin agus ar chuid den chlaí a bhí ag dealú Gharraí an Locháin óna baile dúchais, Baile an tSrutháin, taobh thoir . . .

Garraí an Locháin. An claí tórann. An leachtáinín cloch . . .

B'fhearr fuiríocht ag gearradh na bhfataí síl . . . Leanfadh na cosa na súile dá buíochas . . . Agus de bhuíochas Mhicil . . .

19

Tháinig Micil isteach.

Dhearg an píopa.

'Mhúch an splanc orainn,' adúirt sé. 'Caithfidh mé fód coise a thabhairt liom.'

Dhearc Nóra idir an dá shúil air. Chruinnigh a mionghháire ar a chéile dhá phainéal dá leiceann. Ach níor dhúirt sí aon rud.

'Tá do dhóthain síolta ansin go ceann cheithre lá fós, a Nóra. Dá bhféadthá a dhul soir agus riar acu a scaradh dhúinn . . .'

'Ní mór an gearradh freisin agus beirt agaibh ann anois,' adúirt sise, go neamhspleodarach.

Thóig a fear a aghaidh di. D'fhéach faoi agus thairis go místuama. Ansin sháinnigh lena shúile í:

'An-fhear oibre an Fear Óg, a Nóra. An togha! Diabhal bréag! Tá luas lámh ann ar aon chor!'

'Fear a bhí ag iarraidh iomrachaí a tharraingt amach gan dorú!'

'Bhuel, níl sé chomh pointeáilte le duine eile. An láí is mó atá dhá dhéanamh. Níl a dóthain láin inti, rud adúirt mé leis.

Dar ndóigh, ní hé an bealach céanna oibre atá aige is atá sna bólaí seo. Deir siad nach lia tír ná gnás. Tiocfaidh sé isteach ar fhaisean na háite seo. Rud amháin ar chaoi ar bith: ní ligfidh sé an geadán talúna i léig . . .'

Thóig Micil sceallán as an gcliabh, bhreathnaigh air, chuimil sceabha dá chiumhais le pont a mhéire . . .

Níor dhúirt sise aon ní ach theilg 'sclamhaire' sa gcliabh . . .

'Deir sé liom freisin go ngearrfaidh sé glac shíolta tráthnóna,' adúirt Micil, ag gabháil an fhocail arís. 'Ara, diabhal call a bheas duit mogall a dhéanamh feasta, a Nóra!'

Chaith sí 'sclamhaire' eile sa gcliabh.

'Agus is caoladóir agus spealadóir é. Ní bheidh muid i dtuilleamaí Taimín feasta faoi chúpla cliabh a dhéanamh agus scrios Seán Thomáis mé anuraidh ag baint an fhéir sin thíos ag an gCladach . . . Ní raibh súil ar bith sa sceallán sin a chuir tú i gcléibhín na síolta anois, a Nóra!'

'Fágfaidh muid faoi siúd iad mar sin, ó tharla nach bhfuil ceachtar againn féin i ndon a ngearradh, a Mhicil!'

Leag an mhiodach scine uaithi ar íochtar an drisiúir agus shuigh sa gclúid:

'Tá an-scian aige lena ngearradh freisin.'

'Scian fharraige í sin. Bíonn a leithéid ag chuile ghliomadóir.'

'Mara sáithe sé thú léi! Bhí sé sna saighdiúir, a Mhicil!'

'Nach hiomaí duine leis a bhí iontú!'

'Tiúrfaidh sé bean as an Tír Thiar isteach ar d'urlár . . .'

'Ara, go gcuire Dia an t-ádh ort!'

'Maróidh sé le cloich thú! Tá buille feille na Tíre Thiar ina láimh . . .!'

'Ara, bíodh unsa céille i do cheann!'

'Cuirfidh sé faoi deara dhuit a dhul amach i gcurach, nó go mbáitear thú . . .'

'Óra muise, beannacht Dé dhuit, a bhean! Meas tú an

ngabhfainnse in aon churach dó? Agus ní iarrfaidh an fear croí orm é! Dheamhan neach as broinn is feiliúnaí ná é siúd. Cé an fáth faltanais atá agat dó, a Nóra? Ní fheicimse aon cheo ar an ngearrbhodach . . .'

'Ach, a Mhicil . . .'

'Cé an 'Ach'?'

'An bhoirric!'

'An bhoirric?'

'An bhoirric atá ar a leiceann!'

'Cé an neart atá aigesean ar an mboirric? Dia a chuir air í.'

'Ní hÉ Dia, a Mhicil, ach a athair. Lena athair agus le muintir a athar atá sé ag dul, chuile dhual agus giob dhe.'

'M'anam nach náireach dó – bail ó Dhia ar an bhfear! – cé leis a bhfuil sé ag dul – gur hait an fear oibre é. An togha! Tá luas lámh ann . . . Seo corraigh leat, a Nóra, agus siúil soir sa ngarraí . . .!'

Chuaigh an bheirt amach chomh fada le tóin an tí.

'Níl aon bhaol oraibh a bheith críochnaithe ar an gcnocán?'

'Cá bhfaigheadh muid é, ag priocadóireacht sa gcoiléar siúd? Deireadh m'athair – go ndéana Dia trócaire air! – gurbh é spaga Chonáin é. 'Cnocán Chúl Thoir Gharraí an Tí' adeireadh sé, 'a chuir gága ar na Céide.' B'fhíor dhó. Dar ndóigh, siúd é a raibh a fhios aige é! Ba cheart go mbeadh fóidín againn air tráthnóna, dá dtéitheása soir . . .'

Ní raibh ó thuaidh san iothlainn ach an somadán féir – fuíoll fliuch, giobach, deireoil an gheimhridh . . . Chlaon Micil a cheann.

'An cnocán. Tá sé chomh roighin le seanmhúille. Dúirt m'athair féin é. Lá go fuin ina gcuid allais a chomhaireadh sé do bheirt fhear maith láí, le bheith síos thar an gcnocán sin . . .'

Rinne a shruth cainte anshocracht a ghlóir ní ba léire . . . 'Dheamhan a fhios agam ina dhiaidh sin nárbh fhearr duit tuilleadh síolta a ghearradh. Ní i bhfad a bheas beirt dhá gcur. An-fhear lái é siúd . . .'

Sciorr sé ag dul soir an maolbhearna agus thit an fód as a ladhair. D'fhág sé ansin é. Bhí sé as . . .

20

Bhí rud eicínt ar an teach: an teach ar tóigeadh naoi nglúin de Mhuintir Chéide faoina chaolachaí: an teach inar tháinig sí féin de Cháthanaigh an bhaile taobh thoir: an teach nár baineadh ionga as a mhúnla ó theacht di in aontíos le Micil ann, deich mbliana fichead ó shoin – níorbh fhéidir a chreidiúint gurbh é an teach seo é.

Bhí rud eicínt ar an teach inniu . . .

Leag Nóra lámh ar an gcathaoir, ar an mbord, ar an drisiúr agus ar an gcíléar . . . Bhreathnaigh suas sna fraghachaí. Chuir an cat den teallach agus dhíbir an gadhar chun na sráide . . .

Bhí rudaí ar siúl ann nach ndearna Cáthanaigh ná Céide ariamh:

Curach ag bordáil sa gcíléar agus Micil ag iomramh inti. Micil ag tuíodóireacht ar an drisiúr. Micil ag spealadóireacht ar an mbord. Micil ag tarraingt amach iomrachaí gan aon dorú sa ngríosach . . .

Bhí ollphéist iollúibeach na 'gCuigéil' dhá snadhmadh féin ar an maide mullaigh. Bhí smut conúil géarfhiaclach na 'Rosa' ag diúl an tsúí den bhalla . . .

As an 'gcréalaigh' a d'éirigh an cat. 'Idir an t-aighre agus an tanaí' adúirt a shíon agus é ag teitheadh treasna na tine óna bróig . . .

Níor aithin sí an madadh a bhí sínte ar an urlár. Madadh é a raibh malaí dubha air agus . . . boirric . . .

Ba teach strainséara é . . .

I dteach strainséara a chuir sí a bróga agus a seáilín craobhach uirthi ar maidin. As teach strainséara a chuir sí an luaith roimh a bricfasta. I dteach strainséara a bhain sí na cloigne de na scadáin, a leag sí anuas cupán, sásar, uibheagán agus mias chré . . .

Ní i dteach Cáthanach ná Céide a rinneadh na rudaí sin. Ní do Cháthanaigh ná do Chéide, ná do chlainn Cháthanach ná Chéideach a déanfaí iad . . .

Ní ghabhfadh a clannse chun an phortaigh ar céalacan ... I muigíní a thiúrfadh sí a gcuid tae dóibh . . . Scaoilte a bheadh íochtar a mbríste agus iad ag dul sa ngarraí . . . Ag siodmhagadh a thosóidís dá samhlaítí leo síolta a ghearradh, ná beithígh a bhleán . . . Ní bheidís ina gcaoladóirí . . . B'fhuath leo curachaí . . .

Ba é an rud deiridh a smaoineoidís air iomrachaí a dhéanamh gan dorú . . .

Ní bheadh uirthi a bheith go síoraí san airdeall ar a láimh agus ar a teanga. Aon mhaoilscríb ná míchuíúlacht dá raibh inti féin, ba iad a bheadh i láimh agus i dteanga a clainne. Thoghfadh sí bean aitheantais ina mbeadh an mhaoilscríb agus an mhíchuíúlacht fháilí chéanna do Mhicil Óg. Agus d'fheicfeadh sí, roimh a bás, an dara Micil Óg sa teach . . .

Ach ní fheicfeadh. Ní fheicfeadh sí ann ach clann bádóra as an Tír Thiar . . .

21

Shuigh fúithi aríst ag scoilteadh sceallán. Chuimil a ladhar cúpla uair suas agus anuas dá baithis chlé. An smeachaíl chéanna a bhí inti a choinnigh ina dúiseacht í an oíche roimhe sin. Ní raibh sí ag féachaint leis na glóra rúnda faoina blaoisc a dhiúltú feasta. Sórt sámhais a bhíodar a chur uirthi anois – sámhas dorcha mar scréach na smólaí, glogar an tsíol fraganna agus scáilí croma na híseal-ghealaí i nGarraí an Locháin aréir . . .

Garraí an Locháin. Leachtáinín cloch. Scáilí . . .

Cúigear acu a bhí ann. Micil Óg, Nóirín, Pádraig, Colm, Peige . . .

Micil Óg. Ba é mo chéad lao é, agus an duine ba mhó a shaothraigh mé díobh fré chéile. Oíche Fhéile Micil a bhí inti thar oícheanta an domhain. D'airigh mé alt ar chroí. Facthas dom gurb é an greim de choileach a d'ith mé a rinne orm é . . .

Ba é Pádraig a rugadh sa Márta. Bhí Garraí an Tí curtha an bhliain sin. Cuimhním go maith gur ar an gcúl thoir a bhí Micil. Tar éis an dínnéir a bhí ann. Ba ar éigin Dé a shnámh mé go doras le glaoch air . . . Ach céard sin orm? Ní san earrach chor ar bith a rugadh Pádraig, ach amach faoin Nollaig. Ba é a bhí agam an tráth ar bhuail an arraing mé. Sin é an chaoi a bhfuil a fhios agam é. Arraing a bhí orm chun tosaigh . . .

Bhí an smúit as a hintinn mhearaithe ag teacht amach thrí scannán éadrom a craicinn agus ag maolú géire na roc ina gnúis. Níorbh fhéidir léi a n-idirdhealú. I gcónaí as a dheireadh bhíodh uirthi iad a ainmniú, do réir mar ab áil léi iad a theacht ar an saol . . . Micil Óg, Nóirín, Pádraig . . .

Spéacláire briste dall a bhí sa méid sin inniu . . .

Cá raibh a fhios aici cé acu ba pháistí mná nó ba pháistí fir . . .? Nó ar pháiste fir chor ar bith an chéad duine . . .?

Ba dalladh mullóg é Micil Óg, Nóirín, Pádraig . . . Bréag a bhí ann ó thús go deireadh: a cuid tnúthán dhá ngléas féin suas ina ndúile beo lena dalladh . . .

Marbh a rugadh iad. Marbh a rugadh an cúigear. An duine féin níor rugadh beo.

Dhá bhfeiceadh sí beo iad! Mura mbeadh ann ach ar feadh sméideadh a súl! Scread naíonda amháin a chloisteáil faoin bpluideoig! Na carbaid mhaola a mhothú uair amháin féin ar a cích! Naíonán a dheornadh lena croí – a dheornadh ina théagar te beo-cholla – roimh a bhás!

Níor chuala, níor mhothaigh, ná níor dheorn . . .

Mar bhaill mhífholláine, mar chuid ghuaisiúil di féin a sceitheadh aisti iad: sa gcruth chéanna ar sceitheadh aisti san ospidéal an cnapán domlais a raibh sí i gcontúirt a báis uaidh. Cnapáin domlais . . .

Maireachtáil dóibh go mbeidís suas ina bhfir agus ina mná Mailí ganna, droim ghleannach agus muineál seang a fir a fheiceáil sna buachaillí. Caolmhéara bioracha agus fionnfholt a máthar féin a fheiceáil sna gearrchailiú. Aghaidh gheal Mhicil, a chaint thíriúil, a mhéin réidhchúiseach . . .

Maireachtáil. Maireachtáil bliain. Seachtain. Lá. Nó ala an chloig féin . . .

Bheadh só an chaointe aici ina ndiaidh. D'fhéadfadh sí labhairt gan scáth gan náire ina n-ainm orthu. Níor tháir di ansin paidir a chur lena n-anam. Níor choimhthíos léi dreas cainte a dhéanamh fúthu le mná na gcomharsan . . .

Nár mhéanar do Chite Thomáis agus do Cháit agus do Mhuiréad é! Bhásaigh a gcuid clainne. Ach chonaiceadar iad. Phógadar a mbéal. Bheadh a gcuimhne ar bheo a leanbh ina grianán fáilí i ndíthreabh a ndoilís go héag . . .

Bhí ga gréine feactha anuas le giall na fuinneoige . . .

Nár mhéanar do Mhuire Mhór é! Bhíothas ag céasadh a Mic ar an gCrois. Ach d'fhéad sí É a fheiceáil. Agus d'fheicfeadh aríst . . .

Ba mhór le Nóra dóibh fré chéile. Ba shin é an fáth a raibh drogall uirthi a dhul ar cuairt ariamh go dtí a deirfiúr Bríd, don Tír Thiar. Bhí clann bheo ag Bríd ina timpeall. Agus ní iarrfadh sí choíchín ach ag caint faoin gcuid a bhásaigh . . .

Ní raibh gair ag Nóra ainm clainne a thabhairt ar a cuid ginte. Ba leisce léi labhairt orthu duth ná dath. Go-shnáthanna smalta . . .

Bhí teir orthu abhus. Bhí teir orthu thall. Níl uair dá gcaintíodh Cite Thomáis ar na naíonáin léi a d'éag nach n-abraíodh go mbeidís roimpi ar uair a báis agus a choinneal féin i láimh gach duine, ag soilsiú a slí chun na glóire. Bheadh gach naí beag le Cáit 'ina aingeal chomh geal le scilling,' ag fógairt 'a mháithrín, a mháithrín' roimpi, ag doras na bhflaitheas . . .

A bheith róshalach le slánú: róghlan le damnú . . . Dia a bheith doicheallach gan a bheith feargach . . . Cuilínigh clamhacha na síoraíochta . . . Ar an stoc ronna nach raibh Dia ná an diabhal ag éiliú seilbhe air a bhíodar – 'in áit dorcha gan aon phian.'

Pé ar bith cá ngabhfadh sise ní ina dteanntasan é . . .

A bheith scartha thall . . . Ach a gcual crésan a bheith i gcuideacht a crése faoi dheireadh agus faoi dheoidh . . .!

Sin féin ní bheadh amhlaidh. In úir choisrigthe Chill an Aird a bhí súil aicise a cur. Sa gclaí tórann idir Baile Chéide agus Baile an tSrutháin a cuireadh iadsan . . . a cuireadh iad i mboscaí réidh-dhéanta . . . a cuireadh iad go rúnmhar de shiúl oíche, gan d'fhianaise ar a n-adhlacadh ach na réalta . . . Réalta neamhbháidhiúla nimhe nár shil deor ariamh . . .

22

A ladhar a chuimilt go héadrom suas dá baithis aríst mar bheadh sí ag muirniú loit . . .

Chúig thoircheas, chúig othras, chúig luí seoil dhiana, chúig dhíomua chéasta . . .

Díomua . . . Dóchas . . . A bheith ar feadh na mblian sin ar mhaide cor caimín ó dhíomua go dóchas agus ó dhóchas go díomua . . .

A géarghuais báis ar an gcúigiú hothras . . . An dochtúr dhá rá gurbh shin í a gin deiridh . . .

Cluas bhodhar Dé . . . Doicheall Mhicil:

'Síos ansin . . . Siar ansin . . . Suas ansiúd suas . . . Caith as do cheann iad ar son Dé . . .'

Doicheall sin Mhicil nach dtiúrfadh aon tuairisc bharrainneach di cár adhlac sé iad, an tsine ba ghoirte ar fad i slabhra pianmhar a cuimhní . . .

D'fhanfadh an oíche a bhfuair sí an chéad léarachan ar rún Mhicil ina bronntanas soilseach ina cuimhne go deo. Níorbh fhada i ndiaidh a luí deiridh é. Í amuigh ar an tsráid, soir ón doras oscailte, ag éisteacht le bog-ghlagaíl an chuain. Sagart na féasóige as Baile Átha Cliath istigh ag scríobh seanchainteanna Mhicil, mar ba ghnáthach leis gach oíche, ó theacht ar a chuairt san áit dó . . .

'Ceist amháin eile sul a n-imí mé, a Mhicil . . .'

D'aon iarraidh bhí cluasa Nóra scoite ó ghlagaíl an Chaoláire agus iad sínte, mar dhá ghadhar bhíogacha a bhalódh cnáimh, leath slí isteach an chomhla . . .

'Cé an sórt áit a gcuirfeadh sibh naíonáin gan baisteadh sna bólaí seo? . . .'

Nár nuacha Dia dhó, má ba sagart féin é! Ceist den tsórt sin a chur ar aon duine! . . .

Trí huaire a bhí ar Mhicil labhairt, le gur fhéad an sagart na focla a réiteach as bindealáin chrosta a ghutha shlócthaigh . . .

'Sa gclaí tórann . . . Idir dhá bhaile . . . Mar adúirt tú . . . Idir dhá bhaile fearainn . . .'

Claí tórann! . . .

Chuala Nóra ariamh gurbh ann. Bhí a fhios aici ó Chite, ó Cháit agus ó Mhuiréad cár cuireadh naíonáin neamhbhaistthe eile a rugadh ar an dá bhaile ariamh anuas. Ach níor smaoinigh go dtí sin gur sa gclaí tórann a bheadh a cuid féin. Adhlacain aduaine a shamhlaíodh sí leo i gcónaí:

Na caoráin riasca i mullach an bhaile a mbíodh na huain ag méileach orthu, tar éis a gcoiscthe faoi Lúnasa . . . Bruacha na lochíní sléibhe gona gcuid giolcach, seimle, póicíní agus billeogaí báite: na lochíní a n-éiríodh lachain astu ar eilteoig bhanránach le torann coimhthíoch ar bith domhain san oíche . . . Lúibinn claí breaclaigh a mbeadh na beithígh ar fascadh faoi agus óna gcloisfí le fochraí lae an gamhain úrcheannaithe ag brónghéimneach i ndiaidh na seanbhuaile . . . Dumhach rite chois Caoláire . . .

Níorbh ea, ámh. Ansin sa gclaí tórann idir Baile Chéide agus a baile dúchais féin a bhíodar . . .

I mbéal an dorais . . . B'fhéidir é . . . Agus ar a cuid talún féin, b'fhéidir. I nGarraí an Locháin, b'fhéidir. Ba é an t-aon gharraí leo é a bhí ar aon tórainn le Baile an tSrutháin . . .

Thug Nóra aniar maingín eile de na fataí síl a bhí faoin leaba ina seomra féin . . .

Rinne a haghaidh gáire chomh cuasaithe leis an bhfata a bhí sí tar éis a scoilteadh. Ag cuimhniú a bhí sí ar an lá ar aistrigh Micil an leachta cloch as lár Gharraí an Locháin, go ndearna ar ais aríst í, in éadan an chlaí tórann, idir a gcuid talún féin agus cuid Churraoinigh Bhaile an tSrutháin. An saothar sin a phléasc crotal rúin Mhicil!

Níor thúisce di Micil a fheiceáil i mbun a shaothair ná a bhraith sí fios fátha an scéil. Gach adhlacan eile ar an dá bhaile dár luaigh na mná bhí leachtaí cloch os a gcionn. Bhíodh daoine i gcónaí ag carnú cloch i mullach na marbh . . .

'Is ansin atá siad, a Mhicil! Sa gclaí tórann . . .'

Thit an gruán cloiche a bhí idir a dhá láimh ó Mhicil.

'Téirigh isteach abhaile,' arsa seisean, a shúile dhá laghdú féin ina dhá gcuil shoilseacha ina cheann, 'agus ná bí ag ligean don Diabhal a bheith ag magadh fút, ar an gceird a bhfuil tú . . . Bhí an leachta ag diomallú an gharraí ansin ina lár . . . Deireadh m'athair gurbh é an preabán talamh féir ab fhearr ag gabháil leis é, marach an leachta agus an lochán. Triomóidh mé an lochán ach a bhfaighe mé ionú air . . .'

Theangmhaigh an scian lena craiceann thrí íochtar an scoilteáin. Lean braoinín fola ag silt, amhail dá mba ag iarraidh a cuimhní a bhreacadh ar éadain bhána na síolta a bheadh a méar . . .

Chuir leithscéalta ciotacha Mhicil faoin leachta fonn gáire uirthi, an lá úd a bhfuair sí amach rún an adhlacain . . .

Cé a shílfeadh gur ansin i mbéal an dorais a bheidís? D'fhéadfadh sí cuairt a thabhairt orthu gach lá. Níl nóiméad dhá dtogródh sí nach mbeadh feiceáil aici ar a n-adhlacan. Bheannódh sí dóibh agus í ag dul chuig an tobar, ag níochán an éadaigh, nó ag bleán na mbeithíoch. Sruthlán gléigeal airgid bheo a bheadh iontu feasta thrí chlochar carrach a lae, thrí luainn liath a saoil.

Choinneodh sin cnea an bhróin ag síorshilt ina croí. Bhí leac fhollasach faoina súil ar a bhféadfadh sí a brón a shilt. Céad uair sa ló thiocfadh léi a mheabhrú di féin gur mháthair í . . .

23

Faoi seo bhí grian ardthráthnóna ina pláta dearg thiar aneas os cionn an Chaoláire: í ag scartadh isteach an doras oscailte agus an fhuinneog: slaod trom di anuas ar liathfholt Nóra ag an doras dúinte, mar bheadh sí ag iarraidh na gcuimhní a aipiú ina ceann, ar áis nó ar éigin . . .

Cuimhní caoine Gharraí an Locháin . . . Ar feadh na mblian, tar éis di rún Mhicil a bhraith, bhíodh an garraí sin ina mhóinéar, a chuid claíocha bioraithe, gan bealach bó ná duine ann a chuimleodh leis an leachta, ná a chorródh cloch ar a fuaid.

Ó na chéad bhlianta amach ba bheag a chuireadh Micil in aghaidh é a bheith aici féin. Ba léi féin an leachta sa gclaí tórann. Ba léi an bainne bó bleachtain a chuireadh a mhullach amach óna íochtar agus an buinneán de mhugóire a bhioraíodh aníos idir dhá chloich as. Ba léi ceiliúr na meantán agus na ngealbhan a dheisíodh iad féin ar a bharr. Níor lách tíriúil go dtí iad mar mheantáin agus mar gealbhain . . .!

Ba ghrian gheal i gcroí Nóra inniu smaoiniú ar na scaití a chéasadh sí i lúibinn an leachta sin chois an chlaí, ag cniteáil stoca do Mhicil nó ag fuáil beargúin di féin. Sin nó ligthe soir ar an leachta ag comhrá le muintir Churraoin sa ngarraí taobh thall – ag comhrá faoi aon rud, pé faid a thogair siadsan é. Ach formhór an ama is ina suí a bhíodh, ag breathnú uaithi agus ag éisteacht:

Ag éisteacht san earrach le slapáil an tsíol fragannaí, ar chiumhais sheileastramach an locháin. Ag féachaint sa samhradh ar chruimhe, ina seitheanna tirime aclaí, ag snámh suas go dtí barr dlaoi, nó ag éisteacht le luchain ag scinneadh sa bhféar, ó bhoinn na seanchruacha san iothlann taobh thíos. Sa bhfómhar d'fheiceadh sí gail ag éirí os cionn múnlach an locháin le brothall gréine, agus laethanta tirime geimhridh scamaill bhroghaiseacha ar spéir bhán.

Ba léi féin uilig iad, síol, cruimhe, luchain, gail agus scamaill. Duail ina sólás dorcha ba ea iad.

Leag Nóra uaithi, in imeacht nóiméide, an scian lena raibh sí ag gearradh na síolta . . .

Ba doiligh léi a chreidiúint anois gur mhinic a ruaig sí aos óg an bhaile as Garraí an Locháin, áit ina mbíodh an-tóir acu a theacht le báid seileastram a chur ar snámh sa lochán. Ba mhór léi dá muintir a n-aoibhneas clainne.

Ach áthas a bhíodh uirthi a bhfeiceáil ansin ó fuair sí amach an t-adhlacan. Ina suí di chois an leachta ag an gclaí tórann thagadh a ngleo gáireata aniar chuici ón lag ar bhruach an locháin, le cloigíní geala a bhaint ina croí. Ba léi féin anois iad agus dá glór féin – glór bog tláth Mhuintir Fhíne – a labhródh sí leo feasta:

'A chlann ó, nach sibh atá ámhailleach! Má thaltaíonn sibh an féar, beidh Micil le cuthach.'

Ach a thúisce dóibh teacht ag foiléimneach chuici aniar – a leicne ina gcaor, puiteach an locháin ar a gcosa, gaise te an reatha as a mbéal – bheireadh an tsean-aicís ar Nóra aríst, ina scáile dubh smólta treasna a súl. Níor léi-se iad . . .

Théaltaíodh sin, ámh, i ndiaidh ala an chloig:

Níor tháinig mo Mhicil Óg aniar chugam fós . . . I bhfalach bhíog ar chúla an chnocáin atá sé . . . Agus tá Nóirín ag cur báid seileastram ar snámh sa lochán, adeir tú. Cár fhág tú Pádraig ná Colm ná Peige, a Jude Taimín . . .? Gabh i leith, a Mháire Jim. Cé an aois thú . . .? Deich mbliana caite. Is maith an mhéid atá ionat do d'aois, bail ó Dhia ort . . .! Tá bliain agat ar Jude Taimín, adeir tú. Téigí ag spraoi anois, mar a dhéanfadh gearrchailiú maithe, agus ná ligí do mo Nóirínsa a beibe a mhilleadh thiar ansin sa lochán. Má thaltaíonn Micil Óg an féar abraigí leis go dtiúrfaidh a athair slat dó tráthnóna . . . Comhaois í Máire Jim agus Micil Óg. Níl ag mo Nóirín ach mí ar Jude Taimín. Tá airde ag Nóirín thairsti. Le mo mháthair atá Nóirín ag dul. Bhí airde mhór i mo mháthair. Ach mara mbeidh sé suas ná anuas i Jude, beidh sé anonn agus anall inti. Tiachógaí suite mar sin a bhí i muintir Taimín . . . Is deas nádúrach an dá chailín bheaga iad Jude Taimín agus Máire Jim. Amach anseo, faoina bheith slán dúinn, dhéanfadh ceachtar acu bean tí mhaith do Mhicil Óg . . .'

24

Thit fata a bhí sí ar tí a scoilteadh as a láimh. Chuaigh ag roilleagán, i mbéal a chinn, go doras agus thar an tairsigh idithe chun na sráide. Lean Nóra é . . .

I súil sméideach na gréine fuair cúpla amharc ar chruach na lánta, ina bhfiacla líofa ag smalcadh na cré, agus ar ghail bheag dheannaigh ag éirí as cnocán púdarthirim Gharraí an Tí . . .

Roimh shuí di in athuair ag an doras dúinte chas an stóilín, le go mbeadh a haghaidh amach ar an urlár. D'éirigh driog fhuaicht ina droim. Bhí an ghrian claonta siar as an doras agus as an bhfuinneoig, agus an t-urlár ballach le muileataí dúscáile arbh fhurasta a shamhlú go raibh beatha dá gcuid féin iontu sa teach falamh ciúin . . .

Ní dhearmadódh Nóra an t-uisce goirt – an imní, an phian, an peacadh – a bhí ag brúchtadh thrí chluanta geala na gcuimhní úd ar Gharraí an Locháin . . .

An aos óg ag déanamh daoraí den leachta agus ag tógáil clocha as le haghaidh *Ducksey* . . . Bualtraigh na mbeithíoch a bhíodh ar cimín ann sa ngeimhreadh agus go tús féir a chuimilt den leachta i ngan fhios . . . An salachar goirt a chaitheadh na Curraoinigh anoir ar a bharr a thabhairt chun siúil i ngan fhios . . . Seilmidí dubha a chur de sheanurchar thar an gclaí tórann . . . Spigneantaí clúmhghránna a shatailt síos sa gcré agus a bheith sa leaba trí lá le déistean ina dhiaidh . . . Micil ag gearán in imeacht an tsamhraidh faoi aos óg an bhaile a bheith ag taltú an fhéir in Garraí an Locháin . . . D'fhaigheadh Micil sásamh ag sclafairt ar an gcóir sin . . .

Ba rímhaith ba chuimhneach léi a raibh d'imní uirthi, an tráth a raibh brúisc den leachta tite, agus í ag tnúthán le faill a thógála i ngan fhios dá céile . . .

Tháinig lá an-fhliuch.

'Gabhfaidh mé síos tigh Taimín go gcuire sé tosaigh ar na bróga dhom,' adúirt Micil.

I gceann tamaill, sciorr Nóra suas an iothlainn ar chúla na gcruach agus an choca féir. Bhí Micil, faoin tsín ropanta, ag tógáil an leachta . . .

'Ar chuir tú tosaigh faoi na bróga?' arsa sise, ar fhilleadh chun an tí dó.

'Ní raibh aon cheap aige.'

'Tá tú báite go craiceann. Ba diachta dhuit an oiread sin báistí a fháil as seo go tigh Taimín . . .'

D'fhéach Micil uirthi. Tháinig luisne ina leiceann. Ag ligean sileadh dó as corr a bhéil i luaith an teallaigh chrap a shúile ó Nóra . . . Ach bhí ruibh oilc air arís go ceann seachtaine.

Bhí údar ag Micil cuimhniú freisin ar an uair a bhí bóithrín an bhaile dhá dhéanamh. Airsean a bhí an milleán, nach bhfuireodh leathuair eile ag an teach nó go mbeadh meitheal an bhóthair scortha. Dhéanfadh a chuid fola leac mara dtéadh sé go huachtar an bhaile láithreach:

'Fág seo! Caithfidh cromnasca a dhul ar na cúpla caora sin. Tá an danrachán seo thíos ag ceann an bhóthair tar éis fuagra a thabhairt dom, anois ar an bpointe, iad a choinneáil dá chuid féin . . .'

'Leathuair eile, a Mhicil.'

'Leathuair eile! Beidh sé dorcha ansin. Lá gearr . . .'

'Ach . . .'

'Cé an 'Ach'? . . .'

'Lucht an bhóthair.'

'Lucht an bhóthair? . . .'

'An leachta,' arsa sise, nuair a d'éirigh léi an tsnag ina píobán a shárú. 'Ardóidh siad leo an leachta! Tá mé dhá faireadh ó dhoirteadar aníos linn anseo . . . Theastódh na clocha atá inti uainn féin – nach dteastódh? – le haghaidh cró nua . . .'

Níorbh fheasach di anois ná an uair sin cé an cineál solais a tháinig i súil Mhicil – fearg nó trua, nó ogach di féin gan dul go barr an bhaile. Bhí sé imithe ar an toirt agus na caoire cuibhrithe nasctha leis féin aige sul ar shroich sise an láthair.

Ar fhilleadh dóibh bhí an leachta imithe, grafchurtha ar cholainn an bhóthair, ar fud clocha bodhra na ngarrantaí faoi gcuairt . . .

An oíche sin chuaigh sí amach ag féachaint ar an mbóthar faoi sholas na gealaí. Saothar in aisce. Níor theocha cloch ná a chéile sa gclochán amh sin . . .

Ní raibh d'fhuílleach leachta Gharraí an Locháin ach sraith mionchloch ba dheireoil leis an lucht oibre a chnuasach ná a chur ar bharraí. Charnaigh Nóra ina leachtáinín nua iad agus b'amhlaidh dóibh go dtí an lá inniu, cuailín fuar uaigneach ar scáth an chlaí, mar shaoirseacht thite i gcúinne de sheanteampall . . .

An rud ba léire léi ar fad anois – ina éan mór dú scáileach thrí chraiceann tanaí na mblian – ba é sost doicheallach Mhicil é: sost a mhair go ceann tréimhse i ndiaidh an leachta a scuabadh ar siúl . . .

Ní raibh gair ag Nóra a béal a oscailt, ámh.

Ba shin é a scrúdadh í ar fad. B'éigin di béal marbh a choinneáil uirthi féin go síoraí faoin leachta agus faoin gcúigear. Béal marbh le Micil – nó thagadh ruibh air. Béal marbh le Cite Thomáis, le Cáit agus le Muiréad. Béal marbh agus iadsan ag cur síos ar a gcuid clainne: ar an méid saoil a fuaireadar; ar an tsiocair bháis a bhí acu; ar an ngiollaíocht a thugadar dóibh; ar na blianta, na laethanta, agus an uair de ló a bhásaíodar; ar na cealla a raibh a n-adhlacain; ar an mbuaireadh a bhí ina ndiaidh orthu; ar an gcaoi a dtéidís chun na cille le paidreachaí a chur suas ar a son; ar a chinnte is chuiridís faoi bhrí na guidhe sa bPaidrín Páirteach gach oíche iad . . .

Agus na rudaí adeireadh na mná le Nóra:

'Ghuidhfinn do do chuidsa freisin, a Nóra bhocht, ach ní dhéanfadh sé aon luaíocht dóibh. Deir siad nach bhfuil aon bhrí ag an urnaí a déantar ar son páiste ar bith nach mbíonn baistthe. In áit dhorcha gan aon phian a cuirtear iad. Go bhfóire Dia orainn! . . .'

Bhí gach focal, gach siolla, gach béim ghutha ina n-easpaí reatha inti fós . . . Thosaigh Nóra ag coinneáil ó na mná ar fad. Nár chonórach iad ag rá nach raibh aon mhaith a bheith ag guidhe ar a son!

B'iomaí uair – le linn di féin agus dá fear a bheith ina suí chois na tine, oícheantaí airneáin roimh an bpaidrín – a bhrúcht sé aníos go dtí an béal aici fiafraí dhe ar pheacadh é a bheith ag guidhe ar son a marbhnaíonán. Bhí Nóra cinnte go n-abródh sé nárbh ea. Ach ní abraíodh sé aon fhocal. Ba é sin mórán an t-aon rud a chuireadh fearg air – iad a lua os a chóir chor ar bith.

Deireadh gach duine nár ghar a bheith ag guidhe dóibh . . .

D'fhuaraigh sí ina hurnaí. Níorbh fhada gur éirigh sí as an urnaí go hiomlán. Agus bhí sí na blianta amhlaidh: a laethanta mar scuaine de fhrámaí falamha pictiúr, a croí chomh tirim leis an taobh istigh de chnó. B'amhlaidh di nó go raibh an cnapán domlais dhá bhaint aisti san ospidéal, an uair a cheisnigh an sagart sa bhfaoistean í . . .

Leag Nóra uaithi an scian agus chuir bos suas ar a ceann . . .

An crácamas ag iarraidh comhairle an tsagairt a chomhlíonadh . . . caint na mban a ruaigeadh as a cloigeann . . . an leachtán agus Garraí an Locháin a sheachaint fré chéile . . .

Ó shoin anuas rinne sí a sárdhícheall. Ní théadh sí ó thuaidh san iothlainn ach an uair a chinneadh uirthi. Bioraíodh an claí an-ard san áit a mbíodh an chéim ag dul suas i nGarraí an Locháin as an iothlainn. Le cúl a chur ar aos óg an bhaile ó chomharsanacht an tí gheall Micil go dtriomódh sé an lochán – gealladh díograiseach neamhchomhlíonta Mhuintir Chéide ó bhliain go bliain agus ó ghlúin go glúin. Thug sí faoi deara di féin a dhul ag iarraidh uisce ó dheas i dtobar Taimín, na héadaigh a níochán i sruthláinín na Buaile agus na beithígh a bhleán sa Tuar siar ón teach.

Bhí an poll duibheagáin ina croí ag dúnadh i leaba a chéile, ó shoin anuas . . .

Ó shoin anuas chuireadh an urnaí suantraí síochána ag bogadh thrína croí agus caismeacht an dóchais ag ropadh ina hintinn . . .

Ó shoin anuas go dtí inniu.

Ach inniu níor thuill ina hintinn ach boirric ollmhór. Ná ina croí ach carn beag cloch faoi scáth claí tórann . . .

25

Inniu bhí a hintinn i ndiaidh pléascadh as an scaoilteoig theolaí ar chuach an sagart í agus i ndiaidh cromadh siar aríst ar chualach dóite a deich mbliana fichead sa teach seo . . .

An bheirt fhear a thíocht isteach scortha as Garraí an Tí a strachail aniar í, faoi dheoidh, i gcruóig an tráthnóna earraigh, a mheabhraigh di go raibh sé in am a dhul ag réiteach cuid beithíoch agus ag bleán.

Chuaigh Micil faoi dhéin na mbeithíoch. Shuigh an Fear Óg sa gclúid agus dhearg a phíopa ceannmhór. Bhraith Nóra aríst é ag féachaint ar an streoille súí leis an mballa ó thuaidh.

Ar a theacht isteach di i ndiaidh an bhleáin, fuair sí an gadhar ag lufáireacht leis an bhFear Óg. Bhí na cosa tosaigh thuas ar a ghlúine aige agus é ag iarraidh a dhul ag líochán a bhéil. D'fhógair sí go coilgneach air, i gcruth is gur thug an tsráid air féin.

'Nach beag de choimhthíos thú leis an strainséara?' arsa sise, amach ina dhiaidh.

Chuaigh sí le cuid an ghamhainín. Casadh Micil léi ag binn an tí agus an t-asal ar adhastar aige, lena chur sa gcró.

'Croch leat an strainséara ar cuairt,' adúirt sí leis.

'Fainic a gcloisfeadh sé thú!' arsa Micil. 'Cé an deabhac atá ort a bheith ag tabhairt strainséara ar mhac do dheirfíre?'

Ní dheachadar ar cuairt. Chuaigh an Fear Óg ag gearradh síolta agus bhí ina n-éadan nó nárbh fhéidir 'na súile' a fheiceáil iontu, i gcrónthitim oíche. Ansin d'iarr ceap agus casúr; d'fheistigh é féin ar cheann an stóil; leag coinneal ar an mbord lena ghualainn; agus thosaigh ag deasú péire seanbhróg le Micil.

Ina suí sa gclúid ag déanamh stoca a bhí Nóra. Bhí a súile gafa ag méaracht ghasta na mbiorán. Níor chroch iad nó gurbh éigin di an tine a charnú. Bhí an Fear Óg cromtha anuas os cionn na bróige, bogha solais na coinnle ar a leathleiceann ag treisiú leis an ré dhorcha ina raibh an chuid eile dhá aghaidh.

Bhí a súile leata ar an stoca aríst agus lúbadh ní ba mhire ag na bioráin. Ach ní fhaca na súile sin ach boirric . . . chúig bhoirric . . .

Leag uaithi an stoca ar an bhfuinneoig. Chaithfeadh sí cuid dhe a roiseadh aríst . . .

'Cá'il tú ag dul?' adúirt Micil.

'Sílim nár dhúin mé púirín na gcearc. Cá bhfios nach hé an sionnach . . .'

'Foighid ort!' adúirt an Fear Óg, ag éirí dó agus ag dul don tseomra. 'Tá *flash-lamp* i bpóca mo sheaicéid nua, má tá an oíche dorcha.'

Bhí sé aniar aríst ar an bpointe leis an lóchrannán: lóchrannán a raibh cuma an-tseang an-tsleamhain air, sa gcrobh leathan téagarach. Bhog sé an cnaipe agus shín dealg gléineach solais anonn uaidh ar an bhfuinneoig.

Rug Nóra ar an stoca agus thug suas ina seomra féin é.

'Cá bhfuair tú an gleorachán sin?' adúirt Micil.

'A cheannacht.'

'I nDomhnach, ní fhaca mé a leithéid ariamh ach ag an

bpóilí. Oíche dhá raibh mé ar cuairt ansin thíos tigh Taimín bhí an póilí ramhar ag ceann an bhóthair, dhá scartadh ar lucht *bicycles*.'

'Tá siad i chuile shiopa thiar againne, pé ar bith é. Is mór an éascaíocht iad oíche dhorcha le breathnú ar bheithígh i gcroithe.'

'Laindéar agus coinneal ann a bhíos agamsa,' adúirt Micil.

'Is sciobtha é seo go mór' – las arís é – 'seo dhuit é,' arsa seisean, dhá shíneadh chuig Nóra a bhí ar ais sa gcisteanach.

'Ní bheidh plé ar bith agam leis,' arsa sise, idir í féin agus a hanáil, ag druidim i ndiaidh a cúil di amach an doras.

26

Bhí an lúbán ar phúirín na gcearc. Ba é an rud deiridh a rinne sí tráthnóna é.

Sheas ag binn an tí. Ba mhinic, de shiúl oíche, a chaitheadh sí seal mar sin amuigh ar an tsráid. Thugadh sé fortacht di éisteacht le srannán an chuain ar choraí an chladaigh.

Bhí an ghealach – an sceallóigín deirceach di a bhí ann – maolaithe i bhfad siar ar an spéir agus í ina suí go corrach ar ghualainn dúnéill ramhair. Fáiscthe lena brollach cuasaithe bhí gealach eile – góshnáth éagruthach gealaí . . .

Gan mórán achair, scoilt an dúnéall agus lig an tsiabhargealach thríd síos. Ní raibh fágtha ach breacadh beag solais ar chiumhais an duifin.

Bhí corr-réalt ar an spéir, ach níor mhór féachaint go grinn lena bhfeiceáil, bhíodar chomh smúitithe sin ag scamaill. Spéir dhoicheallach a bhí inti. Spéir fhuar fhalamh.

D'éist le éagaoineadh an Chaoláire. Ag éagaoineadh a bhíodh an Caoláire i gcónaí: snag roighin saothrach mar bheadh ag seanduine criotáin . . .

Bhí tolgán bodhar ag an gCarraig Bhuí, ón súiteán a bheith ag brúchtadh thríd an gcoirrligh uaibhreach ag a bun. Shíl Nóra gur fhéad sí an chiumhaiseoigín gheal a fheiceáil, san áit a raibh an ghaoth ag greannú aníos craiceann an chuain agus dhá bhriseadh ina bhúir ar na moláin bháite, ag an gceann amuigh den Scothach . . .

Níor shólás ar bith do Nóra éisteacht leis anocht. Caoláire eascairdiúil a bhí ann. Coileán colgach, dhá shaghdadh ag an ngaoith theann aniar, ag tafann go binibeach uirthi . . .

B'aisteach léi a bheith ag féachaint ar an gCaoláire ó d'oscail a súil agus gan cuimhniú, go dtí aréir, cá fhaid siar a bhí sé ag dul.

B'fhada siar a bhí sé ag dul. Siar go dtí na 'Rosa' agus na 'Cuigéil'. Siar go dtí caladh a raibh bád mór feistithe ann. Siar go dtí teach a raibh moing bhreac agus cnoc clochach ceo-bháite ar a chúl . . .

Agus bhí bean eile ag féachaint amach ar an gCaoláire agus ag éisteacht le fonn na farraige anocht. Ag cuimhniú a bheadh sí go raibh sé ag síneadh i bhfad soir. Soir in áit nach raibh oileán, ros, ná cuigéal. Soir in áit nach raibh glaschuanta ina gcrága móra míchumtha ag stialladh an chladaigh, ach ar fhéad lorga an bhóthair rith díreach fáilí, mar éan chuig a nid. Soir an bóthar sin le ciumhais an Chaoláire a chuaigh sé. Thoir ar an mbóthar sin a bhí sé. Ach thiocfadh sé ar ais, gan mórán moille. Ar ais ina coinne féin. Agus d'ardódh leis soir í: ise a bheadh ag fuiríocht thiar chois Caoláire ag éisteacht le fonn na farraige . . . Bean cheannasach. Bean ghadharúil . . .

Phreab Nóra. Chuala sí rud eicínt, dar léi féin. Bhioraigh a cluas sa ngaoith. Ach ní raibh ann ach fuaim an chasúir ón doras faonoscailte.

Tháinig an madadh chuici. Thosaigh ag lúcháireacht léi.

'A – a – a – ' arsa sise, ag tarraint a seanchic air.

Sciorr leathchos léi ar an leicín bhealaithe chois na binne

ar a gcuimlíodh sí an tsluasaidín, tar éis an luaith a chur amach gach lá. Shín a lámh uaithi, nó go bhfuair greim ar rud eicínt. Láí a bhí ann, láí a bhí in aghaidh an bhalla.

Bhí dhá láí ann – scair ag feac acu ar an bhfeac eile in éadan tóin an tí . . .

B'éigin di an láí a thógáil suas leis an mbróigín a thabhairt faoi deara, mar bhí an dorchadas greamaithe chomh dílis le scraith chaonaigh, anuas don bhinn. Níor ghá é. Ar an gcéad tadhall dá láimh mhothaigh sí go raibh saothar aon lae Mhicil dhá fhoilsiú féin ar a múnla. Bhí bos ag teacht ar an bhfeac agus caoineas sa gcruach – caoineas láimhe ar cheann naíonáin, adúirt Nóra léi féin . . .

Shocraigh Nóra í ar dheisiúr na gealaí, ag giall ó dheas na binne. Chaith láí an Fhir Óig ag an gcorr ó thuaidh. Ach chrom uirthi arís láithreach. Níor leisc léi a dhá láimh a chur inti an iarraidh seo, í a thabhairt anonn go dtí an claí beag ag tóin chró na mbeithíoch, agus a cur soir le fánaidh dá seanurchar sa gcarn aoiligh . . .

Tuilleadh de bhéasa na Tíre Thiar na lánta a thabhairt abhaile san oíche . . .

27

Ní raibh deireadh ráite fós ag Micil, ar a theacht isteach di, faoi íospairt an tsionnaigh.

'Tá gunna bairille dúbalta thiar sa mbaile agam,' adúirt an Fear Óg.

'Dheamhan gunna a bhí i mo ghlaic ariamh. Níl aon ghunna ar na bailteachaí seo.'

'Cuireadh mise go dtí an Currach bliain amháin, ar fhoireann an Chéad Chatha, i gcomórtais an raidhfil. An bhfuil na lochíní sin adeir tú a mbíonn na géabha agus na lachain fhiáine orthu i bhfad suas sa gcriathrach? . . . Beidh a shliocht orthu! Cuirfidh mise ag ithe feoil duine uasail sibh, ar feadh is an 'cailín' siúd a theacht aniar . . .'

'Phléasc gunna i dteach ansin thoir anuraidh. Is fánach an chaoi – i bhfad uainn an urchóid! – a maródh siad duine . . .'

'Ara, tuige a maródh?'

Lig an Fear Óg scairt gháire.

'Ara, tuige nach maródh!' adúirt Nóra. 'Ní thiocfaidh aon ghunna isteach anseo . . .'

D'itheadar a suipéar ina sost.

Tar éis an phaidrín shuigh an bheirt fhear ag an tine arís. Dhearg Micil an dara píopa tobac gan rómhoill.

'Tá sé in am codlata,' arsa Nóra.

'Is ceart don Fhear Óg seo – bail ó Dhia air! – a bheith tuirseach i ndiaidh a lae,' adúirt Micil. 'Ba réacha an Caoláire a rómhar ná an cnocán siúd. M'anam nach drochdhúchan lae ag beirt, i nGarraí an Tí, 'spaga Chonáin' a bheith tochlaithe acu . . . Féadfaidh sí a dhul soir ag scaradh giota dúinn amáireach . . .'

Ag fáil coinnle a bhí Nóra. Las agus chuir ar cheann an bhoird í, le haghaidh an Fhir Óig.

'Tá an lampa seo agam,' arsa seisean, ag baint na nascán as íochtar a bhríste dó. 'Sé is éasca . . .'

Mhúch Nóra an choinneal gan tuilleadh cainte . . . Ní chuimhneodh sí choíchin ar choinneal a thairiscint do Mhicil Óg. Ghabhfadh Micil Óg a chodladh gan aon tsolas, a fearacht féin agus a fir. Bhuailfeadh sí siar sa seomra chuige, de mhaol a mainge, agus é ar thob luí. Thóródh sí rud eicínt sa gcúinne, nó chorródh na breacáin a bheadh ar an bhfuinneoig. B'fhéidir gur balcais éadaigh leis nár mhór a phíosáil a thiúrfadh sí aniar. Ach ní imeodh sí as an seomra gan fiafraí dhe a raibh a dhóthain clúdach faoi agus thairis . . .

Mar sin a d'fhágfadh sí slán codlata ag Micil Óg . . . a

d'fhágadh . . . mar ba é an t-aon ghnás é nár fhéad sí a thabhairt suas ar chomhairle an tsagairt úd . . . go dtí anocht . . .

Anocht bhí duine sa seomra nach raibh gaol ná dáimh aici féin ná ag a fear leis: mac bádóra as an Tír Thiar . . .

28

Chuaigh an bheirt fhear a chodladh.

Shuigh Nóra síos ar an stól i lár an teallaigh agus scar a dhá chois ar an tine, rud nach ndearna sí cheana in imeacht an lae. Ba shin é an chaoi ab fhearr a dtéadh sí í féin.

I bhfaonsholas an tí bhí an tine – an méid ab ann di – ina gréasán dubh agus dearg agus gan cruth dá samhlódh súil – ag lonnú di ar feadh tamaill – nach raibh ag snámh agus ag sméideadh inti . . .

Ba ghearr go raibh súile uaigneacha Nóra sloigthe sa ngeamaireacht dhiamhair seo . . .

Buidéal *castor oil.* Cáca gearrtha go coirnéalach isteach go croí. Cupán agus sásar agus uibheagán. Scian a raibh bior inti. Ceannadhairt gan aon liocadh. Póca beag páipéir. Lóchrannán. Adhartáin ramharfhola. Mailí dubha, boirric . . .

Bhí an bhoirric ansin sa mbéalóig . . . Rug Nóra ar an tlú, de dhorta dharta, agus tharraing thríd an tine é . . .

Bhí an lá sin caite. Ach ní raibh ann ach an chéad lá. An chéad lá de na céadta lá, de na mílte lá, a mbeadh an strainséara sa teach . . .

An strainséara a bhí dhá chruthú as páisiún anshocair na tine aríst. An strainséara seo a raibh muineál air chomh rite le crios ar bhásta póilí agus dromán chomh leathan fuinte le doras an phríosúin sa nGealchathair . . . Agus boirric . . .

Bhí an bhoirric ann aríst. Mhéadaigh nó go raibh an tine ar fad fúithi. Chairigh suas ar fud an tí agus amach ar an tsráid. Bhí sí ag deasú bróg ag an mbord, ag tuíodóireacht ar an teach, ag cur fhataí i nGarraí an Tí, i gcuraigh amach ón Scothach ar an gCaoláire . . .

Tharraing Nóra an tlú thríd an tine in athuair . . .

Níor ghar é. Tháinig dhá bhun-rí aníos as an lasair: dhá bhun-rí a bhí chomh cruaidh chomh daingean le boltaí caol-láimhe agus chomh haclaithe le slabhra . . . Shearr an dá bhun-rí sin amach, nó go ndearnadar talamh Mhuintir Chéide a sháinniú, ó uachtar go híochtar . . . Rugadar greim cúl cinn ar Mhicil agus chaitheadar isteach ar a bhéal agus a fhiacla i gcuraigh é . . . Strachlaíodar Micil suas ar an teach, in aghaidh a chos, nó gur chuireadar ina sheasamh ar an simléar é . . . Chuireadar gunna i nglaic Mhicil agus a béal cocáilte ar chlár a éadain . . .

D'éirigh an bhean bhrúidiúil sin aníos i mbarróig an dá bhun-rí . . . Bhí lóchrannán ina glaic . . . Bhrúigh sí an cnaipe, nó gur scal an solas ar chroí Mhicil agus ar a croí féin . . . Lig sí uaill gháire ansin . . .

Phóg an bhean bhrúidiúil an bhoirric agus tháinig scuaid as a béal a chlúdaigh teach, talamh agus trá Mhuintir Chéide ó sháil go rinn . . . Nocht an láthair arís . . . Ach níorbh iad teach, talamh agus trá Mhuintir Chéide a bhí ann anois . . . Teach ar dhéanamh curaí é . . . Bhí na hiomrachaí leathan as a n-íochtar agus caol as a mbarr, fearacht gunna . . . Ní féar, ná arbhar, ná raithneach a bhí san iothlainn ach gliomach ábhalmhór a raibh a theannachair sínte, lena cur i bhfastó i Micil . . .

Bhí an bhean bhrúidiúil agus an dá bhun-rí ag déanamh líméir soir faoin gclaí tórann i nGarraí an Locháin . . . Chuireadar faoi deara do Mhicil clocha an leachtáin a shocrú le géill an líméir agus ar a uachtar . . . Stuáil an strainséara scrathachaí ina bhéal agus sceann iad chomh fíochmhar is dá mba námhaid chloíte iad . . . Í féin agus Micil a bhí faoina lái

. . . Lig an bhean bhrúidiúil agus an strainséara dhá uaill gháire . . . Phóg an bhean an bhoirric aríst . . .

Bhí Nóra ag eitealla ar an stól. Chuala an smeachaíl in aghaidh a blaoisce agus mhothaigh mar bheadh meall mór antrom ag corraí thíos faoina cliabhrach. Rug ar an tlú agus shuaigh an tine, nó go raibh gríosach treasna ó chlúid go clúid.

D'éirigh de phreib. Bhrúigh an naipcín gríosaí seo isteach i lár na tine agus chlúdaigh le luaith é, go dtí go raibh ina ghreamhar liath dochma, gan dlaíóg thoite ná mirlín dearg aníos ar a fhuaid. Fuair cúig nó sé d'fhóide agus sháigh an mullach caol díobh isteach sa ngreamhar. Chuir lánú eile luaithe os cionn an iomláin.

Níorbh fhéidir a dhath a fheiceáil sa gcoigilt . . .

29

Shiúil sí suas síos an t-urlár cúpla babhta.

Ansin d'ardaigh cliabh na *mangolds* go mín réidh den chófra agus leag ag an doras cúil é.

Bhain an lampa stáin anuas den tairne ar an mballa, choinnigh ina leathláimh é agus leis an láimh eile d'oscail sí an cófra. Ba bheag nár phreab an lampa as a méara leis an ngíoscán a rinne an cincín agus í ag crochadh suas an chláir. D'éist sí ar feadh mionóide. Ní raibh de chorraí sa teach ach a raibh ina colainn féin, ina ceann, ina cliabh agus síos ina ciotóig . . .

D'ionsaigh uirthi ag cartadh sa gcófra. Chuir brúisc éadaigh agus seanghiúirléidí eile aníos. B'éigin di an solas giongach smalta a thomadh cúpla uair ann sul ar aimsigh a lámh an rud a bhí sí a iarraidh . . .

Chíor sí siar a cuid gruaige go cúramach, d'fhill ina

coirnín ar a cúl í agus rinne an raca ard as an gcófra a fháisceadh síos inti go drandal. Ba chosúil le teanga thine, ag sceitheadh suas ar scothóigín deataigh, cúl flannbhuí an raca ag soilsiú aníos as an ngruaig léith . . .

Lig anuas di féin an seáilín craobhach agus an rapar. Chuir uirthi ansin an dá bhall eile a thug sí as an gcófra: an seál *cashmere* agus an gúna cabhlach *velvet*. Ní raibh na trí bhall sin thuas ar a colainn cheana ó lá a pósta . . .

Leag an solas ar thairsigh na fuinneoige. An *cashmere*, an raca, an *velvet* dathannach, d'adhaineadar dé bheag ina súil, smearadar faonluisne ar leathar scáinte a grua. Shín a lámh isteach chuig an lampa ar an bhfuinneoig. D'aimsigh an solas an fáinne pósta – fáinne Cladaigh go n-íomhá croí. In imeacht meandair rinne an solas smalta scáile chomh haduain sin ar an ór, is gur mhó ba chosúla an íomhá le péiste ar bhachlóig, ná le méara ag muirniú croí . . .

D'ísligh sí an solas ar an lampa nó nach raibh uaidh ach faonbhogha isteach ar an bpictiúr beannaithe, ar stuaic na fuinneoige . . .

Scinn súil Nóra suas ar an bpictiúr . . . Ba é a raibh ann an bhoirric . . . Boirric ar rinn na sleighe . . . Boirric ar áit na dtairní . . .

30

Chuaigh sí siar go dtí doras an Fhir Óig agus chuir a cluas leis. Bhí dord ciúin suain aige.

Bhain an bolta de dhoras an tí agus dhúin ina diaidh é, gan toirnéis ar bith . . .

Bhí an ghealach imithe an-íochtarach agus teanga gabhlánach dhorcha ag líochán na talún cheana féin. Ní raibh ar an spéir ach corr-réalt fannsholasta. D'fhalaigh sí a ceannaghaidh lena bois. An seoideadh gaoithe aniar a bhí ag crúbáil in eitrí a grua . . .

B'fhóbair di sciorradh ar an leic luaith-bhealaithe aríst. Bhí solas an lampa ina súile fós. Níorbh fholáir di tosaí ag méaracht mar ba ré dhorcha a bhí ag bun gach claí agus balla anois agus ag binn thoir an tí go háirid. Rug ar lái Mhicil. D'fháisc léi aníos í, nó gur airigh fuacht an iarainn ag dul ina leis, thríd an *velvet* leamhanchriathraithe. Ansin shiúil suas an iothlainn, suas thar an somadán féir, suas chomh fada le claí ard Gharraí an Locháin.

Bhíodh maolbhearna sa gclaí seo an tráth a thaithíodh Nóra Garraí an Locháin. Tar éis teacht as an ospidéal di, chuir sí faoi deara í sin a dhúnadh láithreach agus airde duine a chur de bhiorú ar an gclaí go léir. Fágadh gan corraí liag amháin den tseanchéim a bhí ag freagairt amach as an gclaí, cúpla troigh ó thalamh, ar thaobh na hiothlann. Sheas Nóra, mar rinne aréir roimhe sin, ar leibheann na cloiche seo, le féachaint ó thuaidh i nGarraí an Locháin, agus an leachtán ar choinnigh sí a súile di leis na blianta a ghrinniú anois aríst . . .

Bhí an leachtán tite . . . tite agus scortha, mar scoirfeadh naíonán paidrín a tiúrfaí dó lena bhréagadh . . .

Theann á crobh ar lái Mhicil . . .

31

Thosaigh smólach i bPáirc na Buaile ar labhairt go hanshóiteach. Ba ghearr gur múchadh a glór i mbolg na gaoithe. Ba deireannaí ná seo a labhair sí aréir . . .

Bhioraigh Nóra a cluas aríst . . . Slup slap, slup slap . . . Ní raibh ann ach glogarnaíl an tsíol fragannaí sa lag ag an lochán. Taca an ama seo a chuala sí aréir é freisin. Bhíodh sé ann mar sin i gcónaí san earrach. Fuaim mhaol ghlagach chodramánta. Pé acu sin é bhí gliondar piaclach eicínt sníofa thríthi . . . Doigh mháithrithe . . .

Níor léar do Nóra an scaipiúch cloch a thuilleadh. Ba é a raibh sa leachtán anois boirric mhíofar ag guailleáil an duifin a bhí imeacht na gealaí a chruachadh leis an gclaí. Sháigh béal na láí síos taobh thiar di sa gcré mar thaca agus bhrúigh an lámh eile in aghaidh an chlaí, lena chur anuas . . .

Luigh mar bheadh ualach trom ann ar a láimh, sul a raibh a neart curtha aici ar an gclaí. Smaoineadh tobann a phreab ina hintinn agus a ghabh a géag . . . Má ba ansin a bhíodar chor ar bith? . . . Dá mba dallamullóg freisin di é faoin gclaí tórann, leis na blianta . . . Dá mba bréag eile é . . . fuath chomh siabhrúil, chomh neamhthadhaill is a bhí i Micil Óg, Nóirín, Pádraig . . .

Cá bhfios arbh olc gan ábhar a bhíodh ar Mhicil léi, faoin leachta agus faoi Gharraí an Locháin? . . .

Cá bhfios nárbh fhíor gur in adhlacan mar a shamhlaíodh sí féin ar dtús a bhíodar – caorán, bruach locha, lúibinn chlaí, dumhach chois Caoláire? Adhlacan nach mbeadh aon fháil aici go héag air. Adhlacan ar ghaire iad ann, ar feadh na mblian sin go léir, do na huain, do na laonnta, do na lachain fhiáine, do na faoileáin chladaigh, ná di féin, dá teach, ná do luainn a saoil . . . Cá bhfios . . .?

32

Bhí na réalta liaite ina gcnapáin oighre. Thosaigh smólach i bPáirc na Buaile ag banrán aríst ar an ngaoith aniar. Bhí seansúr srannánach an Chaoláire agus dos éagaointeach na bhfrag ina gcoránach ar uair mharfa seo na hoíche . . . Ba bheag den tsámhas dorcha a dhúisíodar inti anois.

Ag iarraidh taibhsí brúidiúla a chur siar as a súile agus as a cluasa a bhí Nóra. Na taibhsí a d'adhlac sí sa luaith bhíodar ag snámh chuici aríst, anuas as dúlinn oíche Gharraí an Locháin, anuas thar an gclaí ard go dtí an iothlainn. San áit chéanna a bhí sí fós, leathlámh léi in aghaidh an chlaí agus an ceann eile ar láí Mhicil . . .

Láí Mhicil. Cé an chiall gur thug sí léi í ón mbinn? . . . Mar thaca chun fuiríocht ina seasamh ar an liagán cúng doicheallach sin taobh abhus den chlaí . . .! An ndéanfadh sí an saothar a chuir aimhreas agus taibhsí an lae as a ceann, in imeacht cúpla nóiméad an chloig . . .?

B'fhusaide an saothar sin an leachtán a bheith díláithrithe...

An chéad spreab a bhain choinnigh ar an láí í . . . Chrom agus chuir a ladhar scagtha thríthi mar a dhéanfadh cailín le gruaig a cumainn . . . Clocha beaga. Clocha amháin . . .

Bhain fóideog de chré sprosach a rinne púir idir a cuid méar . . .

Bhuail an láí in aghaidh rud eicínt tacúil . . . Rud eicínt nach raibh cruas cloiche ann . . . Níor chloch é . . .

Thochail aníos lena bosa an chlaisín a bhí déanta ag an láí . . . Ansin thosaigh ag méaracht . . .

Bosca . . .!

Tháinig sé léi oiread na fríde . . . Tháinig sé ar fad . . . Ach ar an dá luath is ar scar sé leis an gcréafóig rinne spros ina láimh . . . Ní bosca a bhí ann ní ba mhó ach gitíní de chláir sínte chun cheithre hairde fichead na spéire, agus an ghaoth dhanartha aniar ag tarlú léi gach a bhfuair sí so-ghluaiste . . .

'Mo Mhicil Óg . . .! Mo Mhicil beag . . .! Mo Mhicil bán . . .! Oíche Fhéile Michíl a bhí inti thar oícheanta an domhain . . . Nach mairg nár thug mé an laindéar liom . . .!'

Bhí a súile buailte thíos ar an gcréafóig ag dearcadh, ag dearcadh . . .

Leagadh lámh ar a gualainn. Micil, a fear, a bhí taobh thiar di:

'Níl aon mhaith a bheith ag guidhe ar a son . . .'

Ní raibh fearg dá laghad ina ghlór anois . . .

'In áit dhorcha gan aon phian atá siad . . .'

Bhí sé ar a chromada, a dhá láimh ag méaracht le hais a lámha-se, a dhá shúil sáite aige le hais a súile-se, ag dearcadh, ag dearcadh . . .

Ach ní raibh aon ní le feiceáil aigesan, ach oiread léise, sa smearsholas . . . Aon ní ach créafóg sprosach . . . Créafóg nach raibh tathú ar bith ina chéile inti . . .

D'fhan an dís ag dearcadh, ag dearcadh, ag méaracht, ag méaracht . . .

Agus bhí an ghaoth aniar ag méaracht freisin . . .

Leathnaigh sí a dhá bois ar scáth a héadain . . .

Bhí an bhean bhrúidiúil sin ag bualadh na créafóige idir an dá shúil uirthi . . .

D'oscail na súile a rinne neamhchodladh na hoíche roimhe sin a dhúnadh le tamaillín beag. Mhothaigh sí an meall in íochtar a cléibh ag brú aníos go tolgach ina muineál. B'éigin di greim dhá lámh a bhreith ar an gclaí le fuiríocht ina seasamh ar leibheann an liagáin. Bhí na réalta ar fad imithe agus gan ann anois ach an dorchadas dílis – dorchadas ina lacht tiubh ag sní anuas as cupán liath na spéire. Ach níor bhac sin an radharc uirthi níos mó. Bhí a súile déanta ar an dorchadas anois . . .

Ba léar di go follasach an claí tórann a raibh airde thaibhsiúil ann ón oíche. Ag a bhun, bhí an leachtán spréite: spréite ar nós an choigilt dhiúltach a bheadh roimpi ar an teallach . . .

Thuirling de leibheann na céime. Bhí an lái tite lena hais san iothlainn, ón uair a tháinig an néall ar a súil. Rug uirthi agus chaith uaithi suas thar claí i nGarraí an Locháin í. Lái Mhicil . . . Ní raibh de mhisneach inti créafóg a réabadh . . .

33

Shuigh isteach sa gclúid. Bhí a ceann ag gleáradh. Bhí a croí ag gleáradh ina hucht.

'Nach mairg a choigil an tine . . .!'

Bhí an teallach fuar préachta: láithreachán marbhluaithe agus caiseal fód lena ciumhais amuigh . . .

Fód. Dhá fhód. Trí fhód. Cheithre fhód. Chúig fhód . . . Chúig fhód a chuir sí sa gcoigilt. Chúig cinn acu. Dóideoga móra a bhí faoi únfairt luaithe. Chúig mheall créafóige . . .

Chrup í féin isteach tuilleadh sa gclúid. Bhí sí ag eitealla leis an bhfuacht.

Bhí a croí fuar. Bhí clocha na gclaíocha fuar. Na laonnta. Na lachain fhiáine. Na faoileáin gheala . . .

Chuimil Nóra a súil . . . Ach bhí sé ann . . . Airgead beo ag snámh sa gcoigilt. Bhí coinnlíní ag goineachan aníos ó aibhleoga nach raibh an luaith i ndon a mhúchadh . . . Ceann . . . péire . . . chúig cinn . . .

Las ceann de na fóide: lasóg dhriopásach a dhréim san aer agus a chuir scáilí ag foiléimneach suas an t-urlár dorcha . . .

D'ardaigh Nóra a ceann, d'aon iarraidh.

Bhí a colainn ar crith, ar nós duilleog a bheadh bogtha ag an ngaoith . . .

Sháigh a súile suas thríd an dorchadas a bhí ag scáineadh faoin mearlasair.

D'aistrigh anuas ar gheamhar na coigilte aríst iad.

Bháigh a ceann ina gúna *velvet,* ina seáilín *cashmere* . . .

Níor ghar é . . .

Dúirt an sagart sa bhfaoistean úd go raibh creideamh i riocht . . .

D'fhéach d'aon iarraidh ar an bhfuinneoig, san áit a raibh an faonbhogha solais ar an bpictiúr beannaithe . . .

Dhírigh í féin. Anonn chun na fuinneoige léi. Dhearc ar an bpictiúr. D'aclaigh sí a cuid súl . . .

D'ardaigh sí an solas ar an lampa stáin. D'ísligh go dtí dé arís láithreach é, mar bhí cuisne ag teacht idir í féin agus an pictiúr sa lóchrann tobann sin . . .

Thug an pictiúr amach i lár an tí, go ndearcadh é sa dorchadas . . .

Ba leor an t-aon silleadh lena cur ar a dhá glúin ar an teallach . . .

B'fhíor é . . .

Bhí tosach an phictiúir ag déanamh geamhair freisin: geamhar airgid: airgead a bhí faoi smúr meirgeach . . .

Bhí an pictiúr dochma ag brúctadh chun dealraimh chomh cinnte is go raibh dhá shúil istigh ina ceann . . . rinn na sleighe thrí lasadh, róis ag eascar ar áit na dtairní, na gona ina néamhainn, an luan ina loscadh sléibhe ar an gCeann . . .

Bhí sciatháin na n-aingeal ag foluain . . . Tháinig scuaine díobh anuas as froighibh an aeir ar ghuaillí na Croise . . . Bhí brat Mhuire ag síneadh . . . Ba ghile a roisc ná tinte dealáin ag treabhadh na spéire, thiar ag béal an chuain, i nduibheagán na hoíche . . . Thit an ghrian den aer anuas ina folt . . . Ach d'fhan smúit an bhróin i gcónaí ina ceannaghaidh . . .

Phlódaigh an láthair le daoine . . . Shín Nóra amach a lámh dá hainneoin . . . Ba shin í a máthair féin. B'fhurasta aithinte í ar a caolmhéara bioracha agus ar a fionnfholt . . . Agus athair Mhicil, lena mhuineál seang, a dhroim ghleannach, a mhailí míne . . .

Tháinig slua eile isteach i lár báire, i bhfianais na Croise . . .

Ab bu búna! Ba shin iad iad . . . Micil Óg . . . Nóra . . .

Chinn uirthi a gceannaghaidh a fheiceáil. Choinníodar uaithi iad. Ach b'fhollas di an néall smúir os a gcóir amach, san áit a rabhdar ag féachaint ar Mhuire agus ar a brat luchtmhar . . .

'Ó a Mhuire Mhór, slánaigh iad . . .! Sé do bheatha . . .'

'A Mhic . . .'

'Níor óladar ariamh fíon an bhaiste. In áit dhorcha gan aon phian a rachas siad . . .'

'Na máithreacha! Na máithreacha! Féach iad, a Mhic . . .!'

Shín sí an mhéar in airicis Nóra.

'In áit dhorcha . . .'

'Ó a Mhic, d'iompar mé trí ráithe faoi mo bhroinn Thú ...'

'Is fíor dhuit, a Mhuire Mháthair. Ó, a Mhuire Mháthair, d'iompair mise cúigear acu! Féach iad! Féach iad! Micil Óg . . .'

Rug ar bhinn na braite:

'Ó, a Mhuire Mháthair! Iarr Air mise a ligean ina leaba san áit dhorcha . . .'

Thit na réalta ina bhfras confeití ar chrann na Croise . . . Gháir na milliúin clog 'Mac na hÓighe Slán.' Luaimnigh an Bhrat timpeall d'oscar éigneach agus scuab an gasra láir faoina binn . . .

Rinne an smúr agus an smúit gréasán griansholais, d'aon iarraidh amháin, os coinne Nóra . . . Chonaic an mheirg ag leaghadh den gheamhar airgeata a scinn ina dhéas óir go froigh na fiormaiminte, áit a raibh brat Mhuire ag ardú ar an ngualainn deas den Chrois . . .

Brat Mhuire agus cloigeann linbh . . . muineál seang, mailí míne . . . ag gáire amach óna chiumhais . . .

Gháir croí Nóra:

'Sé do bheatha, a Mhuire . . .'

Chuir an gadhar síon chráite isteach faoi íochtar an dorais ...

Ar theacht aniar dó dhá tóraíocht, fuair Micil sínte i mbéal an teallaigh í agus a lámh i ngreim sa bpictiúr . . .

I solas preabach na coigilte níor léar na roic ina haghaidh agus ba gheall a súile le súile beo . . .

Bhí an ghaoth ligthe fúithi agus crónán sáimh ag an gCaoláire i gcrompáin an chladaigh. Bhí an bháisteach bhog shuanmhar ag déanamh locháiníní sa seandíon ar an teach, sa luaith ag an mbinn agus sa gcréafóig úr a deargadh inniu i nGarraí an Tí . . .

BEIRT EILE

'Buailte suas aríst. Casacht. Gliúrach chasacht ó mhaidin ...'

Ghíosc na 'sclamhairí' síolta sa mbuicéad leis an bhfuinneamh a dhúisigh i rí láimhe Mhicil:

'. . . Agus cho géar is d'fheilfeadh sé dhom na cupla súileog sin ag an gcladach a chríochnú. Ach i leaba a dhul síos, suas a chaithfeas mé a dhul. Suas de mo shiúl ionsaí go barr an bhaile len a chuid ag an lao. Agus ar a bheith anuas dom ní dóide beirthe ná go mbeidh orm a dhul ar ais suas aríst leis an mbó a bhleán. Agus a gcuid a thabhairt do na cearca. Agus an suipéar a réiteach. Agus ansin i léine róine ó oíche go maidin ag éisteacht léi ag casacht agus ag éagaoine . . . An gcaithfe an Curraoineach a dhul le cuid lao agus a chuid earraigh a ligean chun siléige? . . . Nó arb é Tamsaí a bhlífeas na beithígh? Nó arb é Peadar an Ghleanna a thiúrfas a gcuid do na cearca? Is é nach gcaithfe, mo léan. Lách éasca a dhéanfas Máirín é, Máirín. Ní in a stróinse tinn a bheas sí ó oíche go maidin. Portúil mar an éan atá sí, an Mháirín chéanna . . .'

Thug Micil cic dhásachtach do smut de chloch a bhí mar theanga mhí-ómósach sáite aníos roimhe as béal an aird.

' . . . Ag diomallú do theanga a bheifeá ag sáraíocht leis an seanchúpla a bhí sa teach sin thíos. Ní thuillfeadh sé in a gceann le anlann ar bith nach raibh an bhean eile roscinnéideach, ro-aerach, ro-aigeanta uilig. Ní bheadh a fhios agat céard a dhéanfadh a leithéid sin, adeiridís. Port feadaíola mar bheadh ag buachaill óg, ru! Níl sin ceart, bean ag feadaíl. Tá súil aici agus is le chuile fhear an tsúil chéanna, rud is dual dá cineál. Ní ceann éinín a fheilfeas sa teach seo, a Mhicil, a chuid, adeiridís. D'fhóinfeadh pínneachaí airgid agus an saol ar an bhfaraor géar mar tá sé. Céard a bheadh aici sin ag teacht isteach ar ghabháltas mór? A bhala ariamh ach a craiceann dearg . . .'

Le grá an réitigh, leisce na síorsháraíocht, drogall a dhul coilgdhíreach in aghaidh a athar agus a mhathar – chaithfeadh sé gur saghad as an lios a bhuail é as a dheire – phós Micil an céad punt, na cupla bearach agus Bríd. Bhí sí ag casacht agus ag cneadaíl oíche a bpósta: í tuirseach agus a ceann in a ghligear ag an gceol . . . Ní fhéadfadh fear a ghéaga a aclú faoi shásamh in aonleaba léi. Bhí sí robheannaithe ar aon nós. Bíonn an dream criotánach sin i gcónaí robheannaithe. Iontú chuici chor ar bith agus bheadh pleota mór de phaidrín tarraingithe ón gceannadhairt aici. Iamh ní thiocfadh uirthi ach ag paidreáil go n-éiríodh sí lá arna mháireach.

Níor ól Bríd aon deoir bhainne sláinte ó chua brat pósta orthu. Oíche ó shoin ní raibh sí gan phian: pian in a droim, in a corróig, in a cliabhrach, in a duánaí, casacht, fead ghoile, altraid chroí, coileacam, gaoth ag rabhláil timpeall istigh in a bolg, mar bhí aréir agus a liachtaí aréir eile. Ní chuimleodh do léine di gan í dhá fhuasaoid . . .

Ba mhór an díol truaí í. Ba mhór siúráilte. Scrúdadh sí Micil, go háirid sa leaba san oíche. Ach nár mhaith an chiall aige féin é? Níor dhíol truaí go dtí é. Ba mhinic é ag tabhairt cor géar timpeall agus gan d'fháth leis ach féachaint a bhfaigheadh sé léargas ar scáilí scinnteach eicínt a bhíodh dhá sheachaint, nó ba shin é a shíleadh sé . . .

Cuid lao, cuid cearca. Beithígh a bhleán. Suipéar a

réiteach. Casacht agus criotán ó oíche go maidin. A gclann tóigthe ag an gCurraoineach, ag Tamsaí, agus muirín dreoilín timpeall ar Pheadar an Ghleanna. Maidir le Máirín sin! Seandrár a chraithe sa taobh a mbeadh sí le cóir ghaoithe.

Thug Micil a sheanchic do chloch eile a bhí in a straois amach as ucht an aird.

Micil féin: gan sac, gan mac, gan muirín. Pér bith céard a rinne an sac ní raibh mac ná muirín aige. A ghabháltas mór gan oidhre tar éis a mbíodh de dhradaireacht faoi ag an seanchúpla. Oidhre ru! An chneadaíl. Gíoscán sna corrógaí. Seabhrán corrach na hanála. Anois b'fhéidir, an dtiúrfaidís leanbh dhó? An dtiúrfadh a gcual cré sa reilig sin thiar oidhre dhá ghabháltas mór a bhí ag dul chun báin? Ní raibh ach an t-aon teach ceann tuí fanta ar an mbaile anois, a cheann féin. Agus é sin ag titim in a chríonach cheal tuíodóireacht thráthúil. Dheamhan tuíodóir a bhí ann. Ní raibh an solas nua istigh aige, rud a bhí istigh ag chuile theach. Cén ghnatha a bheadh aige dhó? Níor fheil a leithéid do theach ceann tuí. Nár shuaimhní dó féin agus do Bhríd gan d'amharc a bheith acu ar a chéile, de shiúl oíche ar an teallach, ach amharc le solas preabúil na tine? Bhí an tsíorchasacht, an síorchriotán sin ón gclúid agus ón leaba, in a bhrúsca leac oighre ann faoi do bhróga ar chosán gan chríoch. Radio? Radio i dteach ceann tuí, i dteach gan an solas nua! Bhí Micil i riocht stáisiúin an domhain a aithneachtáil ar an srannán, an píochán, an slócht, an coileacam, an cliar . . . An t-aon rud a bhí sé a shaothrú, barr nuair a d'fhéad sé – le olc ar an gCurraoineach. Ní raibh aige ach bó. Ba lór sin. Cé a bhlífeadh iad, a chaithfeadh gabháil fhéir acu, a thiúrfadh a gcuid do laonntaí?

Ag mala an aird ba sheo é anuas mac ba shine Tamsaí in a aghaidh. Aon bhliain amháin a phós Micil agus Tamsaí. Bhí an scorach seo anois ag teanna suas le seacht mbliana déag. Chuir a cheannaghaidh bláfar fearg ar Mhicil. Arae facthas dó gurb é an chaoi a raibh fearúlacht ghoiniúil an oirfeartaigh ag casa leis féin go raibh sé claíte agus ag dul chun deire. Seacht mbliana déag! Seacht mbliana déag tite as a shaol mar thitfeadh a dhrad nó dhúinfeadh a scóig seacht mbliana déag ó shoin, agus é gan aon ghreim a ithe ar an bhfad sin. Tháinig fuinneamh cho meargánta sin in a láimh is go ndeacha cupla ceann de na 'sclamhairí' thar bhéal an bhuicéid. Drithleachas a bhí ag dul thrín a cholainn. Bhí beirt mhac in a ghéaga fós. Thosaigh asal ag sáibhéaracht an aeir len a chuid grágaíl anuas ó uachtar an bhaile agus d'fhreagair asal eile i bhfad síos in íochtar an bhaile é, a asal féin ba chosúil.

'Ná raibh tú ar choinleach an fhómhair,' adúirt Micil agus a dhorn dúinte aige, ach staon sé ar an spriog ón rún leanbaí neamhfheidhmiúil a bhí ag scinne as a ghéaga – a dhorn a thomhais leis síos.

Cláirseachaí a bhí sna críonnaí driseachaí agus sna fálta. An t-ardtráthnóna seo bhí tír agus spéir torach le ceiliúr cúplála.

'Óra nach ar éanachaí atá an ragús! Ní chaithfe siad a dhul le cuid lao. Chuile fhear eile sa tír san áit ba dhual domsa a bheith, i gcionn mo láí': an díoltas a bhí ag rince in a shúil ag féachaint dó faoi agus thairis ar na goirt bhí sé ag tosú dhá fhoilsiú féin go ciréibeach in a choiscéim. Ag cor an aird casadh Peadar an Ghleanna dhó: 'Lá breá, a Mhicil.'

Ba dhó ab fhusa a bheith ag dradaireacht faoi lá breá. D'fhéad sé a dhul in a ghnatha dlisteanach fir. Arbh é drandal an mhaga a bhí air? Bhí diabhal eicínt dhá cheilt aige faoi fhora a shúil. Fachnaoid? Nó caithréim: d'éireodh dhó. B'fheasach do Mhicil go bhféadfadh Peadar 'oíche bhreá' a rá cho réidh céanna. Nó 'bean bhreá.' Nó 'clann bhreá.' Nó 'leaba bhreá' . . . Ar mhilleán air a cheird? Cáil an té a bheadh sa gcearta chéanna nach ar aon cheird le Peadar a bheadh? A cairín siúd mar bheadh láir Achréidh ann aníos faoin bhfraigh i gcónaí aige, ag cuimilt an bhruis ó chrios go glúin de.

Shníomhfadh sí siúd in a thointe dualach, in a shúgán súgach, é. B'fhurasta aithinte chuile mhaidin sa mbliain ar Pheadar ar an mbóthairín é. Ba chuma cén mheirse a bheadh faighte thar oíche aige, bheadh a fhios agat ar an bhfora aige agus ar an gcáir mhór, ar nós builín milis a bhíodh fuinte i gcónaí ar a cheannaghaidh, go ndeacha an oíche chun maitheasa agus chun sláinte dhó. Cho cinnte le gleára cloig ba é Peadar an leathfhocal a bhí i mbéal chuile dhuine:

'Ag dul ag iarra an *nurse* aríst, a Pheadair! Bheadh ciall i do leithéid, thara's clocha caocha . . .'

'Mo ghrá do ghéag, a Pheadair! Is tusa féin nach ag sméaracht i do bhod dall atá. *Bull's-eyes* chuile bhabhta.'

'Ní bheadh call ar bith *nurse* ann marach thú, a Pheadair. Ceann le gairm na cuaiche agus ceann aríst le breaca an choirce.'

'Tuige nach dtugann tú iasacht do sheandrár do ghabhal bodhar?'

'Dhá ndéanamh leis in a gcúplaí agus in a gceanna corra thoir ar an uaigneas ansiúd sa nGleann. Cá bhfios goidé sin? Comharsanaí soilíosach a bhí ariamh féin ar an mbaile thoir.'

'Ara cén? Tá súil gabha i ndiaidh tairne aige uirthi. Mo choinsias duit cat bradach a gheobhadh aon bhrabach air siúd.'

'Leaba eile briste ag Peadar agus ag Máirín go siúráilte den abhras seo.'

Ní raibh bréag ar bith nach raibh na leapachaí dhá mbrise. Ó chuir Peadar slinn air féin thug *hearse* an *Speciality* dhá leaba nua suas ann. Níl aon áireamh ar an méid seanleapachaí a chomhair Micil an lá faoi dheire i gcúinne iothlann agus i scioból Pheadair, áit a raibh siad in a bhfara cearc agus éanlaith tí. Ba bheag a d'airigh Peadar leapachaí nua: ag fáil lán ladhaire airgead gasúr, airgead Gaeilge, *dole* ar feadh na bliana i ngeall ar mhuirín agus a bheith taobh le leathghabháltas . . .

Comharsanaí soilíosach! Ach níor cuireadh comhar sin na

gcomharsan i leith Mhicil ariamh i gCúirteannaí Mheán Oíche an bhaile! . . . Bhí an cruashiúl binibeach ciréibeach leis an mbuicéad dradlíonta in aghaidh an aird ghéir i ndiaidh giorrachan beag anála a chur ar Mhicil: Nach beag an ghiorranáil a bheadh ar Pheadar, an diabhal! Bhí Micil ar mhullach an aird anois agus an Gleann ó thua dhe dhá fhoilsiú féin, mar d'fhoilseodh an bonn airgid a thitfeadh de thimpiste as glaic duine é féin, go tobann dá shúil. É taobh le teach amháin, teach nua a raibh an ghrian ar a haistear siar i bhfastós in a chuid slinnteogaí dearga agus ag cur dealra dalltach clocha bua in a chuid fuinneogaí. Teach a bhí ann gan bun chleite isteach ná barr chleite amach, teach a sílfeá air gurb ar an nóiméad sin a seachadadh amach as an bpíosa ar an láthair as *hearse* an *Speciality* é. Agus an bhean, Máirín, spreabhasach ar fud na sráide; gasúr i ngreim thall agus abhus i mbeanna a gúna dearg scanraithe a smaoineofá ar do chéad fhéachaint air nach raibh sa mbean féin ach giota luainneach den teach; mias gheal idir a dhá láimh agus í ag fuagairt, de ghlór a bhí cho binn bíogúil le ceiliúr fáil agus spéire, gairm ghnáthach na mná tuaithe, 'Tiuc Tiuc.' Bhí a geadán tóinín cho triopallach is bhí ariamh. An gúna cho giortach is go raibh log domhain a hioscaide leis idir dhá ghasúr. Ba shin é bealach an spreabhasaire sin ariamh! Níor bhaol nach mbeadh a hioscadaí, cupán a glúnach, agus a peil tóna feiceálach. Peil a bhí inti féin agus peil i chuile mhíle ball di: peil de cheathrú, de chorróig, de bhoilgín . . . Na cíocha, na cíocha suáilceach sin ba bhuailtí gréine ar a hucht, bhíodar silte slaparáilte i gcosúlacht. Ba bheag an dochar dóibh, banaltra muirín mar sin . . . D'imigh an diabhal uirthi má bhí sí ag iompar arís! Ba churanta an seasamh ag Peadar é ar a mhaga sin féin. Fear corrchnámhach a bhí ann siúráilte. Ní raibh aon lá ariamh nach raibh Micil i n-ann é a shárú le cor charaíocht, le cloich neart, le láí, le sleán, le speal, ar mhaide rámha . . .

Nuair a bhí an cosamar riartha ag Máirín ar na cearca shéid sí suas an port, an cineál ceoil a raibh taithneamh aici ariamh féin dó:

Is trua nach mise, nach mise,
Is trua nach mise bean Pháidín,
Is trua nach mise, nach mise,
Agus an bhean atá aige a bheith caillte.

Bhí an braon cuideáin, an braon as an Tír Thiar, inti. Ní fhéadfadh Micil, ní fhéadadh ariamh, a dhéanamh amach a raibh sí ag breathnú air i ndiaidh a leicinn. Chuir an misinéara fainic, dí-aithníthear na Tine Móire, air le gairid. Ba fhainiceachaí agus 'dí-aithníthear' ariamh féin é. Ainneoin sin chinn ar Mhicil é féin a shriana gan a leagan féin den phort a rá faoin a anáil:

Is trua nach mise, nach mise,
Is trua nach mise fear Mháirín,
Is trua nach mise, nach mise,
Agus an fear atá aici a bheith caillte.

'Cinnte! Taobh na bpoll a bheith as a chionn, an scramaire fora-chleasach! Céard atá mé a dhéanamh ach ag cúitiú na comaoine, na dea-mhéine, léi?' adúirt Micil leis féin. Ba chúitiú dháiríre a bheadh ann dhá bhfaigheadh sé ón a chlaonta a ghlór a ardú! 'Nár nuacha Dia dhó!' adúirt sé ar an toirt, ag cuimhniú dhó ar an asal neamhnáireach ó íochtar an bhaile ag freagairt an chinn eile ar ball. Bhí sise thoir ag cuimilt bosóige síos dhá plaic bheadaí tóna. D'aithin Micil go raibh sé braite aici ag féachaint soir. Go tobann ba shiúd iad a dhá shúil ag cuartú an raibh aon choinnlín geamhair thrí thalamh i ngarraí nua-spréite coirce Tamsaí taobh thiar . . .

Ní geamhar glas a bhí sé a fheiceáil, ach Bríd. Bheadh Bríd ann i gcónaí. Driseachaí doréitithe cosáin a bheadh in a cuid cochaillí réama anocht, amáireach, an bhliain seo chugainn . . . Ní ghiorródh na ráigeannaí casacht a bhí ag gabháil di ar ala na huaire léi . . . Mar sin féin, séideog de do bhois agus bheadh Bríd ar neamh . . . Ba mhór an grá Dia é cois i mbois suas ar neamh a thabhairt di. B'ann ba dhual di. Bhí a hanam geal sciúrtha ag beannaíocht, tuartha ag pianta . . .

Bríd: séideoigín anála. Peadar? Carraig eaglaise ar dhoiligh a bhua a fháil. Bhí sé lag slán mar bhí ariamh, rún broscán mór eile clainne faoin bhfora sin aige agus gan a saothar ag cur giorranála ná blas air . . . Ceo ar bith ach dhá dtugadh capall a seanchic dó! Crú nua as cosa i dtaca isteach i log na bléine. Ach diabhal capall ná gabha a bhí fanta feasta. Bhí cic sách gangaideach ag asal, go háirid agus tú ag iarra é a choinneáil ó asal eile. Ní raibh an bhrí sa gcrúib mhaol in a dhiaidh sin le fear séasúrach mar Pheadar sin a fhágáil réidh. Ná ní raibh sé ag tabhairt aon túnáiste dhó féin, nó má bhí ní sa ló é. Dhá dtéadh *lorry* móna in a mhullach, nó *hearse* an *Speciality*, ach bhí sé ro-ollbhaileach air féin. Ní théadh sé suas ar a theach nua dhá stór. Dhá dtéadh d'fhéadfadh sé sciora, duine a dhul suas a chúnamh dhó agus turraic a chur ann, nó an dréimre a bhoga uaidh ón talamh. A shraith a bheith ar lár ar aon nós . . . Ba shin í an t-aon fhaill air, má ba chaol féin: théadh sé síos corr-uair ag iascach le slat ar Charraig an Phoill. Bhí poll báite leis an taoille tuile ar a béala sin. Cois a chur roimhe, nó tuisle le fána a bhaint as de dhroim sleamhain na carraige. Níor chall láimh ná cois a chur ann dhá bhfaightí le bladar ná le bréaga é le fanacht uirthi, nó choinneodh gabháil mhór ar an iasc uirthi é nó go dtosaíodh an taoille tuile dhá folca. Bhí deire a chuid clainne déanta ansin. Ní raibh aon tsnámh aige agus bháifí sa gcúltsruth isteach é. Bháifí an té a choinneodh uirthi freisin é gan é a bheith in a thogha snámhóir . . .

'Nar agraí Dia orm é,' arsa Micil leis féin. Ach an chéad mheandar eile bhí sé ag fiafrú dhe féin tuige a n-agródh. Nach bhfuil sé ráite ariamh,' arsa seisean, 'gurb é an fear a gheobhas an chéad bharr ar an mbean, gur leis í ón saol . . .' Ansin 'spáinfeadh sé do phaca diabhal an bhaile seo nach raibh in a gcuid leasainmneachaí agus grinn – bod dall, clocha caocha, gabhal bodhar – ach a mbodhaire, a ndaille, a gciotaíl féin ... Bhí beirt mhac, ceathar nó cúigear b'fhéidir ó Mháirín – cúplaí agus eile – in a ghéaga glana líofa fós. Ach d'uireasa na hithreach ru . . .

Ainneoin caorthinte breithiúnas aithrí a chuireadh sé air féin agus a chuirtí air mhair na smaointe beartach céanna sin in a roth gintlíocht, in a leagan den ghluaiseacht neamhstaonach in a cheann, ag dul suas síos an bóthairín baile sin le chúig bhliana déag, ón lá ar phós Máirín Peadar an Ghleanna. Séideog, cois i mbois, turraic bheag, tuisle . . .

Neamhchosúil le sruth an tsolais a loiceas go forleathan nóiméad an chloig, níor scoir siad anois féin leis an gcúram nua a ghabh Micil len a ais. Asal a bhí ag tornáil in a aghaidh anuas an bóthairín, leath a chuid buairíní briste agus dhá strachailt in a dhiaidh aige, a aghaidh ar chladach, maolabhrach ar cheann scríbe eicínt agus chuile chosúlacht air go ngnóthódh sé a bháire. Leag Micil an buicéad uaidh agus thosaigh ag gabháil de chiceannaí ar an asal, suas ar ais aríst an bóthairín. D'éirigh leis cupla coiscéim ar ais a bhaint as an mbeithíoch, a bhí cho stalcach leis an ard aníos a bhí sáraithe aige féin agus le dubhchinniúint a shaoil a bhí sé ag iarra a shárú. Ba é an diabhalánach d'asal sin a bhí stalcach dochomhairleach! Thosaigh giorranáil bheag ag teacht i Micil ó thuargaint na ciceála. D'iontaigh an t-asal a chloigeann cho cinnte dochoinnithe le bád nó mótar dea-bhéasach ag géille don stiúir agus thug a aghaidh síos ar ais. Dhírigh Micil éacht de chic ar a ghabhal bastallach, chua an chois in aimhréidh sna ceanglacháin agus na ceanglacháin sa mbuicéad a dóirteadh. Níor leis an asal ab fhaillí é, ach ainneoin a chuid deifire agus na mbuairíní tharraing sé cic dá chois deire nach ndeacha ní ba ghaire do bhléin Mhicil ná an buicéad a bhí ar a thaobh ar an mbóthairín.

B'fhobair do Mhicil é titim ar chúl a chinn den gheábh sin. Ag athlíona an bhuicéid dó ní fhéadfadh Micil gan a shamhalú gur bearnú eicínt eile in a shaol, báire eile a chuir an chinniúint air, a bhí i ndóirte an bhuicéid. Ní raibh sa méid sin féin ach smeach eile sa ngluaiseacht neamhstaonach a bhí in a seanrith. Cois i mbois. Sciora den teach. Carraig an Phoill. An taoille tuile . . .

'Suc! Suc! Suc! . . .'

Bhí giorranáil air le 'sucannaí,' ach dhá mbeadh sé ag 'sucáil' go ndéanfadh a theanga maide milis 'sucannaí,' dheamhan cos aon lao a thiocfadh.

'Ná raibh sliocht oraibhse ar chuma ar bith, a dhearg-bhlegeards!' arsa Micil agus grágaíl an dá asal ó dheas ag tuairteáil a 'shuc' ar ais arís in a bhéal fairsingithe. Shiúil soir ar chúla an leachta mhóir. Ba chosúil le áit é a mbeadh an goróir míchruthach. Ní raibh. Soir ó thua leis an cnocán ard nó gur chuala faoi dheire a phuthaíl chasacht. Sa ngeadán ab fhaide uaidh sa ngarraí, thoir adua sa lag a bhí sé agus diuc isteach air idir dhá chlaidhe an chúinne, mar bheadh sé ag iarra cluais bhodhar a choinneáil air féin ó shucannaí – ó cheiliúr agus ó ghrágaíl freisin.

'Go mbaine an diabhal toiriall tairiall díot, más ansin atá tú sa deire! Dhá mbeadh áit ní ba ghaire do Leac na Crónach a bhféadfaí a dhul, b'ann a thealtófá thú féin': bhí míshástaíocht shaol Mhicil fre chéile, a lá diomallaithe, a aistear callóideach aníos an bóthairín, ag dul in a n-urchar i leith an fheithidigh sa gcúinne.

'Suc! Suc! a ghoróir bhradaigh! Suc! Suc!' agus bhain cratha as láimh an bhuicéid. Ní chorródh an lao. Ní ligfeadh sé air amháin go raibh sa ngarraí ach é féin.

'Buitléara a theastaíos uait, a ógánaigh, nó *nurse* b'fhéidir.'

Soir le Micil d'imeacht a n-aithneofá air go raibh ceann scríbe nárbh éiginnte, ní hé sin don chuid eile a bhí ag tuairteáil a chéile in a cheann é, ceann scríbe dearfa dalta an asail ar ball, tapaithe aige as deire an aistir seo aníos. Ag dul thar chlaise an tsruth dhó anonn ar an gcúl thoir d'ionsaigh an lao uaidh siar leis an gclaidhe ó thua, ar nós páiste faiteach ag teithe ó cheannaí, le teann scáth go n-ardódh sé leis in a mhála é. B'fheasach do Mhicil gur airigh an lao cuideáin é féin. Ba í Bríd ba mhó a thugadh a chuid dó.

Lean Micil é.

'Mo leanbh agus mo lao thú!' Faillíodh an teanga a araíona go raibh an ghairm mhúirne sciortha di amach, in a bronntanas comhchoitianta cluaise, cluais éin, beithígh, nó duine má thit dó a bheith ag éisteacht. Ba náireach an mhaise dó é. Mar sin a chaithfeadh duine caint neamh-iomchuí thrín a néal. D'fháisc sé a phus docht in a ghlaic mar bheadh fonn air é a réaba ó chéile. Ba sheo Micil in a dhiaidh arís ach aird ar bith ní thiúrfadh an lao ar a chuid bladair. D'fhan sé ag feithiú uaidh i gcónaí agus ag mionchasacht leis. Dhá mhéad dhá raibh Micil ag iarra coinneáil suas leis b'fhaide uaidh a choinnigh an lao. Nuair ba é thiar an gharraí a bhíodh ag Micil ba é thoir an gharraí a bhíodh aigesan agus nuair ab íseal do Mhicil b'ard dósan.

Sheas Micil ar an gcnocán i lár an gharraí, agus giorranáil air. Dar ndóigh b'ann ab fhearr a bheadh amharc aige ar an lao. Clár níocháin a bhí in a chlár éadain. Rocach mar sin freisin ag eisciriú agus ag eitiriú a bhíodh poll báite Charraig an Phoill le taoille tuile. Fear dhá bhocáil idir chomhairlí a bhí ann, in a sheasamh ar an gcoraice i ngarraí gabhann a shaoil, a chaithfeadh a dhul le fána ar dheisiúr nó ar thuathúr nár aithin sé thar a chéile, fear a raibh glas-shnamannaí, buairíní, geiseannaí le fuascailt aige dhe féin:

'An mbeidh sé cho deacair Bríd agus Peadar a chluifeáil leis an lao? Cois i mbois. Turraic. Cois roimhe. Carraig an Phoill . . .'

Lig an lao géim chráite, géim thráthúil, arb intuigthe aisti go raibh sé lionnraithe roimh an dúil bhuile seo a bhí in aonghabhainn thalúna leis. Bhuail reacht casacht ansin é. Thomhais Micil a dhorn leis:

'An síleann tú go gcaillfe mise síol mo chlainne leat, ag reathach i do dhiaidh, le do chuid a chur ort den bhuíochas? A thruailleacháin, gan aird agat ar cheiliúr ná ar ghrágaíl, ach oiread is tá ar 'Suc Suc.' Ag teithe uaim . . .'

Mar theith an t-asal, mar bhí an saol ag teithe uaidh. Agus na blianta, dóchas a óige agus an lánúnachais . . . Ag teithe uaidh agus gan iad ag fágáil d'oidhríocht aige ach giorranáil . . .

Ar éigin gurb ar an lao a bhí Micil ag smaoiniú feasta. Bhí sé dhá thuairteáil ó shruth go dtí cúltsruth comhairle. Chinn air, mar chinn ariamh, é féin a bhréaga ó cholla ar chliath a choinsiais. Ba í an ghluaiseacht neamhstaonach chéanna í – 'séideog . . . an poll báite . . .' – nár thug iamh ná foras dó leis na blianta ag dul síos suas dó bóthairín an bhaile, bealach a pháise; nach dtiúrfadh iamh ná foras dó pér bith cé na blianta eile a bheadh sé i riocht a theacht aníos bóthairín an bhaile; nach dtiúrfadh suaimhneas dó nuair nach mbeadh de lúd in a ghéaga corrú amach as an teach; gluaiseacht nár dhóigh dhi staona le staona na hanála féin; ar dhóigh dhi a bheith ar siúl faoin bhfód, is é sin má b'fhíor go raibh saol eile ann a mbeadh daoine beo agus ag luainn ann . . . Níorbh aoibhneas síoraí ach Máirín. Séideog do Bhríd suas go Flaitheas Dé. Ba mhaith an aghaidh sin uirthi. Poll báite sa tsíoraíocht do Pheadar. Bhí greada aoibhnis faighte aige ar an saol seo féin . . .

Thuig Micil go raibh an ghluaiseacht neamhstaonach a bhí dhá bhroda, ag cur cathú air leis na blianta, agus a bheadh go deire, cho neamhfheidhmiúil le fear bréige sa ngort nach mbeadh puth gaoithe, ach oiread le puth páisiúin, puth beatha, dhá luasca agus a n-aithneodh éanlaith an aeir gur inneall gan bhrí gan éitir é . . . D'iontaigh sé an buicéad béal faoi. Ansin chuir dhá sheanurchar i leith an lao an buicéad falamh. Thit sé sin go neamhdhíobhálach i bhfad ón a cheann scríbe, fearacht na rúin a bhíodh sé féin a shíor-athnuachan. Ní raibh puth dhá anáil fanta aige. Tháinig le fána an chnocáin agus thug aghaidh ar an mbóthairín . . .

An Beo Agus An Críon

Bhí aithne ag fear *hearse* an *Speciality* ní hé amháin ar chuile dhuine, ach mar deireadh sé féin, ar chuile dhreancaide sna bólaí sin. *Hearse* uile-fhóinteach a thug Stáitsheirbhíseach a bhí ar an gcúrsa Gaeilge uirthi. Ba í a thugadh a gcuid riachtanais mhaireachtála ag an tír. Bhí sí mar bheadh bin mór ann le mairbh na tíre a fhuadach go pobal agus go cill. Tuige nach mbeadh aithne ag an *Speciality* ar chuile dhuine? Ba ansin a rugadh agus a tóigeadh é agus a mhair sé ariamh. Bhíodh cách in a shiopa, sa *Speciality*, chuile ré solais agus sách minic idir an solas seo agus an solas seo chugainn.

Níor aithin sé an bhean a raibh láimh thuas aici, láimh a bhí buille mífhoighideach facthas dó, ag iarra marcaíocht. Ní fhaca sé a macasamhail roimhe sin san áit. I bpearsa níor ghortach ach oiread le gaimbíneach dá tréartha: in a síos agus suas; in a siar agus aniar; in a haois a bhí ar an gcóir chéanna idir a bheith thíos agus thuas, abhus agus thall. Bhí fear an *Speciality* ag rá leis féin dhá mba choiscéim eile amach di faoi na soilse cinn go mbeadh sí ar dheascán beag rímhámhasaí an tslaicht, an taithnimh súl: céim isteach sa scáile coilbh agus ní bheadh inti ach ceann eile de dhaoscarshlua drámhach an mhíshlaicht.

Níorbh fheasach dó cén fáth gur stop an láimh ardaithe, ní hé amháin an *hearse*, ach gur stop sí freisin an sní stalcach a bhí faoin a chuid smaointe, má ba smaointe agus mara feidhm cheimic-orgánach de chineál eicínt ba dhual a thabhairt ar na himeachtaí a bhí ar siúl in a intinn an uair sin. Níor léar dó an láimh i ngreim in eochair bhamba a d'fhéadfadh sí a scaoile in a mhullach. In a dhiaidh sin facthas dó, in imeacht an mheandair ó radharc a fháil ar an láimh nó go raibh an *hearse* stoptha, go dtiocfadh dhá leithéid a bheith amhala. Faoi go mba strainséara í, b'fhéidir. Ní chuirfeadh aon bhean aitheantais a láimh in airde ag iarra marcaíocht de shiúl oíche. Mar sin féin bóthar fámairí é agus ní raibh an séasúr críochnaithe go baileach fós.

Sa roinn chúil den *hearse* a bheadh air í a ligean isteach. Beirt de dhlúthmhuintir an choirp a thug sé an tráthnóna sin go teach an phobail, bhíodar sa gcuid thosaigh in éindigh leis féin. 'Ar baillín a tóigeadh corp amach as sin,' adúirt an bhean chun tosaigh, de ghlór leannúsach arbh intuigthe, má b'intuigthe tada as, gurbh éagóir shaolta agus shíoraí ar an marbh an beo a dhul san áit a raibh sé tealtaithe cho gairid sin ó shoin.

'Nach máilíní plúir a bhí ann ní ba thúisce ná sin sa ló?' Le neamh-anró íseal an nós-chuma-liom, ionann is dá mbeadh sé gafach le cor saoil ar bith a thiocfadh, a labhair an fear chun tosaigh: 'Chuimil mise deannach an phlúir den tsuíochán sul ar cuireadh an corp ann.'

'Anois,' adúirt fear an *hearse* go spleodarach, 'ní bhainfe tú aon lascaine dhíom mar sin. Cupla mála bran don Churraoineach sin ba dheireanaí a bhí ann. Tá sé ag ramharú muca. Ghlán mé féin thar cionn í. Glanaim i gcónaí. Má tá i ndán's go bhfuil aon locht agaibh go bhfaigheadh sí seo marcaíocht – '

'Sóra a mhaighdean, níl,' adúirt an bhean chun tosaigh buille teasaí, ach b'fhéidir go mba athrú intinne é. 'Tá grá Dia ionainn thairis sin. Níl ann ach go raibh sé caite i mo cheann agam nach ngabhfadh tada isteach ansin chun deire nó go mbeadh an Seanduine curtha amáireach. Ach ós strainséara í – '

'Ná bacadh muid léi,' adúirt an *Speciality* agus dhúin an doras ar ais aríst.

'Bacadh,' adúirt an fear eile agus d'oscail an doras len a ais féin.

Ba chumraíocht sách neamhshubstaintiúil sa gcrónachan í an *hearse*. Íseal as a tosach, dronn bheag siar suas amach in a lár, íseal aríst as a deire, seang sínte i gcosúlacht i ngeall ar a fad, ba mhó ba chomórtas, má ba chomórtas do thada í, agus a gob anuas de bharr an aird, do churach ag dórta le fána círín toinne. Deireadh seanmhuintir na háite gur amach go hInis na Fírinne a théadh na mairbh agus gur i gcurachaí, curachaí fada, seanga, curachaí sí, a thugtaí thar cuan iad.

'Ní as an limistéar seo thusa, bail ó Dhia ort?' arsa fear an *hearse*, agus é ag oscailt an dorais thiar leis an strainséara a ligean isteach i roinn iompar earraí an *hearse*.

'Ní hea.'

'Tá píosa siúlta agat?': ní caidéiseach a bhí fear an *hearse* ach ag cnuasach eolais. B'iondúil nach mbíodh barr eolais dhá fhánaí nach gcuireadh ann dá chuid gnathaí. Ar aon nós ba chomharthaíocht siúil na sruthannaí allais a bhí mar bheifí ag déanamh scríbhinn rúnda ar a ceannaghaidh. Ba é faisean na gcarrannaí ar an saol seo a leithéid a scotha go neamhairdiúil.

'Tá.'

Bhí sí cho turchainteach leis an siolla uile-choitianta sin. Ach ba lór leis de fhreagra ar an gceist áirid sin an saothar a d'airigh sé sa strainséara. Ba bheag leiscéal a bhí aige an comhrá a sheadú. Thosaigh sí láthaireach dhá feistiú féin ar a socúl ar an suíochán deire. Le solas cairr a scairt sa bhfuinneog chúil thug an *Speciality* faoi ndeara go raibh a leathchois ardaithe agus sínte feadh an tsuíocháin aici. Diabhal bala óil ná a chosúlacht a bhí uirthi. Ag iarra fuarú ó scóla allais ba dhóigh. 'Tá do chion den tubaiste ort, a chailín, má tá sé sin ort,' arsa fear an *hearse* leis féin. Má bhí chaithfeadh go raibh an-achar siúlta aici. Ní raibh an tráthnóna meirbh, ná bagáiste ar bith ba léar ar iompar aici.

B'iomaí leiscéal a bhí ag fear an *hearse* gan cuire na beirte eile a ghlaca agus a dhul isteach i dteach na sochraide aríst. Bhí an *hearse* le glana agus le snasa aige i gcomhair na maidine. Bheadh a bhean agus na cailíní sa siopa tuirseach, ach ní dhúinfidís nó go dteagadh sé féin. Ní choinneodh sé muintir theach an choirp ón a suaimhneas: chaithfeadh sé go raibh a sáith tuirse orthu i ndiaidh thórramh na hoíche aréir. Bheadh sé ag an doras faoin a ndéint ag leathuair tar éis an naoi ar maidin. Is é sin, scáth an t-achar ó phobal go reilig, mararbh fhearr leo an Seanduine a thabhairt ar ghuaillí . . . Ba é an gnás anois é, is dóigh. Chaithfeadh *hearse* a bheith ann fiú mara dtéadh an corp chor ar bith inti. Ach ba é an líonán agus an fhoireann cheilte chnis a bhí ar an gculaith chainte sin gurbh fhearr cupla pionta friseáilte tigh Mhaidhc ar a bhealach soir ná an grúdarlach rodtha a bhí d'fhuílleach leathbhairille na sochraide. Chuirfí béile tae, aráin agus ime air sa teach sin. Ba é a rún, feadh is an baile a bhaint amach dó, foracún mairteola a chur faoi réir dhó féin, earra a ghéaródh agus a dhíonfadh a ghoile le alúntas eile piontaí a leagan isteach ní ba dheireanaí tigh Mhaidhc.

Ag ligean na beirte amach ag teach na sochraide dhó níor iarr sé ar an mbean thiar chun deire a theacht amach chun tosaigh. Bhí teangachaí roshioscach. Ba gheall le sagart fear *hearse*. Ba léar go raibh sí tuirseach. Ar nós bala éisc a bheadh go díreach ag tosú ag tabhairt uaidh bhí ceist ag éiriú chuige as na piontaí, as an mairteoil. Céard a dhéanfadh sé léi seo thiar ar a dhul abhaile dhó? Carr eicínt a stopa a thiúrfadh marcaíocht chun an bhaile mhóir di? Bheadh carrannaí ag seasamh ag tógáil ola ag an *Speciality* ar aon chor. Bhí sé cho sásta sin leis féin is gur thosaigh ar an aonphort feadaíola a bhí aige, 'Nóra Chríonna'. Níor chuimhnigh luath ná mall fiafrú dhi cá raibh a triall! Chun an bhaile mhóir. Deile?

D'aithin sé sna soilse cinn Séamas Ban ag bóthairín na Draigheanaí. Ní túisce a d'aithin Séamas gurb é an *Speciality* a bhí aniar chuige ná d'ardaigh sé bois a ndearna an solas gártha a léiriú a shalaí faoi thrí is bhí sí.

'Ag dul soir tigh Mhaidhc, a Shéamais?'

'Nílim, a chomharsa. Tá mé do mo shriana féin.'

'Chreidim go gcaithfe tú a bheith tíobhasach feasta, a Shéamais. Chuala mé – '

'Muise ós rud é atá le déanamh nach bhfuil sé cho maith a bheith ag baint spreaibín chuige, mar dúirt Tamsaí thiar nuair a bhí an bhean ag cur faoi deara dhó an iomaire oinniún a chur. Maith mar a tharla anois. Coiscfe tú aistear dhom. Bhí mé ar mo bhealach soir chugat le iarra ort an leaba sin ar fhiafraigh mé de do bhean an lá cheana cé mhéad a bhí sí, a thabhairt anoir agam.'

'An chéad mhaith ar maidin. Bhuel an darna maith. Caithfear sraith a thabhairt don chorp seo thiar i dteach an phobail ar dtús. An bhfuil tú ag iarra tada eile a Shéamais? Dhéanfainn aon aistear amháin dhe.'

'An *mattress*, an fhoireann leapan, an dá chathaoir bhoga siúd agus an boirdín. Meastú an dtuillfe siad uilig sa *hearse*?'

'Tuillfe ru agus tuille! Thug mé cheithre chónra as an ospidéal cheana inti gan ceachtar acu ag teangmhachtáil le chéile. Dhá bhféachaidís le aon chogarnaíl a dhéanamh le chéile chloisfinn chun tosaigh iad! Tá chuile lánúin buíoch do na leapachaí sin as an siopa se'againne. Deir chuile dhuine go bhfuil an-ádh clainne orthu. Ceann acu a bhí faoi Pheadar an Ghleanna agus faoi Mháirín nuair a bhí an dá chúpla i ndiaidh a chéile acu.'

'Glacaim pardún agat, a chomharsa. Bhris siad ceann leis an gcéad chúpla agus ceann eile leis an darna cúpla, ach m'anam, a chomharsa, nach bhféadfa fear atá ar a shláinte lae túnáiste mar sin a thabhairt dó féin. Ceann de do chuid leapachaí freisin a bhí faoi Jim agus faoi Jude Fhada agus bhí cúpla aici th'éis leathbhliain. Feabhas leapachaí an *Speciality* a dheifrigh léi! Ach feacha Micil! Ó dheamhan a bhféadfadh sé sin aon chúis a dhéanamh. Ní fhanadh aon phuth anála aige. Ach arb sheod corp eile thiar chun deire agat?'

'Bean strainséara a d'iarr marcaíocht orm thiar ar ard na gCurraoinigh. Beidh mé anoir le do leaba féin agus Bherna i ndiaidh na sochraide agus diabhal mé go gcaithfe muid "bail ó Dhia fliuch" a chur uirthi . . .'

Thug amharc siar i ndiaidh a leicinn. D'airigh sé anáil na mná ag buala in aghaidh na fuinneoige agus a dhá cois thuas anois aici ar an suíochán mar bheadh sí dhá searra féin. Ba shonda an mhaise di é. Diabhal rud ar bith ba thinne ná scóla allais mar sin féin. Bheadh air deire an *hearse* a ghlana faoi chomhair an choirp. Bhí an dream sin thiar tigh an tSeanduine éiseallach. Ainneoin go bhféadfaidís gan *hearse* gan cróchar cual cnámh an tSeanduine a shíne as teach an phobail, anonn thar claidhe, síos as cionn a mhná . . .

Las sé an solas istigh nóiméad ag dul amach as an *hearse* dó ag tigh Mhaidhc. Bhí sí sínte in a heasair chollata, báite le allas. Bheadh sé luath go leor í a dhúiseacht ag an teach.

Bhí an chéad phionta, mar dhúshraith don mhairteoil, in íochtar an ghoile aige agus an darna pionta síos go sceimhil, san am arb sheo é isteach Stiofáinín Carrach agus chuir feistiú cala air féin thiar len a chorróg. Amharc a fháil ar Stiofáinín Carrach san ósta, ba lór sin le acmhainn óil an *Speciality* a mhaolú. Ach de dheachma a cheirde go gcaithfeadh sé fiafrú, in a thob ann agus in a thob as, céard d'ólfadh sé. Go dtuga an diabhal thairis é!

'Tada faoi láthair, go raibh maith agatsa,' arsa Stiofáinín.

Chuir sin iontas ar an *Speciality*: an oiread iontais is gur lig sé an leath sin den bhlogam nach raibh siar thar bharr a theanga fós ar ais arís sa bpionta. Stiofáinín Carrach ag eiteachtáil deoch! Nímé ar dhá dheoch a bhí sé a iarra? Go dtí an lá atá inniu féin ann ní fhéadfadh an *Speciality* a rá a raibh an rún staonta sin ar an ala sin ag Stiofáinín. Ach:

'Líon pionta ansin, a Mhaidhc,' adúirt sé an chéad mheandar eile. Ansin de ghlór a d'ísligh go teanntásach le fear an *hearse*:

'Is túisce deoch ná scéal. Beidh sé ólta agam an fhad's bheas mé ag inseacht duit. Cén sórt plíoma í sin i dtóin an *hearse* agat? . . . . Bulc againn a bhí ansin amuigh ag tóin tí Mhaidhc san am ar chuala muid an chneadaíl chráite . . . As an *hearse*, sea . . . Tá Nioclás ag ceapa, agus is fear é a bhfuil an-stuaim ann ag tabhairt laonntaí ó bheithígh, gur tinneas clainne atá uirthi . . . Cén mhaith dhuit, a dhuine chóir, fearg a theacht ort liomsa? Ní mise a rinne é. Ní fhaca ceachtar againn cheana ariamh í, ach mara bhfuil sí mórán le feiceáil anois ach oiread, 'mo choinsias tharraingeodh sí ba bodhra as coillte . . . Pionta eile ansin, a Mhaidhc . . . Ó glacaim pardún agat, a dhuine chóir! Shíl mé go ndearna tú comhartha do Mhaidhc. Chaithfeadh sé gur ar mo shúile a bhí sé . . .'

Ach ba mhó iontas ná fearg é an *Speciality* fós:

'Céard tá ort?'

'Tinn': idir dhá iarracht dheacrach anála.

'Cé sórt tinneas?'

'Páiste.'

'Dar clann Phádraig na mBan! I mo *hearse*-sa? I mo charr earra agus iompair-sa.'

'Anocht atá na grianáin sleacáilte ag do *hearse*,' adúirt glór magúil aniar as an mbroscán meathmhór a bhí cruinnithe agus ag cruinniú ann faoi seo.

'Sin é an chaoi,' adúirt glór leannúsach meánaosta. 'Duine dhínn agus duine orainn. Duine suas agus duine anuas.'

'Ní díol truaí ach an té nach bhfuil ag dul suas ná anuas.'

'Duine ag imeacht agus duine ag teacht, mar bheadh Stiofáinín i ndiaidh pionta a fhalamhú agus comhartha dhá dhéanamh do Mhaidhc aige vaigín eile a thabhairt chuige.'

'Tá an nathaíocht seo breá go leor. Ach caithfe corp a dhul chun cille i mbrollach mainne amáireach, san áit a bhfuil an bleitheach seo ag pléasca a cuid fáithimeannaí le sámhas clainne, más clann é.'

'Tá an chrios ardaithe aici – '

'Ardaithe ná eile anois é, amach anseo ar an mbóthar leat, a stróinse gan náire.'

Chriothnaigh an cholainn éagaointeach ar nós madra ag craithe folca uisce as a chuid crioslaigh, ach shílfeá gur sioca a rinne an dá chois scartha a bhí ar sliobarna anuas leis an suíochán.

'Ní – ní – fhiad-aim.'

'Seoigí, a fhearaibh! Cuirí láimh inti liom go dtuga muid isteach tigh Mhaidhc í.'

Pér bith cá ndeacha na lámha ní bheadh a fhios agat an pointe sin go raibh aon láimh sa slua ach lámha fhear an *hearse*!

'Nach deas a fuair tú do bhin, mo theachsa. Is teach ósta agus ní ospidéal clainne atá agamsa,' arsa Maidhc.

'Sa stábla? I dteach an mhótair?'

'Ní ospidéil iad sin ach oiread. Marbhfáisc ar do thoirtín agat, cén bhail a ghabhfadh ar dhuine a mbeadh láimh in a bás sin aige? Breá nach n-ardaíonn tú leat go dtí do theach féin í? Is tú is lú a d'aireodh dochtúr agus *nurse* a fháil.'

'In onóir Dé ritheadh duine agaibh isteach ag an telefón agus glaoch ar an dochtúr agus ar an *nurse* agus ar an sagart freisin. Ba mhaith ann é.'

'Déanfa mé féin é,' adúirt Maidhc. 'Ní thrustfainn mo thelefón . . .'

I ndiaidh seal ag giongaíl anonn agus anall agus ag cuimilt a bhosa dhó, bhí an *Speciality* ar thí an *hearse* a dhúiseacht suas. Seanbhean ar léithe feannóige a choisc é. Shín ball isteach in a airicis, ball ar láimh í ar shnua, má ba thuartha, ach ar chráig í ar loime, ar chruas, ar dhuán-dheilbhe. An pointe céanna chuir séideog thobann ghaoithe múr de na billeogaí críona anuas de chrainnte Mhaidhc isteach sa *hearse*, agus chónaigh mogaill acu ar an gcolainn anshocair.

'Ná déan,' adúirt an tseanbhean. 'Fág in a cónaí í. Má chraitear í bainfear aisti go hanabaí an t-abhras agus b'fhéidir gur bású a dhéanfadh sé féin agus í féin. Ní cheideoná ar do *Speciality* fre chéile é sin. Fág fúmsa í. Tá scil agamsa sna cúrsaí seo.'

'Cérb as ar tháinig tusa, a chailleach? Is é do shaol atá ann. Scil! Scil mar siúd,' adúirt cráinfhear le céim bhacaíola a bhí ag sníomh isteach agus amach ar fud an tslua.

'Bíodh tusa buíoch, a Thaidhg. Marach mise spéir Dé ní fheicfeá beo – '

'Tá a riocht orm, a chailleach. Bhí an oiread scil agat is gur fhága tú ar chois bhriste mé.'

'Agus síleann na gearrchailiú gur ball strainséartha í an leathchois eile.'

'Ní istigh i mo *hearse*-sa – ': an racht ropach a bhí ag dul thríd an gcolainn bhocht d'fháisc sé barróg ar theanga cho maith le lámha fhear an *hearse*.

Bhí Maidhc ar fáil:

'Tá an *nurse* ó am dinnéir ar ócáide chlainne i dTulach an Leathair agus dúirt an cailín go bhfuil Peadar an Ghleanna – '

'Ag fanacht léi. Go gcrapa agus go dtéachta siad ag an sáiteán salach sin!'

'Is coisliméara maith leapachaí sa *Speciality* é.'

'Is cosúil go bhfuil ádh clainne ar do *hearse* freisin.'

'Ní mór duit a bheith airdeallach nó déanfa siad ospidéal de do shiopa.'

'Ar a bhealach siar tigh an *nurse* chuir Peadar an Ghleanna an dochtúr aniar ag Micil sin atá ar aonbhaile leis féin. Cén sloinne sin agam air? Micil Giorranála a thugas muid anseo air. Dúirt cailín an dochtúra nach raibh an oiread anála fanta ann is a smúiteodh scáthan suas len a bhéal. Agus tá mac Ned Bhile ag fanacht leis an dochtúr sa gcisteanach.'

'Ned é féin ag brath ar a dhul ar iomlucht, ar leathscód.'

'Tá an sagart i gClochar na mBroc. Cois duine eicínt ar rugthas uirthi faoi *lorry* móna. Tá sean-Pheige ní Nún ar a caille – '

'Seoigí! Sochraideachaí go Nollaig é agus faoi Nollaig. Caithfe mé an cailín seo a ghlana, a shnasa': bhí líofacht faobhair sa tsraith in a ghlór agus glanfhuaire na lainne in a shúile, ag féachaint ar an mbúrla dianosnach ar bheag a cosúlacht le bean ar ala na huaire. Scuaidrín mór cónraí a bhí as a chomhair ag teacht amach as an *hearse*; a gcuid plátaí ag scarta faoin ngréin mar bhoinn óir aniar as sparán; an ga gréine dhá dtréiscint ag dul isteach doras theach an phobail dóibh agus iad cho neamhshuntasach ar an gcrannán istigh i dteach an phobail is bhí an ceann a thug sé ann tráthnóna inniu. Ba ghearr go raibh sé ag smaoiniú gurbh í a *hearse* féin a bhí ag cur an loinnir iontu, ag gabhainniú na gréine agus dhá tál orthu . . .

'Mholfainn duit, a *Speciality*,' adúirt Maidhc, 'gan aon láimh a chur inti sin gan údarás.'

'Údarás! Cé uaidh?'

'Cá bhfios dom? Ón *sergeant* b'fhéidir. Is aige a fheicimse chuile údarás timpeall anseo. Fóill!'

D'fhill Maidhc isteach aríst.

'Scrúdfadh sí fear gan anam,' adúirt duine eicínt.

'Is mór an díol truaí í, créatúr de strainséara.'

'Go bhfeirce an diabhal agaibh í! Ní díol truaí ar bith mise ná a bhfuil de choirp ag fanacht le iomlucht. Níl aon chíos ar an truaí ná aon chaillteamas léi . . .'

'Coinnigh do láimh uaithi,' adúirt an tseanbhean. 'Níl aon scil i do láimh sna gnathaí seo. Nó arb éard ab áil leat í a chur amach mar rinne an fear leis an Maighdean Mhuire agus tinneas Íosa Críost, mola go deo leis, uirthi? D'fhágfadh an bhean istigh í, ach amuigh sa scioból ar an gcolg ab éigean di é a thabhairt ar an saol. "Bean mhín agus fear borb . . . "'

'"Agus Mac Dé in a loighe sa gcolg,"' adúirt duine eicínt go habartha. Bhí a fhios ag an *Speciality* go raibh gach súil dhá chriatharú féin an pointe sin. Ba fuarú ar a anshocair intinne dhó fille Mhaidhc:

'Ní fhéadfa an *sergeant* aon údarás a thabhairt baint léi. Ní dochtúr, ná *nurse*, ná sagart, ná P.C. é. Síleann sé go bhféadfá dlí a chur uirthi agus cúitiú a bhaint di faoi mhísc nó núis a dhéanamh i do charr. Ach ní féidir leis féin a ladar a chur sa gcás, mara dtarlaí *breach of the peace*. Sin é adúirt sé, *breach of the peace*. Cho luath is a bheas, scéala a chur chuige – '

'Breach ar a thóin!'

'Breach ar a ghabhal mhór!'

'Tá a hionú ag teacht,' adúirt an tseanbhean, a bhí cromtha isteach sa *hearse*. 'Tóig na billeogaí críona sin amach di, a Bhid: 'gcuire Dia an rath oraibh agus fáigí gabháil thirim fhéir as croí coca. Cuirfe muid sraith fúithi ar urlár an *hearse* agus feisteo muid ar a leataobh í. Is amhala is éasca a thiocfas an leanbh.'

'Leanbh a theacht ar urlár mo *hearse*-sa!'

'Ní féidir í a athrú go malairt seoil anois . . . Cuir an féar anseo in a shraith. Coinnigh thusa a cloigeann, a Bhid, agus gabhfa mise in a cosa. Ná hísligh an cloigeann nó go mbeidh na cosa sínte scartha agamsa . . .'

Chuir an *Speciality* suntas sa gcaint. Mar sin a bhí siad ag labhairt ar chorp an tSeanduine inniu dhá chur sa *hearse* agus dhá thógáil aisti, daoine a dhul in a cheann agus daoine in a chosa. Chuirfí gabháil fhéir san uaigh faoin gcónra amáireach.

'Coinnigh chugat cho maith is fhéadfas tú í, a Bhid, agus gabhfa mise ar thóir an pháiste.'

'Ná bris a chois mar bhris tú mo chois-sa.'

'Anois, a mhuirnín, go réidh! Ní ghortó mé thú . . .'

'Mholfainn duit, a bhean,' adúirt Maidhc, 'do láimh a choinneáil uaithi. D'fhéadfadh sé a dhul daor ort, dá mba i ndán's – '

'Is minic a rinne mé é.'

'Is fíor dhuit! Féach a bhfuil bac-chosach sa tír.'

'Ní ghortó mé thú muis, a chréatúir. Foighid anois! Is gearr – '

'Is iontach nár chuimhnigh ceachtar agaibh glaoch ar an ospidéal,' adúirt bean nua-thagtha a raibh somach i ngreim láimhe aici.

'Ó dheamhain, is fíor dhuit. *Ambulance*, leaba, *nurse* . . .'

'Rodheireanach,' adúirt an tseanbhean, a bhí ag sméaracht léi. 'A mhuirnín mo chroí thú, nóiméad ar bith anois – '

'Tá sé dhá lasca in áiteachaí eile féin,' adúirt fear óg ar ardaigh a ghlór sa leath deire den abairt, mar d'ardódh clár treasna éadrom ar an taobh thall de chlaise sruth ach do mheáchan a ligean ar an taobh abhus air.

'Coillteoir mór ifrinn go mbaine na gléis astu le sceana maola,' adúirt an *Speciality*, agus d'aithneofá ar an nglór diomúch nár ghnách leis go raibh sé cho dáiríre sin is nár mhiste leis féin an oifig a ghlaca de láimh.

'Ní bheadh an oiread éiliú ar leapachaí an *Speciality* ansin.'

An uair chéanna cloiseadh rí rá, an-troimpléasc den domhan, amach as an ósta, ar fud na sráide, siar san iothlainn:

'Cuirfe mé báite i bpoll dearg a thóna í.'

'Ná gortaigh do chois leis, a Mhaidhc, a fhleascaigh.'

'Bainfe an bhuatais seo agus an máilléad chuile dhiabhal deoir amach ar ais aríst as a mhúscán bréan de cholainn.'

'Bainfe Maidhc clann as.'

'Cuirfe sé go hInis na Fírinne é.'

'Ní raibh drúcht pórtair ar an gcoc gan a bheith lite aige. Bhí sé in éadan an tríú buidéal fuisce . . .'

'Bhí fábhall aige ansiúd.'

'Níor theastaigh aon scuab dhreancáin len a thabhairt anuas an feadán aige.'

'I gcúrsaí clainne a theastaíos – '

'Cara agus coimrí,' a cloiseadh Stiofáinín Carrach a fhuagairt ón taobh istigh de chlaidhe. 'Tá dealg th'éis a dhul i mo thóin.'

'*Breach of the peace*.'

'Dar fia tá na fálta beo fós.'

'Agus in a ndúiseacht.'

'Ní theagann síon i dtír nach fearrde duine eicínt . . .'

'Breá sa diabhal nach dtóigeann tú leat do *hearse* agus do chuid clainne de mo shráid,' adúirt Maidhc ar theacht amach as an ósta dó aríst. 'Tá mé bánaithe ag do chuid bastard . . .'

Bhí sé de rite reathach i ndiaidh duine eicínt a shníomh é féin isteach agus amach thríd an slua uaidh.

'Beidh bail an cheann bacach ar an gceann slán ach a mbeidh mo bhuatais-sa réidh léi. Is tú a thug leat an buidéal brandaí . . .'

Chaith sé an máilléad le fear a scuab rothar a bhí chois an chlaidhe agus a chua de léim in airde air:

'Tá stuaim ionatsa thar a's laonntaí a thabhairt ó bheithígh . . .'

An pointe céanna cloiseadh an scread ba strainséartha uilig – as an tsraith ar urlár an *hearse*: screaidín óg a bhí cho haosta leis an gcine daoine: scread ba thúisce ná scread an bháis agus nach mbeadh aon bhás ann marach í . . .

An Beo Agus An Marbh

San áit ba theocha sa teach, istigh sa gclúid, a bhí sé. Bhí teas na tine ag cur allais leis. B'fhacthas dó scaití go raibh sé ag diúl an smior as. In a dhiaidh sin ní thréigfeadh sé tealta díonmhar na clúide. B'aisteach leis gur tealta a bhí sé a thabhairt air in a intinn féin. Ionann's dhá mbeadh sé dhá chosaint féin, dhá mbeadh sé i ndiaidh teithe ó rud eicínt.

Ar mhodh bhí. Bhí sé buille beag strainséara: trí mhíle as an áit seo, as Ionnarba, ba ea é. An broscán daoine sin ar fud chisteanach theach na tórraimhe ní hé an oiread sin eolais a bhí aige orthu. Ba iad an t-aos óg iad. Fiche uair ó thealtaigh sé é féin sa gclúid, ag breathnú amach dó orthu, adúirt sé an geis-fhocal, an bua-fhocal sin. An t-aos óg! Na daoine a raibh eolas aige orthu, na daoine sna déaga agus fiche agus as a chionn, bhíodar téaltaithe abhaile faoi seo agus an tórramh aríst go maidin fágtha faoin aos óg seo. Ba ghreannmhar leis féin a bheith ag tabhairt aos óg orthu. Is é a raibh seisean, ocht mbliana fichead ar éigin. Ach d'fhága sin go mba ghaire do na déaga agus fiche é ná do na déaga. Dar ndóigh bheadh aithne mhaith aige ar roinnt acu seo dhá mba ag aonscoil a ghabhfaidís. Ach soir, soir Ionnarba a bhí seisean ag dul.

B'fheasach dó nach raibh sa méid sin féin ach ceirt shnáthscagach an dalla púicín. Bhí tomhaiseannaí eile ann seachas aois agus áit, seachas thoir agus thiar, a bhí dhá dhéanamh strainséara, a dhéanfadh strainséara dhe i ngach áit agus ar gach aois b'fhéidir. Ba é a raibh sé i n-ann a rá gur mhothaigh sé é féin tíriúil in a measc. Ní raibh a fhios aige cén fáth. Aon iarracht dhá ndéanadh sé ar an bhfáth a aimsiú ní bhíodh ann ach an t-urchar daill faoi dhabhach céanna aríst ar ais. Tíriúil? Siúráilte níor fhága sé an tír seo ariamh. A bhformhór seo ba ag tointeáil anonn agus anall go Sasana a bhídís. Ní théadh sé oícheantaí Domhnaigh go dtí damhsaí sa mbaile mór, cé go mba ghaire don bhaile mhór é ná muintir na háite seo. Feithiú uaidh anoir go dtí céilí san áit seo a níodh sé. Agus théadh dream ba shine ná é ag damhsaí an bhaile mhóir. Tíriúil! Ní raibh duine de na spriosáin dhólom seo nach bhfaigheadh bean ar ardú orm. Bhí an geis-fhocal, an bua-fhocal, acu. Tar éis cho furasta is bhí sé mná a fháil dheamhan arbh é an oiread sin seansannaí a d'éiríodh leis féin. Na corr-bhean sin féin níor iarr sé aon duine acu, dhá mhéad an luadar pósta a bhí faoi. D'airíodh sé i gcónaí mar bheadh farraige théachttha, seiscinn nach raibh ineolta, idir é féin agus iad. An chuid acu ar chóir dóibh é a mheas in a ndíol de chéile agus de chaoifeach, b'fhearr leo duine de na boideoidí seo, ceann ab óige i bhfad ná iad féin agus nach mbeadh de rún aige ach a dhíocas, gaisneas na huaire a bhaint astu. Agus fios maith acu mar mhná air sin! I leaba a chéile níorbh fhéidir leis gan ligean len a ais go mba fhear sa ngearra dhíobh é, ceann de dhrámhasaí na cinniúinte.

Chuile sméaracht dhá raibh sé a dhéanamh anseo le dhul chun teanntáis, le labhairt agus é féin a iompar mar iad seo, ní raibh ann ach eiteall liabógaí leathair i scioból dúinte. Béarla eagair diamhar, mar chaint tincéaraí a bhí in a gcuid dradaireacht. An uair ba mhó é ag ceapa go raibh sé ar thalamh slán b'amhala ba mheasa an gaineamh 'beo', an gaineamh téalta. Ba shin é an dradaire sin anois gan a rá le Meaig Mhicilín ach 'Tá tú *bottled up*, a Mheaig', agus tá a fhios ag an lá beannaithe gur las a héadan suas, in a chaor slóga! B'fhada a d'fhan a súil mar smeachóid ag cnáda i gcual brosna. Ba í Meaig ba ghaire dhó féin ar an teallach. Cupla nóiméad roimhe sin facthas dó féin gur rud barúil adúirt sé léi: 'Ar bhain aláram an *date* dhuit san oíche Dé Domhnaigh seo caite?' I leaba sop séidthe a dhéanamh mar rinne sí ar ball níor fhan in a gnúis ach moirt mharbh. D'fhéach sí thart go réidh ar an deascán gearrchailiú eile agus thál in a súile siadsan, as dúch dubh a súile féin, 'Ar chuala sibh ariamh a leithéid de leibideacht.' Dúirt carracháinín a bhí ann sách ard le gur chuala sé é: 'An *fire brigade* a bhí sé iarra', a thabhairt a't, a Mheaig . . .' Agus diabhal ar chliobóg í Meaig! Mara gcoinníodh sí a súil dhúchdhubh i mbun na gaoithe ba ghearr gurb ar an trá thirim a bheadh sí, *bottled up*, pér bith céard é an *bottled up*.

Ba mhó scoil é ná ceachtar den chineál seo. Ach bhíodar in inmhe focla Béarla a shiúntáil thrín a gcuid cainte ar dhubh-fhocla dósan iad. Ní raibh sé ag fáil ciall ná réasún iontu, ainneoin gur thuig sé na focla féin. Ba shin iad na bua-fhocla, an artha, agus an amhra. Bhí measáinín beag thall le balla ag inseacht do mheasáinín eile, a leithéid seo d'oíche go raibh sé féin 'ar an mbaile mór'. Ba Ghaeilge é siúráilte ach bhí a gcuid laidineachaí féin acu seo a bhí i Sasana. Thug sé faoi ndeara nuair a d'fhéachadh sé féin le meall gabhálach de Bhéarla gairéadach a shua thrín a chuid cainte gurbh ag iarra a bheith ag saille éisc le siúcra dhó é. Uair amháin dúirt sé go raibh *hordes* mná soir acu féin in Ionnarba. '*Houres* adeir sé,' adúirt an measáinín sách ard aríst le gur chuala sé é. 'An oíche siúd a raibh mé ar an mbaile mór – ' 'Sílimse gur *tally*, greada mná, atá an *dry file* seo as Ionnarba ag iarra a rá,' adúirt an measáinín eile.

Bhí scoil, Gaeilge agus Béarla, aige nach dtuigfidís-sean, ach feacha sin! An nóiméad sin ní ag scoil Ionnarba ná ag scoil na háite seo abhus a shíl sé a chua sé, ach ar scoil fáil len a sheanathair mór!

'Ta'r'om an píopa sin a't go líona mé é,' adúirt an t-aon fhear a bheadh cab ar chab in a aois leis féin, nó cab as a chionn b'fhéidir. Ba é an t-aon phíopa mórán sa teach é. Nutaí beaga smólchaite de thoitíní a dhíogáilidís suas idir a méarachaí roimh a gcur in a mbéal dóibh, an oráil a bhí a mórchuid a thabhairt do dhia na ndéithe, dia mór an deataigh a raibh dlúimh dhe as na fraghachaí anuas. Bhí cliobóg ag sciotaraíl: 'Tabhair pinse snaoisín dó . . .' Ar feadh na hoíche bhí sé ag ceilt smugairlí an tobac sa gclúid len a ligean síos go réchúiseach as cúinne a bhéil i gciumhais na tine, áit a ndéanaidís fannfhiucha leis an teas. Cén sórt smál a bhí air nár cheannaigh boiscín toitíní? B'fhearr an súiteamas a d'fhaigheadh sé ar an bpíopa. Tíriúil! Bheadh sé luath go leor aige a dhul ar an bpíopa faoi cheann cupla bliain eile, nuair a bheadh sé in a fhear tí agus urláir le bean aráin agus abhrais ar a theallach. Ba é a fhearacht sin leis an 'Dia dhuit' adeireadh sé i gcónaí gan cuimhniú é. Mall ar chailíní a *hallo*áil agus leibideach len a chuid nua-aosachais, ar nós *troubadour* asail ag déanamh grá leis an mbideach, mar dúirt an Stáitsheirbhíseach a bhí ar an gcúrsa Gaeilge.

Bhí a shúile ag déanamh bulbannaí cúisiúlacht air. Síos ar a threabhsar, ar a bhróga, a bhí sé ag breathnú anois. Bréidín daor a bhí air agus é glan fearacht a bhróga boga dubha. Ní móide go mbeadh sé gléasta cho fiúntach ar thórramh in a chuid bailteachaí féin. Ach ar bhealach eicínt ansin féin, bheadh an feisteas seo air, ná aon fheisteas dhá mbeadh air, cuideáin. Mhothaigh sé blaoisc a chinn teannta fáiscthe mar bhróig chúng, ag féachaint faoi agus thairis aríst dó ar an bhfeisteas a bhí ar an gcuid eile, an geábh seo. Éadach broghach stróicthe ba ea go leor dhe: dungaraíonnaí smeartha, *wellingtons* scoilte roiste, seanchabhaileogaí coimhthíocha in áit casógaí, cótaí móra agus cótaí báistí. Bhí sé sin uilig cho fada ón tíriúlacht is bhí caint Shasana ón nGaeilge. Fuíoll de shean-uaisle bhochtaithe a bhí ann a raibh urraim uaisle ag dul dó in a dhiaidh sin. Ní raibh in a fhoireann bhun-nua mheadhghairéadach féin ach éadach tútach a raibh sé cho maith dhó ceann asna a bheith air leis. Tíriúil! Bhí. Rothíriúil uilig. Ní raibh an gus ann le imeacht na haimsire, an faisean idir éadaí, bhéasaí, dhamhsaí an bhaile mhóir, luainneachas ghaoth imirce, a thapú. Ba shaol é nár mhór a bheith go síoraí i ngreim ar uain ar urla. Mara raibh urla ann ní raibh uain ann agus bheadh ort an uain a chur ar fáil, mar chaithfeá, cuir i gcás, bean a chur ar fáil duit féin. An saol a ndéanfaí an bhean a sheachada istigh ar t'urlár duit, mar earra as *hearse* an *Speciality* faoi láthair, ba shaol é a bhí imithe ar throigh gan tuairisc. Lig sé in aois é féin go ciotach, go caca! In aois a hocht mbliana fichead ba sheanduine é, cailleach shnaoisín mar shamhalaigh an chliobóg ar ball. Ba é ar chall dó a dhéanamh anois le go mba sheanduine é dháiríre, a láimh a chur síos len a ghabhal agus tosú ag carta tochais as . . .

Bhí a ndeire aniar as an seomra i ndiaidh tae a ól. Ba shin é an uair a d'iarr bean an tí, a chol ceathar féin, Micil siar don tseomra:

'Beidh an teach ag an tálliúr, a Mhicil,' adeir sí agus loisc léi gan tabhairt faoi ndeara go raibh Micil ag breathnú faoi ar a chuid éadaigh: 'deir siad nach mbíonn an chéad fhear buíoch ná diomúch, a Mhicil, ach dar ndóigh is mór adeir siad, a Mhicil. Deir siad freisin an té a chruthaigh neamh agus talamh nár fhága Sé É féin ar deire agus sin é a fhearacht againne é, a Mhicil. Tá ruainnín *ham* anseo agam, a Mhicil. Ólfa tú gloine *Pheárlimint* a Mhicil . . .'

Bhí fuacht teagtha air. Na mugannaí pórtair sin a d'ól sé sa gcisteanach b'fhéidir.

'Dhuit féin é seo, a Mhicil.' In a dhiaidh sin féin níor shín sí chuige an ghloine líonta. Mar chuimhneodh sí go tobann: 'B'fhéidir gurbh fhearr leat braon den íocshláinte. Tá sé agam anseo, a Mhicil . . . Sú na heorna, deile ru? Is é is fearr a théifeadh thú, a chuirfeadh éirí in airde faoin mbolg agat, a Mhicil . . . Do chomhairle féin, ach is í an tsean-earra a dhéanfadh tóirí fit dhíot . . .'

Nach maith a bhí a fhios aici go raibh sé fuar! I dteannta a chéile ab fhearr le Micil iad. Ach bhí an mhaith bainte as len a raibh d'anlann Micileachaí leis: 'a Mhicil . . . a Mhicil . . . a Mhicil . . . a Mhicil . . .' Thara's ariamh thuig sé anocht gurb ainm ro-shean-nósach é, go háirid le bheith dhá sceithe amach in a dhorú ar pholl gan freagairt mar Mheaig Mhicilín a raibh sé in a ainm sách feilteach dhá hathair, fear a bhí ag bordáil ar aois an phinsean. Ba í Meaig roghain bhean an tí a chúnamh di sa seomra leis an tae, comharthaíocht ab ionann is gur dhuine í Meaig a raibh ciall, aois agus déantús gnathaí inti, duine a d'fhéad a bheith in a bean tí í féin. Leide eile den chomharthaíocht chéanna ba ea gur thairg sí freisin 'lán a béil' do Mheaig, a chuir suas dó dar ndóigh. Ní thairgfeadh sí choíchin do na cliobógaí sa gcisteanach é, ainneoin fios a bheith aici gur thúisce a scaoilfidís siar é ná Meaig, ceann nár fhága Éirinn ariamh agus nach dtaobhaíodh damhsaí an bhaile mhóir oícheantaí Domhnaigh. Abhus anseo sa seomra b'iontach le Micil mar sin féin go raibh Meaig sách spleodarach agus gáire croíúil, má ba chuíúil, aici faoi rudaí ar lú díol gáire iad ná cuid den chaint a chaith sé sa gcisteanach.

Ní fhéadfadh Micil bolg a thabhairt don *ham*. Ag ceann abhus an bhoird a bhí sé in a shuí agus amharc, amharc a bhí i ndáil le dosheachanta, anonn aige ar cheannaghaidh an choirp. Ba í an marbhán sin sa leaba bean a uncail. Bhí ráite ariamh nach buí ón ngréin a bhí sí: ba dhuine de Chéidigh Buí Dhraigheanaí í. Bhí craos mór tine thíos sa bhfadú beag freisin agus a teas ag sroiche suas go dtí ceannaghaidh an mharbháin, ag úra a buíocha, ag déanamh na buíocha sin anois, i gcomhar leis an mbás agus a mhorgacht, in a cuid suntais ba mhó ná an uair a bhí sí beo. B'fhéidir don ól a bheith gaibhte sa gcoiricín ar Mhicil faoi láthair. Ní raibh aon chleachta aige ar an ól sin, bhí sé borb, mheasc sé é, d'ól sciobtha é. Na stiallannaí móra *ham* ar an bpláta geal ba dhona a bhí sé ag ligean in a ghaire nach buí a bhí siad. Le tointeáil na súile anonn agus anall, ón bpláta go leaba agus ar ais aríst, ba ar éigin a d'aithníodh sé, gan a dhul as cionn staidéir nóiméad, an *ham* ón gceannaghaidh a raibh éadach geal in a thimpeall. I ndiaidh dhó cupla greim beag neamhthoilteanach a bhaint as an alúntas fial, le bheith i n-ann rá le bean an tí nach ndearna sé droch-oineach air féin, chuir sé an scian agus an farc ar scara gabhail ar a chéile ar an bpláta mar chonaic sé déanta ag an séiplíneach é lá éisteacht faoistean, cruit coise an fharc isteach ar fheirc na seine. Ní raibh sé in acmhainn a thabhairt chun cruinnis ar ala na huaire go bhfaca sé déanta ariamh ar mhalairt caoi é. Ach ba chuimhneach leis go raibh pláta an tséiplínigh falamh, caoi nach raibh a phláta féin. Ba mhór an suaimhneas intinne dhó gur ardaigh Meaig Mhicilín an pláta uaidh, gan bean an tí ag fáil aon chaidéis den fheoil a d'fhan gan cealú. Thairis sin an gníomh ann féin ba in a athrú eicínt nár thuig sé ar an gcorp a shamhalaigh sé é, mar d'éireodh an t-éag as a bheith ag cur caide air, nó caoi eicínt mar sin.

D'fhéach sé len a shúil a choinneáil den chorp. Bhuail faitíos ansin é go dtiúrfadh Meaig faoi ndeara gur uirthi féin a bhí a shúile uilig anois. Bhí sí féin agus bean an tí ag smalca an *ham* gan col ar bith. B'fhearr leis gan a bheith ag breathnú ar an gcorp. D'fhéach suas ar an áiléar as a chionn, ach bhí sin rochosúil le guidhe in aon tseomra le marbhán! Bhí bean an tí idir é agus an tine. Ní raibh aige ach an dá roghain súile, an corp nó Meaig.

Ba bhreá an goile a bhí aici mar Mheaig. Leag sí isteach gliúrach mhaith den fheoil. Bhí faisean aici a liopaí a choinneáil siar, i riocht is go raibh an drad, a bhí feiceálach ar aon nós, ní b'fheiceálaí agus é ag meilt. Bhí teas na tine ag cur grís san éadan nár shlachtmhar ná míshlachtmhar dó, nó ar a laghad ar bith nach ar shlacht ná ar mhíshlacht a chuimhneodh duine leis. A chuid suntais an fhairsingeacht a bhí ann. Ba shin é dháiríre cuid suntais a cinn fre chéile, go raibh anmhéid ann i gcosúlacht, le go dtuillfeadh, dar le Micil, neart feirge, gránach, éada, grá – sea nó caint freisin – ann. Chuimhnigh sé nach é an oiread sin eile daoine dhá toirt a thuillfeadh sa seomra. Cosa bríomhara ar dhúshlán fear ar bith iad, ba chuma cé hé, dhá gcuireadh sí i dtaca iad. Páin mhaith de thóin. Cairiú, cairiú má ba thaithneamhach le súil fir, a bhí dhá dhéanamh aici go hanabaí roimh aois, ina bhoilscean ó chairín agus ó mhásaí suas go clár a droma taobh thiar agus abhus go dtí a cíocha a bhí as a chéile in a sceimhil ó ascaill go hascaill. Ghrinnigh Micil an dubhfholt ach chinn air sciúnach liathachain a fháil ann. Bhí clúmhnachán fionn, sách garbh, sách neamhbhanúil, ar a liopa uachtair, amhail is dá mba ag fuagairt bríomhaireacht a cuid cnámha, boirbe a cuid fola a bheadh sé. Múnóg mhór allais, de bharr teas, obair le gréithí, freastal ar thinteachaí, bruith uisce, ar chlár a héadain. Ba shin rud nach bhfeicfí go deo aríst ar an gcorp sa leaba. Ba mhó in a chomharthaíocht ar bheos Mheaig é, ná a cuid luainne uilig go léir, ná a géagghluaiseacht ba spadánta réchúiseach shílfeá, mar nach ndéanadh dhi ach ar riachtanach don ócáide. Go réidh agus go hannamh a d'ardaíodh sí an cupán, ach thugadh sí súmóg mhaith as gach babhta. D'aithin Micil dhá n-iontaíodh sí leat nach n-iontódh sí uait gan a sású go binn a bheith aici. Ba lán leapan de bhean í. Ní fhéadfadh sí a bheith i leaba i ngan fhios do dhuine, níorbh ionann is cliobógaí beaga seanga na cisteanaí thíos a bhí cho briosc beagthéagarach le coc an cheannabháin nach bhfágfadh séideog a dhath dhe i gcraiceann a chéile. Dá bhuíochas féin rinne súile Mhicil an turas anonn thar na mná go dtí an corp aois-sheargtha tinneas-ídithe. Tháinig fonn tobann air tosú ag cur a lámha ar Mheaig, an braon allais a ghlana, a bhois a fháisce isteach ar an sceimhil chíochach sin, na másaí boilsceanta sin a mhuirniú, bosóg a thabhairt aniar di ar a boimbiléad de chairín. Ba lór amharc ar leathar buí seargtha an cheannaghaidh mhairbh le cogal na smaointe a cháith as a intinn . . .

'An bhfuil siad uilig in Ionnarba ar a laghad cainte leatsa a Mhicil?' arsa bean an tí, a shéid a srón i mbinn a naprúin, i ndiaidh saothar in aisce a chur uirthi féin le naipcín póca a fháil, i dtosach i gcomharsanacht a másaí agus in a dhiaidh sin i maighin a brollaigh. Ba 'Micil' aríst é! Cén chiall nach Michael, nó Maidhc, nó Mick, nó Micksie, nó Mike, nó Maidhcín, nó Mickeen féin a thug a athair, a mháthair, a chomharsanaí, d'fhaisean dóibh féin a ghlaoch air? Níor tugadh Michael ariamh air ach i ngairm chúirte faoi bheith gan solas rothair agus i dteach an dochtúra. Mícheál a bhí air ag dul ag an scoil agus ag an sagart. Ach le go bhfeilfeadh an leagan sin anois níor mhór do dhuine a bheith in a mháistir scoile nó i gceann posta den tsórt sin. Bhraith sé go raibh sé in a thost le tamall. Thug an cheist ar ais é, mar d'fhillfeadh sé ó chró beithíoch a mbeadh an t-aoileach carttha aige as . . . Daoine an-chainteach iad muintir Ionnarba . . . Ni raibh siad cuthal ná faiteach . . . Dar ndóigh, chaithfeadh duine a bheith ag déanamh grinn, fiú i bhfianais coirp, corp a dhuine muintire . . . An fhad's bheadh duine beo, mar sin a bheadh sé . . . Fuair sí saol maith go leor, go ndéana Dia grásta uirthi. Faraor nach n-éiríonn saol cho maith le cuid ar a chéile againn! . . . Bhí a clann tóigthe agus i gcrích aici . . . Ní fearr di i bpian . . . Bhí Dia buíoch di . . . Is maith an mhalairt aici é . . .

Go tobann bhraith Micil Meaig dhá ghrinniú. Bhuail idir dhiomú agus chuthaileacht é mar bhuailfí tonn sháile gan aireachtáil aniar faoin mbráid air. Ba shin caint sheandaoine! Tháinig 'Brú agus ding uirthi, ní dhéanfa sí níos óige choíchin é agus ní bheidh sé roimpi' aníos go dtí faobhar a fhiacla, le caonach liath an tsinsir a scuaba uaidh agus é féin a gheantáil mar bhall nua as an bpíosa i saol nua as an bpíosa. Ach bheadh an chaint sin cho seanaimsireach leis an gcaint eile! D'aon iarra amháin ba léar dhó cárb as ar tháinig na seoda fine seo. Ón bhfine! Cuid den mhuic an drioball. Brú agus ding ar bhean an tí ar chuma ar bith! Ba í a teanga agus a béasaí tíriúil seanaimsire a bhí dhá choinneáil féin thiar i gcóta dearg cabhlach a sheanathar, cóta ar léar dhó anocht é bheith ag déanamh Bodach Cóta Lachtna dhe . . .

Ní raibh aon chaint muis, ní raibh aon chaint air ag starróg ar bith in Ionnarba . . . Dar ndóigh tuige nach bpósfadh ru? Luath go leor . . . Bhí cóta lachtna an éadóchais dhá phlúcha cho mór sin faoi seo is nár mhiste leis céard a bhí sé a rá, ná cén bodachas cainte a dhéanfadh sé feasta . . . Bhí a athair in a fhleascach luath láidir fós. Maidir leis an seanghearrchaile ru, m'anam nach raibh aon mhairg ar a teanga, ná ar a leath deire scaití . . . Dar fiagaí muis ní ag dul amú a bheadh bean eile sa teach . . . Dar ndóigh chuimhníodh sé air, chuimhníodh sé air mar phósa scaití, sa gcaoi a gcuimhníodh an tincéara ar airgead coirce a thabhairt don tsagart . . .

Rud nár dhual dá cáilíocht facthas dó, rinne Meaig sinneán gáirí arbh éigin di a dhá bois a fháisce suas ar a héadan le nach gcloisfí sa gcisteanach é. Céard a bhain an gáire sin aisti? Ba bheag ag Micil anois má bhí cacta aige ar na huibheachaí aríst eile.

'Muise níl a fhios agam céard déarfainn leis an gcúpla agaibh,' adúirt bean an tí ag gáirí í féin agus d'éirigh ón mbord. Thug Micil obainn éiriú freisin. D'fhéadfadh sé fanacht in a thost sa gcisteanach agus ar a laghad ar bith bhí an méid sin sibhialtacht sa muintir thíos nach gceilfí carthanas na tine air. Bhrú bean an tí ar ais aríst in a chathaoir é: 'Ná corraigh ru, a Mhicil. Caithfe mé gabháil mhóna a thabhairt isteach agus fainic a chur orthu an tine thíos a choinneáil beo.'

'Gabhfa mise dhá hiarra,' arsa Meaig.

'Óra, a mhaighdean! Micil a fhágáil leis féin leis an gcorp.'

De réir cosúlacht ba mhó faitíos Mhicil roimh Mheaig ná roimh an gcorp. Bhí a chóta lachtna i ndiaidh scaoilteog a dhéanamh a raibh a chuid smaointe loctha inti, in a dtost cho mór le tost an mharbháin. Shílfeá nach raibh beo dhe ach a shúile a thugadh corr-amharc luainneach ar Mheaig thíos chois na tine. Ise a stróic scaoilteog an toist:

'Teann anuas ag an tine, a Mhicil. Bíonn fuacht ann deire oíche.'

Ach ar shuí dhósan ag an tine d'éirigh sí féin agus thosaigh ag crapa na ngréithí den bhord. Ba sheo í isteach bean an tí leis an móin:

'Fágfa tú a'msa iad sin, a Mheaig,' arsa sise. 'Nífe mé sa seomra cúil iad . . . 'sóra nach dtiúrfa cuid de na gearrchailiú seo thíos cúnamh dhom. Déanfa tusa agus Micil an tine a bhuachailleacht. Fainic an ligfeadh an cúpla agaibh di a dhul as!'

Cúpla aríst! Bhí droim Mheaig leis an gcorp. Micil i gcónaí mar bheadh sé ar thuathúr. Ba chosúil gurbh í an chiotaíl ba dhlúth agus inneach dá chinniúint. Cúl le rath: cúl le ádh. Ina dhrámh aríst. San áit a raibh sé, sé a bhféadfadh sé a dhéanamh breathnú sa tine, rud a facthas dó a bheadh leibideach, breathnú ar Mheaig, rud a bheadh sonda, nó an rud a bhí i gcónaí ionann's dosheachanta, breathnú ar an gcorp. Bhí sin in a rud cho seasc le bheith ag breathnú ar cheapach shíl nach dtiocfadh thrí thalamh. Ach ba é a rinne sé. Bhí clogad cúng a chuid cúisiúlacht ag fáisce cho dian air is go gcaithfeadh sé bearna a leagan thríd an tost, focal eicínt a rá, bíodh sé cho ciotach is adúirt sé ariamh:

'Níor athraigh sí mórán.'

'An corp?' adúirt Meaig, gan iontú sách iomlán a dhéanamh le go mba léar di ceannaghaidh an mhairbh.

'Feicthear dhom nár athraigh muis.'

'Níor athraigh ach oiread, ach an t-athrú mór, gur corp anois í, 'bhfóire Dia orainn.'

Ba shin é an bua-fhocal ru! Agus bhí an ''bhfóire Dia orainn', sin cho fánach tíriúil, ach cho scrúdach sin, gurbh fheasach Micil nach truaí don chorp a bhí ann – cén fáth go mbeadh truaí do chorp? – ach dá lear féin féin, dá gcolainn bheo ghoilliúnach, dósan go háirid, b'fhéidir. Anois nár mhór snámh smigín a thabhairt do Mheaig, nó ligean do theallach na tine brachlainn lionnduibh a dhéanamh a d'fholcfadh carra chomhrá agus chaidrimh.

'Drochscéala do dhaoine, 'bhfóire Dia orainn, dea-scéala do dhaoine eile, an t-athrú mór.'

'Dea-scéala?'

'Dea-scéala muis! Beidh *hearse* an *Speciality* cruógach.'

'Ó, í sin!'

'Nímé a bhfuair siad amach fós cé hí an strainséara siúd a rug an páiste inti an oíche faoi dheire?'

Bhreathnaigh Micil anall ó shúile dearbhdhúinte an choirp go dtí súile Mheaig, a raibh a bhféachaint dothuigthe, ar nós mar bheadh gáire ar thí iontú in a ghol, ach a d'iontaigh ar ais aríst in a gháire, gáire srianta. Níor chuir an chaint aon fhearg uirthi pér bith é.

'Is gaire Ionnarba don *Speciality* ná an áit seo.'

'Aniar a tháinig sí agus is gaire an áit seo don Tír Thiar – '

'Thoir a fuair sí an loighe seoil. Deir siad anoir anseo go

raibh a láimh ag chuile dhuine soir ansin agaibh inti agus gur *thrate*áil Maidhc sibh as ucht bhur gcomaoin.'

'*Thrate*áil sé Stiofáinín Carrach ar chuma ar bith, ar fágadh loighe seoil air féin de bharr na ngnathaí . . . Dealg a dhul sa tóin ag Stiofáinín i bhfál Mhaidhc agus Maidhc dhá thiomáint suas le iarra don mháilléad, mar bheadh sé ag cur scolb i dtuí. Ba shin é ba mhó ar theastaigh *tend*áil uaidh. Bhí láimh chuile dhuine ann. Eadrainn féin is é an chaoi a raibh sé sílim go dtarraingíodh láimh anuas é agus Stiofáinín ag blaidhriúch: "Coinnigh ort, a fhleascaigh. Tiúrfa tú leat anois é." Ach níor thúisce sin ná láimh dhuine eicínt eile dhá chur suas ar ais aríst agus ag fuagairt gur in aghaidh a chos a bhí sé ag teacht.'

Ba gheall é éadan Mhicil le fata mór gáire Achréidh te bruite dhá choinneáil suas ar bharr farc:

'Céard d'fhéadfaí a dhéanamh ru agus gan *nurse* ná dochtúr ná sagart le fáil? Ba é Stiofáinín Carrach a tugadh ag an aspaicil sa deire.'

'Do Mháirín ab éigean don *nurse* uain a thabhairt . . . Bean Pheadar an Ghleanna anseo a raibh cúpla eile aici. Bhí sé in a scéal mhór anseo gur cúpla a bhí ag an strainséara freisin.'

'Mara gcomhairfeá dealg Stiofáinín in a leathchúiplín?'

'Chua duine eicínt isteach go dtí Micil, Micil an bhaile se'againne, lá arna mháireach. Is ag Micil a bhí an dochtúr an oíche roimhe sin nuair a chua fios air siar. Chuir Micil an oiread sin suim sa mbean a raibh cúpla in ainm's a bheith aici i *hearse* an *Speciality* is nár fhan puth giorranála air, rud a chinn ar an dochtúr a dhéanamh an oíche roimhe sin. "Cáil mo threabhsar agus mo bhróga nua?" adeir sé. "Caithfe mé a dhul soir. Teastaíonn drár, léine, léine chraicinn, buicéad uaim. Caithfe mé *hearse* an *Speciality* . . . lom láthaireach." Tháinig duine de na scorachaí sin thíos nach bhfuil aon aithne a'tsa air, a Mhicil, isteach an pointe céanna: "T'asal, atá i gclaise sruth ag an gcladach," adúirt sé. "Chinn ormsa liom féin é thabhairt aisti." "Fanfa an mallaíodóir ansin, nó go dteaga mise ón *Speciality*." Ba sheo isteach scorach eile: "Do lao a phléascfas é féin ag géimneach thuas ansiúd thuas. Ocras atá air, a Mhicil." "Pléascadh sé leis é féin, an cúl le rath, nó go dteaga mise ón *Speciality*. Nár dheir siad liomsa go bhfuil luach saothair le fáil ag an té a aithneos an bhean strainséara sin . . ."'

'Bhí an rachmall air i ndiaidh a loighe scoil giorranála.'

'Rachmall ru! Ansin tháinig diabhal cabach isteach. Ní chuirfe mé aon ainm uirthi. "Nach mór an náire don bhean sin thuas é! . . . Cúpla eile ó aréir! . . . " Nuair a chuala an Curraoineach faoin gcúpla a bheith tigh Pheadar an Ghleanna, chreidim an rud a bhíos dhá shíorlua go dteagann sé isteach sa deire, siar leis go dtí an baile seo thiar, leis an ord go tigh Pheadair Bhig atá pósta ag a inín. Níl aon mhuirín orthu . . . Ní raibh le déanamh ag Peadar Beag ach é féin a chaitheamh amach fuinneog an *toilet* agus dheamhan baile a thaobhaigh sé ó shoin.'

'Soir ag breathnú ar *hearse* an *Speciality* seans. Níor thug an *Speciality* amach ó shoin í ach ag cur Jeyes Fluid uirthi.'

'Seans maith. Chuir an Curraoineach an t-ord dhá sheanurchar in a dhiaidh nuair a chinn air a theacht suas leis, ach budóg ionlao ar an tsráid a bhuail sé. Ach díol cam air, mar Churraoineach, tuige ar tharraing mé thrí m'fhiacla chor ar bith é? Tá mo scéal anois cho scaipthe – '

'Le sliocht mairnéalach a mbíonn duine ar a laghad aige i chuile chala sa domhan.'

'Éist le do chuid mairnéalaigh! Dúirt an ceann cabach le Micil, Micil na háite seo: "Ba é Peadar an Ghleanna – is duine soilíosach in a dhiaidh sin é – ar a bhealach go dtí an *nurse* aréir a rinne aon aistear amháin dhe agus a d'fhága scéal ag an dochtúr go raibh an ghiorranáil in ainsil ortsa." Ní raibh sí in ainsil ariamh go dtí sin! . . . Ara chuala chuile dhuine san áit seo ar aon nós nach raibh caitheamh i ndiaidh rud ar bith ariamh aige ach nach é féin a phós Máirín. Cloiseann muid dhá rá leis féin ar an mbóthairín agus taobh istigh de chlaidhe é. Níor chorraigh sé amach ó shoin. Ag dul thar an doras aige is beag nach mbuailfeadh an srannán atá ann thú faoin gclaidhe thiar, ach dhá mba ag iarra na hanála a fháil leis a bheadh sé diabhal mórán nach isteach ar leac an teallaigh a strachlódh sé thú . . .'

Ba sheo í an gheischaint, an bhua-chaint, an bheo-chaint, an artha agus an amhra! Bhí sí ag strachailt na mblianta anuas de Mhicil Ionnarba, mar scríobfaí sean-phint nó seanpháipéar d'adhmad nó de bhalla, a bheifí le mhaisiú as an nua. Le spleodar a scéil bhí sí i ngan fhios di féin ag teanna ní ba ghaire dhó – nó eisean dise, b'fhéidir. Ba dheacair a rá.

'Cén bhrí ach tháinig an diabhal cabach isteach arís tráthnóna lá arna mháireach: "Aon bhiseach ort, a Mhicil bhoicht?" Micil na háite seo, tá fhios agat, a Mhicil. "An té a mbíonn an t-ádh air, bíonn sí in a cúplaí air, dhá ádh, trí ádh. É seo thuas a chua soir go dtí an *Speciality*, le briocáin bheaga a cheannacht don bhaiste . . . Peadar an Ghleanna, deile? Meastú nár aithin sé an bhean strainséara? . . . Ó cá bhfios dom? An t-ádh, deile? Tá sé le *bounty* a fháil freisin, adeir siad, duais De Valéra." D'iontaigh Micil, Micil na háite seo, a aghaidh ar an mballa agus níor dhúirt sé ach: "Cáil an paca diabhal sin? Téidís suas agus coillidís anuas ón dúid an bligeárd asail sin thuas." "Dí-aithníthear, asal an Churraoinigh!" adúirt an ceann cabach. "A Dheaidín ó, a leainnín, asal an Churraoinigh!" adúirt a bhean. "Dhá mba é asal an Phápa é," adúirt Micil, Micil na háite seo, a Mhicil, "ná fágaidís oiread amén dhá chuid troscáin ag gabháil leis, an bligeárd . . ." Go maithe Dia dhom é, a Mhicil, ag siosca mar seo i dteach coirp . . .'

Mar sin féin rinne Meaig racht gáire, a ceannaghaidh fhairsing á ghabhainniú in a bosa. As an spleodar bhrú bois na deasóige síos ar ghlúin Mhicil: de dhéantús na fírinne taobh thiar de chupán na glúnach agus den ioscaid a chua sí, rud a thug dhá dhá chois scara amhail is dá mba gabhailín farraige iad, gabhailín a raibh fearsadaí, cuislí, sruthannaí agus féith mhara ann. Is rudaí iad imeachtaí farraige nach bhfuil aon ghoir a gcur ar cairde. D'fhastaigh a chiotóg a mása agus thosaigh ag muirniú an spóla ghéilliúnaigh sin, nach raibh tiús éadaigh i riocht a chuid teas bruite a cheilt. Ní muráite gan freagairt feasta a bhí aige! Níor náire leis anois gur chuimhnigh sé ar an leaba a raibh aithne lae dhá smeara féin go tanaí uirthi, ar leathar buí an choirp. Ach bhí eachtra ní b'éigéille ná sin féin ag brúsca agus ag tuairteáil thrín a intinn: an *eilifint* mhór sin a chonaic sé sa bpeictiúr a taispeánadh sa scoil. B'aoibhinn leis a bheith cho mór, cho bríomhar le eilifint agus Meaig a fhuadach leis isteach i gcoill cho dlúth is nach mbeadh aithne lae ná solais go deo inti . . .

Tháinig bean an tí:

''Sóra nach sibh an cúpla, an tine a ligean as! Is mór an tsuáilce í an tine i dteach coirp. Chuimhneofá an fhad's bheadh an teas in a aice nach mbeadh an duine básaithe uilig. Sílim féin nach bhfuil tráth ar bith is fuaire ná scara oíche agus lae.'

Scara! Teas! Fuacht! Marbh! Beo!

'Rinne muid dearmad conna, mar deir an Stáit-sheirbhíseach siúd, a choinneáil ar an tine,' adúirt Meaig.

'Tá sé in a lá. Sin aithne lae. Tá sé in am baile agamsa,' adúirt Micil ag éiriú.

'Cuir isteach an leitir seo, ar do bhealach soir, faoi sháil an dorais ag an *Speciality*. Níl inti ach ag rá leis an *hearse* a bheith anoir ag an trí i leaba an ceathair. Agus neart Jeyes Fluid uirthi! D'iarr an sagart an corp a thógáil amach go gairid i ndiaidh an trí. Níor chuimhnigh sé an chéad uair go raibh socrú faoi bhaiste aige ag an ceathair. Is cosúil gur mhaith leis a bheith réidh leis an gcorp roimh an mbaiste . . . Óra cúpla Pheadar an Ghleanna agus Mháirín, deile! Is gearr go gcaithfe siad sagart baiste dóibh féin a fháil sa bpobal. Sin iad an cúpla a mbeadh ciall in a leithéidí.'

'Déarfadh Micil, Micil na háite seo, nár tugadh leath dhá gcuid clainne ag an séipéal chor ar bith, nach bhfuil aon bhaiste orthu ach an oiread le asal an Churraoinigh!' adúirt Meaig.

Bhí Micil Ionnarba ar thob imeacht. Rinne a shúil seachrán go dtí an leaba. Ba léire anois sa smeara solais lae an dochtdhúna a bhí ar shúil a dhuine muintire. Mar bheadh sí dhá coinneáil dúinte le foréigean – leisce a bheith ag breathnú ar a cheird! Scior a amharc anonn ar Mheaig. Ba chonna fre chéile a súil fhairsing sise . . .

Cé Acu? . . .

Ina luaidreán a thosaigh sé, gur bhuail dhá theach i Sráid an Fhíona faoin a chéile. Maga a rinneadh faoi dar ndóigh. Chaithfí an mhóid a fháisce orthu! Ba ghearr gurbh sheo luaidreán eile ó Bhóthar an Uisce go raibh péire eile i ndiaidh buala faoi chéile. Ag teacht faoi dháir atá siad, adúirt fear óg a raibh posta aige ar Scéim na mBudógaí. Ba ghearr go raibh sé thar a bheith in a luaidreán. Bhí sé sna páipéir. Níorbh fhada go raibh tuairisceoirí ó chuile cheaird den domhan i H., scéalta dhá scríobh ar ais acu faoi thithe a raibh siad ag cur fúthu iontu a bhuail faoi thithe eile nó ar bhuail tithe eile fúthu. Dhá gcuirteá stáisiún coimhthíoch eicínt ar siúl domhain san oíche níor dhóigh beirthe é ná chloisfeá H., H., H., agus gan tada eile intuigthe, ach na splancannaí aitheantais sin as duibheagán na hoíche.

Bhí a mhíniú féin ag eolach agus ag aineolach air. Cuid de sheanfhondúirí an bhaile mhóir a thug leo mar bhéalsheanchas é nuair a bhí an Mhaighdean Mhuire agus an Naomh Jósef ag dul timpeall gur tháinig siad ag an ngeata thoir – bhí fuíoll dhe fós ann – ach nach ligfeadh doirseoir daíúil isteach iad. Thug seo an Béaloideas ag smúracht timpeall. Le linn dó a bheith ag spólthaifeada san Óstan Idirnáisiúnta thosaigh Óstan na Tráchtála ag béal an dorais ag iarra a choincín, nó a smig, nó a uillinn, nó a ghlúin, nó a streille a chur thríd an mballa eatarthu. Mhionnódh duine de na seanchaithe go bhfaca sé crúib. Tuairteáladh na seanchaithe i mullach a chéile in a shórt brú brú sa gcarnán sean-eagna. Thosaigh beirt acu ag pliunca a chéile. Bhailigh fear eile leis le píopa duine acu. Le linn don té sin a bheith ag sclafairt ar an mBéaloideas agus ag rá nach ndeacha sé abhaile ariamh d'uireasa a phíopa agus go mba phíopa ar leith ó dheartháir leis i Meireacá an ceann sin, scuabadh de thuairt domhínithe goireas an Bhéaloidis uile go léir an fhuinneog amach, rud nár fhága de roghain ag an mBéaloideas ach imeacht, d'uireasa a mhála, a chuid goiris, a pharasól agus a chóta. An seanchaí arbh éigean píopa sealadach a cheannacht dó thíolac sé é go dtí an geata thoir agus níor fhága aimhreas ar bith air nach bhfágfadh sé bonn bán ar an mBéaloideas mara bhfaigheadh sé féin a phíopa Meireacánach nó a chomh-mhaith ar ais. Chuir faoi deara pionta eile a fháil roimh imeacht uaidh ag an ngeata . . .

Daoine adúirt agus tháinig sagairt leo gur bhinn a bhí an anachain seo tuillte ag H. as stair dobhearnaithe d'fhiolúin bholcán-shléibhteach peaca. Iarbhean rialta a raibh cónaí uirthi as comhair an Óstáin Idirnáisiúnta thall dúirt sí go mba é an tAth-Shodam é. Fear an phíopa a bhí ag tiomsú cáis in aghaidh an Bhéaloidis ba mhian leis í a cheisniú tuille, ach b'éard adúirt sí nach bhfaigheadh sí ón a claonta labhairt ar rudaí den tsórt sin ach len a hoide faoistin. Bhí na mathshluaite sna tithe pobail agus ar na sráideannaí de ló agus d'oíche ag paidreoireacht. Daoine as H. i Sasana agus i Meireacá bhíodar ar an gceird chéanna, ach ní raibh tógáil a gcinn iontu le corp náire. Beannaíodh an baile mór, dúradh aifreann i chuile theach ar a shlata, rinneadh scrínte agus aragail aithrí, tháinig beannacht speisialta ón bPápa. Bhí an baile mór ó liath go leanbh geallta a dhul go Lourdes . . .

Ní bhíonn an mhaise gan a masla faraor. Bhí lucht caidéise ag streilleachas timpeall, ag fiafrú 'Meastú cén uair a bhuailfeas na chéad tithe eile faoin a chéile?' nó 'Ar chuala tú gur bhuail aon tithe . . .' Daoine eile ag streilleachas thart ag tnuthán go dtreascaródh tithe a chéile bun barr agus go mbeadh scioracháin bheag chreiche ar sliobarna. D'iarr cuid de lucht tábhacht an bhaile mhóir cuirfiú a chur i gcion, nó an baile a chur faoi urláimh an airm. Bhí údarás na nGardaí dearbh go raibh siad féin lán-acmhainneach ar rud ar bith ciréibeach, dá mba dhóigh dhó tarlú, a shriana. Mar sin féin héiríodh as Féile bhliantúil na Sú Salúin.

Ba dheacair rud ar bith cinnte a bhaint as lucht Eaglaise. Guidhe, muinín i nDia agus a bheith i gcónaí faoi réir: ba shin í a gcomhairle. Drogallach go leor a bhídís saora ná séana a dhéanamh, ná fiú a amhdachtáil scaití go raibh tada neamhghnách ar siúl. Dar ndóigh nuair a dhaoradh duine eicínt ruibh-bholcán pheacaí an bhaile theagaidís leis. Bhí scéal Shodam agus Ghomorrah insithe a liachtaí uáir na laethantaí sin is go raibh roinnt leagain bhéaloidis déanta cheana aige: gur féachadh le Abraham a choille nuair nach ngabhfadh sé le bean Jebudah, ní ba mhó ná a alúntas de réir reacht Mhaoise; go mba bhean ghnathaí í bean Lot; go raibh scuaine mór tithe ban coitianta aici agus í ag seachaint cuid mhaith den cháin a bhí orthu; go raibh beirt amhas miodóige in a seasamh ag bearna na híocaíocht i ngach teach, le plé le coislimearaí ar bith a chuirfeadh in aghaidh an bhille len a chuid míreannaí fhearasbár a íoc; go raibh eadarghabháil ar siúl aici leis na bailte a cheannacht thar barr amach, oll-aonach stríopachais a dhéanamh dhíobh don Oirthear ar fad, Abraham a bheith in a phátrún agus rogha ban an Oirthir aige, ach fabhar Dé a choinneáil dá dhuine féin . . . Seo é an sórt éagruth a chuireas gnáthmhuintir i gcónaí ar scéal ar bith. Ach ní mór a amhdachtáil gur shil leagain de síos go dtí na bréidíní ab íochtaraí in intinn H. D'inis an gabha do chléireach na cille é a d'inis é do Dhochtúr sa Léann Bíoblach . . .

Le teanachair a bhainfí tada as na heolaithe. Eolaí de dhúchas H. féin a raibh cáil idirnáisiúnta air chua fios air. Tháinig sé. Déarfadh daoine go raibh maoin aige san áit fós. Bhí sé ag baint cratha siar agus aniar as a chloigeann, de réir mar bhíodh ag inseacht dó. An t-aon fhreagra a thiúrfadh sé as a dheire nárbh é a ghné féin den taighde é agus bhreathnaigh ar a uaireadóir. Níorbh fhearr na hil-eolaithe eile a tháinig. Ach amháin gurbh ag díogáil a gcroiméil, nó ag leathchaocha a súl a bhídís. D'fhiafraigh eolaí amháin an gcloistí aon ghuth as na tithe iombhuailteach agus thosaigh ag cuimilt claise a thóna go fíochmhar. Pér bith é níor tháinig aon bharr eolais as an mball sin den phearsa eolaíocht. Ní raibh muintir an bhaile mhóir i riocht a dhéanamh amach arbh aineolas a bhí orthu, nó arbh ag ceilt an eolais a bhí siad.

Bhí síorthúr ar bun ag dream eicínt. Rinne Gearaltach mhac Gearóid fiosrúchán le Túrannaí Margála Tóranta. Len a linn bhuail Gníomhaireacht Fhostaíocht Lomas de chnag dhíbhirceach in éadan Comhar Phacáil na nUibheachaí agus bhí le rá gur comhaireadh na mílte scaltán anabaí timpeall an stóir sul a raibh ionú a dhúinte. Níor chuala Gearaltach an luaidreán sin, ach lig sé féin amach líne fhada altannaí. Dúirt daoine go mbeadh na tithe suaimhnithe sul a mbeadh deire na n-altannaí i gcló. Sa gcás sin níor chall aon bhreith chinnte a thabhairt. Ach ó nár shuaimhnigh ní raibh sa gceann deire ach graf a raibh dhá dhuán as suas ar dheas agus ar chlí. Bhí soidéalaigh ag rá gur bealach Freudach é leis an gclaona i bpáirtí áirid polaitíocht a léiriú agus nach raibh baint ar bith aige le cás H.

Bhí dar ndóigh na soidéalaigh agus na meadh-eolaithe sin ann a bhí dearfach, neamhcheilteach, tiomannach. *Poltergeist* a bhí ann dháiríre, ach gurbh ionann an baile mór le teach agus na tithe le baill throscáin i dteach. Ní bhíodh de dhochar in a leithéid sin ach go mbíodh sé bambairneach feadh píosa.

B'iondúil go mbíodh baint eicínt ag cailín óg sna déaga leis, ainneoin nárbh fheasach cén chaoi. Nuair a d'imíodh sise stopadh an rí rá. Ansin chuimhnigh daoine gur dhúirt an iarbhean rialta nuair a crónaíodh Banríon na Sú Salúin san Óstán Idirnáisiúnta anura go mba gheall le Sodam é. Ba ghearr gur cloiseadh nach bhféadfadh an t-ádh a bheith ar an mbaile mór agus Banríon na Sú Salúin a bheith fós ar a chlár. Aisteach go leor ba iad na cailíní óga féin ba chiontsiocair le cuid mhaith den chaint sin.

Fear adúirt go raibh bréidíní mianaigh faoi thalamh íochtair, go raibh luainneachas, so-ghluaisteacht an airgid bheo iontu, gurbh é an uair a chorraídís a thosaíodh na tithe ag buala faoi chéile. Dhá bhféadtaí a theacht ar an mianach sin go mbeadh an baile mór ar an áit ba shaibhre sa domhan, arae gurbh éadálaí seacht n-uaire é ná úráiniam. Bhí daoine ag dul thart ag diúraca slata caorthainn. Tháinig comhlacht mianadóireacht, sioscadh an chré, ach níor fritheadh rud ar bith seachas mar bhí feadh na mílte faoi gcuairt. Scrúdaíodh aer, uisce, chuile mhíle ní, ach níor inis tada tuige na tithe a bheith ag buala in aghaidh a chéile. Agus sheadaíodar amhala. I bhfráma scáthain rúiscthe den tsórt sin a thionscalaíos finéscéalta agus soidéalacht. Facthas fear a raibh dhá adhairc air sínte amach go dtí corrán na gealaí ag siúl síos Sráid an Ghleanna agus ag leagan a chleith ailpín ar theach agus ar a chéile. Bhuail na tithe sin faoi chéile roimh mhaidin. Facthas freisin é i Sráid na Croise agus ainnir gléasta suas in a banríon in éindigh leis. Slabhra tine a chruthaigh as a chuid crúba anseo. Ach b'ionann bail do na tithe.

Thosaigh cruithe capaill, fáinní óir bhuí, rothaí gréine, an nathair thalúna, cruthannaí den tseamair Mhuire, craobha caorthainn agus a leithéidí ag teacht d'aon-iarra taobh amuigh ar na tithe. Níorbh fhada gur facthas cailleachaí ag déanamh deasghnáthannaí doilfe iontu. Bhí ráite gur cuimlíodh fuil banbh céise den ursain i chuile theach i Sráid na Sop agus nár chuir teach sa tsráid sin oiread is strainc air féin le teach eile. Ach chuimil duine eicínt i ngan fhios d'ursain duine de na polaiticeoirí í agus chaith an teach ag gliogarnaíl ar feadh na hoíche, mar bheadh sé ag iarra é féin a strachailt de bhall na háite agus a dhul anonn maolabhrach a chor charaíocht le teach úinéara pháipéar an bhaile ar a aghaidh thall. Fritheadh mada marbh agus bainte as go baileach sa bPríomh-Shráid. Bhí scéalta scáfar as an mBaile Gaelach taobh thall d'abhainn . . .

Bhí an Eaglais ar a mine ghéire ag daora na ceirde seo. Fiú bhagair an Monsignor go sollúnta misean trí seachtainí ó Ord an tSlánaitheora: Níor ghar é. Bhí an Eaglais freisin dhá fháil ar a méis féin. Bhí tabhairt amach ag duine de na sagairt pharáiste an oíche ar ghlac sé seilbh ar theach ceannaí siopa a fágadh le uachta aige sa bPríomh-Shráid. Óg san oíche bhuail an teach béal dorais – ollhalla damhsa a bhí ann – trí nó ceathair d'fhailmeachaí nimhe neánta air a chraith ó fhoth go fraigh é, a d'iontaigh boird na flea droim ar ais, a dhóirt agus a bhris fíon, fuisce agus gloiniúchaí, a d'fhága an áit i gcruth go mba dheacair leis an sáirsint a chreidiúint nach raic agus bruín a bhí ann. Shílfeá go mba theannach leis, dhá mbeadh an sagart paráiste le fáil an pointe sin, cur faoi deara dhó an líne chailce a shiúl. Siúd na haíonnaí leo mar bheadh teach gealt in a ndiaidh, ag taltú dóibh ar chóta, ar hata agus ar pharasól an tsagairt. Shíl án sagart féin go raibh an teach tite. Theith sé amach i ndiaidh a chinn roimhe agus isteach i dtearmann bharrógach lucht an damhsa.

'Is maith an aghaidh air é,' adúirt cuid de na súdairí a raibh a mbéal faoi na fuinneogaí taobh amuigh acu, san áit a raibh an t-ól anuas in a shruthláin. 'Craos! Cén bhrí ach gan de phúca breilleach aige féin chuile Dhomhnach ach an t-ól! Diabhal aithne air nach muide atá ag déanamh an óil!'

Ní raibh aon bheann ag an tubaiste ar chléir ná ar thuath,

ar íseal ná uasal, ar chuid den bhaile mhór seachas a chéile. Rinneadh scéim tithe taobh amuigh de thórainn an bhaile ach b'éigean iad a thréiscint faoi cheann dhá lá, mar ba gheall le dream iad a bhéarfaí ag troid agus nach dtuigfeadh a mhalairt choíchin.

Bhí luaidreán ann ar dtús gur tithe ar imirce shí de shiúl oíche a bhí ag teacht salach ar a chéile. Ach dionnóid fianaise níorbh fhéidir a fháil go raibh teach ar bith ag déanamh aon imirce. File i Sráid an Fhíona a thosaigh é sin. De shiúl oíche, adúirt sé, théadh na tithe le nádúr go Sasana agus go Meireacá ar cuairt ag an dream a d'imigh ar imirce astu. Filíocht. Ba shin é an méid. Thug an Monsignor cuairt air . . .

Ba mhór an buille nach nglacfaí aon árachas ar na tithe feasta. Agus hardaíodh as compás árachas saoil ná a leithéid ar dhuine ar bith i H. Ach ní masla gan a mhaise a bhí ar fad sa méid sin. Bhí ní ba mhó ag na daoine le caitheamh ar rástaí capall agus con, agus bingo agus drugannaí. Má ba thada é ba mhilse an blas ar an bpórtar agus ar an bhfuisce anois. Cheannaigh roinnt múinteoirí go leor leabhara. Cheannaigh chuile dhuine carrannaí, neart éadaigh den éadach ba dhaoire. Ní romhór a thaithnigh an rabairne leis an Eaglais. Ní raibh a ndualgais féin dhá méadú. Thug an Monsignor leide go dtosóidís ar Ard-Eaglais. Cén chiall ru? Go leagfadh foirgneamh mór mar sin fúithi agus thairti, nó go ndéanfadh na foirgintí eile fúithi agus thairti cual bruscair di!

Tharlaíodh sé d'oíche agus de ló ach de shiúl oíche is mó a tharlaíodh sé. Ní raibh ann ach mar d'ionsódh teach teach eile le droch-chomharsanacht, nó a bheith tuirseach dhá shíor- nó dhá fhad-chomhlódar agus go mba mhian leis cur faoi deara dhó gliondáil leis go dtí malairt muráite.

Chloistí an gleára, na cnapannaí, an troimpléasc, an cnaga, an leadra, an toirnéis, a mhaireadh achar ar bith ó chúig nóiméad go dtí uair an chloig. Mhair sé, cuir i gcás, uair an chloig i siopa éadaigh i Sráid na Croise ag gabháil dó ar shiopa an éisc agus na sceallógaí i mbéal an dorais. Is minic a hionsaíodh teach trí huaire nó tuille. Ar a shon sin tithe nár hionsaíodh ach an t-aon uair ba mhinic iad féin ag smeacha teach a n-ionsaithe faoi dhó agus faoi thrí. D'ionsaigh Teach an Bhúistéara í Ghioballáin an Sár-Mharga trí huaire. Dúradh go raibh cosa agus conablaigh na gcaorach ag boga, mar bheidís beo, ar na crúcaí. Thug teach cigire árachais, deireanach san oíche, an oiread sin tuargainte do theach cléirigh i mBeainc Taisce an Phosta is gur imigh an cléireach i muinín a chroí agus a chruite. Rinneadh smidiríní den troscán. An chéad duine eile a tháinig sa teach timire púlannaí Linn. Fuair sé an íde chéanna dhá oíche i mbéal a chéile. Níor chorraigh sé ariamh go bhfaca sé a chuid leabhara timireacht dhá bhfuadach le fána staighre agus síos an tsráid, mar bheifí dhá gcarnú isteach i dteach timire púlannaí freasúrach. Ansin níor tháinig duine ar bith sa teach ar feadh i bhfad. Lá amach san earrach facthas an cigire árachais ag athrú cion dá chuid troscáin isteach ann. Ba shin é an uair a cuireadh an cheist Dála a tharraing an ruaille buaille. Dúradh gur dhuine de chumann Fhianna Gael é an cigire. Ba é dearbhú an Fhreasúra go dtitfeadh baile H. uilig de bharr siléig an Rialtais . . .

Má bhí tithe le hais a chéile ag síorbhuala faoi chéile níor thit aon teach fós agus ba bheag damáiste ba léar. Cinnte tharla rudaí bambairneach: oirnis an Bhéaloidis a charta thríd an bhfuinneog cuir i gcás, agus gan an seanchaí ag fáil a phíopa fós. Ba bheag an scéal seafóid, a deireadh formhór na ndaoine. Níor chuir cúrsaí mar sin a dhath as don bhaile mhór . . .

Bhí torann ann go cinnte agus tharla díobháil do throscán, agus rudaí dá shamhail. Má ba léar pátrún ar bith san iomlán ba rud den tsórt seo é: go raibh col nó faltanas ar leith ag tithe áirid le chéile agus nach raibh aon fhuilingt acu a bheith tealtaithe le hais a chéile. Ní raibh cigirí an Roinn Rialtais

Áitiúil i n-ann aon mheabhair a bhaint as an méid sin ach bhí orthu é amhdachtáil. B'éigean do na Gardaí Síochána a n-áras a aistriú go dtí Sráid an Ghleanna, de bharr an tsíorbhrúscarnaíl a bhí dhá dhéanamh air i Sráid na Croise ag Teach í Mhaoldhomhnaigh, a bhí ceadúnaithe chun tobac, fíon agus biotáile a reic. Dúradh nach raibh an tAire leathshásta ach fear tábhaicht i bhFianna Gael a bhí sa Maoldhomhnach agus bhí mac aige in a shagart paráiste, fear óigeanta freisin, sa deoise. Chaithfí rud eicínt a dhéanamh. Bhíodh na Gardaí in a gcolla ar a bhfálróid dualgais. Goideadh an fheadóg ó dhuine acu, an bata ó dhuine eile, leabhar na ngairmí cúirte ó dhuine eile. Fritheadh fear eile acu agus a phlapa osclaithe suas go himleacán in a mhála fear déirce, ar uair an phaidrín, as comhair theach pobail an Mhonsignor. Baineadh a chóta mór anuas de dhuine de chomhairleoirí an bhaile. Tugadh a charr nua ó bhéal an dorais i lár an lae ghléigil ó dhuine de na sagairt agus ag doras an pholaiticeora a fritheadh é trí mhaidin in a dhiaidh sin. Ba é an ceannteideal a bhí ar pháipéar an bhaile an tseachtain sin, 'Carr Goidthe an tSagairt dhá fháil ag Teach Polaiticeora.'

B'éigean do mhangaire cruara agus earraí iarainn ar Bhóthar na hAbhann dúna suas de bharr síorthurraiceáil ó shiopa éadaigh ban. Caibiléara a d'fheistigh é féin in oiread cró snáthaide de sháinne sa bPríomh-Shráid, idir ollshiopa bréagán agus scéimh-pharlús, bhí sé dhá fháil cho brúidiúil sin ó dhá bhun na gaoithe go mb'éigean dó a aghaidh a thabhairt ar ais aríst ar an mBaile Gaelach. hOsclaíodh brú do chailíní gnatha i Sráid an Fhíona. Len a ais bhí teach óstachais do chailíní gnatha freisin. Ceann de sheanárais an bhaile mhóir a bhí ann. Pér bith céard ba chor dó sa seanreacht b'fheasach do chuile dhuine i H. cén sórt áras a bhí ann anois. B'ann, cuir i gcás, a fuair an Monsignor an file ag aithris dánta do scaoi ban nach raibh díreach ach i ndiaidh éiriú ag an dó a chlog. Ach bhí buille sa mbéinn sa seanáras sin fós. D'fhéach siad a theacht chun réitigh, chun comhaontú feidhmiúcháin, leis an mbrú nua. Bhí cúrsaí gabhalánach go leor ann, deamhéin chianaosta an tseanárais agus fiú rud eicínt faoi sheansoilse. Ba é an file a bhí dhá chur i dtoll a chéile. Chaith sé achar in a stócach in oifig aturnae sa bPríomh-Shráid. Ní ghéillfeadh an brú nua. A riocht sin orthu: ní raibh aon chailín as, in imeacht seachtaine i mbéal a chéile, i gcruth a dhul ag a hoifig, a siopa, ná a háit ghnathaí, le neamhcholla. B'éigean an t-áras nua a dhúna . . .

Maidir leis an mBaile Gaelach ru! Ní raibh Dia ná dlí ann. An luaidreán ba dheireanaí as gur coilleadh táilliúr a bhí rothóiriúil a bheith ag tomhais mná na gcomharsanaí. Bhí ráite gur dearnadh go slachtmhar baileach é, beirt bhúistéaraí cháilithe, cúntóir poiticéara, dochtúr a raibh na dindiúirí bainte dhe le fada, mar gur mhór le na dochtúirí eile a fheabhas. Chua an file anonn ann le dán, 'Abélard an Bhaile Ghaelaigh'. Níl ann ach gur thug sé féin an eang leis, as an abhainn a shnámh dó in a chuid éadaigh . . .

Bhí muintir H. ag tosú ag déanamh neamhshuime dhe. Ní hé sin amháin ach bhí siad ag éiriú cineál bródúil as H. Baile ar leith a bhí ann. Cá raibh an baile eile a raibh tithe ag buala faoi chéile? Éadáil fhámaireacht agus thurasóireacht. D'áitigh an gníomhaire árachais dhá phoibliú. Bhí sé ag déanamh gnathaí cho maith sin is nárbh fhada go raibh teach eile, teach níocháin, ceannaithe aige le taobh an tí a raibh oibrí an Bheainc Thaisce ann agus teach cónaí poiticéara len a thaobh sin arís. Bhí oifigí osclaithe aige sa bhFrainc, sa nGearmáin, sa Spáinn, sa Róimh, i Meireacá, san Astráil . . . Bhí foireann cho mór sin teangairí agus daoine coimhthíoch eile i ndiaidh a theacht go H. is gur cloiseadh an iarbhean rialta ag rá nár Shodam ariamh go dtí anois é. Bhí na táinte fámairí ar an mbaile agus na táinte ag teacht nach raibh áit dóibh, ach bhí an baile dhá mhéadú cho sciobtha is d'fhéadfaí coincréad a charnú i mullach a chéile. Bhí seirbhísí oíche agus lae ar fáil agus córas speisialta gutháin istigh, le turasóirí a dhúiseacht agus a thabhairt go dtí an áit a mbeadh tithe ag buala faoi chéile. An t-aon ghlór diomúch a bhí ar an mbaile, an Monsignor. Ní raibh teacht isteach na hEaglaise ag coinneáil bonn ar aon ná baol air le rachmas an bhaile. Bhí le rá freisin go raibh dhá theach ósta nua ceannaithe ag an Maoldhomhnach dhá mhac, an sagart, agus go dtéadh sé ar chúla téarmaí le búrlaí móra nótaí ag an Easpag. Bhí an tEaspag ag éiriú an-mhíréasúnach. Níor thuig sé cén chiall nach raibh tuille airgid ag teach as H.

Ba sheamsán é, dar ndóigh, go raibh na fámairí agus muintir H. féin dhá gcreacha. Chreidfeadh duine rud ar bith na laethantaí údan. I lár an bhaile mhóir bhí ollpheictiúr thuas, dhá theach arda agus iad pliunctha isteach in a chéile, ar fiar as barr a gcuid beanna. Agus scríofa treasna air: 'Radharc Saor ar £1000.' Dhá theach eile i gcumraíocht beirt fhear dhubh ag dornálaíocht. Teach eile i gcumraíocht abhaic, a thóin iontaithe le fear (teach) eile, a leathchois ardaithe aige agus é ag séide suas faoin smut ag an ngiolla mór. Bhí go lór ag lochtú an pheictiúr dheire seo. Dúirt an giolla árachais, a bhí ar ridirí ollamhaitheasa H. anois, go raibh sé ag baint gáirí amach, má bhí sé tuatach nach raibh sé gáirsiúil, agus nach raibh aon chur suas de na pínneachaí ag muintir H.

Go deimhin bhí peictiúr ar an gcearnóg a níodh *banderillero* den Mhonsignor gach uair a chastaí an bealach é. Ní móide gurbh iona: deireadh go lór gur ar shamhail caipín trí choc an Mhonsignor a cumadh a chaipín. Gréasaí leipreacháin a bhí ann. Dhá chuarán óir dhá ndéanamh aige le casúr, ruóg, meana agus seamannaí óir. Ach ní shin é a níodh neantóg doláimhsithe den Mhonsignor agus a chuireadh daoine eile ag sciotaráil. Spaga leathair órdhathannach a bhí aige agus gréas – an leitir O as Soiscéal Mór Cholm Cille air – taobh amuigh. Bhí an gréasaí deasaithe ar chuma eicínt ar a ghogaide nárbh fhéidir a dhéanamh amach arb aniar as a thóin nó amach as a ghabhal a bhí an spaga béaloscailte – a thrí mhéid féin – ag teacht. Ba shuntasaí aríst na rudaí a bhí ag scarda amach as: dhá theach óir greamaithe dhá chéile agus simléar óir san anmhéid, as a raibh deatach órga, idir an cúpla. Faoi thíos bhí: 'Beir go tapa air, nó scaoil thart é.' Níorbh fhéidir muintir an Bhaile Ghaelaigh a choinneáil ó sciotaraíl faoi. Rinne an file dán in ar shamhalaigh sé gurbh é an gréasaí Dia, gurbh as ór a chruthaigh Sé Ámh agus Éabh, gurbh úllaí óir uilig a bhí i nGairdín Pharrthais, gurbh ainmhí óir a bhí ann agus gurbh é Truailliú an Duine dháiríre gur thosaigh an t-ór ag dul i ngainneacht ar Dhia, mar nár chuimhnigh Sé A dhóthain dhe a chruthú i dtosach, agus ansin gur thosaigh Sé dhá adhaltrannú le cré. Ba shin é aondearmad Dé ariamh. Mar sin a bhí an státa se'againn féin agus státaí an domhain a dhéanamh . . . Thóraigh an Monsignor síos suas Sráid an Fhíona é ach chinn air greim a fháil air . . .

Cumadh stair bhréige in a raibh Cúchulainn, Fionn mac Umhaill, na Fianna, Bobailín Beag agus Bobailín Mór, Bodlamán Fada agus Bodlamán Gearr, don bhaile mhór. Bhí dearmad déanta ag an seanchaí dhá phíopa Meireacánach ag ceartú na mBobailíní agus na mBodlamáin seo d'fhámairí. Leagadh amach cárta bialainne, an bhialann ag buala faoi bhialann eile agus gach ní eile air dhá réir: plátaí, gréithí, daoine, lucht freastail ag buala faoi chéile. An-tsuntasach an chaoi a raibh dhá easpag taispeánta ag buala faoin a chéile, duine acu, séacla d'fhear, ag teacht isteach an doras agus an duine eile le bruithlín de bholg ag dul amach. Deoch na háite, *Les Maisons qui se heurtent*, ní raibh inti ach an tríú scoth fuisce agus é sin féin adhaltrannaithe. Bhí beirt ar chárta ag ól sláinte a chéile agus iad ag tolgántacht a chéile len a dhá mbornóg tóna. An teideal ar an gcárta seo, a bhí ag dul in a chualannaí ar fud an domhain: 'Mar seo a ólás siad sláinte a chéile i H., baile na dtithe iombhuailteach.'

Cuireadh Féile Mhór na Sú Salúin ar siúl aríst ach gur hathainmníodh í 'Féile na dTithe Iombhuailteach.' Flea Bhricrinneach a bhí inti dháiríre. B'ór agus cré é H. agus ba dhoiligh a rá cé ar mhó ór ná cré é. Níorbh fhéidir smaoiniú ar dhlíthe ceadúnais agus tithe ag buala in aghaidh a chéile. B'fhadó dháiríre ó bhí dlí ar bith i H. An chúirt dheire a bhí ann thosaigh an príosún comhthórainneach ag gabháil de chiceannaí – nó rud eicínt ba chosúil leis – ar bhalla na cúirte. Rinne an giúistís ordú na príosúnaigh ar fad a shaora. Cineál leithreas poiblí neamhoifigiúil a bhí sa bpríosún anois. Seaneithreas poiblí H. ní ligeadh an faitíos d'aon duine a dhul isteach ann, mar bhí déantúsán cácaí milis ar a chúl ag síorchnagairt air. Fear as an mBaile Gaelach an duine deireanach a bhí istigh ann. Deireadh sé sin cho sollúnta is dá mba ar faoistean a bheadh sé go raibh sé siúráilte glan ar feadh nóiméad gur scoil an balla cúil fre chéile agus gur stuáladh suas an feadán aige in aghaidh stuif le cácaí milis.

Ba í Banríon na Bliana Anura a crónaíodh aríst ar Fhéile na dTithe Iombhuailteach, ainneoin nach scéal rúin ar bith sa mbaile mór gur in aghaidh a tolach a chua sí isteach air. Bhí an Bricrinneachas gaibhte cho mór sin sa gceann orthu gur sceith siad chuile shnáth éadaigh di is gurbh éigean di sláinte an bhaile a ól nocht. Síos len a béal is mó a chua sé. Ní raibh sí le feiceáil níos mó. Dúirt an iarbhean rialta go bhfaca sise í ag dul isteach ag aithisiú teach pobail in aice láthaireach.

Ba mhaith a chua sí féin as nár nochtadh í freisin. Rugadh in a doras féin uirthi, strachlaíodh go dtí lár na cearnóige í ach tharla don ghníomhaire árachais a bheith ann agus bhí sí ag íoc suim mhór árachais ar a saol leis.

Bhí meirbheadas na hoíche agus na haimsire freisin in a ghabháil in a gcuid fola. Nuair a tugadh mná dhá ndeoin nó dhá n-ainneoin isteach i dteach an phobail b'fheasach don Mhonsignor nach bhfuilingeodh gabhainn a choinsiais é ní b'fhaide. Gníomh feasta nó an éide a nochta dhe agus a dhul amach ar an tsráid in a fhear mar chách! Mar sin féin ní raibh aon tsúil aige len a raibh faoin a chomhair. hArdaíodh glaneascartha den talamh ar chírín na toinne beo sin é, isteach chun na cearnóige, níor fágadh snáth air, cuireadh bean nocht as a chomhair, Iúgslavach nó Gréigeach nó cineál eicínt a raibh an ghrian in a trilseáin bheo in a cuid fola, másach bholgach tholgach throm. Dhaimhsigh sí go cluanach mealltach ar thaipéis dhearg as a chomhair. hOrdaíodh dó ciontú léi ar chrannán. Cuireadh dealán dearg suas an leath deire aige.

'A dhaoine . . .' arsa seisean, ach ní raibh aon duine dhá dhaoine ann, nó má bhí, bhí siad cho caochta faoi seo nach n-aithneoidís cat thar chóiste. Ar aon chor bhí a dheich n-oiread strainséaraí, eachtrannaigh, sa mbaile anois leis an muintir dhúchais. 'An scian dó,' adúirt glór a bhí sách údarásach le bheith in a ghlór ceannfoirt. Scairt an lann thanaí ghéar faoi sholas neamhairdiúil na gealaí. Ach ba ghearr gur léar d'fhear na scine gur chumasaí an greim a bhí ar a bhun-rí ón taobh thiar ná an t-iarann líofa a bhí sa láimh. Bhí ag cinnt air fille ná feaca, ach b'fhacthas dó gur bhean a bhí ag coinneáil a láimhe. An pointe céanna sin ghearr forránach ard a bhealach thríd an slua amhail deimheas thrí thiubhlomra olla. Dhornáil, chiceáil, thurraiceáil faoi agus thairis iad. Bhí fuinneamh curtha aige i láimh na scine, gur lig sé sin leis í dhá sheanbhlao péine. Bhí an forránach géagánach idir an mathshlua agus an sagart. Chuir uaidh dhá sheanturraic isteach i lár na ndaoine an bhean nocht.

'An fear seo as bhur lámha,' adúirt sé, ag leagan a chiotóige ar an sagart. 'An té adéarfas oiread is "dailtín Dé" leis gheobha sé an scian seo go feirc in a chroí. Siaraigí! Siaraigí! A chuid éadaigh ar ais dó.'

'Ós mara bhfuil Abraham le coille cén mhaith an oíche?' adúirt glór amuigh ar chiumhais na cearnóige.

'Tá a riocht ort, a chladhaire, go bhfuil tú cho fada ó láthair.'

'Cé hé thusa?'

'Mise! Fear mar chách.'

'Cé thú féin?'

'Duine agaibhse, fámaire.'

'Cárb as?'

'Cárb as? Áit nach miste dhaoibhse fios a bheith agaibh air, an Rúise.'

'Ní as an mBaile Gaelach thú? Níl lá loicht ansin ar dhaoine a choille.'

'As an Rúise.'

'Aindiagaí beag.'

'Aindiagaí ná eile, má théann sibhse sa gceann sin liom gheobha sibh amach nach bhfuil mé cho beag is a bhreathnaím in bhur súile.'

'Céard a bhaineas an scéal seo dhuit?'

'Baineann ceart duine dhom.'

'Tá go leor cearta ag an duine i do thírsa.'

'Tá go leor cearta aige sna tíreannaí se'agaibhse de réir cosúlacht. Tá mise agus an fear seo ag imeacht anois. An té a fhéachfas len a leithéid seo de chleas a dhéanamh anseo aríst anocht íocfa sé len a anam as. Siaraigí! Siaraigí tuille! An té a fhéachfas len a láimh a ardú dubh na hiongan, ná í a chur in a phóca, racha mé faoi dhó gurb é an uair dheire aige dhá dhéanamh é.'

In aice fíochmhaireacht agus bríomhaireacht sháraigh dáiríre a ghlóir agus a iompair mírún an tslua sin. Ba gheall le neamhurchóid bhunaidh eicínt é ó thús an tsaoil.

'Tá mo chraiceann féin saor slán, a bhuíochas sin ortsa,' arsa an Monsignor ar shroiche an tí dóibh. 'Ach feacha an pobal . . . Na Gardaí? Ní mba sú salúin i mbéal bulláin iad. Tá fios curtha ar thuille go hI. Nuair nach bhfuil aon dlí ann is cuma leo. Na príosúnaigh sin a ligeadh amach ba iad a bhí ag ceisniú agus ag saghada an chuid eile de mhuintir an bhaile ansin anocht. Cén fáth gurb ar an mbaile seo a leagfadh an diabhal a shúilín chlaon le gurb ann a thosódh tithe ag glaca faltanais le chéile?'

'An diabhal! An bhfuil tú cinnte nach mearbhall intinne é atá oraibh féin? Cruth d'bh ur gcuid slíomadóireacht féin. Má tá a ndeir tú amhala is féidir é a chruthú. Ag iarra cruthú air atá mise.'

'Tá an chosúlacht ann. Ach ní shin é ach é seo. Slíomadóireacht, arsa tusa. Tá fúm a dhul síos faoin mbaile mór sin fiú má chaillim m'anam leis.'

'Ní ól atá uait?'

'Níl aon chur suas agam d'ól. Tá sé go barr bachall istigh ansin agam. Mo phobal.'

'D'éirigh liom thú shábháil ar ball le teann sondacht. Leis an gceart a dhéanamh bhí tú in aer marach bean eicínt a choinnigh an láimh ag fear na scine, nó gur éirigh liomsa greim a fháil uirthi. Níl mé cinnte go sáróinn an tonn bháite sin aríst.'

'Beidh mé buíoch go brách dhíot, más fada gearr é sin, ach i m'aonraic a ghabhfas mé.'

Chua isteach sa teach agus tháinig amach faoi chóta mór tuata. Shín a láimh isteach sa bhfál agus tharraing amach camán. Bhí leasú cruaí ar a bhois. D'fhéach len a shníomh in aghaidh na talúna. Chinn air feanc a bhaint as.

'Bhí mé stuama go leor leis seo tráth,' adúirt sé.

'Má tá fút a dhul síos gabhfa mise in éindigh leat, ach chomhairleoinn duit – '

Bhí an sagart bogtha amach cheana féin. Bhí Teach Ósta í Mhaoldhomhnaigh in a bhruishléacht le gleo, crangairt cheoil, bruín, bean ag síonaíl go raibh sí sáite, an tsráid agus an bóthar cruachta le buidéil bhriste. Mhoilligh an Monsignor meandar ach ghluais leis aríst, ag rá rud eicínt faoin a anáil dó.

Sa solas scaltach as Tigh Mhaoldhomhnaigh d'aithin an Monsignor an dochtúr a chaill na dindiúirí, coiglithe anuas ar a dhroim ar an mbóthar ag cúigear eile. Ba chosúil le siosúir mhóra a bhí acu in a éadan.

'Nach aige a bhí siad go rabairneach, díol triúr. Anois, a tháilliúirí liom, amach ón dúid! Dhá bhfágtaí comharthaíocht ar bith ag an gcleabhar bheadh sé i n-ann é a oiliúint len a chuid easarlaíocht, go mbeadh déanamh na ngnathaí ann . . .'

D'aithin an Monsignor táilliúr coillte an Bhaile Ghaelaigh: 'Is í an chuid is neamhurchóidí de choir na hoíche anocht an rubáil sin,' adúirt sé. 'Tá neart rachmais sa mbaile mór. Bhíodh sé sin i gcónaí ag dochtúireacht ar chúla téarmaí . . .'

Ag Corrán na Croise bhí slua mór bailithe. Teach dochtúra a bhí tar éis teach dochtúra eile len a ais a ionsú. Bhí taisceadáin, cathaoireachaí, trealamh, billí, oidis agus eile dhá ropa amach na fuinneogaí agus billí ag imeacht san aer mar bheadh ceathannaí radio-aithinniúchaí díobhálach ann. Bhí an slua thríd agus thríd spraíúil dea-iomparach. Bhraith an Monsignor go raibh fear ag téaltú leis agus taisceadán éadálach ar bharra aige.

'Tá rud eicínt ar siúl ansin nach dtuigimse,' adúirt sé, 'cé go dtiocfadh dhó a bheith simplí go leor dhá dtuigeadh duine é.'

Ag cóngar Shráid na Sop agus Lána an Éisc bhí tine chnámha, crannóg íseal as a comhair agus feáin mhór d'fhir agus de mhná nochta faoi bhrat a raibh Gréasaí Leipreacháin uirthi. Ní raibh aon aimhreas faoin diúlach de ghréasaí seo. Ba í bairéad trí choc agus ceannaghaidh an Mhonsignor a bhí air. Agus bhí an suaitheantas feailic ann cho so-aitheanta le ceann Ghaeltarra Éireann. Bhí crúsca de dheoch na háite ar a bhéal agus é ag taosca amach in a shruth óir as an suaitheantas.

'Seo é é, brise nó bua,' adúirt an Monsignor go soineanata agus rinne a bhealach go réchúiseach thrí na fonsaí amuigh den chruinniú. Go tobann nocht sé an camán agus d'iarrantaí arranta, go hiondúil i mball goilliúnach, thosaigh ag speala faoi agus thairis. Shíl beirt greim a fháil ar an gcamán, ach ar iontú an tsoip bhí an Rúiseach ag tarraingt scine astu a raibh an fhuil the ag sruthla di. Ba scliúchas é nár mhair an fhad is bheifeá dhá inseacht. Cés moite dá raibh sínte ní raibh ar an láthair ach an gréasaí, ar taltaíodh go dona sa teithe ar a shuaitheantas Gaeltarrach, agus bean óg a raibh an oiread iontais uirthi agus go raibh sí mar bheadh sí táite in a ball corpanta don chrannóg.

'Glan,' adúirt an sagart, 'agus cuir éadach ort féin go beo.'

'Níl aon éadach agam,' adúirt sí go simplí.

'Goid é,' adúirt an sagart, a bhí ag smaoiniú go mbíonn an tOlc féin simplí neamhurchóideach uaireantaí. 'An bhfuil aon duine as H. anseo?' a d'fhuagair sé i ndiaidh na dteifeach. 'Má tá ní baol daoibh ach a theacht i chúnamh dhomsa.'

Bhí suas le scór go dtí é ar an bpointe.

'Anois an bhfuil biseach agaibh? Chuala sibh ariamh é pér bith cá mbeadh an diabhal sa ló gurbh i H. a bheadh sé san oíche. Níl sé ag corrú as de ló ná d'oíche anois. Caithfe sé a dhul as seilbh. Níl sa méid sin a chonaic sibh ach tús áir leis. Agus ní den abhras an chéad snáth i gcónaí. Fáigí gléas troda ar an bpointe.'

Bhíodar ar ais in aicearracht agus ilfhaobhair acu, sceana gréasaí, tuannaí búistéaraí, deimhis, siosúir tháilliúra, oird, mileogaí, spainéaraí . . . Thóig na póilíos airm thine an bhaile mhóir fre chéile ar thosú do na tithe ag buala ar dtús.

Ag coirnéal na Faiche agus na Príomh-Shráide bhí Beainc Mhumhan agus Laighean agus an Beainc Náisiúnta ag fadhbáil a chéile go binibeach.

'*High for Blakes and Dalys* agus pléidís féin le chéile é,' adúirt an Monsignor ag deifiriú leis.

Bhí scata mór ag rith agus ag damhsa i mullach carrannaí a bhí fágtha sa bPríomh-Shráid agus ag tiomáint carrannaí ceann ar aghaidh isteach in a chéile. 'Is é fearacht na dtithe ag na carrannaí é,' adeiridís. Ba dheacair an bóthar a shiúl le gloine.

Ba léar go raibh duine nó dream eicínt ag gríosa na ndaoine ar thaobh an Mhonsignor. Leath bealaigh suas an Phríomh-Shráid bhí corra agus chúig chéad duine in a dhiaidh aniar.

Bhí táin éigéill ag brostú síos an Phríomh-Shráid ar an gcosán clí. Thiúrfadh an Monsignor an leabhar gurb as an scéimh-pharlús a bhí siad ag teacht. Iad ar fad lomnocht. Gach duine acu daite nó tatuáilte i mball eicínt. Bhí liopaird, séabraí, péacógaí, liamháin ghréine, nathrachaí ann. Compáis agus ciorcail. Tithe iombhuailteach. Casúr gan aon chorrán. Comharthaíocht eireabaill orthu. Nó trí bhall fearga. An chláirseach as cionn na crónach ar dhuine amháin. Breaca tatúch seamrógach ar dhuine eile. *Raddel* dearg ar an gclaise ag bean. Tarbh ag cur fóideogaí ón a chrúba ar bholg mná. An collach coilgneach ar dhroim ceann eile. Gréasán Gaelach ar chíocha duine. An claidheamh solais dírithe anuas ar chlaise duine eile. Daoine, go háirid mná, daite fre chéile, dubh, dearg, breac, buí. Cumhracht na rós san aer . . .

'Go dtí an Chearnóg, a Athair. Ansin atá sé, Athair an Oilc.'

'Agus Máthair an Oilc.'

'Agus Banríon an Oilc.'

'D'fhéadfá a rá! Banríon an Oilc muis!'

Thíos ar thaobh na ciotóige bhí Clochar na Trócaire agus Scoil Náisiúnta Mhuire Naofa ag cardáil a chéile. Is cosúil gurb ionsú díbhlíonach a bhí ann.

'Nach beag beag an faitíos iad seo roimh a mbainisteoir!' adúirt an Monsignor ach níor stop sé. Ba ar éigin a d'fhéadfadh sé. In a dhiaidh anois a bhí formhór a raibh ar na sráideannaí. Bhí daoine ag seasamh ar shála air mar bheadh sé ag cinnt orthu a gcuid mífhoighide a choinneáil istigh i gcrúsca a gcolla.

Bhí púir dhaoine ar an gcearnóg, í cho pacáilte le ubh. Tine mhór ghártha in a lár. Ardán agus damhsóirí nochta air, idir fhir agus mhná. Cuireadh cogar i gcluais an Mhonsignor gurbh é damhsa na Nathrach é. Ceart go leor go haibéil in a dhiaidh sin phlástaráil siad duilleogaí móra fige orthu féin d'fhalach a náire agus ba gheall le coill ag lúbarnaí reachtaíl gháire an tslua. Bhí réiteach déanta i lár na cearnóige faoi chomhair damhsa freisin. Go leor mangairí ag dul thart ag díol buidéil óil agus maidí agus cácaí milis ar dhéanamh an tsuaitheantais ollmhóir a bhí ar an Óstán Idirnáisiúnta. Bhí an Gréasaí faoin a chuid soilse ag féachaint anuas go haontach ar an siamsa go léir, ach cáir bheag, buille tarcaisneach, air, déarfá. Bhí an suaitheantas mór eile ag coimhlint leis anocht amach as fuinneog uachtair shoilseach an Óstáin Idirnáisiúnta. Magairlín meidhreach ollmhór a bhí ar dhath an óir agus é mar dhéanfadh an Gréasaí é fhuáil le guairí. Bhí Óstán na Tráchtála ag déanamh iarracht chalma le bheith sa gcaithréim freisin. Lao órdhaite a bhí ar an mbalcan acu agus ainnir órghléasta, órdhreachúil, órfholtach. Bandia na Tráchtála ba chosúil, in a suí len a ais agus í ag fuint boinn óir i múnla mar chothú dhó. Ní raibh aon aird ar na peictiúir eile len a n-ais sin, cé go raibh an tAbhac ag baint sinneáin gháire as muintir an Bhaile Ghaelaigh, a raibh na téamaí clasaiceach ag dul amú orthu. Má bhí aon Reachtaire Searmanais ann ba é an cléireach árachais é, a bhí go glórach luainneach in a chuaráin óir, an t-aon fheisteas a bhí air.

An tatú a bhí air ba ghréas simplí go leor é: magairlín meidhreach ar leathphlaic a thóna agus bróiste na Teamhrach ar an leathphlaic eile.

'*Sancta Maria,*' a d'fhuagair an Monsignor. 'Trócaire dhá laghad d'fhear aitheantais ach oiread le strainséara, mara bhfuagraí sé é féin ar bhur dtaobh lom láthaireach. An t-ardán ar dtús!'

Ní raibh aon fhreasúra arbh fhiú trácht air ann. Thosaigh muintir an bhaile mhóir dhá gcaitheamh féin ar a nglúine ag iarra cara agus coimrí. Bhí seamóideachaí le cloisteáil in a dhiaidh sin gur mharaigh cuid d'fhir foirne an tsagairt a námhaide agus a lucht comórtais gnathaí. Bhí ráite gur chriog táilliúr coillte an Bhaile Ghaelaigh cúntóir poiticéara. Cloiseadh an Búistéara ó Gioballáin go follasach ag tabhairt Abraham ar Ard-Stiúrthóir an tSár-Mharga, sul ar thug sé an tál dó. Ba sa teithe a taltaíodh agus a maraíodh an mhórchuid dár fágadh ar lár. Bhí an t-ardán in a chipíní agus b'éigean daoine a bhaca ó bheith ag ciceáil na tine chnámha faitíos dóiteáin. Chuir fear as an mBaile Gaelach pirimid le pint bhuí amach suas as leath deire an Abhaic. An t-aon fhuíoll den Fhlea a bhí ann faoi seo ba é an magairlín meidhreach ar an Óstán Idirnáisiúnta é. Ní cosúil go raibh tuigthe acu sin fós céard a bhí ar siúl. Cho dóigh len a mhalairt shíl siad gur chuid den Fhlea na himeachtaí seo. Facthas an dá chuarán óir agus bróiste na Teamhrach ag scinne síos Lána Theach an Phobail ach níor féadadh é a leanacht, arae bhí béal an lána in a stopalán beo.

Ba shin é an uair a tháinig na Gardaí go tóstalach. D'áitíodar an Rúiseach:

'Cá bhfuair tú an scian sin? Cé thú féin?'

'Is Rúiseach é. Ba é a shábháil m'anamsa anocht agus gan sibhse le fáil.'

'Ní fhéadfadh muid a bheith i chuile áit.'

'Inis dom áit ar bith a raibh sibh.'

'Ní call dúinn inseacht, fiú dhuitse, a Mhonsignor, cá raibh muid.'

'Tá a fhios ag Monsignor é. Sa mbeairic. Téigí ar ais ann anois. Tá bhur saothar déanta dhaoibh anocht.'

'Caithfe muid é seo a thabhairt linn len a cheisniú. Is eachtrannach é.'

'Más ea is eachtrannach mise. Níl eachtrannach ar bith i

ríocht Dé. Má tá misneach ionamsa anocht a bhuíochas sin ar Dhia agus ar an gcomrádaí dílis seo.'

Chraith an Monsignor láimh an Rúisigh. Níor thuig sé gurbh é an craithe láimhe comhchumannach a thug an Rúiseach dó.

D'ardaigh an Monsignor leis an Rúiseach. Chonaic siad stríoc mar dhéanfadh peann airgid ag scinne dó anonn thríd an dúch dubh de scáilí a bhí dhá dhóirte anuas ag tosach theach an phobail. B'iontas leis an Monsignor é sa méid go raibh aon fhuilingt aige ar iontas ar bith feasta. Mar ní raibh deoraí timpeall anois. Ba é teach Bhanríon Chrónaithe na hOíche an teach a bhí i ngreamús do theach an phobail ar an taobh sin. D'éist sé nóiméad. Ní raibh de chosúlacht ar theach na Banríona go raibh cuileog bheo faoin a chrioslaigh. Sheas sé arís. Dhá thúisce dhá gcollaíodh sé geábh b'amhala ab fhearr dó. Bhí rudaí dhá bhfeiceáil agus dhá samhailt dó. Ar thug sé an Bhanríon faoi deara in áiteachaí anocht? Ag an gcrannóg ag cóngar Shráid na Sop agus Lána an Éisc bhí scian ardaithe air ag fear buí. Tháinig duine de sciotán eatarthu, rug ar bhun-rí na scine, d'fhill siar le neart crobh gabha í, i riocht is gur thríd an gcamóg ara ag an bhfear buí féin a chua. Chuala sé glór soiscéalach sa bPríomh-Shráid ag gríosa na bhfear agus dhá saghada chun gnímh. Sa gcearnóg bhí buta d'fhear a raibh ceann fíormhór catach air a rinne mar tharbh leis an gcloigeann íslithe faoin Monsignor, d'fhonn poc íochtarach den chroimleac de cheann sin a thabhairt dó. Chonaic an Monsignor é. Chuimhnigh sé gur dhuine de na príosúnaigh a saoradh é. Ba dhoiligh buille na speirthe den chamán a thabhairt dó. Bhí an ceann coinnithe siar ro-íseal agus an dá láimh thuas in a dhá mbocóid chosanta air. Ba léar go mba sheanchleas troda aige é. Bhí an Rúiseach ag cnaga faoi agus thairis, ach ní raibh sé féin ná aon duine eile in áit na tarrthála an pointe sin. D'aon iarra amháin seo amach bean agus thosaigh ag lasca an Chúchulainnín le stoca stuáilte le clocha. Bhain sé an leathláimh den cheann d'fhonn an stoca a alpú. Níor léise ab fhaillí é: fuair sí an buille bog sa gceann air . . .

Bhí an Monsignor féin agus an Rúiseach ar thí a dhul isteach an doras nuair a tháinig glór duine nár léar dhó ó thaobh a chúil:

'Tá fear i gcruth ola ag Óstán na Tráchtála.'

Bhí. An Cúchulainnín.

B'aisteach leis an Monsignor é. Thiúrfadh sé an leabhar – ní thiúrfadh in a dhiaidh sin – gurbh é an duine céanna agus an glór céanna a bhí i chuile áit acu sin. Banríon na Sú Salúin, na dTithe Iombhuailteach! Ach níorbh í. Ba ghar leis an Monsignor a bhí sí in a cónaí dhó. Ní dea-cháil a bhí uirthi. Le roinnt blianta i ngosíseal bhí sé ag iarra í a chur as an teach sin. Anocht féin dhearbhaigh an iarbhean rialta agus triúr nó ceathar eile d'ógmhná an bhaile dó gurbh í ceann feáin ar an daoscarshlua í a mhaidhm isteach leis an séipéal a aithisiú . . .

Ar an dá luath is a ndeacha an Monsignor isteach i dteach an phobail lá arna mháireach ba é an chéad bhall a tháinig chuige anuas as an gclogás file Shráid an Fhíona. Ba ansin a chaith sé formhór na hoíche ba chosúil. 'Le hanam do mhairbh,' adúirt sé leis an Monsignor, 'fliucha mo theanga de rud eicínt sul a n-abraí mé aon cheo.'

Thug an Monsignor isteach an taobh-bhealach in a theach féin é agus é go mór idir dhá chomhairle a bhfágfadh sé faoi fhiréin an bhaile mhóir a n-íde féin a thabhairt air. Ba dhris thruisleach a bheadh sa gclampadóir an dá lá ba bheo é, ach ní raibh an Monsignor cinnte nach collach coilgneach a dhéanfadh fód a bháis. Bhí gnaoi mhór air féin agus a chuid filíocht i Sráid an Fhíona agus sna bólaí faoi gcuairt. Bhí an-chion ag fear pháipéar an bhaile air. Aon uair a mbíodh aor leis i bpáipéar an bhaile ní fheictí an polaiticeoir arís go ceann coicíse. Rinne sé píosa faoi chléir Shráid na Croise agus dhá bharr níor tóigeadh ach deich fichead sa séipéal sin an Cháisc sin. Chuimhnigh an Monsignor féin, aisteach go leor, a dhul go dtí é, i ngosíseal faoi mhuintir Mhaoldhomhnaigh . . .

Toghadh ar chomhairle an bhaile uair é. Mhol sé rudaí áirid: teampall a dhéanamh do Bhach i Sráid an Fhíona; ionad do ghiofógaí a dhéanamh leis an abhainn idir an Baile Gaelach agus an chuid eile den bhaile mhór; Meaigí Mhór, úinéara árais na gcailíní gnathaí i Sráid an Fhíona, a chomhthogha ar an gcomhairle; na rátaí uilig a bhaint de shráideannaí áirid agus iad a dhúbailt ar shráideannaí eile . . . Thuill an mola deireanach seo an domhan meas dó . . .

'Cén fáth nach mbeadh barrainn eicínt ort?' adúirt an Monsignor, 'nach gcoinneofá *job* eicínt?'

'Bíonn fuaimeannaí agus focla ag snámh thrí mo chloigeann. Ansin déanann siad mar bheadh oileáin agus glasoileáin i muir mhór fuaime. Ansin slabhraí, ceathrúnaí . . . Faigheann fear na hoibre ag aislingíocht mé agus briseann sé mé. Tá fonn na hoibre orm, ach – '

'Breá nach ndéanfá amhráin chearta seachas an cineál sin a bhfuil tóir ag an áras bréan sin thuas i Sráid an Fhíona orthu . . . Amhráin ghlana. Amhráin chrábhaidh . . . Má tá sé gáirsiúil ní éistfe mé leis . . . Amhráin faoin Maighdean Mhuire, faoin gCreideamh, faoi Naomh Pádraig . . . Anois más amhrán gáirsiúil é . . . Faoin Maighdean Mhuire é, adeir tú. Thú féin a chum é . . . Ní thú . . . François Villon . . . Francach! B'fhurasta aithinte! Bhí a fhios agam go raibh sé gáirsiúil . . . Tuige nach bhfaigheann tú *job*. Feacha anseo! Tiúrfa mise *job* anseo dhuit, i do chléireach teampaill. Nach dtaithníonn an clogás leat? . . . Is beag a bheas le déanamh agat. Baistí, pósaíochaí agus báis a chlárú agus táillí a thógáil ar a son. Teastais bhaiste a thabhairt do dhaoine. An clog a bhuala. Fíon altóra a choinneáil solátharaithe. Múinfe mise dhuit cén sórt filíocht is ceart a chuma . . . Anois teastaíonn píosa uaim faoi mhuintir Mhaoldhomhnaigh an Ósta. Beidh mé ag caint aríst leat faoi . . . Ná hól níos mó as an mbuidéal sin. Sin é a bhfuil sa teach agam. Tá sé in a mharga, an bhfuil? Ar chuntar nach dtaobhó tú go brách Sráid an Fhíona, ná an taobh sin den bhaile mhór, ná tithe ósta, ná mná. D'fhága mé teach an phobail dúinte, sílim. Beidh mé ar ais ar an bpointe agus socró muid faoi pháí . . .'

Bhí. Bhí an file agus an buidéal bailithe roimhe . . .

Ba í comhaire na hanachain ba mhó a bhí ar bun an lá sin. Ar éigin a bhí fámaire fanta sa mbaile mór le giolca an éin. Ghlan lucht an bhaile ar fhéad siad den spros agus d'fhuíoll an áir agus d'athnuachadar a móide baiste. Ansin cuireadh coistí agus caibidil ar bun ar athleasú spriodáilte an bhaile mhóir. Fuair sireoirí gasúr an gníomhaire árachais in ulaí faoi urlár an tséipéil. Bean a raibh glóire na gréine ag drithle as a ceannaghaidh a threoraigh ann é as ár na cearnóige aréir roimhe sin. Thairg fear as an mBaile Gaelach an tatú a fheanna dhá thóin. As a dheire fáisceadh suas seanchulaith chuleáilte leis an sagart air, d'fhalach a náire. D'éiligh cuid den tslua go daor agus go docharach luathbhreith agus luathoidhe air. Orthu sin go háirid bhí oibrí Thaisce an Phosta agus timire na bpúlannaí. Phléideáil seisean gur thug sé rachmas chun an bhaile mhóir agus má bhain daoine mí-leas as nárbh é a chionta seisean sin. Ba mhaith ab eolas do ghníomhairí taistil go dtiúrfadh cáil agus cluana na duáilce fámairí go dtí áit, rud nach ndéanfadh cáil na suáilce. Ní raibh aon neart aigesan air sin: ba é nádúr an duine é. Ar mhaide corr cáimín an nádúir dhaonna a chaithfeadh lucht gnathaí maireachtáil. Dúirt gur tharrthaigh sé an iarbhean rialta ar chomhéigniú cinnte aréir. Dúirt sise go ndearna ach go raibh sé nocht. Bhí fuadar na fola, fonn na híbirte, ar an slua. An dream ba ghangaidí dhíbircí ba iad seo iad a chaill le díscaoile na bhfámairí. Ba chuma leo sin é ach a mbris a ídiú ar dhuine nó ar dhream ar bith. An

Monsignor a shábháil an gníomhaire. Bheadh air an baile a fhágáil agus gan fille go brách. Thuig an Monsignor dhá n-imrítí díoltas airsean nach mbeadh ann ach fasach le díoltas a imirt ar aon duine, ciontach éigiontach é. Bhí an file agus an buidéal in a nathair nimhe in a intinn féin, ach ainneoin sin . . . Chóns bhí an gníomhaire ag cur ar a shon féin agus an Monsignor ag caint bhí fear ó Lána an Éisc ó thaobh a chúil ag loma na gcuarán óir anuas de na cosa.

Ar an bpointe boise dhúisigh an iarbhean rialta agus scata mór eile de mhná óga an bhaile ar a raibh saineolaí an scéimh-pharlúis cúis na banríona a crónaíodh nocht aréir agus a shaghad an slua go dtí teach an phobail in a dhiaidh sin. Dúirt duine as Sráid an Fhíona gurbh é an chaoi ar baineadh an t-éadach di den bhuíochas. 'Cá ndeacha sí in a dhiaidh sin?' adúirt duine eicínt eile.

'Le drabhlás, deile?' adúirt bean óg eicínt.

'Le drabhlás sa séipéal,' arsa na mná óga d'aonfhocal.

'Tá an bás tuillte aici sin ar chuma ar bith,' adúirt glór cho dearfach is gurbh fhurasta aithinte go mba luaíocht leis féin a bheith in a bhásaire nó in a chrochadóir uirthi.

'A dhaoine chóir, ní bheidh an bás tuillte ag aon duine nó go gciontaítear go dearfa é,' adúirt an Monsignor. 'Sa gcás seo fearacht i gcás an ghníomhaire – '

'Níl tú ach ag ruaige as an mbaile mór le go mbeidh siad ar ais arís faoi cheann seachtaine. An té a ghabhfas faoin bhfód fanfa sé faoin bhfód.'

Bhí cruinnithe dhá dtionól ar scair ar a chéile. Mórán ag chuile chúinne sráide. Dhá fhada go dtí é bhí faighte amach ag na cathraitheoirí go raibh creideamh agus fíréantacht le caomhúint acu. Ag coirnéal Shráid na Sop bhí fear a raibh breaca bró mhuilinn ar a éadan plubach in a sheasamh ar bhosca a bpacáiltí iasc ann.

'Is léar go bhfuil máthair an drochábhair in ar measc i

gcónaí. Tá tithe ag buala faoi chéile inniu féin. Níor bearradh d'fhéasóg an oilc aréir ach an barr marbh. Bhí sé féin anseo.'

'Bhí. Chonaic mé é ag dul síos Sráid an Fhíona, a dhá adhairc ag dul amach thríd an aer agus an bhean a crónaíodh in a banríon ar an mbaile seo i ngreim adhastair ann.'

'Céard d'éirigh den bhanríon sin? Tuige nár cuireadh dhá cois í agus a liachtaí duine ba neamhchóra ná í a cuireadh dhá gcois. Bean ar bith a chiontaigh go poiblí leis an ngníomhaire árachais ar an ardán sa gcearnóg aréir! Ar fritheadh greim uirthi? Is fadó ariamh adúirt mise gurb ise ba chiontsiocair leis an urchóid ar fad agus go stopfadh chuile shórt ach í a ruaige nó í chur dhá cois. Is deas í mo bhaothóg, tealtaithe suas leis an mása ag an Monsignor. Is dóigh gurb eisean atá dhá cosaint.'

'Níl sí gan comrádaithe. Feacha Beice an Cheaifé!'

'Nach náire bhruite d'aon áit í bean an Mhuilleoir í Mhóráin! Fear aici i chúig shráid den bhaile mhór.'

'M'anam nach leis na mná atá an áibhirseoireacht ar fad ag rith. Le blianta nach mbíodh cóisireachaí nocht ag an Óstánaí ó hArgadáin, mná gnaíúil an bhaile mhóir ag céileachas go poiblí, mar ba gheábh damhsa a bheadh ar siúl acu.'

'M'anam gur dheir siad go mbíodh an droinníneach de phoiticéara sin thiar ag ligean mná isteach cúlbhealach Shráid na Croise, ag tabhairt deochannaí suain dóibh – '

'Feacha coincín fuisce sin thall ru – '

'Agus an bolg míol mór de stiúrthóir Sár-Mharga seo anseo – '

'Attha!'

'Attha le peaca!'

Bhí na corrmhéarachaí ag dul thar a chéile san aer ag scaga daoine amach as an slua agus dhá gcur in a seasamh in a gcrann duáilce in aghaidh na spéire. Éadan plubach thuas ar an mbosca, bhí sé ag giongaíl mar bheadh bioráin dhá gcur thríd agus a aghaidh anois in a fhód grafta:

'Níl an baile mór mar seo uilig ná baol air! Ná bígí ag déanamh éagóir ar bhur gcomharsanaí. Ní peaca go dtí é. An té a bhfuil muid ar fad ar aon-intinn fúithi, an Bhanríon, Máthair an Oilc – '

'Céile an Oilc.'

'Céile an Oilc, mar deir tú. Cho fada len ar n-eolas níor fhága sí an baile mór seo. Ag tnuthán is dóigh go gcothó sí lasair an oilc ar síor-adhaine. Tochlaíodh muid as a prochóig í. Nach fearr sin ná muid féin a bheith ag casa urchóide le chéile.'

'Tochlaíodh muid as a prochóig í.'

'Tochlaíodh!'

Ghluais an cruinniú síos i leith na cearnóige ar nós sruth abhann a mbeadh chuile dheoir dhe comhtháite agus faoi gheasa gluaiseacht an bealach céanna. Aníos as Lána an Éisc bhí óráidí fraochmhar le cloisteáil: '. . . Agus nuair a bheas an diláthairiú sin déanta againn tiúrfa muid cuire don Chairdinéal, don Uachtarán agus don Taoiseach a theacht anuas agus an gairdín suáilce de bhaile cumhra leasaithe a bheas againn a oscailt. Ach caithfear sampla a dhéanamh di siúd ar an gcéad iarra – '

Bhí an chearnóg bán mar theach a mbeadh an troscán aistrithe as. Faoi seo bhí an magairlín meidhreach imithe den Óstán Idirnáisiúnta agus de na bratachaí uilig a bhí amuigh ann ba í brat an Phápa ab airde shuntasaí. Bhí tosach Óstán na Tráchtála faoin aon-ghairm scoile, 'Creideamh ar nAthartha'.

Rinne an slua anonn go dtí clós an tséipéil, áit a raibh an cruinniú ar siúl ar an bhfad seo.

'Pér bith cén diagantacht phlámásach a thiocfas amach as bhur mbéal,' a bhí an Monsignor a rá leis an slua méadaithe, 'ní thiocfa an ghangaide as bhur gcroí. An tÁmhachas agus an tÉabhachas a bhrúcht asaibh aréir tá sé ag brúchta asaibh aríst anois. An teach sin a chur thrí lasa! B'ionann sin agus an séipéal a chur thrí lasa agus mo theachsa agus leath an bhaile mhóir is cosúil.'

'Níor mhóide gurbh fhearr in a sheasamh é. Tithe drúise agus cneamhaireacht. Tithe poiticéaraí atá ag mealla isteach ban agus ag tabhairt deochanna suain dóibh. Tithe – '

'Cén mhaith in a seasamh iad agus gan de chaitheamh aimsire acu ach ag buala in aghaidh a chéile?' Ba léar ar an gceannaghaidh lasta go raibh an fear sin óltach, ach chua borbshiosma comhaontach leis thríd an slua.

'Más áibhirseoir de theach é mar deir sibh,' adúirt an Monsignor, 'éistigí! Déanfa mise agus triúr nó ceathar muiníneach eile é a thóraíocht go cruinn baileach ó fhoth go fraigh agus m'fhocal sagairt daoibh má fhaigheann muid ribe róine ón áibhirseoir ann go dtiúrfa muid amach anseo in bhur láthair é agus beidh fianaise againn ansin len ar gcomhairle a chur i dteannta a chéile faoi.'

'Ach í fhéin?'

'An síol is uaibhrí ón áibhirseoir sa mbaile seo.'

'Bean Lot a raibh na tithe ban coitianta aici – '

'Anois foighid agus grá Dia go fóilleach. Níl a fhios againn cáil sí.'

'In aontíos leis an áibhirseoir.'

'Ní bhfuair sí cead cur ar a son féin. Ní dhaorfadh sibh duine gan cead a thabhairt dó cur ar a shon féin.'

'Rinne Dia piléar salainn de bhean Lot.'

Bhí aighneas an Mhonsignor cho bríomhar sin arae b'fheasach é gurbh iad an dream a bhí míshásta le cor nua an bhaile ba mhó a bhí ag iarra díoltais. Ach bhí dóchas aige sa deire thiar go sásódh sé iad le droim díbeartha a chur uirthi as an mbaile mór, mar rinneadh leis an ngníomhaire. Ba mhian leis an slua ar fad an Monsignor agus na daoine a bhí tofa aige a leanacht isteach i dteach na Banríona, fiú tosach a bheith acu orthu. Thuig sé sa gcás sin gur d'fhearta Dé é mara gcuirtí an teach thrí lasa.

Shín a dhá láimh amach in a gcrois: 'Feicim nach dtrustann sibh mé. Thrustfadh sibh bacach an bhóthair. Is gearr ó bhí sibh dhá dtrust sa mbaile mór seo. Ní thrustfa sibh mise bhur dtréadaí. Ní mian libh a ligean in bhur ngaire go n-inseoinn féin ná iad seo a cheap sibh ar choiste an pharáiste an fhírinne dhaoibh. An gcaithfe mé iarra ar na fíréin a theacht chun tarrthála orm mar b'éigean dom a dhéanamh aréir?'

Chúb siad siar sa gclós. 'Impím oraibh a bheith dea-iomparach agus foighideach. Is í an fhírinne a gheobhas sibh, binn searbh í.'

Ní raibh de dhúna ar an doras ach an laiste. Dhúin agus bholtáil an Monsignor in a dhiaidh é. An chéad bhall a tháinig in a aghaidh aníos an pasáiste ba í an Bhanríon féin í. B'fhurasta aithinte go raibh sí faiteach, ach bhí lóchrann in a héadan sa bpasáiste meadh-dhorcha a chuir an Monsignor beagán beag dhá bhuille:

'De bharr an tslua shaghadtha seo amuigh ba é roghain an dá dhíomh againn é. Thairg an ceathar againn go dtóródh muid do theach, féachaint – céard déarfas mé? – an raibh aon *agnus deis* nó aon leabhara Eoin áibhirseoireacht ann.'

Spréach *auto-da-fé* de gháire ar fud a éadain, ach ba léar nach raibh sé ar a shuaimhneas: 'Tuigim gur rud neamhghnách é seo le déanamh, ach ba chóir go dtuigfeá féin nach bhfuil idir thú agus toil an tslua sin ach é.'

'Tuigim go maith. Tóraigh leat, a Mhonsignor. Ní shílim go bhfuil tada le ceilt ag an teach seo.'

Barr míshuaimhnis ar an Monsignor muinín mhúinte na mná. D'iontaigh sé ar ais uirthi:

'Céard tá le cur agat ar do shon féin?'

'Tada.'

'Tada!'

'Sea, tada. Cé ar a shon, a Mhonsignor?'

Thosaigh glogarnaíl ag teacht aníos go dtí téada an ghuth

ag an Monsignor. Ní chruthódh sí in a caint, doilí, ach a dhul ar ais aríst in a meall anchruthach aeir go dtí na scamhógaí.

'Ar son chuile shórt,' a tháinig leis sa deire.

'Rinneadh Banríon díom anseo faoi dhó. In aghaidh mo tholach a chuir mé isteach air chaon uair. Muintir Mhaoldhomhnaigh a bhí ag dilleoireacht liom i mbliana. Ba é leas an bhaile agus mian an Easpaig é – '

'Ba é leas mhuintir Mhaoldhomhnaigh agus an Easpaig é,' adúirt an Monsignor thrí shreanga frídíneach de racht chasacht.

'Ar do chomhairlesa a chua mé isteach air anura, a Mhonsignor.'

Thug sé an chomhairle sin di ag tnuthán dhá ngnóthaíodh sí go n-ardódh dream eicínt leo as an mbaile sin í agus nach mbeadh sí feasta in a scáthan cathaithe dá phobal. Ba é a teach a bhí greamaithe don tséipéal. Fearg a thosaigh a chuid aiféala a chur air.

'Ar tusa a scinn ón séipéal aréir thart leis an gcúinne?'

'Is mé.'

'Cá raibh tú?'

'In ulaí an tSagairt Mhóir mhic Ghiolla Mhairt.'

'Céard a thug ansin thú?'

'Threoraigh mé an gníomhaire árachais ón lána agus chuir mé i bhfalach san ulaí é. Mharófaí sa lána é. D'éirigh liom cúnamh a thabhairt dó leis an eang a thabhairt leis.'

'Tuige dhuit cuidiú leis-sean?'

'Chuideoinn le duine ar bith sa gcás céanna.'

'Agus fios agat gur drochdhuine é.'

'Tús na breithe ag Mac Dé! Níl a fhios cé is dona ná is fearr. Chonaic mé é ag déanamh drochrudaí aréir, má thuig sé gur drochrudaí iad, agus dea-rudaí b'fhéidir. Scaitheamh aréir ba bheag duine a bhí in a mháistir air féin.'

Ghrinnigh an sagart í. Ar bhraith sí rud eicínt? Bhí an

t-iasc ag léimneach ann féin. Go tobann shá a dhá shúil inti mar dhá gheaf fhastach.

'An dtéann tú ar faoistean?'

'Téann.'

'An dtiocfá ar faoistean anois?' Chuir an sagart súil air féin amach thrí pholl an ghlais ar an mathslua: 'Ní móide gur mhiste é. An slua saghadtha sin – '

'Níl aon fhaitíos orm rompu, a Mhonsignor – '

'Mar sin féin, bí umhal. Téirigh ar do ghlúine.'

Ba ar éigin a bhí an faoistean thart nuair a tháinig an triúr eile i láthair. 'Croiseannaí, uisce coisrigthe, paidríní, leabhara urnaí . . . Is cinnte nach mbeadh an t-áibhirseoir ar a shuaimhneas i gcumhacht-áras beannaíocht mar seo.'

'Tháinig muid ar chual leitreachaí nárbh fhéidir gan an suaitheantas ar an gclúdach a thabhairt faoi ndeara. Níor bhain muid leo ach thug muid chugat féin iad, a Mhonsignor.'

'Crúba an diabhail, post-mharc ifrinn, is dóigh!'

'Léigh leat iad,' arsa an Bhanríon, ar fheiceáil di go raibh an Monsignor ag braiteoireacht. 'Bhí fúm é inseacht dhuit go gairid, dhá n-éisteá liom. Níl aon rún sa teach seo. Níl aon leitir ghrá ann ach oiread, nó tá súil agam nach bhfuil ann ach leitreachaí grá . . .' ag féachaint síos di ar an gcual.

'Anois,' adúirt an Monsignor, 'iarrfa mé achainí ort, ar mhaith liomsa, ar mhaith leatsa, ar mhaith linn ar fad. B'fhearr liom nach sa teach seo a bheifeá go ceann tamaill ... Cuirim faoi bhrí na humhalaíocht thú, géill dom. Gheobha mé Inín mhic an Airthinnigh ón teach cúil anseo, tá aithne agat uirthi, le thú a thabhairt amach a cúldoras féin agus thú a thíolacan na bealaí cúlráideach suas isteach cúlgheata Chlochar Mná Rialta na bProinsiasach. Fanfa tú ansin faoi láthair. Feicfe mise níos deireanaí inniu thú . . .'

Faoin am a mbeadh an bheirt bhan cúnamh maith den

bhealach dhúin an Monsignor doras tosaigh theach na Banríona agus ghlasáil é in a dhiaidh féin agus an triúr a bhí freis.

Bhí gach súil sa slua in a túr faire.

'Bíonn uisce coisrigthe ag an diabhal, ar mhaith leis féin,' a d'fhuagraíodar.

D'inis agus léigh an Monsignor dóibh go raibh socraithe aici le fada a dhul i gclochar Cartúiseach.

'In a toscaire ag an áibhirseoir,' a d'fhuagraíodar.

'Muise níl baol ar bith gur istigh aici a bheadh mo phíopa, an píopa a chuir mo dheartháir – '

'Más ón áibhirseoir – '

Ansin d'iarr an Monsignor fianaise dhearfa in a mí-ghníomhra.

Facthas i ngreim adhastair san áibhirseoir aréir í.

'Dosán raithní agus girria,' adúirt an Monsignor. 'Is domsa is feasach go raibh an t-áibhirseoir anseo aréir, ach ba i gcruth ní ba shleamhaine ná sin é.'

'Chonaic mise,' adúirt an iarbhean rialta.

'Céard a chonaic tú? . . . Céard a chonaic tú? . . . Céard a chonaic tú?' adúirt an Monsignor.

'An t-olc i chuile chruth ach in a cruth féin.'

'Crónaíodh in a Banríon í.'

'In aghaidh a tolach.'

'Ní in aghaidh a tolach.'

Ba í saineolaí an scéimh-pharlúis a labhair. Bhí cuid mhaith ag rá in a dhiaidh sin go mba mhór léi di agus nár thaobhaigh sí a parlús ariamh.

'Tá a fhios agamsa gur ar mo chomhairlesa féin, go maithe Dia dhom é, a chuir sí isteach air anura.'

'D'ól sí sláinte na dtithe iombhuailteach aréir agus gan snáth uirthi.'

'Coinníodh í dhá hainneoin agus nochtadh í. Ní dheacha deoir den fhíon thar a béal.'

'Chonaic mise ag fastú láimhe í, ag cur fuinnimh ar ais inti agus an scian as an láimh a bhí ag dul thríd an Monsignor, thrí chamóg an sceannadóir bhuí a chua sí.'

'Chonaic mise í agus clocha i stoca – '

'Chonaic agus chuala mise ag saghada na ndaoine í – '

'Agus ní dhéanfa sibh sampla dhi,' adúirt an iarbhean rialta.

'Is furasta dhó tarlú aríst agus úll na haithne mar sin a dhul saor,' adúirt scata ban óg.

'Inín uchtáilte leis an áibhirseoir a fhágáil ag truailliú an uisce coisrigthe chuile ré solais': bhí saineolaí an pharlúis ag dul i ndánaíocht len a cuid aighnis.

Chua dhá shúil an Mhonsignor siar glan eascartha ar chúl a cuid féin in a ngimléad sclárach go dtí ceartlár a hintinne:

'Ní maith an tsamhail a théas i bhfad.'

'Tá tithe ag buala in aghaidh a chéile ó mhaidin agus caithfear sampla a dhéanamh de dhuine eicínt, más olc maith linn é. Is léar gurb shin é toil Dé': bhí a éadan dhá lasa as lóchrann a shúile. Chua racht pléascánta thríd an slua. Ba chosúil iad le duine a bheadh i ndiaidh tuairt fhóirinteach réama a réiteach as féin aníos. Bhí formhór an tslua ar thaobh an fhir sin. Thionscail an oiread sin goirg-chainte nárbh fhéidir an Monsignor a chloisteáil.

'Cogar mé seo libh,' adúirt feairín bunáiteach nár neamhchosúil leis an nGréasaí dá mbeadh sé ag gréasaíocht agus spaga aige, anuas as an lag idir an séipéal agus teach na Banríona, áit a raibh sé i ndiaidh é féin a ghróige ann, 'an bhfuil duine ar bith anseo i n-ann a rá liomsa ar bhuail an séipéal agus teach seo na Banríona ariamh faoi chéile agus a bhfuil dhá theach ar bith eile comhthórainneach sa mbaile mór nár bhuail?'

Ba gheall é le aighne dlí adéarfadh i gcúirt nach sa tír seo chor ar bith a bhí an fear a bhíodh a chiontú, tráth an dúnmharfa.

'Ar bhuail séipéal in aghaidh teach ar bith eile?' a fiafraíodh dhe ar an bpointe.

'Bhuail muise cho hullmhaithe le chuile chineál teach eile.'

'Dar ndóigh níor tháinig d'iamh d'oíche ná de ló ar shéipéal na gCapúisíneach ach ag gleára ar scoileannaí na nÍosánach ar a chúl.'

'Ná ar na Doiminicigh ach ag greada stór Í Riagáin atá idir iad agus a dteach sagart.'

'Dhóirt séipéal na nÍosánach oíche amháin a raibh de phiontaí líonta ar fud tigh Shioradáin. Dóirteadh mo cheann féin agus gan bainte dhe agam ach an bláth uachtair den chúr. Chúitigh tigh Shioradáin an comhar san oíche lá arna mháireach. Scaird sé searrógaí fíon altóra na nÍosánach anonn sa ngeaird muc atá ag an gceann sin as Lána an Éisc.'

'Bhuail agus buaileadh na séipéil,' adúirt an Monsignor. 'Tá sé a haon a chlog sa ló anois. Mo chomhairle dhaoibh a dhul abhaile go síochánta, smaoiniú ar a bhfuil cloiste agus feicthe agaibh, chaon scéal a chur meadh ar mheadh. Tá gaethe beaga feirge ag drioga cuid ar a chéile againn i ndiaidh na hoíche aréir agus an lae inniu. Each gan aradhain an fhearg, mar tá fhios agaibh. Tugadh muid ionú machnaimh dúinn féin, ligeadh muid fúinn, is géirede aibíde ar mbreith é ar n-intinn a bheith soineannta. Tiúrfa muid ar mbreith. Beidh cead ag cách a chuid a rá. Ní mó meas mac rí ná rámhann. A phobail dhílis ní lú mo shuim gurb í an chóir a dhéanfaí ná suim aon duine eile.'

'Ar chuntar go bpléifear mar tá tuillte aici leis an mbadhbh de bhanríon sin agus nach ligfear amach as an mbaile mór í idir dhá am. Thug tú t'fhocal dúinn ar ball nár fhága sí an baile mór': súile lóchrainn a labhair. Sinneán comhaontach leis arís.

'Ní ligfear. Dar m'fhocal sagairt ní ligfear.'

'Caithfe duine eicínt íoc san aithis.'

'Tá díoltas ag dul do Dhia Mhór agus dá Mháthair Bheannaithe.'

'Chonaic mise rudaí . . .'

I ndiaidh deire na ndaoine a fheiceáil díscaoilte rinne an Monsignor, mar bheadh sé ag spaisteoireacht ar nós chuma liom, ar Chlochar Ban Rialta Phroinsiais. Labhair go fáilí le aon duine a chuir araoid air. Ach thug faoi ndeara go raibh go leor ag dul an cor gearr uaidh. Ba fuathfíona do chuid mhaith acu imeacht na bhfámairí.

Ag scotha béal Shráid an Fhíona dhó chonaic sé seala mór idir fhir agus mhná cruinn taobh amuigh de theach ósta. Ón scairtíl gháire ba léar go raibh spraoi ann. Fear a raibh buidéal aige agus idir gacha le súmóg a bhaineadh sé as deireadh sé:

'Ar thug mise focar ar aon duine anseo? Má thug mise focar ar aon duine anseo, síneadh an ordóg nó seasadh amach . . .'

Tháinig fonn treascarach ar an Monsignor a dhul anonn agus an bhuatais a chur báite in a bhundún. In a aice sin an buidéal a bhaint dhe. Ba é file Shráid an Fhíona é. Ní dheacha. Thug an Monsignor de shólás dó féin go bhféadfadh an Eaglais i gcónaí a foighid a ghlaca . . .

Ní bhfuair sé an Bhanríon roimhe sa gclochar. Bhí bean rialta ag dul timpeall sna sráideannaí ó theach go teach agus í ag fáil déirce, ainneoin nach raibh sí dhá iarra. Ní raibh sí ach ag seasamh i ngach teach agus ag greada léi aríst ar an bpointe.

Níor thuig an Monsignor an scéal ar dtús.

'An tSiúr Francesca anseo a chuimhnigh air, a Mhonsignor,' arsa an mháthair aba.

'Go deimhin ní mé, a Mháthair Aba, ach thú féin,' adúirt Francesca.

'Marar bhuail a teach féin ceachtar den dá theach ar aon taobh dhe ná ceachtar acusan é agus má bhuail tithe eile chaon cheann acu sin agus iad sin tithe eile, chaithfeadh sé go raibh bua eicínt sa teach féin. Ón ar inis Inín mhic an Airthinnigh dhúinn, sa mBanríon féin ba dhóigh an bua sin. Níorbh fhéidir thusa a cheadú, a Mhonsignor. Bhí tú thíos ag iarra foighid a chur sna sluaite sin. Ghuidh muid an Naomh Proinsias agus gheall muid adhra speisialta in ómós achainí. Ní raibh tada le caille í a chur amach i gcruth siúrach déirce. Tá na sráideannaí ar fad sa limistéar seo siúlta anois aici . . . Gan aimhreas níorbh fholáir dúinn tús a thabhairt dhár bpobal féin. Ceann de na tithe a raibh sí ann i Sráid an Ghleanna stop sé den phliunca ar an dá luath is a ndeacha a cois thar an tairseach, cé go raibh sé ag gabháil ar an teach eile le leathuair roimhe sin. Tharla an rud céanna i bPóirse na nÚcairí . . . an póirse sin atá ar chomhthreoir le Lána an Éisc. Tháinig scéal ansin go raibh Chois Abhann fre chéile mar bheadh aonach bacaigh ann. Cho luath is a chuireadh sí cois taobh istigh de thairseach stopadh sé ó theach go teach. Tá sí ag dul soir le íochtar anois. Ní mór cúigear siúr leis an déirce atá sí a fháil a iompar abhaile. Fuair sí caora fre chéile ó bhúistéara . . . An pointe seo tháinig tuairim agus cnaigín fuisce isteach ar thóin buidéil a thug pótaire dhi i Sráid an Fhíona . . .'

D'fhéach an Monsignor len a shúile a choinneáil tláth.

'Naomh í, naomh as Flaithis Dé,' adúirt an mháthair aba.

'Naomh muis. Bhí a fhios agam i gcónaí é. Ag béal mo dhorais a rugadh agus a tóigeadh í.'

'Bhí a fhios agat, a Mhonsignor.' Bheadh a fhios ag duine ar bith ar an deoir chaol théachttha – deoir aithrí is dóigh – a bhí ó shúil an Mhonsignor, go raibh a fhios aige i gcónaí é.

'Agus dúirt Inín mhic an Airthinnigh linn nach bhfuil na déaga scoite aici fós.'

'Is mé a bhaist í.'

'Nach aoibhinn Dia dhuit, a Mhonsignor.'

'Coinnígí ar a cois í an fhad is fhéadfas sibh. Ba chóir go

mbeadh formhór an bhaile déanta aici ag an naoi a chlog. Ní bheidh an cruinniú ann go dtí sin. Fainic a n-inseodh sibh cé hí féin. Má fhéadaimse a rá ag an naoi a chlog go bhfuil an baile ar ais ar a sheanchóir féin, gan faltanas ag teach le teach, an leon ag síne siar leis an uan, ansin beidh gobán agam go brách i lucht mírúin. Agus an *tour de force* gurb í an té a bhí siad ag iarra a íbirt go neamhchiontach a rinne an mhíorúilte. Beidh cruthaithe gurb agamsa a bhí an ceart, an fhírinne, i gcónaí. Agus as an racht spleodair sin déanfa mé an tArd-Theampall agus fágfa mé rath na raithní atá uaibhreach in a fás ach críon as a barr ar Mhuintir . . .'

Bhí sé in acmhainn a ráite, in acmhainn ráite nach raibh tithe ag buala ná ag brúsca in aghaidh a chéile . . .

Níor tharla ach cor beag amháin easaontach sna himeachtaí. Bhí sórt gabháil tí ag an sagart ar an Rúiseach in a theach féin len a choinneáil ó anachain ar fud an bhaile mhóir. D'éalaigh agus d'fhoilsigh é féin go tobann ar an ardán an oíche sin. Ní hé amháin sin ach chuir sé faoi deara cead cainte a fháil:

'Ní chreidimse i nDia chor ar bith. I gcearta dílis an duine amháin a chreidim. Tá tithe ag buala faoi chéile anseo leis an fhad seo más fíor, ach an bhfuil sibh cinnte nach foilsiú é ar shíorchoimhlint agus ar dhualchoimhlint na n-aicmí dual-námhadach, rud atá claochlaithe agaibh ó bheith in a choinbhliocht in bhur n-intinn agus in bhur saol laethúil, ach atá dhá léiriú féin mar chruth eile den choga aicmeach i gcomhraic seo na maoine idirthitheach. Measaim gurb inspéise an tsintéis a dhéanfas an idirchomhraic seo. Ar aon chor cruthaíonn sé gurb é an mianach céanna agus an mothú spriodáilte céanna, sa méid gur féidir leas a bhaint as an téarma sin, atá sa damhna agus sa duine. Is é is dóigh gurb ón duine a thóig an damhna an gnás seo, cuideannaí ar leith dhe ar nós tithe a bheith ag síorthroid le chéile ar nós daoine – '

'Dar fia, a chloiginn, tá do theanga in a racht seoil agat.'

'An chroich dó, an t-aindiagaí gránna.'

'É a sclára anseo sa gcearnóg agus bia con a dhéanamh dhe.'

'Seo é an díol íbirte agus ní hí siúd, bean ghnaíúil den bhaile mhór seo.'

'Ní hé,' adúirt an Monsignor. 'A cheart féin dó. Marach é aréir sáile goirt ar nós Shodam agus Ghomorrah a bheadh sa mbaile mór seo inniu. Tá ar mbuíochas ó chroí tuillte aige. Ach tá muid ag séana a chuid comhchumannachais dhamhnaigh. I nDia a chreideas muide agus i gcearta an duine in a dhiaidh sin mar is dual agus is dleacht dó ó Dhia iad. Bhí an diabhal féin go corpanta anseo in ar measc – '

'Bhí. Chonaic mé é. D'aithneoinn aríst é, fiú i lár Theach Ósta Í Mhaoldhomhnaigh agus fiú mar bhí an t-ósta sin aréir. Ba é an Reachtaire Searmanais é ar shá ban, ar choill-teoireacht, ar dhamhsa na nathrach – '

'Chuir sé é féin i gcion ar an damhna agus ar an duine sa mbaile mór seo. Marach an bhean mhaith – '

Ag buille an mheán oíche a chua sí isteach geata an chlochair. Bhí Sráid an Fhíona ar fad, an Baile Gaelach agus na sráideannaí tórainneach dhá tíolacan agus ag déanamh ollghairdis di. Bhí cailíní óga ag spré bláthannaí ar an mbealach roimpi. File Shráid an Fhíona cois ar chois léi agus ag cana dánta di a raibh sí ar aonchéim iontu le bandéithe, le seanbhanríona, le ban-naoimh agus le banshuiríochaí móra na staire. Ba dhoiligh a rá cé acu de na cheithre dhream sin ba mholta a bhí. Bhí an file istigh thar an ngeata san am ar bhraith an Monsignor é agus tharraing iarra air dhá mhaide siúil. Chua an Bhanríon idir é agus an maide. Ise a fuair an iarra . . .

Bhí an baile mór siúlta go baileach aici agus na tithe gaibhte chun síochána le chéile, amhail is dá mba shuantraí ó bhéal Dé féin a dhéanfadh é. Ach ghiorraigh an iarra léi. An tríú lá bhí sí ag rámhailltí. Fearacht gach rámhailltí b'aisteach an gréasán iad na rámhailltí sin. Mar sin féin bhí achainí cho tuineanta síoraí sin iontu file Shráid an Fhíona a ligean ar cuairt aici is gur ceadaíodh é sa deire in éadan na rialachaí ar fad. D'fháiltigh sí roimhe faoin a cróin bhanríona . . .

Ba í an tsochraide ba mhó sa mbaile mór ariamh í. Dúirt an Monsignor ag a huaigh go raibh aithne aige uirthi ó bhaiste go bás agus go mba naomh i gcónaí a bhí inti. Comórtar a lá féile in a shaoire phoiblí agus leagann comhairle an bhaile mhóir bláileasca ar a huaigh. Tá leabhara agus leabharáin scríofa fúithi agus fios ar scéal na dtithe in iomad teanga. Tá adhra mór i H. di agus comhchuallacht líonmhar ann d'fhonn naomh a dhéanamh di. Teastaíonn oilithrigh, na sluaite acu, sa mbaile mór. Níor naomhadh fós í. Ní móide go naomhtar duine as ucht eadarascán a dhéanamh idir thithe comhraiciúil. Ar aon nós níor tharla in a mairtíreach í ach de thimpiste. Déarfadh daoine eolgach – a chloigeann a chraithe a níos an Monsignor i gcónaí dhá chloisteáil dó – gur túisce a naomhfaí file Shráid an Fhíona, arb in a Chartúiseach a bhásaigh . . .

An Eochair

Páipéar-choinneálaí a bhí i J. Aontó duine cneasta ar bith gurb é sin an ceann posta is mó mortabháil agus is anshocraí sa Stáitsheirbhís. Arae is páipéar í an Stáitsheirbhís, chuile chruth, cineál, dath, déanamh agus téagar de pháipéar. Meamraim mhóra thoirtiúil a mbíonn a ndóthain talúna fúthu, a chlúdaíos talamh as éadan ar nós leacrachaí i seanreilig. Amhdála beaga gágach airgid a mheabhródh ramallae ar leic fhearthainn-sciúrtha, comharthaíocht gur shnámh seilmide nó feithideach mar é thart agus gur fhága sé a lorg le cur i bhfios gur shnámh. Na hAchtannaí, na hOrdaithe, na hionstraiméid reachtúil le pont a chéile, uimhrithe in a n-arm, faoi réir nó go dtuga an námhaid ionsú. Na meabhráin naofa a raibh ráite fúthu go dtugaidís go seasta cúrsa go dtí rúnaí na Roinne agus anuas le fána arís go dtí a chuid íochtarán, meabhráin ar theangmhaigh lámha an Aire féin le cuid acu b'fhéidir. Ansin bhí na lipéid ann, na píosaí beaga páipéir faoi ainm agus uimhir a ghreamaítí ar chuile chineál acu sin, in a mbarr maise an smeara béil. Ach b'fhada uathu sin. Bhí siad cho dodhéanta dhá n-uireasa leis na comhaid agus na meabhráin féin. Cé mar d'aithneofaí comhad thar a chéile marach iad? Ba dhoilí a chreidiúint nach rudaí beo, nó pacáistí de bheatha agus de bheos stánaithe eicínt a bhí sna comhaid. Ach ní raibh na hairíona foirimeallach orthu atá ar dhúil bheo, lámha, cosa, súile, gruaig, eireabaill, adharca. Níor cloiseadh ariamh faoi chomhad bacach, faoi chomhad caoch, ná taghadach, ná tinn, ná peacach, faoi chomhad a bheith in a dhochtúir, ná in a shagart, ná in a stáitsheirbhíseach féin. Ba gheall le Dúileamh-chruthú eile, cruthú neamhspleách, iad, a bhí in ar measc ach nár chuir muid suntas iontu mar chruthú fós. Ba dheacair gan creideamh agus saol síoraí féin a shamhalú le comhad agus a lipéad. Cuid acu dhá mhéad dhá gcuirtí i dtaisce sa dorchadas iad nídís amach an solas gan a fhios cén chaoi. Agus cuid a d'fhágtaí amuigh faoin solas ní bhídís ar a gcóir féin ach sa dorchadas. B'fhurasta freisin a thaispeáint go raibh faltanas acu dhá chéile agus go dtroididís a chéile. D'fhaightí comhad ar maidin agus é dingthe nó smut comhad eile báite ann. Fiú tharlaíodh cogaí cathartha comhad. B'fhurasta aithint é sin nuair a chuir Rialtas A Dheaide Rialtas A Chara amach. Bhí daoine a mhionnódh gur chuala siad gíoscán, plionca, ropa agus réaba na gcomhad sna halmóirí. Fritheadh comhaid lioctha, thollta, sclártha, stróicthe. Ní raibh aon fhuilingt ag na seanchomhaid leis an gcuid nua agus gan acu ach malairt. De ghrá an réitigh b'éigean iad a choinneáil scartha. Ní raibh a fhios cén uair a chuirfí fios ar chomhad, ar chomhad áirid agus ní ar chomhad ar bith. Dhá mba é an comhad eile a thiúrfaí suas ba gheall é le stáitsheirbhíseach a thabhairt leis an ola a chur ar dhuine a bheadh ag saothrú báis. Dá mhéad dhá smaoineofaí air ba léar go mba dhomhan iontu féin comhaid, domhan a bhí in ar láthair ach nár dhínn iad. Ba dhúil bheo lena lipéad sainiúil féin, séala a ionracais féin, gach comhad. An siolla ba lú gaoth d'fhuadódh sé lipéad leis. Dúile briosc-bheathach mar sin ba ea iad. Scuabfaí lipéad isteach faoi sháil almóra, ar chúla almóra, siar síos ar chúla comhaid in almóir, amach an doras dá mbeadh sé ar faon-oscailt, amach an doras eile aríst agus an doras eile agus an doras amuigh ar fad. Ba chosúil é leis an abhlainn a fhuadach as a háras féin. D'fhéadfaí lipéad a dhúnmharú freisin le dhul dó amach fuinneog, suas simléar, nó i dtine. Ádhúil go leor ní raibh fuinneog, simléar, ná tine i seomra seo na gcomhad. Bhíodh uisce te sa bpíopa sa ngeimhre agus an solas aibhléise síorlasta. Ach in a dhiaidh sin níor leithne an t-aer ná an timpiste. Thiocfadh do lipéad 'fuadach as' a theacht air mar is léar, nó go leor anachain eile. É á chasa isteach sa gcomhad contráilte áit arbh fhialas, beithíoch i mbradaíl, é, mar nárbh ann ba dhlisteanach dó a bheith. Nó a dhul in aimhréidh dhó i gcuail eile páipéar, áit nach bhfaighfí go ceann blianta é agus a aitheantas agus a theideal imithe as cuimhne. Dar ndóigh bhí na comhaid agus na meamraim seachráin ann, na coisíní siúlach de chomhaid sin a casadh isteach sa roinn sin ó ranna eile, fiú ó thíreannaí eile agus nárbh fhios d'aon duine cén fóidín meara nó na meanmnaí a chas ansin iad. Ach thugtaí óstachas dóibh cé nach raibh a fhios ag aon duine cén fáth. Cheal eolas cinnte cé chuige a gcuirfí ar ais iad is dóigh. Nó rud ba dosháraithe ná sin, an modh foirmiúil len a gcur ar ais. Chinn ar J. ariamh a thuiscint cé mar tharlódh in áit cho dea-riartha, dea-ordaithe leis an Stáitsheirbhís, áit gan bun chleite amach ná barr chleite isteach, go bhféadfaí éanachaí cuaiche mar seo a fhuilingt. Bhí creidiúint láidir ag páipéar-choinneálaithe go raibh taibhsí de lipéid agus de chomhaid agus fiú de mheabhráin ann a d'fheictí scaití tar éis iad a scrios, a dhúnmharú, nó a charta amach na blianta roimhe sin. Deirtí go raibh áiteachaí ní ba chomhad-shiúla, lipéad-shiúla ná a chéile agus sheachnaíodh páipéar-choinneálaithe na háiteachaí sin. An comhad a bhain le airgead na Seirbhíse Rúnda faoi Rialtas A Chara díthíodh é na blianta ó shoin, ach bhíodh sé le feiceáil go seasta agus an dúch dearg le chuile thaispeána ní ba mhó ar dhath na fola, má b'fhíor. Dar ndóigh bhí scéalta thairis ann. Bhí an scéal ann faoi lipéad i roinn eile scaitheamh blianta roimhe sin. Ba le greamú a bhí sé ar chomhad an Ordú a rinne an tAire, de bhithin na gcumhachtaí a bhí dílsithe ann faoin Acht, i dtaobh fialusra, luifearnach, ribhléis agus fás mí-thaithneamhach eile a choisce i reiligeachaí agus in áiteachaí ánlacain nach raibh árais na Stáitsheirbhíse féin ná scoileannaí na tíre áirithe orthu. Leis an am a mheilt lá thosaigh páipéar-choinneálaí, sóisear mar J. féin, ag cur séideogaí faoin lipéad, ag tabhairt dornaí méire dhó san aer, ag fáil spóirte air ag déanamh cleas an tradhaill. Ach marbh-chaismeacht ba mhó a bhí in a thuirlingt mhall go talamh . . . D'aon iarra amháin b'shiúd imithe é, gan fáil air. hIarradh an comhad an pointe sin. D'amhdaigh an páipéar-choinneálaí. Ciontaíodh agus cuireadh amach ar an tslí iomchuí é. Blianta in a dhiaidh sin fritheadh an lipéad, in a lipéad an babhta seo ar bhláileasc as cionn chónra an Aire. Marach cho gasta is bhí príomh-oifigeach a tharla ann . . . Ach ní tharlódh a leithéid sin ach sa roinn sin. B'fhada an Roinn féin ánlactha go cuí, rud a mheabhraigh do J. gur shroich cuid de bhráitír pháipéar an Roinn-Thiomna isteach sa seomra sin aige féin. Bhí giongaíl i liopaí J. ar ala na huaire. Ar éigin a d'aithin sé féin cén fáth an pointe áirid sin. D'aithin sé gur anuas as a cheann a bhí sí ag teacht, anuas a bhaithis, anuas a shrón, rud a thug dhó í a shéide i naipcín póca glan, anuas go ndearna sí lúib theann ar chrioslach a bhéil. Bhí smaointe geamchaoch mar bheadh liabógaí leathair ann ag tuairteáil timpeall chlogás a inchinne. Níorbh fhéidir a chur i gcéill dhá Shean-Cheann go raibh tada le déanamh ag duine nach raibh ach ag láimhseáil pháipéir. Dhá mba ag láimhseáil ghuail é, nó Hoovers, nó 'Marbhfáisc go deo oraibh, croisim aríst sibh' de pháistí. Ní ligfeadh a Shean-Cheann in a gaire gur páipéar a bhí ag coinneáil an tsaoil ag imeacht, dhá loiceadh meabhrán, loicfeadh roinn, rialtas, dlí, ord, ceart. Níor ghar a inseacht di gurb éard deireadh an páipéar-choinneálaí Sinsir, S., sa seomra amuigh:

d'uireasa lipéad ní comhad, d'uireasa comhad ní stáitsheirbhíseach, d'uireasa stáitsheirbhíseach ní grádannaí ordúil, d'uireasa grádannaí ordúil ní rannóg, d'uireasa rannóg ní roinn, d'uireasa roinn ní Stáitsheirbhís, d'uireasa Stáitsheirbhís ní rúnaí, d'uireasa rúnaí ní Aire, d'uireasa Aire ní rialtas, d'uireasa rialtas ní státa. Is é an lipéad an tairne a ngabhfadh an ríocht le fán dhá uireasa! 'Féach i ndiaidh na lipéad agus féachfa an Státa in a dhiaidh féin.' B'ionann lúib ar lár sa gcóras cliarlathasach seo agus bailbhe iomlán sa saol feasta, díghradamú an duine go dtí staid an bheithígh. Ba shin rud a léigh J. uaidh in irisleabhar ar bhord an oifigigh riaracháin, an t-aon uair amháin ariamh ar chuir an páipéar-choinneálaí Sinsir, a 'bhas', anonn é le comhad. An Sinsear a ghabhfadh anonn an lá sin freisin is dóigh, marach an bhean sin. Léanscrios orthu mar mhná! Nach diabhalaí ar a mhaga sin féin nach dtuigfidís rud eicínt uair eicínt! A Shean-Cheann féin ba í an aicíd bhreac aici sa teach páipéar, marar i gcruth nótaí a bheadh sé, agus í ag síorcheasacht nach raibh J. ag tabhairt a dhóthain den chruth sin abhaile tar éis a raibh de fhriotháil mhuirneach aige ar pháipéar. Bhí J. ag teacht léi ar mhodh. I seomraí séalaithe ba dhual páipéar a choinneáil. De phlimp chuimhnigh J. go raibh na smaointe geamchaoch sin le chúig nóiméad ag tuairteáil in aghaidh mhaide mullaigh a inchinne, aislingíocht a thugadh an t-oifigeach cléireachais sa darna seomra amach uaidh ar a leithéid. Ní raibh aon rud áirid le déanamh. Mar sin féin ba é a shíorchleachta a bheith ag imeacht agus comhad muirnithe faoin ascaill aige. Sin nó bheith ag leagan a mhéire ar pháipéar anseo agus ansiúd, comhad a bhaint amach as a áit agus é a chur ar ais arís, nó bheith ag breathnú go grinn suas síos feadh seilpeannaí na n-almóirí. Dhá ghrinne an breathnú ba lú an fheiceáil. D'amhdódh J. féin gur shaothar mímhaitheasach é. Cén mhaith do pháipéar-choinneálaí comhaid i gcoitinne, ionann's an teibíocht comhad, a fheiceáil nuair nach mbíonn sé ag iarra aon chomhad nó comhaid ar leith a fheiceáil? Rud gradha nach aon duine ariamh a mhúin an faisean sin do J. As a mheabhair féin a thug sé faoi ndeara é. Bhíodh sé d'fhaisean ag an Sinsear, ag an mBas, an doras isteach ón a sheomra féin a oscailt go tobann agus a bheith istigh in a mhullach mar scaoilfí, slán an tsamhail, bréan-bhamba faoi. Cheap J. go raibh S., an Sinsear, in a aghaidh. An chéad rud a chuir sé faoi deara dhó éiriú as toitíní. Go neamhdhíreach a rinne sé é. Bhí na bealaí neamhdhíreach sin le S. A theacht isteach gach tráthnóna roimh sheomra J. a chur faoi ghlas dó, a dhul ag smúracht thart, ag searra a dhreidire sróine isteach i gcúinní agus idir almóirí, agus ag rá: 'Chítear dhom go bhfaighim bala . . . bala toitín . . . Dhá mba i ndán's . . .' As a dheire ba shuaimhneas dhó féin éiriú astu faitíos go mbuailfeadh an cathú go brách é tosú ag caitheamh le linn oibre san áit a raibh an oiread sin éadáil pháipéir. Ach dar clabannaí deataigh an domhain thug sé cnáimh le crinne do J. Bhí goile triúr aige. Chaitheadh sé an oíche ag fille agus ag feaca! A Shean-Cheann an oíche siúd: 'Más rud é a thiúrfas réidh an achair do mo chorróg bhocht bhriosc cuir an stumpa sin i do chlab agus bain deatach i dtigh diabhail as. Ní fhaca mé farraigí cho mór seo sa mbád ariamh cheana.' Le cuimhniú fós féin air b'iontach daingean a chuir J. a rún i gcrích an oíche sin, an nuta de *fag* a spíona agus a chaitheamh sa bpota. Bhíodh S. an Bas freisin d'fheacht agus go háirid ag ligean leidí chuige. Ní raibh sé maith go leor aige a theacht isteach le fabhar! Ní bhfaigheadh ardú ach an té a bhí cáilithe. Ba í buachailleacht an pháipéir an cúram ba throime sa Stáitsheirbhís, arae ba í an Stáitsheirbhís í, rud nach mbeadh call aige a rá ní ba mhó bhí súil aige. 'Tabhair rí-aire dhuit féin,' adúirt sé leis lá. 'Chí Dia cén bhail atá ar an gcomhad sin anois agus é ar a sheans go gcuirfe an t-oifigeach riaracháin fios air pointe ar bith, inniu féin, anois féin, b'fhéidir': comhad a thit ó J. agus é ag tógáil ceann eile. 'Fear mar chách thú. Níl cheithre láimh ort. Ná tóig an t-athchomhad go brách go mbeidh an ceann atá idir lámha agat de láimh.' Ba ghráin le J. an chaoi a mbíodh S. ag streillireacht thart ar an leabhar chuile mhaidin le linn dó féin, J., a bheith ag síniú an ama, leathshúil ag S. suas ar an gclog agus leathshúil eile ar ghluaiseacht an phinn, fearacht iomróir a d'ardódh leathmhaide as an uisce agus a thomfadh domhain an leathcheann eile, d'fhonn an bád a iontú. Agus ansin bhí an lá a bhfuair S. caidéis dhá bhonn seirbhíse míleata a bhí ar a chába: 'Ní miúsaíom seodóireacht é seo. Cén sórt leadhb thú féin nach dtugann faoi ndeara nach bhfuil aon "deigh deigh" mar sin ar an oifigeach cléireachais, ar an oifigeach foirne, ar aon oifigeach feidhmiúcháin, ar aon oifigeach riaracháin, ar aon phríomh-oifigeach, ar aon leasrúnaí, ná ar an rúnaí, ná ar an Aire féin. An chéad bhall eile a bheas thuas agat, is dóigh, an Fáinne.' Nuair adúirt J. nach raibh aige ach spros-Ghaeilge mhaol: 'Níl dar ndóigh. Le fabhar a tháinig tú isteach.' Agus ba as bolg soláthair sáiteán a bhí casaoid S. ag teacht: tuille cúnta ag teastáil; ní raibh duine amháin i n-ann an páipéar uilig a bhuachailleacht . . . Bheadh J. réidh le S. anois go ceann coicíse agus ansin thosódh a shaoire féin. Ba gheall le léine róine bainte de J. anuas an Bas a bheith ar saoire ó am dinnéir inniu. Go ceann cheithre thráthnóna déag arís ní thiocfadh sé isteach sa seomra ag J. le fuagairt: 'Chúig nóiméad don cúig. Feistigh suas agus amach go gcuire mé glas ar do dhoras.' Bhíodh an chéad chuid den ráiteachas sin cho neámhaí, cho fánach le hais an t-éigniú eochrachaí ba chríoch dó is gur mhinic a chuimhnigh J. nár mhiste le S. é féin fanacht faoi ghlas sa seomra. J. a dhul amach i seomra an tSinsir. An Sinsear amach in a dhiaidh. Glas dhá chur ag S. ar an doras idir a sheomra féin agus seomra J. An eochair dhá cur i bpóca domhain a d'fhaigheadh sé fuaite go speisialta ar thosach a bhríste. Ar í a tharraingt as aníos dó ar maidin, saothar ab anró dó dar le J., bhraitheadh J. i gcónai gur mhó dhá fhonn a bhíodh air a cur ar ais aríst agus gan J. a ligean isteach in a sheomra chor ar bith. Fós féin bhíodh sin ag cur smeachaíl faoin gcraiceann ag J, díreach i bpoll na fola faoin gcluais. Níor fhéad sé a dhéanamh amach ariamh tuige go háirid go mba i bpoll na fola a bhíodh sé. Cinnte b'fhaisean le J. a ordóg agus a chorrmhéir a chur suas isteach i bpoll na fola fearacht is dá mba pholl glais é. D'éirigh J. agus rinne geábh beag damhsa nó goití damhsa sul ar chuimhnigh sé air féin. Ba sheo í an chéad bhliain aige anseo. As seo in imeacht cheithre mhaidin déag agus cheithre thráthnóna déag é féin a ligfeadh isteach agus amach é féin as an seomra sin. Ba ar a chúram féin a bheadh an eochair scáfar sin. Ar a chúram ó chuirfeadh sé glas ar a dhoras féin amach i seomra S. agus ar dhoras S. amuigh. Dhá chumhachtaí dhá raibh S. ní raibh de chumhacht aige eochair an pháipéir a thabhairt leis ag dul ar saoire dhó. Ach cá gcuirfeadh sé í? Breá nár chuimhnigh J. póca domhain ar leith a fháil i dtosach a bhríste? An tráth a bhfuair sé an chulaith éadaigh níor chuimhnigh a chroí go mbeadh ball éadálach mar an eochair sin faoin a chúram go deo. Duine a bheadh len a ais sa mbus chuirfeadh sé láimh i ngan fhios in a phóca. Ní fhéadfadh aon duine cneamhairí a fhaire. Agus céard eile a bhí ar an saol ach cneamhairí? Í a chur sa bpóca a bheadh amuigh le colbha an phasáiste sa mbus. Ach cén fios a bhí aige cén áit a gcaithfeadh sé suí sa mbus? Agus ní ball í sin le bheith dhá hathrú ó phóca go chéile i mbus, mar d'athraíodh ridirí airgid i Meireacá mná má b'fhíor do S. Póca a threabhsair? D'fhéach bean i dteach ósta oíche len a láimh a chur síos ann. Nuair a bhraith J. í dúirt sí go neamhurchóideach gur ag iarra é a *jiss*áil, sea é a *jiss*áil, beala a chur faoin a ioscadaí, sea beala a chur faoin a ioscadaí, é a chur suas sa luastar ard; sea sa luastar ard, i d*top gear*, a bhí sí. Sin é a shantódh paca diabhal den tsórt sin, eochair, eochair, a d'osclódh glas, glas a d'osclódh éadáil, éadáil a d'osclódh tithe ósta, tithe ósta a d'osclódh ól agus bia, clúmhach mín, fuíoll na bhfuíoll. Is é an tráth é, dar ndóigh, sul a raibh sé in a pháipéar-choinneálaí a chuir sí ann í. Thitfeadh an eochair go réidh as póca ascalla ag croma dhó. Ní raibh póca ar bith ab fhusa a choille ná póca na corróige. Í a chrocha ar ruóg timpeall a mhuiníl? Dhá loicfeadh an ruóg ní aireodh sé ag dul le fána a chliabhraigh, a bhoilg, a bhríste, amach le sáil a bhróige í. Níl áit ar bith is túisce a ngabhfadh sí le fána ná i bpíobán an leithris agus é ag imirt an oiread foréigin ar a bhríste is ba riachtanach len a fheistiú suas air i gceart. Píobán an leithris ru? Bhíodh fonn tochais air freisin le gairid. Deireadh a Shean-Cheann nár bheag dhi scoilteachaí na corróige agus gan an aodh thochais sin a bhí tóigthe ag J. as seanpháipéir bhréana a bheith mar ghaimbín anuas ina mullach. Greim docht a choinneáil uirthi in a ghlaic, istigh in a mhiotóg, ba shin é an bannaí ab fhearr. D'aon-iarra chuimhnigh sé, faitíos na fálach thuas, go bhféadfadh sé múnla, dhá mhúnla dhi, a fháil déanta an tráthnóna sin féin. Ba é diabhal na mban ribeach é mar scéal nó dhéanfadh sin cúis. Ach an raibh sé sin in aghaidh na rialachaí? Níor chuala sé in aon rial é agus rá's nár chuala chaithfeadh sé nach raibh. Ach bhí rud eile ann a dtugtaí nós-imeacht air a bhí ar aontábhacht leis na rialachaí agus chuala sé an t-oifigeach cléireachais ag rá lá go raibh Tíonacal na Sean-Traidisiún ag an Stáitsheirbhís cho maith is bhí ag an Eaglais. Ní raibh ann ach gabhalántacht fre chéile. D'fhéadfadh sé múnla a chaille freisin agus cneamhaire ar bith é a fháil. Agus dhá liacht múnla b'amhala ba mhó an deis chneamhaireacht. B'fhearr dhó na múnlaí a chaitheamh as a cheann agus gan an bhun-eochair a chaille. Ba shin é an choir. D'fhéadfadh duine nárbh iomchuí dhó é agus ar an ábhar sin ar mhídhlisteanach dhó é a theacht isteach, a rogha rud a dhéanamh le páipéar, fiú é a chur thrí lasa, dí-aithnítheár. Ba shin rud a chuireadh drillí thríd, mar bheadh an taoille tuile ag coipe in a chuid fola, a Shean-Cheann a fheiceáil ag cur páipéar thrí lasa. Lá dhár fhiafraigh J. céard a bhí iontu sin ba éard adúirt sí, 'leitreachaí grá ó leannán a d'fheall orm fadó', agus chuir leota dhá teanga amach . . . Chuala J. an guthán ag gleára sa seomra amuigh, seomra S. Siúd de sciotán J. go doras, bhain casa as an murlán ach den diabhal oscailt ná oscailt a dhéanfadh sé. Thug a shean-chasa dhó, deiseall agus tuaifeall, chuir a ghlúin leis, chuir a ghualainn in a aghaidh, ach d'fhan an doras ansin cho neamhghéilliúnach neamhspleách le ionstraiméad reachtúil arb in Acht a bhí aisghairmthe í féin cheana i ndearmad a bhí cumhacht a aisghairmthe. B'éigean do J. na smaointe geamchaoch a bhí ag tuairteáil timpeall a intinne a cheapa agus a chomhadú. Cá raibh an eochair ru? Ag déanamh dóigh dhá bharúil ar feadh na fuide, ag cur girriachaí bog te as tomachaí nach rabhadar iontu! Bhí an doras faoi ghlas taobh amuigh, an Sinsear – le S mór a leitrítí Sinsear i gcónaí agus gach uair dhá rá dhó mhothaíodh J. téagar an S sin in a bhéal sóisir – an Sinsear imithe ar saoire ó am dinnéir go Manainn agus J. faoi ghlas i seomra nach raibh bealach ar bith amach as, fuinneog, simléar, forléas, tochaltán, aerthóir, é in a chruimh i másailéam páipéir, mar dúirt droch-chomharsa fhoghlamtha de bhean siopa len a Shean-Cheann uair eicínt a raibh siad ag sáraíocht le chéile faoi luach putógaí dubha. Ach cá raibh an eochair? Ní raibh sí le feiceáil taobh amuigh sa doras thrí pholl an ghlais. Ní fre chéile a chuimhnigh J. ar an méid sin. An guthán a bhain amuigh, a stop agus a thosaigh ag baint aríst go cráite in athuair, bhí chuile chnag uaidh in a thairne ag dul i mbeo a choinsiais. Bhí guthán ar a bhord féin istigh ach ní raibh aon chead aige leas a bhaint as gan S. dhá rá leis agus ba shin rud nár dhúirt S. ariamh. Rud eile adúirt sé. Chuir dianphearúl air dhá mba i ndán's go mbuailfeadh guthán J. nárbh fholáir do J. an glacadán a thógáil dhe, glaoch air féin agus J. a dhul amach i seomra S., an doras a dhúna in a dhiaidh agus fanacht ann nó go bhfillfeadh S. chuige. Ba é an Sinsear a níodh plé le cúrsaí tromaí gutháin: ba shin é an nós-imeacht. B'fhéidir diabhal cos J. a dhéanfadh an rud a rinne sé marach daol tochais dhá bhuala. Diomú pháis Dé don tochas céanna! I gcónaí go hantráthach dó. Bhuail sé an lá faoi dheire é agus an t-oifigeach foirne ag teacht amach in a aghaidh. An tsúil a thug mo dhuine ar J. bhí sí luchtaithe thar maoil le aimhreas. Le linn do J. a bheith ag leath-chéaslaíocht ar an tochas shín an leathchéasla eile uaithi féin agus bhí an glacadán len a chluais sul ar airigh sé é: 'Mr S.' 'Níl sé anseo,' adúirt sé. 'Tá sé ar saoire.' An meacan a bhí in a ghlór cinn ba phócar thrí gach siolla é ag spréacha suas na cainte in aon chaor dothuigthe amháin. 'Labhair isteach sa nguthán. Ní thuigim thú.' 'Tá Mr S. ar saoire.' 'Ar saoire! Anois a bhfuil biseach agat? Cén uair a bheas sé ar ais?' 'Coicís ó amáireach ag leathuair tar éis a naoi.' Dhá gcaitheadh J. meabhrán a scríobh faoin gcomhrá bheadh air a fhágáil éidearfa ar bhean nó fear a bhí ag cur tuairisc S. Bhí an ócáide cho haduain is gur cuireadh de dhroim seoil é Ba dhuine é a chua cho fada amach sa snámh is gur baineadh é. É sin agus an bhruth thochais a bhí ag coinneáil a lámha i bhfad ní ba chruógaí ná choinnigh comhaid ariamh iad. Ach ní fhéadfadh sé trácht ar an tochas i meabhrán. Ná ní fhéadfadh ócáide a bheith thar rud ar bith aduain sa Stáit-sheirbhís. Dhá gcaitheadh sé meabhrán a scríobh nó dhá gceisnítí é faoin 'Anois a bhfuil biseach agat?' sin, cén mheabhair adéarfadh sé a bhain sé as? Bhí aige a rá isteach sa nguthán go raibh sé faoi ghlas. In a dhiaidh a fheictear don Éireannach dar ndóigh . . . b'éigean dó breith ar chorr an bhoird le é féin a choinneáil in a sheasamh. Maistriú roth muilinn a bhí in a cheann. Rinne leis na halmóirí go doras, d'fhéach aríst é, dhearc an glas, chua ar a ghlúine gur bhreathnaigh isteach poll na heochrach aríst, mórán mar bhreathnaíodh sé in a ghasúr isteach sna croiseannaí sin a bhfeiceadh sé séipéal Chnoc Mhuire istigh iontu. Cé go raibh bonn seirbhíse míleata aige ba as an F.C.Á. é agus ní raibh sé faoi ghlas ariamh. Anois den chéad uair a d'fhéach sé le smaoiniú go staidéarach ar ghlas. Ba mhaith ab eolas dó nuair a dhéanfaí rudaí áirid go mbeadh an glas ar rud agus nuair ba rudaí eile a dhéanfaí go mbeadh sé dhe. Ach an pointe treasna, cíor na hiomaire idir abhus agus thall, d'fhan sé sin faoi cheo. D'féach sé le pictiúr d'innealra an ghlais a shamhalú ach portáin agus gliomaigh len a dteannachair chrúbach an t-aon phictiúr a chruthaigh é féin in a intinn. Bhuail an tochais é. Arb éard a rinne S. an glas a chur ar an doras in am dinnéir i ndiaidh dhó féin imeacht, mar ba bhéas leis tráthnóna, na laethantaí eile? Ansin chuimhnigh sé go raibh S. sa seomra amuigh tar éis dó féin fille ón a dhinnéar. Bhí a leathshliasaid agus leataobh a bhoilg scríobtha aníos aige. Ní raibh S. go hoifigiúil ar saoire go dtí an cúig, cé go raibh de phribhléad aige imeacht an lá sin ag an dó. Saoire phribhléide a thugtaí ar a leithéid sin. Dhá nuta coise J. nár éirigh leis an F.C.Á. an bhasaíl a bhaint go hiomlán astu – nuair a bhíodh an darna ceann dírithe bhíodh an bhasaíl ar ais sa gceann eile agus a mhalairt – gheiteadar de chothram talúna gan a theacht salach ar a chéile. Ní ar saoire a bhí S. fós ach ar shaoire phribhléide agus bhí J. tar éis a rá, isteach go hoifigiúil i nguthán oifigiúil, gurbh ar saoire a bhí sé. Séard a bhí múinte dhó a rá i gcás den tsórt sin go raibh sé gaibhte in áit eicínt ar fud na Roinne le comhad agus dá mb'áil leis an duine uasal / an bhean uasal, a uimhir / huimhir a fhágáil . . . Agus ba éard adúirt J. go raibh S. ar saoire, altú do Dhia nár chac sé ar na huibeachaí ar fad le rá 'i Manainn' freisin. Bhí J. síos go log na bléine arís ar bhord na sceathraí leis an scríoba . . . Cinnte bhí S. sa seomra, seomra S. féin, agus J. ag teacht isteach ón a dhinnéar. Thosaigh sé ag tabhairt an tslabhra dian-fhuinte pearúl a chuir S. air chun cruinnis: a bheith istigh in am, an t-am ceart a chur síos sa leabhar, an guthán a fhreagairt, dáta na nglaonnaí agus uimhir an lucht glaoite a scríobh ar leabharán a bhí ag S. faoin a chomhair sin le hais an ghutháin; gan a bheith dhá thochas féin ná ag taithiú faisean tuatach ar bith mar sin faitíos a bhfeicfí é, ach dhá mba i ndán's go bhfeicfí, gurb éard adéarfaí gurbh shin é nós an tsóisir agus an Sinsear as láthair; airdeall faoi chipíní solais, comhaid, leitreachaí, an deifríocht a bhí idir leitir phearsanta agus ceann oifigiúil; ar chraiceann a chluas gan aon cheist a chuirfeadh an bhean ghlantacháin air a fhreagairt; solas a 1 agus a 2 a mhúcha agus é sa gceann ab fhaide uaidh den tseomra amuigh; treorachaí – focal S. – faoi mheabhrán sa gcás éadócha a gcuirfí fios ar cheann agus é féin as láthair. Níl focal nár dhúirt sé i ndiaidh S. Facthas dá intinn go geamchaoch go mba é an chuid den teagasc Críostaí é a bhuailfeadh an séala spriodáilte ar a anam nach scarfadh leis go brách: Cé a chruthaigh an Stáitsheirbhís? Dia. Céard a chruthaíos an Stáitsheirbhís? Stáitsheirbhísigh. Céard é thusa? Stáitsheirbhíseach. Cén fáth ar cruthaíodh thusa? Le bheith sa seomra seo. Cén fáth a bhfuil an scomra seo ann? Le haghaidh páipéir. Cén fáth a bhfuil páipéar, meabhráin, ann? Le haghaidh na Stáitsheirbhíse. Cén fáth a bhfuil an Stáitsheirbhís ann? Le haghaidh an Státa. Cén fáth a bhfuil an Státa ann? Le haghaidh na Stáitsheirbhíse . . . Go tobann ghoin a aire é, ach d'imigh an tsúilín thobann chuimhne sin mar d'imeodh eascann faoi chloch. Bhí rud eicínt eile ann dhá bhféadadh sé é a aimsiú. Súil ribe a intinne a bheith romhór . . . Sea, ba é focal scoir S. dhá bhfaigheadh an t-oifigeach cléireachais, an Chú Chulainneach sin a bhí ag gardáil na Roinne sa seomra ab fhaide amach, bala óil ar J. – bíodh sé air nó ná bíodh dhá síleadh sé go raibh – go bhfaigheadh J. bóthar fada fánach ar an toirt, agus a raibh de charaideachaí aige sa limistéar uilig a raibh feidhm ag an mBunreacht ann, ní thiúrfadh J. ar ais. Bhí tugtha faoi ndeara ag J. go raibh polláirí an oifigigh chléireachais buille beag earráideach mar ghléas taifeada. Ní raibh J. ach cupla lá istigh nuair adúirt an t-oifigeach leis go raibh sé ar snámh i bhfarraige atar-rósach agus shín sé a mhéir i leith a chuid gruaige. Mhínigh an bhean ghlantacháin do J. céard é atar róis. *Brilliantine* a bhí i ngruaig J. Maidin i ndiaidh an leabhar a shíniú do J. sméid an t-oifigeach in a dhiaidh agus a ordóg agus a chorrmhéir glambáilte ar a pholláirí aige: 'Tá an sceith-phíopa sin líofa.' Bhí J. ceanna nóiméad in a sheomra féin sul ar thuig sé an chaint agus go raibh míthuiscint ar pholláirí an oifigigh i dtaobh bhun na gaoithe: as crioslaigh S., a bhí ar an taobh thall den oifigeach, a tháinig sí. Ach níl 'foráil,' 'achomharc' – focla S. – i dtaobh polláirí earráideach oifigigh sa Stáitsheirbhís. Ní raibh polláirí a Shean-Cheann cho hearráideach le polláirí na Stáitsheirbhíse. Ba mhinic a d'ith J: milseáin ag dul isteach chuici . . . Thrácht S. ar pháí J. D'inis dhó cén chaoi a bhfaigheadh sé í. Dhá dtéadh J. abhaile go dtín a Shean-Cheann dhá huireasa ba é speire a corróige faoi dheire agus faoi dhó é agus thiúrfadh sí aghaidh na sráide air, rud nár fheil do stáitsheirbhíseach . . . Ach céard é seo eile adúirt S.? Ba rud eicínt é a bhain le dhul amach as an seomra. Le dhul amach as an seomra seo go dtí an leithreas: dhá mbeadh an t-oifigeach cléireachais istigh roimhe ann a leiscéal a ghabháil agus a theacht amach nó go mbeadh an t-oifigeach réidh. Gan a sceithphíopa a bheith líofa sa leithreas ach oiread le áit ar bith eile faitíos go gcasfaí an t-oifigeach thart. Gan a dhul don leithreas ach faoi dhó sa ló, ar maidin agus tráthnóna. I gcás buinní . . . Sea go díreach i gcás buinní . . . Ach ní cosúil go n-éireodh an cheist sin, mar deireadh S., go ceann tamaill ar aon nós. Droch-chríoch air bhí rud eicínt eile, rud eicínt eile anois . . . Agus tháinig sé dhó ionann's dhá mba ardú pái nó céime a thairgfí dhó. An eochair! Tharraing sé amach tairneán an bhoird. Bhí sí ann, 'coimhthíoch álainn in a dealbh ban-dé', mar chuala sé an t-oifigeach cléireachais ag rá le S. lá faoi rud eicínt agus é féin J. ag dul thart ar a aonchuairt thráthnóna ag an leithreas. Fhobair dearmad a bheith déanta aige ar thaisce na heochrach leis an líon de shreang fhrídíneach fainiceachaí a bhí curtha ag S. in a thimpeall, fainiceachaí nach raibh in a bhformhór ach deilgne maol. Ní raibh sé ceart ná cuíúil aige é sin a rá leis féin: bhí gach rud sa Stáitsheirbhís tábhachtach. Bhí cárta Béarla crochta suas ag S. in a sheomra féin ar thaobh amuigh dhoras J., i riocht is nach bhféadfadh súil J. fiara uaidh choíchin ar a bhealach isteach: 'Is iad na mionrudaí a níos an fhoirfeacht ach ní haon mhionrud í an fhoirfeacht.' Bhí J. i riocht a ráite droim ar ais. Ba mhinic adúirt. Ach bhí a thuiscint in a súil ribe cho fairsing is go n-éalaíodh sé thríthi. Agus d'fhága S. an eochair sa tairneán. Dúirt sé go bhfágfadh. Chaithfeadh sé go raibh eochair eile, nó múnla, ag S., rá's go raibh an glas ar an doras. Chuala J. ag rá cheana é gur de phribhléid an tSinsir é sin. Dhearc J. an eochair ní ba ghrinne. Lorga chaol, an-chaol do bhall acra cho cumasach, ball acra a raibh an oiread sin in a tuilleamaí. D'ardaigh sé go mall í nó go raibh sí ag teangmhachtáil len a éadan. A thúisce is a theangmhaigh chuir an chruach driog thríd. Chuimhnigh sé ar scéal a chuala sé ag duine muintreach tuaithe leis faoi phóg bháis leannán sí. Ach bhí sí aige, in a ghlaic. Anonn go muiníneach gur chuir i bpoll an ghlais í. Bhí an glas docht. Ní fhaca J. aon ola ag dul ariamh air. Cé dhar chúram ola a chur air? Níor chuala J. ariamh faoi 'fhoráil'. D'fhéach len a casa go tláth. Ní chasfadh.

Thug amach. Níor tháinig amach cho héasca is a chua isteach. An raibh ainleog sa nglas? B'áras ciréibeach de ghlas é. Shílfeá go mbeadh foráil faoi ola a chur air. Ní raibh aon ainleog ann. Chua sí isteach go réidh in athuair agus thuill sí go pointeáilte istigh. Le cúnamh Dé thiocfadh chuile shórt ceart. D'aclódh an glas. Bhí sí casta go dtí pointe an 2 a chlog – an tráth a ndeacha S. ar saoire – saoire phribhléide, dar ndóigh. Chuir sé tuille teanna léi. Feanc ní dhéanfadh sí siar thar an dó. Shílfeá gur le dílseacht do S. a bhí sí ag déanamh staince ag an bpointe sin. Bhí buille beag mífhoighide ag buala J., nó gur chuimhnigh sé gur chuala sé an t-oifigeach riaracháin an lá a raibh J. leis an gcomhad go dtí é ag rá le fear eile: 'Foighid, a dhuine sin! Beart gan leigheas is foighid is fearr air. Mar sin is foighid uilig atá riachtanach anseo mar bearta gan leigheas ar fad atá sa Stáitsheirbhís.' B'fhearr í a bhréaga. Lig J. ar ais go dtí pointe an cúig í. Tharraing amach aríst í agus d'fhéach len a ladhairicín a chur isteach sa bpoll. Ba ghearr a ghabhfadh sí. Chuir sé isteach an peann luaí a bhíodh aige ag cur marc-smeachannaí ar uimhreachaí na gcomhad agus shaghad síos suas isteach agus amach é. Ba bhoige an peann luaí ná a shíl sé; sin nó chuir sé an iomarca anró air, mar rinne sé dhá leith agus d'fhan an stumpa bairr istigh. Níorbh é leathchóir Dé é. Leas a bhaint le haghaidh rud ar bith eile as peann luaí a bhí ann go speisialta le marc-smeachannaí a dhéanamh ar uimhreachaí comhad. Dha mhéad a d'fhéach sé leis an stumpa a mhealla amach b'amhala ba mhó a bhí sé ag daingniú isteach, ag éalú uaidh sa réigiún aineoil, mar bheadh eiteallán S. go Manainn faoi seo. Chuir sé barr na heochrach isteach len a réiteach. In aghaidh a tolach a bhí sí ag dul isteach anois. Corróg scoilteachaí a Shean-Cheann a mheabhraigh an t-iomlán dó. Chaithfeadh sé gur cnáimh eicínt a bhí in a fhearsaid go bambairneach sa gcorróg freisin. Ba gheall le chéile an dá rud: alt mór glasta, cnapánchnámhach, a bhí sa gcorróg freisin agus í ag brioscarnaíl agus ag brúscarnaíl ag a Shean-Cheann. Ba é úll na corróige an eochair chun na mná mar chuala sé an tráth úd ar bhéas leis suí le hais ban i dtithe ósta. Ní fhéadfadh sé cead a thabhairt dó féin cuimhniú cé aige ar chuala sé é sin. Bhuail bruitíneach thochais é isteach i lag a dhroma áit nach raibh aon teacht air ach a dhroim a chuimilt de rud eicínt. Gheit sé de chothram talúna agus chuir sin tuairt foréigin cho mór sin ar an eochair go ndeacha sí glan eascartha faoin stumpa agus timpeall. Pléasc! Tháinig lorg na heochrach leis in a láimh agus d'fhan a mullach uilig istigh ag muirniú an phinn chúinneáilte! Ní raibh sa lorga sin ach giota cruaí gan éifeacht, corp le haghaidh an bhall draíocht, mullach na heochrach, a hanam, a bhí istigh i ngéibheann i bpoll an ghlais. Bhí sé i ndiaidh pearsa eochrach a mharú, i ndiaidh eochair, eochair pháipéar Stáitsheirbhíse, a dhúnmharú. Ba chóir, adúirt a bhean agus S. agus an ceann sin i lána an tí ósta – mullach an diabhail di sin ar chuma ar bith! – gur chodamán místuama é. Ach níor mhístuama ariamh é go dtí anois. Bhris sé stumpa eile den stumpa. Bhris sé gob shiosúr an pháipéir, rud nár dhlisteanach dó a chur ann dá mbeadh breith ar a leas aige faoi seo. Ach bhí a leas éalaithe i gceo a intinne ar nós an eiteallláin. Marach go raibh ní falamhú amach lastas comhaid a dhéanfadh sé féachaint a ngabhfadh gob chlúdach an chomhaid sa bpoll, má b'fhéidir poll a thabhairt ní b'fhaide ar pholl a bhí stuáilte go drad. Thit páipéir an chomhaid uaidh soir siar ina n-iothlainn scaipthe béal in airde, in a ndéasachaí neamh-shnamtha, agus dá bharr sin neamhghaolmhar neamhchleamhnach, macasamhail a chuid smaointe ar an ala sin. D'éirigh sé as a shaothar ar thabhairt faoi ndeara dhó go raibh gob an chomhaid lúbtha. Ba shin lúba a mheabhraigh dó an tsolúbthacht ba dheilín síoraí ag an oifigeach cléireachais agus a mhaígh sé in a ghrásta naofa stáitsheirbhísigh. Ach sul má bhí sé éirithe as a shaothar go baileach bhris an gob lúbtha den chomhad agus d'fhan sa bpoll luchtaithe. Ba sheamsán é an focal sin 'brise' ag an Sinsear agus é ag plé chinniúint pháipéar-choinneálaithe sóisir. Ar éigin a theagadh an focal 'sóisear' as a bhéal gan a shearrach 'brise' a bheith ag teacht ar adhastar aige . . . Chaith sé uair an chloig ag socrú na bpáipéar ar ais sa gcomhad cluaisbhearnaithe. Shílfeá gur le olc air a bhíodar ag dul in aimhréidh. Ní móide san áit a mbeadh cluaisbhearnach seo, istigh i lár cual comhad, go mbraithfí an éalann go brách. Dhá mbraití féin ba leiscéal maith a rá gur dhóigh gur bruín nó cath a bhí i measc na gcomhad. Má ba é S. féin é ní bhfaigheadh ann féin bruíonta den tsórt sin a shéana. An donán ó ba é J. é, agus donán a thug sé air féin, d'ith sé de chrann na hAithne aríst. Thosaigh sé ag scrúdú an chomhaid. Iarratais ar phinsin mhíleata a bhí ann agus bhí siad ann idir chuid ó ghunnadóirí Rialtais. A Chara agus gunnadóirí Rialtais A Dheaide. Bhí leis! 'An tseanghunnadóireacht aríst is cosúil,' adéarfadh sé. 'Ag scealpa na gcluasa dhá chéile fós.' Ba ar éigin a d'fhéadfadh S. féin aon locht a fháil air sin. Go cinnte ní bhfaigheadh an t-oifigeach cléireachais. Chuimhnigh sé an comhad a thaispeáint don oifigeach agus a rá 'sceithphíopa na gcogaí cathartha . . .' Bhí an t-oifigeach cléireachais dúlaí sa ngreann, i gcaint a bhainfeadh gáire amach, i gcaint a d'fhéadfadh sé a aithris don oifigeach foirne agus don cheann fionn b'fhéidir. Bhí cois J. ar tí snámh uaidh i réamhghluaiseacht damhsa, an tráth díreach ar shioc an ghuthánaíocht thobann thuineanta sa seomra amuigh snámh sin na coise. Meabhrán a theastaigh b'fhéidir. Ba dhiabhalaí nach raibh an t-oifigeach cléireachais dhá chloisteáil! Ach ar fud na rannóige agus fiú rannógaí eile a chaitheadh sé sin leath a shaoil. Rug ar ghlacadán a ghutháin féin. Bhí sé leagtha síos aríst aige mar leagfadh sé ball éadaigh a bhí ar othar plá agus a thóig sé de dhearmad: ansin thionól a smaointe i gcomhairle choga. Nach raibh sé ag caint ann cheana? Cé le haghaidh a raibh sé in a sheomra ach le leas a bhaint as? Ní chreidfeadh sé go gcuirfeadh ná go bhfágfadh córas ar nós na Stáitsheirbhíse acraí gan fóint i seomraí. Má bhí a leithéid d'acra neamhfhóinteach sa seomra nár dhóigh a mhacasamhail a bheith i ngach seomra eile, i ngach seomra de mhílte, de chéadta mílte seomra na Stáitsheirbhíse? Níor shamhalaigh J. seomraí anois ach in a seomraí Stáitsheirbhíse, cineál a n-oibreodh stáitsheirbhísigh iontu sa ló agus cineál a gcollódh stáitsheirbhísigh tuirseach iontu san oíche sínte suas le briosc-chorrógaí éagaointeach. Cinnte fadó bhíodh an tríú cineál ann, ach chaithfeadh sé gan ligean dó féin . . . Bhí an guthán amuigh ag gleára go scrúdach. Thóg J. a ghlacadán féin ach ní raibh le cloisteáil ach glogar mar theagadh sna putógaí ag a Shean-Cheann, tuar éagaoine corróige. Ansin thosaigh sé ag aithris go faiteach ar an Sinsear: '*Hallo! Hallo!* Páipéar-choinneálaí anseo. Páipéar-choinneálaí sóisir anseo.' Shíl sé gur chuala sé *hallo* dhá fhreagairt amach as cúinne almóra – cluaisbhearnach deile – agus leag uaidh an glacadán de gheit. Bhreathnaigh ach ní raibh san almóir ach comhaid. Pér bith céard eile ar lonnaigh a shúil air i gcomhaid ní fhaca sé *hallo* i mealla ná i ndearmad . . . Bhí an guthán amuigh in a thost. Thug sin ar oilithreacht an tseomra é len a scrúdú ní ba mhine ná a rinne sé i gcaitheamh an tsaoil cheana. Roimhe seo lonnaíodh a shúile agus dhíríodh iad ar rudaí nach bhfeiceadh sé. Anois chuir roimhe féin rudaí a fheiceáil agus d'eagraigh sé an rún in a leagan daingean súl. Balla, balla teangmháilte a bhí i ngach áit, balla a bhí cho heagraithe in a bhalla len a leagan súl féin. Ní raibh de bhealach as ach an doras glasáilte. Chuimhnigh sé ar dhuine eile, J. eile freisin – ó bhéal an tsagairt ar an altóir a chuala sé é – a bheith glasáilte i mbroinn mhíl mhóir. Ach de dheonrú Dé tugadh as é, slán. De dheonú Dé. Ach bhí deonú na Stáitsheirbhíse freisin ann. Ba léar go mba é an glas seo aoneochair a chruachháis. Ní raibh de leigheas air, deonú na Stáitsheirbhíse ná eile, ach an glas a dhíláthairiú de ghníomh cho dearbh iomlán le gníomh ceann a chuirfeadh a láimh gan frapa gan taca i bpóca do bhríste. A dhul as géibheann. Ansin gheobhadh sé leigheas eicínt ar an scéal. Chua sé ar a dhá ghlúin aríst agus dhearc poll an ghlais. Poll dall, stuáilte len a chuid seanpheacaí fre chéile, ag baca an léas solais sin air amach ar Dhia. Chuir neart a dhá láimh in aghaidh éadan istigh an ghlais, ag iarra é a bhrú, a shníomh, a fheaca, a chlaona, a tharraingt, rud ar bith a chuirfeadh é as an áit a raibh sé. Ach d'fhan sé ansin mar sceartán mór daingean-chrágach ar chneas an dorais. Arbh shin é a mheabhraigh dhó an sceartán a thóig sé féin oíche i dteach ósta, nó arbh i dteach ósta a thóig sé chor ar bith é? Diomú Dé dhó thóig sé an sceartán agus b'fhada a bhí sé i bhflea ar a chuid fola. Níor éirigh leis ariamh an tochas a chur baileach as a chrioslaigh. Ba shin é an chaoi. Chuile rud i mullach an duine bhoicht. Breá nach oifigeach riaracháin nó rúnaí roinne, nó Aire féin a thóigfeadh páin de sceartán. Ach níor cheart dó cead a thabhairt dó féin . . . Ach breá nár chuimhnigh sé cheana air? Deireadh a Shean-Cheann leis nár chuimhnigh sé, nó nach raibh d'acmhainn ann, a bhríste a bhaint dhe oíche a bpósta agus gur maistín mór dá chnaipí tuatach a chua báite in a corróg an chiontsiocair a bhí ag a cuid scoilteachaí . . . Cnaga. Sea. Cnaga . . . Go lách caoin ar dtús. B'fhéidir go gcloisfeadh an t-oifigeach cléireachais sa seomra i bhfad amach é. Neartaigh sé ar na buillí ar an doras. Chuir tíolacan ciceála leo. Ach bhí na doirse agus na seomraí sin cho bodhar le achainí a chlárófaí ar na Comhaid Dhearmadtha. Má bhí sé ann chor ar bith? Ar shaoire phribhléide, b'fhéidir. Ba é biadán na rannóige go dtugadh sé ceachtannaí clóscríbhneoireacht chuile thráthnóna don chló-scríbhneoir, an cailín fionn, ar an darna háiléar. Is minic a chonaic J. an bheirt amach in éindigh ag a cúig. Slán an tsamhail, ba é an mullach céanna gruaige a bhí uirthi agus an *melodeon* céanna de thóin is a bhí ar an gceann a chuir a láimh i bpóca bríste J. Dhá bhuíochas críochnaithe b'éigean do J. cead a thabhairt dó féin cuimhniú. Dar diagaí ní raibh an ceann fionn sin ar an darna háiléar cho hóg is cheapfá ar an gcéad iarra. Ba chulaith é a héadan a chua go minic ag na glantóirí. Bhí an seanchleas céanna údan aici, an muirniú láimhe ar do shliasaid arbh iarmhairt dó, is dóigh, an láimh a shleamhnú go lách réidh síos sa bpóca. Léanscrios orthu mar mhná! Ba taca an tráth sin dá shaol a thóig J. an sceartán. Bhí an t-oifigeach ar phribhléid eicínt. Facthas do J. dhá dhaingne dhá raibh an doras go raibh de spreaca ann féin é a bhrise. Ba í an eochair chéanna a raibh a mullach briste sa doras seo a bhainfeadh an glas de dhoras amuigh an Bhas, nárbh iondúil don ghlas a bheith air ach san oíche. Ba lá corr é mar sin féin. Má tá i ndán's nach raibh an t-oifigeach cléireachais istigh agus na doirse amach uilig faoi ghlas bheadh muirín fhada doirse – muirín nár lag – le brise má ba leis a theacht as géibheann. Cé mhéad? An raibh siad uilig faoi ghlas? Níorbh fheasach dó. Ba rúndiamhar cho mór dó doirse na Stáitsheirbhíse len a gcuid páipéar. Bhí daoine, is cosúil, a raibh sé de phribhléid acu a nglasáil agus a n-oscailt agus daoine eile nach raibh. Chaithfeadh sé go raibh forála agus nós-imeacht, fiú Tionacal, ann. Nach beag an lua a bheadh ag an oifigeach cléireachais smaoiniú air féin, sul ar imigh sé. Nó b'fhéidir nár chuimhnigh sé nach raibh S. in a sheomra féin i gcónaí. Mar sin féin níor chóir go smaoineodh J. ar a dhul ag réaba doirse na Stáitsheirbhíse, ach oiread is réabfadh sé a gcuid páipéar. Cén iarmhairt a bheadh ar pháipéar singil amháin a réaba ó chéile? Ní dóigh go raibh ainghníomh mar sin inchúitithe. B'ionann é – marar mheasa é – is duine beo a dhíthiú. Córas dúinte a bhí sa Stáitsheirbhís, fearacht an tseomra sin in a raibh J. ar chrotal dobhearnaithe é, díon gaoithe, gréine, solais, torainn, rubálaithe agus eile. Cosaint agus bannaí iomlán ar pháipéar. Le dhul ag brise dorais bheadh seisean ag brise an tséala sin a bhí ordaithe ón Státa agus dhá réir sin ó Dhia, mar chuala sé an t-oifigeach cléireachais a rá leis an tSinsear. Níor bheag a raibh de chis ar easair déanta aige d'aitheanta Dé ó bhí sé in a sheanpháiste. Bhíodh an t-oifigeach ag dul go dtí coláiste mór eicínt ag Sráid Eccles. Bhí le rá freisin go raibh an bhean fhionn ag dul ann. In a suí sliasaid ar shliasaid is dóigh. Thiúrfadh a leithéid sin a leathshliasaid thall do bhoc eicínt eile agus bheadh sí ag creacha beirt go spleách in éindigh! Luathlámhach! Ní raibh sé féin i bhfad ón gcoláiste céanna. Bhíodh a Shean-Cheann i gcónaí ag iarra air a dhul ann, amach as an mbealach nó go ndéanfadh sí fuíoll a cuid glantacháin, go ndódh sí seanpháipéir agus seanbhruscar. 'B'fhéidir,' adeireadh sí, 'go gcasfadh bean chéileachais eicínt leat ann a chuirfeadh comaoin a sliasta ort. Ba mhór de réidh an achair do mo sheanchorróg tholgtha-sa é.' Ar a mhaga sin féin d'fheilfeadh do pháipéar-choinneálaí a dhul ag coláiste. Nuair a thrácht J. go fánach air: 'Go Coláiste na Tríonóide a bhí agatsa a dhul agus Léann Ceilteach a dhéanamh. Tá tú roléannta ar fad le haghaidh áit mar seo. Mar a ndéanfaidís thairis b'fhéidir go maolóidís do chuid tochais,' adúirt an Sinsear. 'Bíodh an diabhal ag an Sinsear.' Dúirt J. sin ainneoin gur chros sé in a intinn féin ar an bpointe an oidhe sin air mar stáit-sheirbhíseach agus gur leasaigh sé an mhallacht go cuí le *S.* a chur in ionad *Sinsear.* Ach a bhfaigheadh sé é féin as an tromásc seo ghabhfadh sé go dtí an coláiste! Ba mhó na mná ná na fir a bhí ag dul ann, adeirtí. D'fhoghlaimeodh sé rud eicínt ann. Cá bhfios goidé sin? Ardú céime. Tharla rudaí ní b'aistí . . . Chua J. ar ais go dtí an bord. Bhí a ghionchraos tirim ó bhéal a chléibh aníos agus a liopaí ag greamú dhá chéile. Bhí crúsca uisce ar an mbord a cheadaíodh an Sinsear dó a thabhairt isteach ón leithreas gach lá agus é ag rá, 'An té nach n-ólann ach uisce ní bhíonn sé ar meisce.' Chua J. síos sách scothfhada sa gcrúsca. D'fhéad sé tosú ag smaoiniú aríst. Bheadh air a dhul amach. Ní raibh de bhealach amach anois ach thríd an nglacadán, an glacadán a ardú, agus a chruachás a inseacht do bhean na nguthán. Ní fhéadfadh sé a chruachás a inseacht di ach d'inseodh sé di mar bhí sé glasáilte. Bhí an glacadán len a chluais go míshuaimhneach. D'aitigh sé fiucha istigh ann. Fanacht chúig nóiméad nó mar sin. Ansin an *hallo*áil. Níor thug faoi ndeara a chuid scréachaíola féin. Go tobann ghoin a aire é. Ní raibh duine ar bith ag ceann téide. Imithe amach a bhí sí. Bhíodh amantaí. Chloiseadh sé an Sinsear agus an t-oifigeach cléireachais ag casaoid uirthi: 'Is cosúil go bhfuil Roinn an Phosta agus Bord na nOibreacha Poiblí thar éis a theacht chun réitigh faoi dheire agus gur sa leithreas anois go cinnte a chuirfear an malartán, an clár aistrithe . . .' 'Cén chaoi a bhféadfadh roinn ná Stáitsheirbhís a bheith againn agus sine lag mar sin ann? . . .' 'Síne, ab áil leat a rá, a S. Is síne é guthán. Síne de chineál eile a bhíos sna leithris go minic. Bhuel is síne síne . . .' Síne fada an leithris a thugaidís uirthi. Níodh S. athléamh ar an oifigeach cléireachais ionann's dhá mba uaidh féin an chaint sin ó cheart. Ba chóir go mbeadh sí ar ais faoi seo. D'ardaigh J. an glacadán aríst. Saothar in aisce. Faoi cheann deich nóiméad eile nó mar sin facthas dó marar thromásc críochnaithe a bhí i gcúrsaí an leithris go mbeadh sí ar ais faoi seo. Baol uirthi . . . Ba gheall le comhad a chaille dó an smaoine a tháinig do J. Bhí sí imithe abhaile! Bhí an t-oifigeach cléireachais imithe abhaile, nó go dtí a choláiste, nó go dtí teach ósta leis an *melodeon* fionn, nó pér bith áit a dtéadh oifigeach cléireachais. Bhí an Stáitsheirbhís tar éis an darna cineál seomraí a thabhairt orthu féin, tar éis dul chun suaimhnis. Ba mhinic a chuala J. an Sinsear ag athléamh ar an oifigeach cléireachais, ag rá nach dtéadh grian faoi choíchin ar an Stáitsheirbhís. Is cinnte go mbailídís leo, go mbánaítí ranna agus oifigí, leis an Stáitsheirbhís a fhágáil mar ba dhual di in a síchruinne comhad. D'fheiceadh sé féin gach tráthnóna ag an cúig a chlog é. Arb éard a bhí i gceist ag S. agus ag an oifigeach go mbíodh madhcrafóin i bhfalach sna ballaí? Deirtí é sin faoi na póilíos. Ba mhinic a chuir an Sinsear fainic ar J. ag gabháil thrí na comhaid dó gan a bheith ag caint leis féin, nach raibh a fhios cé bheadh ag éisteacht, go raibh poll ar an teach agus cluasa ar na ballaí. Cá bhfios nach glór mar sin a d'fhreagair a *Hallo* féin ar ball. Th'éis cúl a chainte a bheith leis féin scaití b'fhéidir don tSinsear a bheith i bhfad ní ba mheabhraí ná cheapfaí dhó. B'fhurasta aithinte sin ar an muta díogáilte de mhuisteaisín a bhí air. Thosaigh J. féin ag ligean suas a macasamhail an darna seachtain in a pháipéar-choinneálaí dhó. Cho luath is bhí aithne geamhair uirthi: 'Is deas é mo bhródach,' arsa S. go tarcaisneach ag cuimilt a chinn féin idir pont a ordóige agus a chorrmhéire: 'ag ceapa gur Sinsear cheana féin thú.' Bhearr J. an geamhar in am dinnéir. Cá raibh S. anois? In Oileán Mhanainn is dóigh. Bhí sé le dhul ar an eiteallán. Má dúirt sé uair é sin dúirt sé fiche uair é. Shílfeá de bharr an aerthaistil sin gur dhuine é S. a bheadh ar réim ní b'airde ar fhille ó Mhanainn dó. Ní dhéanfaí oifigeach cléireachais ná Sinsear de dhuine i ngeall ar dhul go Manainn ar eiteallán? Bhí barúil ag J. cá mbeadh S. faoi seo. *Lad* é S. Maidin dhá ndeacha J. amach thrí sheomra S. chun an leithris fuair sé S. amuigh agus ladhar a láimhe lánleata aniar faoi bhrollach mór corcógach an bhean ghlantacháin, an ceann bun-óg sin nár fhan ach coicís. B'fhurasta dise a deaság a mhuirniú anuas ar a brollach rabairneach as cionn leathláimh sin S. agus snafach iarmhartach S. a thapú, len a leathláimh eile a shleamhnú síos póca airgid S. Ach díscaoileadh lámha soir siar ar an toirt. Shac S. an leathláimh chiontach go domhain in a phóca: 'An bhfuil ceo ar bith le déanamh agatsa sa seomra sin?' arsa seisean le J. agus pislín spréachta ag teacht thar bhruach a liopa. 'Nó an bhfuil tú tar éis ardú céime a fháil? Nó an bhfuil gealloifig sa leithreas?' Agus chaith sé mí mhór fhada ar an tuairgínteacht tharcaisneach chéanna air. 'Fanadh tusa ó mhná brollaigh móra agus an bhruitíneach thochais atá ort. Tá sé tóigthe ag na comhaid uait. Chonaic mé comhad istigh ansin an lá cheana agus é ag iarra é féin a thochas.' . . . Anois a lig J. len a ais é. Glaoch isteach ná amach ní raibh sa nguthán anois, ach é ar nós duine a mbeadh an bia ag stopa i mbéal a chléibh. Ní fhágfadh a Shean-Cheann sa mbaile liobar sean-pháipéar, admhála cíosa, ná rátaí, ná radio, ná geas, ná aibhléis, ná eile sa teach gan stróice agus gan dó, agus níor dhóide beirthe é ná ghlaoifeadh sí ar na Gardaí. Ach ní raibh tada as bealach déanta aige. Cés moite den ghlas. Timpiste. Breá nach ndéanfaidís eochrachaí ní ba láidre. Ba iad na heochrachaí an tsine lag dháiríre sa tSeirbhís. Níor chuimhnigh sé air sin ach oiread: bheadh an bhean ghlantacháin isteach ar maidin. Ba é an Sinsear a ligeadh isteach i seomra J. í. Fiú dá mbeadh a eochair seo aici bhacfadh an bruscar í i bpoll an ghlais. Ach d'fhéadfadh sé glaoch amach uirthi agus a chruachás a chur i bhfios di. Ba ghearr in a dhiaidh sin go mbeadh bean na nguthán ar fáil. Ach bhíodh an Sinsear i gcónaí ag fuasaoid go mba é a hurnaí maidine sise an leithreas. Bhí an t-oifigeach feidhmiúcháin, fear an-fhoghlamtha, tar éis a rá le S. gurbh ionann urnaí ó cheart agus fanacht, buala fút. Eatarthu ar aon chor b'fhuascailt é. Ní aireodh sé an oíche. D'fhágfadh sé na soilse lasta agus shínfeadh sé ar an urlár. Mara gcollaíodh sé féin cén dochar? Níor bhrí ar bith oíche. Ach bhí tromásc air. An leithreas. Marbhfáisc ar an uisce sin a d'ól sé. Téann ag an nádúr ar thoil dhá thréine, mar deireadh S., i modh neamhdhíreach leiscéil gur rugthas ar a láimh féin ag inliú earra seachas páipéar. Chuimhnigh J. dhá bhféadadh sé é a dhéanamh amach thrí pholl an ghlais go nglanfadh an bhean ar maidin é agus go bhféadfadh J. a mhilleán a bhuala ar S. Níor chall poll an ghlais a scrúdú le tuiscint gur isteach sa seomra seo féin a thiocfadh sé. Agus fiú dhá mbeadh sé cinnte gur amach a thiocfadh sé ní bhfaigheadh sé ann féin a dhéanamh. Chuimhnigh sé ar thairneán an bhoird. An tairneán a thabhairt amach agus a fhalamhú sa leithreas nuair a d'osclófaí doirse. Ach ba ansin a bhí an eochair. Ionad taisce eochrach é. Fiú má bhí an eochair fabhtach, eochair pháipéir a bhí inti in a dhiaidh sin. Scrúdaigh sé an seomra 'chun na críche sin' mar deireadh S. Almóir falamh? Fiú dá mbeadh ní fhéadfadh sé a dhéanamh in áras a bhí – fhobair dó coisrigthe faoi chomhair páipéir a rá . . . B'fhearr é a dhéanamh ar an urlár in áit eicínt a dtóigfeadh sé an líneó dhe, agus de roghain isteach faoi bhun an phíopa i gcúinne an tseomra. Dhá mba chall ghlanfadh sé a chúnamh don bhean é, ach ba é ba dhóigh go nglanfadh sí féin é gan aithneachtáil céard é. Ar aon chor thuigfeadh an bhean an scéal. Ba dhaoine tuisceanach iad formhór na mban, cés moite de chorrdhuine mar a Shean-Cheann féin nár léar di i bpáipéar ach earra le lucht bineannaí a choinneáil ag obair. Mara dtuigeadh an bhean ghlantacháin féin é ní fhéadfaí a bheith sa mullach ro-mhór air, arae téann ag an nádúr ar thoil dhá thréine, nó caithfe an nádúr cead a bhealaigh féin a fháil, mar adeir S. i gcaint an oifigigh chléireachais faoin scanail a bhí in ainm's tarlú sa gcianaimsir i roinn eicínt a bhí díscaoilte le fada agus ar beag stáitsheirbhíseach anois ar cuimhneach leo a hainm. Chuala J. caint ar stáitsheirbhíseach a rinne fóiséad, len a chuid uisce a shéalú thríd, de pháipéar a raibh síniú pearsanta an Aire féin air. Ansin rinne sé cárta Nollag dhe agus d'fhága sé ar bhord phríobháideach an Aire é. Níor chreid J. gur tharla ná go dtarlódh a leithéid. An rud a bhí *beartaithe* –

caint S. – ag J. ba riachtanas é ach níor dhíobháil. Bheadh chuile ruainne agus sprúille páipéir cho slán cho híon is dá mbeadh gan an rud tarlú chor ar bith. D'fhuadódh sé Dettol, Jeyes Fluid agus eile ón Sean-Cheann sa mbaile. Dúshlán dreidire sróine S. ar fhille dhó aon ní a bhrath. Dhá mba chall é, bhríbeálfadh sé an bhean ghlantacháin, ainneoin go raibh sin in aghaidh na rialachaí. Ach i gcruth séisín a thiúrfadh sé é agus síne láimhe in aisce, rud nach bhféadfadh a bheith in aghaidh aon riail. Cé ar mheasa é ná S. dhá shlada ag an mbean ghlantacháin úd? Ba mheasa an rud a tharla do S., mar d'fhéad S. a mhíghníomh a sheachaint má thogair sé é . . . Dheisigh sé é féin síos le haghaidh na hoíche, sa gcoirnéal ab fhaide ón mísc. Bhí triosnán an bhoird rochrua dhá cheann. B'éigean dó as a dheire éiriú agus comhad a fháil, comhad as uachtar almóra, den tseilp uachtair, an t-almóir a dtugadh S. na comhaid dhearmadtha orthu. B'éigean dó an dara ceann a fháil le ceannadhairt a mbeadh socúl ar bith inti a dhéanamh. Deireadh sé a phaidreachaí go seasta ó dhul sa Stáitsheirbhís dhó. Bheannaíodh a shagart paráiste dó anois. Chuireadh a Shean-Cheann faoi deara dhó chuile oíche guidhe ar son a corróige. Bhíodh sí go síoraí ag lasa coinnle sa séipéal agus ag bagairt a dhul go Lourdes ar a son ach a bhfaigheadh J. ardú tuarastail: 'Ar nAthair atá ar Neamh,' adúirt J. ' . . . Is agat atá na heochrachaí. Dhá mbristí i nglas mór na bhFlaitheas iad . . . Go ndéantar do Thoil ar an talamh mar dhéantar sa Stáitsheirbhís. An raibh póca mór domhain ar thosach bhríste Pheadair?' Ní raibh aon mhaith ann. Bhí clog ag gleára i gcúl a chinn mar bhí an lá nach raibh sé i riocht a mhéir a leagan ar an meamram a bhí an t-oifigeach feidhmiúcháin a iarra agus srón mhífhoighideach S. dírithe air mar ghunna. Ní raibh lasta anois ach solas amháin. Chaithfeadh sé ceann eile a lasa, nó é sin a mhúcha. Bhíodh meabhrán faoi thíobhas ag síordhul faoi gcuairt sa Roinn. Mhúchfadh sé an solas. Níor fhéad sé gan cuimhniú gur in uain thalúna a bhí sé, gur ghabhair agus caoire a bhí sna páipéir chomhadtha sin agus gurbh é an solas an aontsúil pholaiféimeach a bhí ag síor-airdeall air. Seanchoinneálaí páipéar le linn Rialtas A Chara agus a bhí anois ar pinsean a mhol dó 'an sárleabhar' sin a cheannacht. Nuair a chonaic a Shean-Cheann aige í, i ndiaidh a theacht abhaile dhó, ba theannach léi í a dhó mar 'sheanchiomach páipéir.' Rinne sé a sheandícheall a mhíniú di nach raibh sí ar aonréim le comhad ná meamram ná meabhrán ach . . . ach ba 'seanchiomach' é chuile pháipéar ag an Sean-Cheann . . . Chuir a chóta faoi mar bhí an t-urlár fuar agus ní raibh sna píopaí an tráth seo de bhliain ach luaí fhuar, clúdaigh gan comhaid. Chaith sé an oíche thar droim ag bocáil ó thaobh go taobh ag iarra an gleára i gcúl a chinn a bhréaga chun suaimhnis. Oíche an darna lá dhó san oifig seo ba é an síor-iontú sin a thug dhá Shean-Cheann é a thuairteáil le fána as an leaba. 'Síos ansin anois leat,' adúirt sí, 'agus déan do chuid cleasa lúth ar sheanchathaoireachaí agus ar sheanbhoscaí. Tá mo chorróg sách craiceáilte ag scoilteachaí' . . . Thit néal driopásach air sa deire. Ba mheasa sin ná an neamhcholla corrach. Bhí bríonglóideachaí scáfar aige. Mná ag cur lámha in a phóca, ag strachailt amach eochrachaí agus ag ligean leo féin sna gaiseití. Eochair mhór na bhFlaitheas caillte ag an Naomh Peadar, Stáitsheirbhís na bhFlaitheas thar bharr a gcéille aige dhá cuartú agus J. féin agus scuaidrín mór fada ag ciceáil an dorais ag iarra a dhul isteach. Ar nAthair atá ar Neamh, go naomhtar t'ainm, go dtige eochrachaí do Ríocht, go ndéantar do Thoil ar an talamh mar dhéantar sa Stáitsheirbhís . . . Scoir comhad na bPinsean Míleata é féin anuas in a mhullach agus thosaigh cathannaí, luíocháin, marú, dúnmharú, fionaíol, cogaí cathartha, páipéar as a chionn agus thart timpeall air i ngach áit. D'umhalaigh almóir na gcomhad dearmadtha é féin anuas air gur chlúdaigh é, gur fháisc a cholainn isteach in a chrioslaigh féin, go raibh sé i bhfastós istigh ann mar bheadh sé i gcónra a mbeadh a béal fúithi, gur ardaigh suas é agus go bhfuair sé claochlaithe é féin in a chomhad, comhad dearmadtha eile. Ba chomhad dearmadtha é ach bhí cuimhne mhaith aige féin ar gach rud, go háirid ar eochair bhriste, ar chomhad cluaisbhearnaithe, ar mhísc domhaite i láthair comhad agus meabhrán. Bhí sé dearfa anois gur chomhad é féin ar pháipéar a bhaill bheatha, agus go ndeacha sé amú nuair a chuir rúnaí an Aire fios ar an meamram arbh é é. Ní hé amháin gur airigh sé é féin faoi ghlas anois; d'airigh sé glas, glas a raibh a eochair ar iarra, ar gach ball dá bhaill bheatha. Ba í an teanga an ball deire a ndeacha glas uirthi. Nuair a d'fhéach sé leis an nglas a bhaint di shloig sé an eochair agus chaithfí doras a oscailt ann len a fáil . . . Dhúisigh sé d'aon-iarra. Bhí sé mar bheifí ag cur greamannaí ann le snáthaid thochais. Bhí fuadach croí dalba air anois i dteannta an ghleára i gcúl a chinn. B'fhada a chaith sé ag iarra taithiú leis féin mar dhúil bheo, ansin mar dhuine, taithiú len a phearsa ní áirím len a chuid smaointe féin. Bhí air caraíocht mhór a dhéanamh len a aitheantas féin a aimsiú agus a scioba amach as scamall éagruthach in a raibh ruaille buaille tréan-ghluaisteach agus é a shnama anuas san ionad len ar bhain sé . . . Las sé dhá sholas, trí cinn, cheithre cinn. Ní raibh aon chlog sa seomra ná aon uaireadóir aige féin. Ba lór mar lón dó na cloig phoiblí. Bhí cuimhne sách baileach aige ar a chuid rámhailltí, ach ní raibh rud ar bith athraithe cés moite nár chuala sé deilín a thaithí: 'Tá torann mór sa mbád anocht.' An dá luath is ar chuir sé a cheannadhairt ar ais in almóir na gcomhad dearmadtha facthas dó gur tháinig a ghotha dálaigh féin air sin agus go raibh sé buíoch dhe as ucht a chuid fiacha dlisteanach a íoc . . . Bhí sé ag eitealla le fuacht agus d'aithin sé gurbh é an fuadach céanna a bhí faoin a chroí anois a bhí an lá a raibh sé ag an agallamh faoi chomhair a bheith in a pháipéar-choinneálaí. An lá sin bhí an fuadach croí ag cur creatha sa mBonn Míleata ar a ucht, fearacht is dá mba chruth eicínt de chladhairíocht chorpanta a bheadh dhá foilsiú féin leis. Ach in a dhiaidh sin thuig sé nach mar a chéile an fuadach seo agus fuadach an lae sin. An lá sin bhí a chroí ag luainn scaití mar fhéileacán ar thamhnóg shléibhe. Inniu ba mhó ba chosúla é le bó a chonaic sé uair ar saoire agus í ag caraíocht le theacht as scraith ghlogair. Chaith sé eadartha eile dhá scríoba féin go baileach agus go dúthrachtach mar chat beadaí ag níochan a chuid fionnaigh . . . D'airigh an toirnéis amuigh. An bhean ghlantacháin. Shiúil go doras: 'Hóra ansin,' arsa seisean, dhá sheanghlao san áit a mbíodh poll an ghlais. 'Hóra ansin, a bhean í L. . . .' 'Ó bhó! . . .' Tháinig an scread fhaitís, titim an ghléas glantacháin agus teithe neamh-mhuiníneach na gcosa leathchraiplithe, thrí chláir an dorais. 'A Bhean í L.': chuir sé a shean-neart san uaill. 'Mise atá ann. J. J. J. Tá mé faoi ghlas de thimpiste, de thimpiste, istigh anseo.' D'airigh sé an siúl stromptha anall go doras: 'Shíl mé gur thaibhse nó droch-rud, sábhála Dia sinn, a bhí ann. Is deacair do dhuine fios a bheith aige céard a chónódh sa gcarn aoiligh páipéir sin, fuagraíomuid dea-chomharsanacht orthu! De thimpiste! A J. bhoicht . . . Beo beathach agus thú faoi ghlas . . . Crois Críost orainn ar feadh na hoíche! . . . Gan greim, gan blogam, gan leaba gan landa . . . An raibh faitíos ort? Níl aon eochair agam faoi chomhair an tseomra sin, a Mhr J. Ag Mr S. féin atá sí. Is é a ligeas isteach ann gach maidin mé. Tugann sé dhom í le dhul isteach ann. Nuair a théadh Mr S. ar saoire, ag Mr V. a bhí anseo rótsa a bhíodh sí agus eisean a ligeadh isteach mé. Ní oscló aon eochair dhá bhfuil agam an doras, a Mhr J. . . . Tá an poll calctha ar aon nós. Caithfe muid fanacht nó go dteaga an t-oifigeach cléireachais. Nach mí-ásach go n-éireodh rud cho haibéiseach sin duitse, a Mhr J., duine cho lách, cho ceansa, leat . . .' B'iomaí rud a bhí ar J., ach chaithfeadh sé a fhad agus a leithead den aimsir a bhuala air, nó go dteagadh an t-oifigeach. Thosaigh sé ag síne a mhéir síos agus suas ar chúlannaí na gcomhad in almóir. Thóig sé comhad amach. Rud nárbh iondúil leis níor chuir sé ar ais é. Thosaigh sé dhá léamh. Áit eicínt i bhfad ón gcathair san iarthar Fhiáin a tharla sé. Oifigeach Roinne a thug cuairt ar fhear shaothraithe tomátaí. Mhol an t-oifigeach dhó an chréafóg a athrú. Leitir eile faoin darna cuairt, ach ní raibh an chréafóg athraithe sa teach gloine. Duine dochomhairleach, adúirt J. leis féin. Go tobann chuimhnigh sé ar phearúl S. 'Ná feic fiú na dúradáin idir thú agus an solas anseo. Ná clois tada.' Níor dhúirt sé leis gan tada a dhéanamh. Ach dúirt sé leis gan tada a rá: 'agus má chaitheann tú choíchin tada a rá, abair go cuí é de réir riail, nós-imeacht, forála agus an aclaíocht intinne agus smaointe is dual do stáitsheirbhíseach. Ar mhaith leat féin, ar mhaith leat féin anois adeirim: troid le trua agus taise le tréan. Fair bun na gaoithe agus tuar na haimsire. Má éiríonn le do shúil dheas rud a léamh de thimpiste ní racha mé cho fada is go n-ordó mé dhuit í a strachailt amach mar bhall scanallach. Chiorrbhódh sin do bharrainn mar stáitsheirbhíseach, mar pháipéar-choinneálaí. Ach ná feiceadh do shúil chlí é. Ná tuilleadh sé i do cheann. Ná tuig i do mheabhair é. Agus go brách brách ná teagadh smid faoi amach thar thairseach do bhéil.' Bhí S. thall i Manainn agus a láimh aniar anall faoi chruach mhór bhrollaigh fhionnmhná eicínt a bhí i ndiaidh a phócaí a choille. Léigh J. leis. Bhí spéis anbháthach dhá chur aige in oifigeach na Roinne agus i bhfear na dtomátaí, an spéis a chuireadh sé in eachtraí an Iarthair Fhiáin ag an scoil. Ná raibh ann marar thairg an fear an t-oifigeach a bhuala! Oifigeach Roinne a bhuala! Duine mar an oifigeach cléireachais, feidhmiúcháin, riaracháin, nó fiú S. féin. Leitir ón Aire féin le rá gur fhéach sé go tromchúiseach ar iompar an fhir i leith oifigeach na Roinne agus dhá dteangmhaíodh dó é féin a iompar go míchuí aríst . . . Ha Dad! Sa gcéad leitir eile bhí an t-oifigeach buailte ag fear na dtomátaí. Leitir eile ón Aire. B'ionann cneá a chur ar a oifigeach agus cneá a chur i gcolainn an Aire féin. Cheap J. gurbh fhiú cuimhniú air sin. Ní fhéadfadh an tAire neamh-aird a dhéanamh de mhí-iompar den tsórt sin. Bhainfí láthaireach an teach gloine den fhear . . . Chuir J. an comhad isteach san almóir go tobann. 'Sea, a dhuine uasail . . . Sea . . . An eochair a bhrise . . . Sea . . . Ó ní brí ar bith oíche . . .' Thosaigh an guthán ag bualadh i seomra S. amuigh agus d'fhreagair an t-oifigeach cléireachais é. Gan mórán achair bhí sé ar ais ag fuagairt isteach thríd an doras: 'Mrs J. ag fiafrú an anseo atá tú. Mhínigh mé dhi mar tharla. Dúirt sí gur fadó an lá ó fuair a cuid scoilteachaí an oiread scíthe. D'fhiafraigh sí arb óltach a bhí tú le bambairne mar sin a dhéanamh dhíot féin . . . Ach mararbh ea, a J., tuige ar ghlasáil tú thú féin istigh? . . . Ach bhris tú an eochair . . . Bíodh a fhios agat nach í an Nollaig í, ná nach athrú rialtais atá ann, le go mbeadh daoine ag dul as a gcranna cumhachta mar sin . . . Ag fiafrú a bhí Mrs J. an dtiúrfa sí do bhriocfasta isteach agat, nó ar gaire mar lón leat páipéar leamhan-ite? Caithfe mé rá léi nach mór dom m'uachtarán a cheadú ar cuí briocfasta a thabhairt isteach i roinn . . . Sea, déarfa mé léi glaoch aríst faoi cheann leathuaire.' Rinne sé ann is cosúil agus bhí sé ar ais ag tóin eile an fheadáin faoi cheann nóiméid: '. . . Ach mara raibh cén chaoi a ndearna tú ciseach mar sin ort féin? Eochair a bhrise i nglas! Is minic dhá rá mé: Níor mhór do dhuine a bheith taithíthe ar an obair seo ón a óige. Múille agatsa í mar bhí an iomarca aoise agat ag teacht isteach. "Nuair a chríonas an tslat", ní chuirfe sí broid i múille. An marcach óg i gcónaí le claidheachaí a shárú . . . An gcluin tú leat mé, a J.? Macasamhail na heochrach sin ní hí m'eochair féin í. Níl a fhios cár chuir S. a eochair féin i dtaisce.' Bhuail faitíos tobann J. gur sladtha as a phóca faoi seo a bhí sí i Manainn. Na mná sin, léanscrios orthu, bíonn a súile ag dul amach thar a gceann, thar a gcuid. Chua dhá smaoine i nglas in a chéile in intinn J.: go gcuirfeadh sé comhairle ar an oifigeach faoin mbean fhionn, ach ba é an darna smaoine ar chuir sé leagan cainte air: glaoch ar S. i Manainn agus rá leis an eochair a chur anall faoi shéala ar an gcéad eiteallán eile. Ní ag fanacht le go bhfuasclódh an eochair sin é a bhí J., ach le siúráilteacht a dhéanamh go mbeadh an eochair féin slán. Cá bhfios, mara bhféadadh S. an t-ordú sin a chomhlíona, nach ndéanfaí Sinsear de J. in a leaba. 'Níl fasach ar bith ann chuige sin,' adúirt an t-oifigeach. 'Fasach?' adúirt J. Chuala sé an focal go mion agus go minic cheana, ach níor thuig sé go barrainneach ariamh céard é féin mar thuigfeadh sé rial nó pearúl, comhad, lipéad nó meabhrán, eochair, corrógaí, mná fionna, lámha buineannach ag dul i bpóca do bhríste. 'Fasach, sea,' adúirt an t-oifigeach cléireachais. 'Níor chuala mé faoi aon fhasach ariamh agus dhá mbeadh fasach ann chloisfinn faoi. Tháinig mé anseo óg agus tá taithí na Stáitsheirbhíse agam. Ní foláir dhom glaoch ar Bhord na nOibreacha Poiblí. Iadsan Caomhnóirí na nEochrachaí, Peadair na Stáitsheirbhíse. Petrus, cloch . . .' Bhí an poll sách análaithe, le forneart na cainte agus méirínteacht ón taobh istigh agus ón taobh amuigh, gurbh fhéidir labhairt thríd gan an iomarca anró. '*Hallo!*' a bhí an cléireach a rá taobh amuigh. '*Hallo!* Oifigeach cléireachais, Páipéar-Choinneáil. Bord na nOibreacha Poiblí más é do thoil é . . .' Bhí sé ag an bpoll faoi cheann meandair: 'Cén uimhir a bhí ar an eochair bhriste? . . . Níl aon uimhir ar a lorga . . . Níl a fhios againn tada faoin mullach ach go gcaithfe muid a chur i gcás gurb é atá i bhfastós sa bpoll seo . . . Níl a fhios agat cén uimhir a bhí uirthi? Is cóir, adúirt mé ar ball . . . Tá cúram na gcéadta, na mílte eochair ar Bhord na nOibreacha Poiblí . . .'

Bhí sé fillte ar an doras arist: 'Cén uimhir atá ar an seomra? . . . Cén chaoi a mbeadh a fhios agamsa cá mbeadh an uimhir? Ní ceo ar bith de mo ghnatha é. Sin é cúram Oifig na nOibreacha Poiblí. Nóiméad . . . *Hallo!* Na hOibreacha Poiblí! . . . A J., féach ar thaobh na ciotóige os cionn an dorais. Ní fheiceann tú aon uimhir ann? . . . Ní mise atá ag breathnú ann, a J., ach thusa. An bhfuil tú i n-ann léamh chor ar bith? Is cóir, adúirt mé luath agus mall . . . Caithfe sé go bhfuil uimhir ann. Caithfe sé go bhfuil, mar dúirt Bord na nOibreacha Poiblí go mbeadh uimhir ann, mara mbeadh sí ann . . . scríob an phint . . . Anois, a bhean chóir, cuibheas! . . . Hóra, a J., tá bean anseo agus deir sí gurb í Mrs J. í agus gur tháinig sí le do bhriocfasta. D'uireasa cead i scríbhinn ó uachtarán . . .' 'Cáil sé? . . . Istigh ansin atá tú, a J., a sheandhúda búba púba. An oíche ba shuaimhní a chaith mé ariamh. Tá mo chorrógaí cho haclaí is go gcuirfe siad an seandoras sneách sin dhá lúdrachaí . . . Breá nach gcuireann tú féin dhá lúdrachaí mar sin é? . . . An bord ru! Tuairteáil an bord in a aghaidh ón taobh sin agus tuairteálfa mise bord eile in a aghaidh ón taobh seo. Ropfa mé le mo thóin é. Muic as a srón, bean as a tóin! Ara céard tá tusa a rá, a bhoilg leanna bulláin? . . . Ocras agus tart ar J. bocht istigh . . . Fág mo bhealach, a phabhsae smaoise . . . Nach cuma liomsa, a ronnach de smaois, céard a dhéanfas Bord na nOibreacha Poiblí? Céard deir tú, a J.? Cuir na seanpháipéir bhréana sin fre chéile thrí lasa in éadan an dorais. Feicfe tú féin air go ligfear amach ansin thú . . . Ara ag mac mór an diabhail go raibh do ghúgán de sheanshrón reatha, thú féin agus do chuid póilíos . . . Ara cén sórt foighid sin ort, a J.? An dúil a bheadh agat bás a fháil leis an ocras agus búrla mór páipéar a dhéanamh istigh ansin? Ansin thomfadh sé seo a pheann in a ghúgán mór de sheanshrón reatha agus thosódh sé ag scríobh, ag scríobh tuarascála ort len a chuid smaoise . . . Ara cén *job*?

Nach mbeidh cairdeas agus carthanas mo chorróigesa agat, le bheith ropa leat i muinín do chroí agus do chruite. *Job* ná *job* anois é, a J., tiocfa tú amach in aghaidh do chos nuair a bhrisfeas mise an doras. An gcluin tú an *hallo*áil ru? Gardaí! T'anam cascartha . . .' Ag an bpointe seo chuala J. tuairteáil chiréibeach, ollghártha, maslaí, mionnaí, mionnaí móra mailíseach, cách ag tabhairt bronntanais a chéile d'Athair an Oilc, sa seomra amuigh. Thrí na caorthinte bruíne seo bhí J. ag cloisteáil: 'A phaca diabhal, mo chorróg! A phaca bastard, ní féidir ach le Dia mé a scara ó m'fhear, ó m'fhear dlisteanach. Dúirt béal an tsagairt gur aon fheoil amháin muid cé gur minic gurbh fhearr liom bearna custaim idir an tseanchabhail shníofa sin ag J. agus mo chorróg bhocht féin. A phaca bastard, a lospairt bhréan. *Up the I.R.A* . . .' Bhí íota aríst i mbéal J. agus a liopaí ag séalú ar a chéile mar bheadh céir the ann. D'fhalamhaigh sé an chuid eile den chrúsca uisce. Tháinig glór an oifigeach cléireachais amuigh aríst: 'Flea cheoil! Tá sí curtha amach anois, an bhean seo atá ag toimhdean, ceart contráilte, gurbh aon fheoil dhleathach leat í . . . bhuel, dlisteanach mar sin. Ach tá soláthar' – cnoc eile nár fhéad intinn J. a dhul ní b'fhaide anonn air ná an leiceann sceirdiúil a bhí as a chomhair taobh abhus ba ea *soláthar* – 'déanta agam i gcoinne a cuid foréigin agus báirsíocht feasta. Níl neart agam ar mo chuid focla ar an nóiméad priaclach seo i stair onórach na hoifige seo, glacaim pardún agat. Ní hionann sin is más aon fheoil dhleathach amháin sibh go samhalaím go bhfuil na tréartha céanna comhchoitianta ar fud an aonaid fheola seo uile go léir. Féachfa na Gardaí chuige feasta . . .' 'Ach ar mhiste dhom a fhiafrú dhíot, a dhuine uasail, cén uair a shaorfar as seo mé?' adúirt J. go tláth. 'Thú a shaora as sin? Ní féidir liom aon tsocrú a dhéanamh láthaireach chuige sin. Tá sé idir lámha ag Bord na nOibreacha Poiblí faoi seo agus is céim mhór chun cinn é sin.

Féadaim a rá gurb é *an* chéim chun cinn é. Chua sé uaimse go hiomchuí go dtí an t-oifigeach foirne, uaidhsean go dtí oifigeach riaracháin, go dtí leasphríomh, go dtí príomh-oifigeach, agus rud neamhghnách – fasach feasta – go dtí leasrúnaí. Mararb shin dul ar aghaidh! Chuir an leasrúnaí an cúram cuí ar Bhord na nOibreacha Poiblí ó tharla gan aon eochair ná aon deis fhreagrach . . .' 'Cén uair a thiocfas an Bord, a dhuine uasail?' 'Ní féidir liomsa an cheist sin a fhreagairt. Tá an scéal as mo lámhasa, as lámha na rannóige seo, as lámha na roinne seo, féadaim a rá. Ní féidir scéal a chur as lámha roinne gan é a chur idir lámha duine nó comhlacht eicínt eile.' Beart a bheith idir lámha ba shin cnapán airgead beo nach raibh J. i riocht a cheaptha len a dhá láimh féin. Céad slán don tseantsaol, thuigfeadh sé bean a bheith idir lámha, ach chaithfeadh sé gan a bheith ag cuimhniú ar rudaí mar sin. Níor fhan de smaoine aige ach: 'Ach, a dhuine uasail, nach cuid den roinn seo an seomra seo?' 'De bharr an chinne chuí atáthar tar éis a dhéanamh agus chun críocha an cháis seo is de chúram Bhord na nOibreacha Poiblí go sealadach an seomra sin, is é sin go tóranta chun críche an dorais sin a oscailt, agus is féidir féachaint air mar sheomra ar cuid den fhoirgneamh seo de réir léargais é, ach chun críocha Stáitsheirbhíse de thuras na huaire ar cuid de Bhord na nOibreacha Poiblí é, gan dochar do dhlínse na Roinne i dtaobh cead isteach ón taobh amuigh go dtí é agus cearta dlínse eile, cearta atá arna bhforchoimeád ag an roinn seo agus atá do-aistrithe gan aisghairm a dhéanamh ar a lán achtannaí agus ordaithe. Ní bheidh dliteanas ar bith i dtaobh cíos ná rátaí ar Bhord na nOibreacha Poiblí de bharr a seilbhe sealadaí agus chun na críche áirid réamhráite ar an seomra, ná ní bheidh dliteanas ar bith i dtaobh cíos ná rátaí ortsa. Níl aon fhasach ann chuige . . .' 'A dhuine uasail, tá mé stiúctha leis an ocras agus spalptha leis an tart. Tá m'ócáide ag teanna liom aríst, a dhuine uasail. Níl mé cinnte nach gcaithfe mé *major*áil an babhta seo.' Ba shin í caint na dtithe ósta a bhí ag tointeáil aniar ón seanreacht in intinn J. i ngan fhios dó agus dhá bhuíochas. 'Ní nithe iad sin, mar tá a fhios agat, a bhfuil baint ar bith acu le bun-nós na Stáitsheirbhíse. Mar dhuine daonna, le mo dhuiniúlacht a chur i gcás idirdhealaithe ó mo Stáitsheirbhíseacht, mar adéarfá, tá bá agam leat. Is dona liom agus an cás mar tá nach dtig liom faice a dhéanamh ach friotháil mo dhualgais anseo mar Chú Chulainneach an Státa. *En passant*, ní miste dhom a mheabharú dhuit gurb é mo bharúil mar dhuine, ach ní cinne oifigiúil é sin, go bhfuil tusa, de bharr chúrsaí an cháis, tar éis scoire de bheith de thuras na huaire, a dtuigeann tú, de bheith i do stáitsheirbhíseach feidhmeach . . .' In a coire chuairdill, in a ciréib aonaigh a bhí fuil J. fre chéile . . . 'Caithfear doras Stáitsheirbhíse a bhrise le foréigean agus níl de cheart ag aon duine ná aon chomhlacht corparaithe é sin a dhéanamh, ach ag Bord na nOibreacha Poiblí. Agus nuair a dhéanfas siadsan beart údaraithe a dtiúrfaí foréigean neamhdhleathach air agus mise nó thusa dhá dhéanamh, ní foréigean feasta é ach beart cuí . . . níl a fhios agam, a dhuine chóir, cén uair a dhéanfas siad é, nó cén chaoi, ach ní foláir a chreidiúint gur i dtráth agus ar shlí chuí a dhéanfas siad an beart a dhéanfas siad.' B'éigean do J. suí ar an gcathaoir. Ní raibh sé de theacht aniar ann é féin a choinneáil le poll an ghlais ní b'fhaide. Chaith sé an-fhada mar sin idir a cholla agus a dhúiseacht, idir a bheo agus a mharbh a smaoiníodh sé uaireantaí. Cnagadh an doras, ionann's cho múinte is níodh sé féin ag dul amach go dtí S.: 'Fear ó Bhord na nOibreacha Poiblí . . . Cén uimhir a bhí ar an eochair? . . . An bhfuil a fhios agat cé uaidh ar fritheadh í, nó cén uair ar cuireadh an glas sin ar an doras? . . . Cén uimhir atá ar an seomra? . . . Ní féidir aon cheo a aimsiú sa gcomhad seo agam gan mioneolas le mé a threorú . . . *Freagró* mé an *memo* seo agus cuirfe mé ag an maoirseoir é.' D'aithin J. an airín airid a bhain leis an nglór sin: mar sin go díreach adúirt an t-oifigeach cléireachais go raibh cás J. gaibhte cho fada le Bord na nOibreacha Poiblí, go mba chéim chun cinn é sin, go mba é *an* chéim chun cinn é. Bhí an cás anois agus saothar ann ag strapadóireacht suas go dtí maoirseoir. Shuigh J. aríst. Ní raibh féith ná comhaire fanta ann anois i dtaobh imeacht ama. Bhain an guthán. D'fhastaigh go crith-ghéagach céalmhaineach é: 'Mr J. . . . Glao gutháin duit . . . agus abair le do bhean, más é do thoil é, ligean dá cuid báirseoireacht liomsa. Níl neart ar bith agamsa ar thada. Is é m'aon chúramsa an malartán guthán seo . . .' A Dhia dhá tharrtháil! Ba dhea-chéalmhain é sin ann féin go dtiocfadh glao gutháin chuige. Bhrúcht coire chuairdill a chuid fola ar fad go dtí a chluais. Shíl J. go raibh bean idir chorp, chleite, sciathán agus chorróg ag teacht chuige amach as an nglacadán: 'Ní leathdhuine féin thú. Is neamhdhuine thú. Ní hé an chéad uair ráite agam é. Ag géilliúint do na bastaird smaois-ghalánta. Caith a bhfuil d'almóirí luchtaithe istigh ansin in aghaidh an dorais agus déanfa siad smúdar dhe. Ní bheidh tú i n-ann é a dhéanamh gan mórán achair. Tiúrfa mise an scéala do na páipéir, don Easpag. Scoilteachaí mo chuid cnámh, mallacht chráite mo chorróige ar an mbitseach de bhean ghuthán sin – ' Rinne an líne glogar . . . Faoi cheann nóiméad bhain an guthán. Bhí sé ag baint inniu cho minic is bhíodh ceann S. 'Mr J. . . . Bord na nOibreacha Poiblí . . . Maoirseoir a naoi anseo. Cén uimhir í an eochair? . . . Cáid istigh an glas? An bhfuil barúil agat cén bhliain féin? . . . Uimhir an tseomra? Is é a bhféadfa mé a dhéanamh an *memo* seo a chur go dtí Maoirseoir a haon déag.' Bhí an cás ag strapadóireacht leis, má ba roighin féin uaidh é. Ach ba roighin ón ngrian strapadóireacht scaití freisin. B'éigean do J. an mhísc a dhéanamh aríst. Chuimhnigh sé ar an gcrúsca ach den Stáitsheirbhís an crúsca ar chaoi nárbh ea an t-urlár. Chorródh an crúsca timpeall ar nós comhaid nó meabhráin. I lár a chruóige bhain an guthán, a liacht baint, a thiarna thiarna! 'Tusa Mr J. . . . an t*Éireannachán* anseo. hInsíodh dúinn go raibh tú faoi ghlas i seomra. An bhféadfainn agallamh a chur ort? Mara mbéara sé ar pháipéar an tráthnóna cuirfe muid – ' Chuir J. in iúl nárbh fhéidir a theacht isteach ná amach sa seomra. Amh-ábhar smaoine a bhí sa méid sin, iarracht ar ghúshnáth a chur faoi leiscéal toist. De phreib thál an glacadán cho síodúil le sine bó anall chuige: 'Ach féadfa tú mo chuid ceisteannaí a fhreagairt anois féin ar an nguthán.' Fhobair do J. an glacadán a leagan uaidh. Ach bhí sé de gheasa ar pháipéar-choinneálaí a bheith múinte. Mar sin féin ba é an chéad chloch ar phaidrín na Stáitsheirbhíse: 'Ar mhaith le leas an Státa agus do shuaimhneas intinne féin ná freagair ceist ar bith fút féin, faoi do chuid oibre, faoin Stáitsheirbhís, d'aon duine, ach thar dhuine ar bith d'fhear páipéar.' Ach bhréag mo dhuine cupla rud uaidh cho lách stuama is bhréagas bean bhleáin an bainne as an tsine: go raibh sé faoi ghlas ansin ar feadh na hoíche agus nach raibh tada ite aige. Ghoin a aire é agus dhá dteadh a cheann ar an gceap ní dhéarfadh sé ní ba mhó. Bhí an bruileachán ag buala J. aríst. Ba ghaineamh bruite é ó liopa go goile. Striog ní raibh sa gcrúsca. Chuir J. ar a chorr é le go gcruinneodh aon bhraon a bheadh fanta ann ar a thóin. D'ardaigh ar a bhéal é. Baineann an guthán. Sháraigh seo S. an lá ba mhó glaonnaí é! Maoirseoir a haon déag a bhí ann. Ní raibh aon eolas barrainneach faoin eochair. Ó tharla narbh fhéidir an eochair dhearfa a fháil chaithfí crobhainneachaí móra eochrachaí, síoraíocht acu, a fhéachaint, agus b'fhéidir go mbeadh moill bheag ó nárbh fholáir eochair gach eochairlainne ar leith a fháil, iarratas a dhéanamh orthu agus admháil chuí a thabhairt. Níor mhór an tuineantacht chéanna leis an saothar seo is ba chall le dreancaide amháin a fhastú i ngabhainn dhreancaidí. Marbhfáisc ar a chuid dreancaidí aige, bhí rabharta tochais ar ais ar J.! Níor mhóide don tsaothar a bheith i gcrích roimh am dinnéir. Ach bheidís ar ais ag leathuair tar éis a dó nó as sin go dtí an trí agus ba chóir go mbeidís cho fada leis an doras taca an ceathair ar a dheireanaí . . . Bhí sé ag dul i bhfadscéil mar ba dhual. Dhá laghad a thaithí ar an Stáitsheirbhís thuig J. gur rial neamhscríofa inti gan dlús a chur go brách le rud. Ba chosaint ann féin sin agus bannaí gurbh é an ceart a dhéanfaí sa deire rud a ligean i bhfadscéil, fiú é a fhágáil gan déanamh. B'ionann rud a fhágáil gan déanamh agus nach ndéanfaí rud contráilte. Bhí réasún leis. Agus réasún mór. Deirtí nárbh fhéidir cúrsaí daonna ar fad, ná fiú cúrsaí aimsire, a fhágáil as an áireamh sa Stáitsheirbhís. An meamram a scríobhfaí lá duairc b'iondúil é choinneáil siar go dtí lá gréine le athscrúdú a dhéanamh air agus é a leasú. B'iondúil smearachán den dóchas a bheith sa leagan áirid sin dhe. Ansin cheapfaí go mb'fhéidir dó a bheith rodhóchasach agus chuirfí an té ba duaircmhéiní san oifig ag gabháil dó, ach níor bhfoláir fós é chur ar cairde. Mar sin níor mhothaigh J. go raibh aon údar clamhsáin aige go ndéanfaí air féin rud a chreid sé féin go daingean agus ar dhóigh go mbíodh sé féin rannpháirteach ann chuile lá dhá n-éiríodh ar an Stáitsheirbhís. An guthán aríst! Cé mhéad ceann é sin anois? Ní ba mhó ar aon chor ná tháinig chuig S. ariamh. A shagart paráiste. Dar fia! B'aisteach iad bealaí na Stáitsheirbhíse, adúirt an sagart. Chuir J. an leathbhróig eile leis an méid sin: ar nós bealaí Dé. Bhí an sagart i ndiaidh blaoch ar Theachtaí, fiú ar Airí, agus é ag súil le tora pointe ar bith. Bhí a fhios aige go raibh an neart spriodáilte i J. le cor i bhfad ní ba chruaí ná é seo a shárú. Ar fhiafrú do J. a raibh a phosta ina pháipéar-choinneálaí slán dúirt sé go bhféachfaí chuige sin agus go mbeadh go cinnte. Níor mhilleán ar Mhrs J. í bheith buille beag neamúch agus ag rá le cách nach raibh de shólás uaithi ach J. a bheith ar ais sa mbaile. Níor stróbh ar J. buntéacs cainte a Shean-Cheann a athdhéanamh: é bheith de shólás aici J. a bheith ar ais sa leaba aici agus ag cleachta le haghaidh cleasa lúth na Stáitsheirbhíse ar a corróg. Ghlaoigh an t-oifigeach cléireachais, ar an nguthán an babhta seo. Ardú gradaim do J. an t-oifigeach cléireachais a bheith ag glaoch ar an nguthán air. Ceathrú don ceathair a bhí sé. Cén fáth ar thug J. agallamh do pháipéar nuaíocht? Bhí stadchló amuigh. Scanail sa tseirbhís phoiblí, seirbhís a raibh cáil na héifeacht agus na cneastacht uirthi ag an bpobal. Bhí an scéal anois ar fud na hÉireann. Bheadh sé ag páipéir Shasana amáireach. Bhainfeadh an Freasúra leas as. Agus na Sé Chondae. Níor ghar do J. mungailt gur chneá in a bhaill bheatha féin aon chneá ar an tSeirbhís. Ach scanail ná eile, ní raibh J. i riocht mian a threascaraithe a cheilt: 'Braoinín uisce le cur ar mo theanga. Aon bhraoinín amháin . . .' 'Cén chaoi? . . . Fóiséad thrí pholl glais atá calcaithe! . . . Tá deis ag banaltraí le plé le othair a bheadh ceangalaithe in a gcolainn . . . Ní banaltra mise ná ní de Bhord na nOibreacha Poiblí mé. Bhí leasrúnaí go pearsanta ag an doras ar ball. Ba shin fasach. Chuir an leasrúnaí a chuid spéacláirí air agus scrúdaigh an glas ach *bien entendu* ba chúram é do Bhord na nOibreacha Poiblí . . .' Níor airigh J. an leasrúnaí ag an doras. Chaithfeadh sé a chreidiúint go raibh leasrúnaí ag an doras, gur chuir leasrúnaí an chomaoin sin air . . . Chaithfí creidiúint gan feiceáil ná cloisteáil a fháil ar rud, sa Stáitsheirbhís. Gníomh creidimh a bhí sa Stáitsheirbhís agus dá réir sin i ngach stáitsheirbhíseach . . . 'Ní fhéadfainn deifiriú le Bord na nOibreacha Poiblí. Ar a láimh féin atá. Caithfe tú a thuiscint, a J., nach é an t-aon chúram atá orthu glas stalcach a réiteach. Is iomaí cúram ar Bhord na nOibreacha Poiblí. Bearnaí a oscailt. Bearnaí a dhúna. Troscán a chur i ranna agus i rannógaí nua atá dhá saolú sa tSeirbhís chuile lá. Bord nua oifige a sholáthar don Aire. Na doirse a bhris na príosúnaigh polaitíocht ceannairceach i bpríosún an Státa a athchur. Ag doirse an phríosúin sin a bheadh tosaíocht ar ghlais agus ar eochrachaí eile. Agus tá glais stalcach eile, na céadta acu b'fhéidir, ar fud na Seirbhíse . . . Drochsheans do Bhord na nOibreacha Poiblí a bheith anseo roimh leathuair tar éis an ceathair . . . Amhdaím, a J., go mbeidh sin ceachrach go leor d'am scoirthe . . . Níl a fhios agam an bhfuil soláthar ar bith le haghaidh cáis den tsórt seo, nó nach bhfuil. Níor chuala mé gur bhris duine sa Stáitsheirbhís eochair taobh istigh i nglas ariamh cheana. Dhá mbeadh fasach ann, ach nuair nach bhfuil . . . Coinnigh do theanga aclaithe i do bhéal agus fágfa sin tais í . . .' Chuir J. roimhe rud tromchúiseach a dhéanamh. D'ardaigh an glacadán agus *hallo*áil sé an cailín. 'Uimhir, más é do thoil é.' 'An tArd-Easpag.' 'An tArd-Easpag Caitiliceach? An bhfuil a fhios agat cén uimhir atá aige? . . . Beidh mise ag scoire de mo chuid oibre faoi cheann nóiméid . . . Seo é é . . . Sin chugat.' Ba é Áras an Ard-Easpaig é, ach sa Róimh a bhí sé féin. Chuala siad faoin gcás agus bhí siad ar a mine ghéire. Bhí na mná rialta uilig ag guidhe dó. Fhobair do Mhrs J. an Pálás a leagan le cith ruibhe mionnaí móra. Ach níor mhilleán uirthi . . . Ba leath maitheasa orthu a Ghrás a bheith sa mbaile, ach ní bheadh go hAoine. Ghlaoifidís ní ba dheireanaí. Le cúnamh Dé . . . Ba ghaire cabhair Dé ná an doras . . . Níor chuimhnigh J. go mbeadh an guthán scoirthe. Tháinig an t-oifigeach cléireachais, oifigeach feidhmiúcháin agus leasrúnaí taobh amuigh ag an doras. 'Tá muid ag iarra beala a chur faoi na hioscadaí ag na hOibreacha Poiblí,' adúirt an leasrúnaí. 'Beala . . . ioscadaí . . . Beala . . . ioscadaí,' adúirt J. in a dhiaidh gan cuimhniú céard a bhí sé a rá. Bhí an leasrúnaí ag caint fós: 'Tá éirithe liom, sílim, iad a choinneáil thar am scoirthe. Beidh siad anseo. Slán leat anois. Beidh mé ar ais.' Ba é ar thuig J. go raibh an leasrúnaí ag imeacht, chuig a chuid tae b'fhéidir, nó le haghaidh pionta pórtair, dhá phionta féin, ag teach an choirnéil. Chua sé féin isteach i dteach an choirnéil ar scoire dhó oíche Nollag seo caite, ach nuair a chonaic sé an leasrúnaí feistithe ag an gcúntar bhailigh leis. Cá bhfios cé air a gcuimhneodh an leasrúnaí? Go ndíolfadh sé féin comhad, meabhrán, páipéar bán dhá gcastaí in a bhealach é ar bholg pórtair. Chuala J. scéal faoi pháipéar-choinneálaí a thapaigh ar bhord Aire réamhchóip de pháipéar bán an Rialtais ar choisce imirce fáinleogaí, a dhíol é le lucht leasa dílsithe, agus ar ghoid bean i dteach ósta a luach as póca a ascalla. Bhí an leasrúnaí imithe. Tae. Pórtar. Uisce. Lacht ar bith. Oiread barr pointín bioráin a dhul ar a theanga dhe. Rinne sé anonn ar an gcrúsca. Bhí a chosa in a n-arm ceannairceach ag dul thar a chéile agus gan iad gafach len a thoil. Ba mhinic braon ólta ariamh aige ach ní sa gcaoi sin ba chuimhneach leis na cosa a bheith neamhghéilliúnach. Chuir sé an crúsca ar a bhéal. Bhí fraighleachas beag eicínt ag silt as, ach ó nach raibh a lámha gafach len a thoil ach oiread, síos ar a smig a chua sé. Chuimil a mhéir, nach raibh toilghéilliúnach ach oiread le rud, síos ar thaobh istigh an chrúsca agus ansin d'fhéach len a leagan ar an maiste de theanga a bhí in a bhéal . . . Idir a cholla agus a dhúiseacht, mothú agus neamothú, gheit sé. Phreab a chroí. Ba sheo iad iad ag buala ag an doras. 'Mise . . . Pádraig a Breille, do Theachta Dála. Nach n-aithníonn tú mé, fear Fhine Fáil? Beidh tú amuigh as an bprochóg ghránna seo faoi cheann uair an chloig, cuid is lú ná sin . . . Is feallnáireach an rud é seo. Ach is maith an fáth: Aondearmad a Dheaide, ach ní raibh neart aige air de réir chúrsaí na haimsire sin, gur fágadh brotainn Fhianna Gael istigh in Oifig na nOibreacha Poiblí an tráth a ndeacha muide in ar Rialtas. Sin daingean leo agus ó tá fhios acu gur ar thaobh Fhine Fáil atá tú – ' 'Ach níor dhúirt mise gur . . . ar thaobh . . . áirid . . . a bhí mé . . . Níl sé . . . de chead ag stáitsheirbhíseach . . .' Ní raibh J. i riocht ní ba mhó a rá, ach thug sé faoi ndeara go raibh gach focal den chaint ón taobh amuigh in a bhéim chlaidhimh sholasghlain. 'Is iontas go deo liom gur ar thaobh Fhianna Gael a bheadh fear meabharach, fear a bhfuil foghlaim Stáitsheirbhíse air mar thusa.' 'Níor dhúirt mé – ' Ba shin é clochneart J. 'Beidh mé ar ais.' Chuala J. an choiscéim ag féithiú uaidh mar bheadh cabhair Dé ann ar chinn sé Air doras Stáitsheirbhíse a chur dhe isteach . . . Chraith an doras ar a lúdrachaí! Maistín de chic a tugadh dó amuigh: 'An gcluin tú leat mé, a chodamáin sin istigh? I mo shuí síos ag mo chuid tae. An gcluin tú? . . . An fón ag baint. An Sean-Chailín ag teacht sa seomra. "An Maoirseoir N. atá dod iarra, a A.," adeir sí. "An Maoirseoir N.?" adeirimse. "Is aisteach an tráth don Mhaoirseoir N. a bheith ag glaoch agus fear i lár a chuid tae." "Níl a fhios sin agam," adeir an Sean-Chailín, "ach deir sé go bhfuil an-dlús leis, an-dlús go deo." "Nár ba hé amháin dó," adeirimse. "Feacha seo, a mhac," adeir N. "B'fhearr dhuit a dhul síos go dtí an áit a bhfuil an donán sin faoi ghlas ann, nár ba hé amháin dó," adeir N. "Nár ba hé amháin dó cheana," adeirimse, "Mo choinsias dúras. An gcluin tú leat mé?" "Ní túisce sa mbaile ó obair mé," adeir N., "ná bhí Ard-Mhaoirseoir na nGnathaí Dlúsúil ag glaoch. 'Leasrúnaí na nOibreacha,' adeir Gnathaí Dlúsúil, 'a raibh an pruislín de theachta sin Pádraig a Breille in a dhiaidh.'" . . . Níl aon Phádraig a Breille anseo amuigh, adeirim leat. B'fhéidir gurbh shin é a casadh liom ag teacht isteach dom. "'Fág go dtí amáireach é. Breathnó mé in a dhiaidh an chéad mhaith ar maidin amáireach,' adúirt Leasrúnaí na nOibreacha. 'Ó nár ba hé amháin dó. B'fhéidir gurb í an Imirce Mhór a bheadh tugtha aige air féin ar maidin, an donán,' adúirt Pádraig a Breille. 'Ansin is cónra a chaithfeá a sholáthar dó.' 'Ní sholáthraíonn na hOibreacha Poiblí cónraí ánlacain,' adúirt an Leasrúnaí. 'Ba shin a dhul i mbarr gnathaí ar Ghusúlacht Phríobháideach.' 'Bhuel, caithfe tú rud eicínt a dhéanamh,' adúirt an Breilleach. 'Ach tá mo lá oíbresa thart,' adúirt an Leasrúnaí. 'Ní theastódh ach duine a scaoilfeadh an glas den doras, a scaoilfeadh an glas den doras, sin é an méid. Is dhá vóta, trí vóta, chúig vóta b'fhéidir dhomsa, an doras sin a oscailt,' adúirt an Breilleach. 'Mara ndéana tú rud eicínt, duine eicínt le casúr agus pionsúr agus tua a fháil ar áit na mbonn – ' 'Tua! Dí-aithnítear! Arb éard ab áil leat doras, doras Stáitsheirbhíse – ' 'Ba chuma dhá mba le do ghimide a dhéanfá é, ach é a dhéanamh ar áit na mbonn,' adúirt Pádraig a Breille. 'An chéad rud ar maidin.' 'Dheamhan maidin ná maidin muis, ach é dhéanamh lom láthaireach cho héasca is bheadh gabhar ag cac ar bhórán,' adúirt Breille, 'nó dúiseo mise sa Dáil é – agus thusa.' 'Ach cén sórt pleoitín é féin a ghlasáil é féin? . . .' 'Is cuma sin,' adeir Breille. Ghlaoigh an Leasrúnaí ar Ghnathaí Dlúsúil. 'Nár ba hé amháin dó,' adúirt Gnathaí Dlúsúil. 'Nár ba hé amháin aríst dó,' adúirt an Leasrúnaí, 'ach is é do chúramsa é, cúram Ard-Mhaoirseoir na nGnathaí Dlúsúil. Tá mé go foirmiúil dhá chur ar do chúramsa anois, idir lámha agat . . .' 'Ach tá mo lá oibre istigh,' adúirt Gnáthaí Dlúsúil, 'agus ní bhfuair mé *memo* ar bith. Ní fhéadfainn cuilín clúmhaí a chuimilt den doras gan *memo*.' '*Memo* ná *memo* anois, is ordú uaimse é. Lom láthaireach . . .'" Pádraig a Breille ru! Tá sé ar na boird a bheith in a rúnaí pairliméid. Orainne sna hOibreacha Poiblí a bhuailfear thall é. Muide an t-ospidéal do chuile chois thinn de rúnaí pairliméid atá ar dhrámhasaí an Rialtais. Tá sé ag dearbhú go poiblí go ngortghlanfa sé an Oifig . . . Go bhfuil mé ag sceithe rúin Stáitsheirbhíse, a J. Bíodh an diabhal ag rúin Stáitsheirbhíse. Fir cheirde muide sna hOibreacha Poiblí agus ní spaideannaí de pháipéar súite de Stáitsheirbhísigh. Níl beann ar bith againn ar na pabhsaithe de phúdarlaigh pinn sin . . . Ar aon chor ghlaoigh Gnathaí Dlúsúil ar an Maoirseoir N. "*Memo*," adúirt N. "*Memo* ná *memo* anois," adúirt Gnathaí Dlúsúil. "An chéad cheann oibre ar maidin amáireach," adúirt an Maoirseoir N. "Lom láthaireach," adúirt Gnathaí Dlúsúil, "Pádraig a Breille, an chéad rúnaí pairliméid eile sna hOibreacha . . ." Ba ansin a ghlaoigh an Maoirseoir N. ormsa, A. Ba leis sin a bhí an-dlús go deo ag an Sean-Chailín agus mé i lár mo chuid tae. "An donáinín dhá ghlasáil féin," adeirimse. "Donáinín muis. Sin é a ainm," adúirt an Maoirseoir N., "ach gabh anonn, a A., agus tabhair – " "Níor inis duine ar bith tada dhomsa faoi seo," adeirimse. "Caithfear rudaí a dhéanamh go cuí. Céard tá ag éiriú don tsaol chor ar bith. Is gearr anois nach mbeidh *memo* ar bith ann. Tá mé ag dul ag Bingo anocht. An chéad rud ar maidin amáireach . . ." "Feacha," adúirt N., "Pádraig a Breille . . ." "Nár ba hé amháin do Phádraig a Breille," adeirimse . . . Dar mo choinsias dúras . . . "Ach cá bhfaighe mé uirnis?" adeirimse. "Tá an uirnis faoi ghlas. Caithfe U. mantach sin stór na huirnise a oscailt. Chuige sin caithfe sé cead i scríbhinn a bheith aige ó B. sin. I dteannta a bheith bodhar dó, nuair nach hé a pheann a bhíos ar iarra is é an dúch é, agus nuair a bhíos an peann agus an dúch aige bíonn na foirmeachaí cuí ar iarra. Ar aon chor tá idir pheann, dhúch agus pháipéar faoi ghlas ón cúig. Leis an gcead – " "Féach," adúirt N." "Níor mhór lá ar a laghad le cis a dhéanamh thríd an easca chaca sin de chóirí catha agus d'fhoirmiúlacht. Seo éigeandáil." "Ach tháinig deire leis an éigeandáil le deire an choga," arsa mise. "Seo éigeandáil," adúirt N. de thorann bamba meigeatóin. "Gnatha dlúsúil. Pádraig a Breille. Faigh scriúire agus casúr dá mbeadh ort iad a ghoid in áit eicínt, a A. Bain anuas an glas. Lig amach an donán as an seomra glasáilte sin. Bris cuing a mhuiníl má thograíonn tú ansin, nó déan poll tarathaire in a dhroim agus tabhair cupla *blast* maith de chic dhó, go neamhoifigiúil dar ndóigh. Is féidir é sin a mhaisiú suas ar an *memo* mar dhóigh dhe gur cúnamh agus taca a bhí tú a thabhairt dó amach as an seomra, gur thit sé de thimpiste agus gur bhris sé cuing a mhuiníl. Diabhal baol ar aon dochtúr sa Stáitsheirbhís é sin a bhreagnú. Beidh muid uilig ar a shochraide. Leath lá saoire san Oifig. Ach deisigh suas an glas arist ar an doras i gcumraíocht é bheith deisithe. Is cuma sa diabhal é titim ó chéile an dá luath is a leagfas duine ar bith méirín fhliuch air, ach gan é fhágáil le rá gurb í Oifig na nOibreacha Poiblí a bhris ná a d'fhága briste é . . . Caithfe tú a dhul ann ar an toirt boise, a A. Pádraig a Breille! . . ." An gcluin tú mé istigh ansin a J.? Ní bhrisfe mé cuing do mhuiníl, ach bíodh a fhios agat, má fhéachann tú le fanacht sa seomra sin den bhuíochas go bhfuil d'údarás agamsa leas a bhaint as an oiread foréigin is a chuirfeas thú as seilbh áitribh atá chun na críche seo dílsithe de thuras na huaire in Oifig na nOibreacha Poiblí. An gcluin tú leat? . . .' Rois glór gargánta mar shábh thrí ghlór A. amuigh: 'Mise . . . do Theachta Dála, Tomás 'ac Broma, Fianna Gael, deile? . . . Sea, tuille de mhírath Fhine Fáil . . . Nuair ba muide an Rialtas chinnfeadh ar dhuine, th'éis a sheacht ndícheall, é féin a ghlasáil istigh mar seo. Arb iontas ar bith é! Féach Pádraig a Breille . . . Fóill anois. Poibleo míse é seo. Poibleo mise é seo. Gheobha tú cúitiú. Cuirfe mé faoi deara an Dáil agus an Seanad a ghairm in imeacht cheithre huaire. Suí éigeandála . . . Ach, ní polaitíocht é seo. Ní bhaineann sé leatsa, ach sa méid gurb é do leas-sa leas na tíre. Fág fúmsa . . .' Is cosúil go raibh Tomás 'ac Broma imithe agus A. freisin. Tomás 'ac Broma a dhíbir é, b'fhéidir, ar a theacht dó féin. Bhí J. ag iarra a bheith ag smaoiniú, ar nós duine a bheadh ag iarra sonda eicínt a thabhairt chun cruinnis thrí fhallaing dhorchadais. Dhíbir Tomás 'ac Broma A., ar fhaitíos go sroichfeadh aon deachma den bhuíochas d'aon duine ach dhó féin! Ní raibh a dhath de ghéillsine a ghéaga fanta i J. anois. Rinne sé sméaracht leis go dtí an píopa. Ní túisce teangmhaithe leis an luaí fhuar bheathach é ná tháinig guagaíl scáfar in a bhaill bheatha. An samhra a bhí ann agus ní raibh aon uisce ag dul thríd. Ach cá bhfios nach raibh ach é fuar? An píopa a bhrise? Ní bhfaigheadh sé óna chlaonta é. Ba mhó de choir píopa a bhrise ná doras. Ach cén chaoi a mbrisfeadh sé é? Bhí an píopa ag dul thríd an tSeirbhís ar fad ar nós crios iompair, artaire aistrithe údaráis. Mhothaigh sé é féin cho héitreorach le cuileog i ngreim sa bpíopa teann teangmháilte sin. Dhá mbeadh rud ar bith i gcumraíocht adharca air, b'inchreidthe le J., ón dath dubh a bhí air, gur in aontseomra leis an bhFear Dubh a bhí sé. Thosaigh sé ag pioca sprúillíní, idir phlástar agus páipéar, den bhalla agus dhá ndiúl timpeall in a bhéal ag súil go gcoinneodh sé a bhéal fliuch ar an gcaoi seo. Chuimhnigh sé ar an bhfliuchán a chaithfeadh a bheith sa gcúinne. Nimh adeirtí. Ach ní chlaonfadh sé ar an ala sin ó nimh féin i gcruth laicht dhá mbeadh sé de bhrí ann croma cho fada leis. Nach mairg nach ndearna sé, geábh eicínt, sa gcrúsca é? Ní raibh striog in a cholainn anois. Chuimhnigh sé freisin ar an ola in a ghruaig ach bhí sí triomaithe agus a cheann stuithnithe thar oíche. Ceann de na comhaid dhearmadtha a bhí ag déanamh grán dubh le fada i gcúinne almóir chrinn sé an líonán amuigh ar fad dhe, ach gur fhága sé lipéad an teidil slán. Spreag seo fíochmhaireacht ann – cathú – an píopa ba thús scéil leis – nár mhothaigh sé ariamh roimhe sin. D'ionsaigh sé an darna ceann, nach raibh baol ar an oiread céanna grán dubh déanta aige, ach ba istigh i gcorp an chomhaid sna páipéir fhraighleach é an babhta seo. Thug an tuargaint go doras é. 'Mise Cáisc ó Sé, do Theachta Dála, an Neamhspleách. Tá éagóir dofhuilingithe déanta ort agus geallaimse dhuit go gcloisfe aer seo na hÉireann torann . . .

An doras a bhrise ón taobh seo, arb shin é, adeir tú? . . . Go fonnmhar, dhéanfainn sin, ach ní fhéadfainn . . . Tá sé fearacht ceann de na carraigreachaí móra sin atá in a suí go hanshocair in áiteacha ar fud an tsléibhe thíos againne. Bogfa sí le brú beag láimhe, ach na mílte fear ní iontódh droim ar ais as a háit í. Is cleas é seo ag an Rialtas agus ag an bhFreasúra cho maith, le daoine a ghabhainniú agus a gcur dhá gcois. Beidh na coistí cróinéara bríbeáilte acu le rá gur timpiste a bhí ann agus nach raibh aon mhilleán ag sroiche d'aon duine. Féadfa an Rialtas ansin a rá go bhfuil an imirce ag laghadú. Chuir mise go leor ceisteannaí Dála cheana faoi na coistí báis seo. An cheist dheire a chuir mé faoin mballa mór a d'fhága Bord na nOibreacha Poiblí . . . Ba eard adúirt an tAire gur bréag chrónta, deargbhréag é, gur mé féin a chuir go daingean ar an Vóta anura in aghaidh an bhalla a dhíláthairiú, go raibh tóir ag turasóirí air. Ba éard adúirt mé, dar ndóigh, dá mbeithí ag díláthairiú an bhalla, gur ghuais, gur anachain phoiblí a bhí ann. Ach chuir an tAire cor cam claon i mo chuid cainte, dúirt sé nach é an rud adúirt mé a chiallaigh mo chuid cainte agus nach raibh aon chumhacht reachtúil aige pinsean a dheona don bhaintreach . . . Is *job* é an doras seo do Lucht na nDóiteán. Cuirfe mé fios ar an bpointe orthu . . . Agus nach féidir an áit a chur thrí lasa? Cipín a thabhairt do shlam páipéir, fómhar a bhfuil iothlainneachaí dhe anseo . . . Anois anois . . . ní dhéanfa dóiteán fánach dochar ar bith duitse agus déanfar thú a tharrtháil ar an bpointe boise. Tá cumhacht iomlán tarrthála daoine agus maoine ag Lucht na nDóiteán. Is é an bealach is fusa é thríd an *chevaux de frise* foirmiúlacht – sin focal a bhí dhá spalpa sna súile ag an Aire orainn d'fhonn dalla mullóg a chur orainn ar vóta na Seandálaíocht anura … Bruth rua ar an bpáipéar seo! Ní ghabhfa sé thrí lasa. Fraighleachas. Faillí an Rialtais . . . A dhiabhail go deo an bhfuil a fhios agat céard é, a J., Imleabhar na nDíospóireachtaí a raibh m'óráid féin faoin mballa. B'fhurasta aithinte nach ngabhfadh sé thrí lasa. Go mbuanaí Dia an fhírinne agus féach go mbuanaíonn . . . Glaoife mé ar Lucht na nDóiteán. Is é an cás céanna é, mar tá bala an dó ann. Cho luath is bhraitear bala an dó, féadfa Lucht an Dóiteáin beart a dhéanamh ionann's dá mbeadh dóiteán spréachta follasach ann. Féadfa siad fuinneogaí a bhrise, ballaí a leagan, doirse a réaba . . . Níl i mbala féin ach aimhreas, a J., sórt cáilíocht fhealsúnta. An bala is bala bréan don ghealshrón deirtear gur cumhracht don dubhshrón é. Deirtear freisin an séansún a aistríos céadfaí corpartha na dubhshróine in a bhréine go dtí a mhéin mheisiúnach, gur in a chumhracht neamha a aistríos céadfaí na gealshróine an séansún céanna go dtí méin mheisiúnach na gealshróine . . . Níor chuala tú é sin ariamh, a J.? Is oideachas ann féin áras óil na Dála. Ní hé an t-ól féin anois, adeirim . . .' Shnámh J. ar a bhéal agus ar a fhiacla go dtí áit ag an mballa a mbíodh almóir ann a haistríodh, ach ar fhan fuíoll fraighleachais sa mballa ar a lorg. Thosaigh dhá líochán go danra. Ligh an painéal ar fad cho hard is bhí i n-ann sroiche dhá ghlúine. Shnámh ar ais go dtí an doras a rabhadh dhá chnaga: 'Do Sheanóir Bardais Seán ó Saothraí. Le doicheall mór a ligeadh isteach mé. B'éigean glaoch ar an Aire féin. Ní raibh ach fiche vóta idir mé féin agus a ghiolla seisean sa toghachán seo caite. Féach, a J., a laghad meas is atá ort sa tír thuatach seo. Agus thú i do mhairtíreach dualgais. I dtír ar bith eile ba laoch thú. Sa Rúise, cé gurb eolas don tsaol nach comhchumannach mise ach Caitiliceach, dhéanfaí laoch den Aontas Sóivéadach dhíot, gheofá duais céad míle rúbal, pinsean láthaireach, *villa* i Moscó agus uain chuile lá ag tabhairt do chuairt ar mhásailéam Lenin. Cuirfe mise caismirt agus comhrac ar siúl. Gabhfa mé amach ar na sráideannaí, ó dhoras go doras, le pinsean iomlán a fháil dhuit láthaireach . . . Bhuel ardú céime mar sin . . . Ní stróbh ar bith Sinsear a dhéanamh dhíot. Beidh mise sa Dáil th'éis an chéad toghachán eile, th'éis fothoghachán b'fhéidir. Tá croí fabhtach ag Teanga Mhilis sin Fhianna Gael sa dáilcheantar se'againne. Tá a fhios ag chuile vóitéara anois go maró Bródach Oirthear na Cathrach Fhine Fáil é féin agus é óltach sa gcarr . . . Sagart atá tú a iarra? Tíolacfa mé féin féin isteach é. Cé ab fhearr leat? Proinsiasach? Cairmilíteach? Íosánach? Is é an tÍosánach is fearr liom féin. Braitheann sé i gcónaí na spuaiceannaí ar lámha an fhir oibre agus coinníonn sé a shúile feannta orthu, go truaíoch shílfeá . . . Ara ag an diabhal dearg go raibh siad maidin agus tráthnóna, caithfe siad sagart a ligean chugat. Má tá i ndán's nach ligfe cruthó mé de chuile chrannóg in Éirinn gur tír phágánach í seo, gur Rialtas págánach atá ann, gur measa í ná an Rúise, gur duibhe anam í ná an Afraice, gur mó a peacaí faoi dhó ná Londain peacúil Shasana . . . Ó ní mian leat fuile faile ar bith a tharraingt! Gan fuile faile ní féidir tada a fháil. Is é an fuile faile púdar na mbocht agus na bhfann. Ba le fuile faile a chuir mise an cac ar creatha i Súilleabhánach an pháipéir. Tuigeann tusa go raibh dhá chuid de pháipéar dlisteanach na tíre cluifeáilte aige agus díolta le *Jehovah Witnesses* faoi chomhair leabhara seanmóireacht . . . Tuigeann chuile dhuine eile é mar sin. Dhá mbeadh tuiscint ar bith ionatsa ní ag déanamh cuaille críon anseo a bheifeá. An bhfuil fhios agat céard a dhéanfas mé? Gabhfa mé amach. Ní fhágfa mé téad tíre gan tarraingt, ná cuaille comhraic gan buala. Déanfa mé éigeandáil náisiúnta den chás seo. Caithfear an tArm a thabhairt isteach mar dhéantar i stailceannaí busannaí . . . Ara níl baol orthu . . . Cipe Innealtóirí an Airm. Déanfa siad in imeacht leathuair é, uair ar a mhéad. Ba mhó de shaothar é bundún Nelson ná é agus féach gur chuir siad in aer é. Sin é é. An tArm.' D'fhan J. san áit a raibh sé tite ag an doras, greim an fhir bháite ag a chiotóg ar an murlán. Mar thuargaint toinne in éadan aille i bhfad i bhfad ó láthair a chuala sé an Teachta ó Ropaire, Páirtí an Allais, ag fuagairt air isteach: 'An deoir dheire de do chuid allais a shile ar a son! Agus iad ag fás suas in aoileach ar gcuid allais. Tithe móra, carrannaí móra, mná móra, postaí móra, boilg mhóra acu ar allas na seang. Sin é é. Ní airíonn an sách an seang. Thuas sa gCaisleán ag ithe agus ag ól ar allas na mbocht atá siad féin agus a gcuid ban mórbholgach mórthónach, mórshliastach mórchíochach mórghabhalach ar ala na huaire seo. An dtarlódh sé in aon tír faoin mbogha bán ach sa tír mhíchinniúnach seo? Thug mise isteach bille sa Dáil le go mbeadh cosaint ar shlaghdán a chéile ag oibrithe a bheadh ag obair in éindigh. An bhfuil a fhios agat an rud is deireanaí atá faighte amach faoi shlaghdán ag lucht leighis? Go n-aistríonn bala allais, bala tufóige, slaghdán. Dúirt an tAire nach raibh aon chruthú ann agus chaith amach é. Thug mé bille isteach le luachannaí stríopachais a shriana agus le go gcuirfí an scéal as comhair Choimisean na Luachannaí Cothram. Eadrainn féin chuideodh sé le comhdheis a thabhairt d'fhear an allais, cé gurb é a mhalairt adúirt mé ar mhaith le mo chúis a chur i gcrích. Dúirt mé nuair a d'fheicfí go raibh fáil ag cách ar shó toirmiscthe, só lucht airgid, só aimhreasach mar seo, nach bhfanfadh aon tóir air. An bhfuil a fhios agat céard dúirt an tAire? Nach raibh stríopach ar bith sa tír agus má bhí go raibh na póilíos i n-ann plé leo. Ag iarra chuile mhíle só a choinneáil do lucht an rachmais. Féach an éagóir atá dhá dhéanamh ortsa . . . Sagart arb ea? I gcead duit séard a chuideodh an dlí a bhí molta agamsa leis na sagairt. Nuair nach mbeadh aon chion fanta ar an stríopachas d'fhéadfadh na sagairt a ndúthracht a chaitheamh in éadan rud eicínt eile, in aghaidh an chomhchumannachais, cuir i gcás. Deirim go bhfuil leatrom dhá dhéanamh ar do leithéidí eile féin. An uair dheire a raibh do bhean go dtí mé faoin a cuid scoilteachaí, dúirt sí nach bhfaigheadh a cuid scoilteachaí an tuairteáil dhalba ach na hoícheantaí a dtosaíteá féin ag iontú thart sa leaba mar bheadh Christy Ring ag cur na liathróide sa gcúl. Nár bhreá an rud dhá bhféadtá corrshuaimhneas a thabhairt do do bhean bhocht chiréimeach, buala amach san oíche Dé hAoine nó Dé Sathairn, a dhul isteach i dteach ósta mar dhéantar i dtír Chaitiliceach na Spáinne . . . Sagart, adeir tú. An bhfeiceann tú an bhfuil de shagairt sa Spáinn? An tír is Caitilicí sa domhan agus an tír is mó stríopachas déarfaidís. Níl aon eolas pearsanta agam faoi, mar ní raibh mé sa Spáinn ariamh . . . Ara sea! Tá tú ag iarra a theacht amach as seo. Nár léigh agus nár chuala mé ar an nuaíocht tráthnóna é? Bhí an-aiféala orm nach raibh mé ag baile nuair a tháinig do bhean. Fhobair gur bhasc sí mo bhean féin. Lean sí len a maide siúil í. Ach ní hiona í bheith in a coire mionnaí móra, an bhean bhocht. Feacha. Beidh tú amuigh cho mear is bheadh bean choitianta ag slada fear óltach, ceird a gcuirfeadh mo dhlísa deire leis. Feadh mise a dhul síos ag teach ósta na Saoirse, sin é teach ósta an pháirtí, agus mo dhearthair Micil ó Ropaire a fháil. Is glasadóir a bhí ann de réir ceirde sul ar toghadh in a rúnaí ar an gceardchumann é. Scaoil sé glas de dhoras le caraid agus comhoibrí liom féin an lá cheana. Eadrainn féin ní cúrsaí polaitíocht é. Bean a bhfuil seomra aici ar an taobh eile den bhalla ó mo charaid, mar bheadh sí sa seomra seo anois ón áit a bhfuil tusa. Is mór atá glas i n-ann a dhúna agus is mór atá glas i n-ann a scaoile, mar deir siad. Ní bheidh mé – ' Thit J. siar le fána leis an doras. D'ardaigh a ghlúine san aer ach ba bheag maolú ar a phianta é sin . . . Bhí sé de mhothú ann an sclamhaireacht ghártha a chloisteáil amuigh. Teachta an Allais a bhí fillte agus an gabha glas Ó Ropaire len a chuid uirnis in éindigh leis. Bhí sé ag tabhairt go santach faoin doras san am ar bhac na Gardaí é ar aithne na stáitsheirbhíseach, a bhí i ndiaidh a bheith i ndáil chomhairle: 'Ní féidir le gabha glas príobháideach baint le doras mar seo mararb iad Bord na nOibreacha Poiblí a iarrfas air é. Níl aon bharántas agat ó Bhord na nOibreacha Poiblí? . . . Níl. Cáil A.? Má thugann tusa an uirnis d'A. féadfa A. é a dhéanamh . . . Níl A. le fáil? . . .' Bhí an seomra amuigh in a chlogás a raibh a lán cineál creidhleannaí as. Ar feadh i bhfad d'fhan glór Theachta an Allais ag déanamh nead bheag shóláis i gcluais J., ach scoir sin féin . . . Ba é an tArm an dóigh ab fhearr agus ba lú foirmiúlacht thríd agus thríd. Rinne an Rialtas ordú éigeandála a tugadh ag an Aire Cosanta sa gCaisleán len a shíniú, agus len a sheachada don Cheann Foirne, arbh éigean é a leanacht ón gCeann-Áras go dtí an Caisleán. Chuir seisean i bhfios é do Stiúrthóir Chipe na nInnealtóirí; a tóraíodh ag an gCeann-Áras agus ag a theach féin agus a fritheadh sa gCaisleán. Bhí na hInnealtóirí in a gcolla, ar shaoire lánúnachais agus ar shaoire eile. Bhí gutháin ag baint, teachtairí ar ghluaisrothair ag dul soir siar agus córas iompair dhá chur ar fáil. Fritheadh barántas ó Bhord na nOibreacha Poiblí a choinnigh an cion sin dá ndlínse i ngreim eireabaill go spriog. Bhí beirt Ard-Mhaoirseoirí i láthair agus chuige sin b'éigean an rúnaí féin a dhúiseacht go hantráthach agus colla sheanfhothraigh air i ndiaidh an Chaisleáin. Dúradh gurbh é Pádraig a Breille ba mhó ba tsiocair mhoille as a dheire. Bhí sé in a bhalasta neamhriachtanach, in a ghnathaí gan iarra, in a bhacainn ar ghnatha dlúsúil. Sháraigh sé ar chuile dhuine marach é féin nach mbeadh aon arm ar fáil agus go mbásódh J. istigh sa bprochóg sin cheal fóirithinte. As a dheire thiar d'éirigh leis sciora isteach ar láthair na cinniúinte idir an dá Ard-Mhaoirseoir, rud a chinn ar chuile ionadaí poiblí eile. Bhí sé i gcomhraic oíche agus aithne lae san am ar sroicheadh J. Bhí a dhá ghlúin cho díreach in airde is d'fhéadfadh cosa basach nutach a bheith; a ghruaig stuithnithe ag falach a shúile, a chloigeann le fána in aghaidh sháil an dorais, agus clúdach comhaid in a bhéal mar bheadh sé dhá phóga. Tá luaidreán ann gur cheann de na comhaid dhearmadtha é agus gur chinn orthu é a réiteach as a dhrad glasáilte gan é a ghearra. Thug an sagart aspalóid choinníollach. Dúirt Pádraig a Breille paidrín dólámhach agus thug cheithre chárta aifrinn ar aird a bhíodh ar iompar i gcónaí aige, faitíos na heirimisce. Ba í breith an dochtúr neamhspleách, ar chuir Teachta an Allais, Tomás 'ac Broma, Cáisc ó Sé agus Seán ó Saothraí faoi deara cead isteach a thabhairt dó, gur thrombóis chorónach ba chiontsiocair, ar luathaigh ocras agus tart go háirid léi, i dteannta fuadach croí as imní agus scáfaireacht. Níor aontaigh dochtúr Stáitsheirbhíse leis sin ach ghabh sé de chead a fhianaise féin a fhorchoimeád go dtí coiste an chróinéara. Thug Bord na nOibreach Poiblí leo a gcion féin den chreach, an dá chuid den Eochair Bhriste.

Fuascailt

Ar a bhealach abhaile a bhí Tomás. Bhí air a dhul thar abhainn, thar chainéil. Pinteáil amh, tatú gránna a rinneadh le fonn millteanais ar ghéaga geala na cathrach a mheabharaíodh siad dhó. Scinn an tsamhail aniar an cosán dearg, aniar an ceart slí a bhí déanta aici di féin in a intinn le tamall anuas.

Rinne slubarnaíl an uisce cogar ba gheall le cathú in a chluais inniu. Ar rud ab áibhéile i bhfad ná an phinteáil, ná an tatú, ná torann aitheantais ar bith a chuimhnigh sé, ar bheithígh mhóra glothaí ag comhriachtan i mbogach i mbruth aoibhill. Bhí an t-uisce as a chomhair. A thúisce is bhí sé cho fada le áit nach mbeadh aon ghoir aige a shúil a choinneáil dhe thosaigh sí ag cur riochta míofar eile in a dteannta sin; an ghrian ar an uisce mar mhias óir anuas ar thora a bhí leáite in a ghlae bhréan . . . Sharaí uaidh le áit a dhul ar snámh! Thíos ar an uisce sin a bhí cho spadánta gur shíl Tomás ar dtús gur tréine a bhí snámh an duine ná a bhí. Ba gheall le mígheanmnaí le Tomás géaga ar bith a dhul i gcaidreamh le craiceann smúitithe an bhréanuisce sin. Ba thórainn é go cinnte. An méid den tsnámhóir a bhí leis suas uaidh – a chaoldroim, a shlinneán, a mhuineál, a cheann – ba choinneall gheal é in ómós flea seo na gréine . . .

B'aoibhinn le Tomás an choirm ghréine agus óige, lá den tsaol a bhí goirid go leor ó shoin. Chuala sé fear a raibh canúint ardnósach air ag rá le ceann eile go mba fhionnuartas, agus dhá bhrí sin go mba íocshláinte do cholainn aon duine, an suaithe sin ann féin a bhí dhá bhaint as an uisce thíos ansin fúthu. B'athbhreith don aosta cho maith leis an óg ionnla uisce, dar leis an gceann eile a raibh an chanúint buille maol, buille tuatúil air. Bhí lánúineachas tráthúil seo gréine agus uisce anseo ag cur fuarán an gháire ag cuachaíl leis, adúirt ardnósach . . . D'fhéach Tomás orthu – ba shólás len a shúile go gcasfaí taobh eicínt eile iad – ach níor dhúirt sé leo gurb é an chaoi a raibh glas daingean nach raibh aon eochair aige faoin a chomhair fáiscthe ar a gháire féin ag a n-éadáil uisce . . .

Ba é míniú a mhná air seo i gcoisíseal len a cairde go mba fhile é Tomás. Bhí filí ann arbh é a mbuac tonnaíl le trá, scardáin, sreabha, uisce. Is cosúil go raibh filí eile ann . . . níl duine ar bith gan a chol féin le rud eicínt, adeireadh sí. Is iomaí sin duine a gcuireann fuaimeannaí crangach, torann raspanta, míshuaimhneas agus giongaíl air. Sciotar nó plubarnaíl a chloisteáil in uisce, ba lór sin le coirbe a dhéanamh ar íomháineachas Thomáis. Ba mhíshuaimhní ná sin an drithleachas a dhúisídís agus a shaghdaidís ar feadh a choirp. Thiocfadh leis a rá leis an mbeirt sin go mba é a íocshláinte agus a athbhreith féin an t-uisce a bheith curtha as a chluais, as a shúil aige, fiú agus é bheith fanta fós faoi húda a chuimhne . . .

An tsíon a chuala Tomás ba chosúil le ceann í a dhéanfadh coinín nó mionfheithideach, síon ar dheacair leis a thabhairt de thuairisc uirthi thar a mheas go mba faitíos go tur í. Istigh sa raille agus sa luifearnach a bhí an snámhóir, sa mhéid sin den uisce nárbh éasca a dhearbhú ar an gcéad iarra arbh fhás uaidh féin a bhí ann nó sean-earraí cuileáilte de shaothar an duine. Siar síos ar a leathriasca bhí sé anois, a shlinneán mar aon len a chaoldroim seang as radharc. An té ar shamhail do dhia nua le fearta gréine agus óige ar ball beag é, ní raibh fanta ann faoi seo ach slabhcán smalta a raibh a cheann ag dul faoi, cheal acmhainn a fhuilingte. Bhí an cholainn sin in a heochair, eochair smuttha ag dul thrí íona aimrid, i nglas nach mbogfadh léi agus nach ligfeadh uaidh í.

'Coinnigh ort! Coinnigh ort, a fhleascaigh!' a scinn mar éan scaoill as na daoine a bhí ag tionól go mear.

'Ceann téide chuige! Seo! Go beo!'

'Ceann téide! Nach é an fharraige agat é, an pruibí caca d'uisce nach bhfuil aon duine i n-ann a chreach a chomhaire.'

'Ní cheal muise nach bhfuil muid ag íoc fuílleach rátaí.'

'Deirim é luath agus mall: ponta go brách ní dhéanfar leis nó go gcuirtear *toebit* i bpoll an chaca ag an Méara le fána ann.'

'Ag an Aire . . .'

An chois a bhí ag cealú an bhóthair ag Tomás an mhionóid sin bhain sí ailp ní b'fhaide dhéine as. Bhí daoine ann i gcónaí arbh aoibhinn leo acu cneá anshóitheach an fhir thall le grís-mheirg a dhéanamh di agus freasúra eicínt a thionscailt ar a scáth. Bhí an méid eile feicthe aige freisin cheana: anbhá ag déanamh scéine agus as sin ag déanamh éadóchais, nós aghaidh lucht rása ag grinniú figiúirí grodghrafta grodathraithe na ngealltóirí, le linn don choimhlint a bheith ar a mine ghéire antoiscí.

Bhí fear a raibh greim na gcosa go priaclach aige ar bhruach an uisce. Ba chuid suntais mar bhí stáisiún comharthaíocht déanta aige dhe féin leis an slua amach, agus isteach leis an snámhóir, gacha le cor. Fhobair do shuaithe anshocrach a tháinig sa tionól daoine sin é a chur le fána san uisce. In áit an gheáitsíocht shoineanta, an gheáitsíocht buille cruthaíoch sin a bhí air go dtí sin, chuir a cholainn cor ainneonach di féin ag cinntiú gurb ar thalamh tirim a bhí na cosa. Ba fheartlaoi ar an ngeáitsíocht shoineanta an aithis ó dhuine den tslua a bhain casa ainneonach as súile Stáisiúin i leith na raille:

'Ha muise, faraor nach i ndiaidh do chráisiléad coise, i ndiaidh do mhullaigh a chua tú ann, a bhuinneacháin! Cé d'iarr do ghnatha ort! Deasóg amach, ciotóg isteach! Ní amach leis an deasóg a chur ann a ghabhfá leath cho maith!'

Níor lean súile Thomáis lorg na súile scéiniúil sin amach san uisce . . .

'Go dtarrthaí Dia sinn! An bhfuil leiscéal fir ar bith agaibh agus snámh aige?' bean mheánaosta a bhí ag saigheada cho rábach sin go raibh chuile cháil dhá pearsa múchta, go dtí nach raibh fanta inti ach inneall deithide, deithide an bháis agus na beatha.

'Ní dheacha sé síos idir dhá uisce fós.'

Bhí a chúl tugtha ag Tomás don uisce san am ar cuireadh an snámhóir faoi. Ach dhá bhuíochas féin, geall leis, shamhalaigh sé go raibh bogbharróg an uisce mhairbh sin cho coinneálach le greim bog agus crua eile, greim na haisléine. Ba léar dhá íomháineachas coirbthe an t-uisce ag míniú amach a chuid fithíní, ag dúna in a chéile, na súilíní aníos ó cheann go ceann mar thuarascáil dhoiligh dhá scríobh, gach ceann acu ag brise in a boilgín ní ba bhraimní dhroch-mheasúla ná a chéile ar an drompla. Searmannas gáirsiúil, adúirt Tomás. Agus thosaigh focla eile a bhí ar scoir timpeall a intinne ag tabhairt faoi ndeara gurbh iad sin an chuing ab iomchuí dóibh: searmannas gáirsiúil . . . ar fhód an bháis . . . ar láthair an anlacain . . .

'Hanam ón diabhal agaibh é mar scéal! Fear dhá bhá! Spagáin! Más mé féin é . . .': thug sé leathchois leis amach go spreabhasach i leith an uisce leis na maidí croise. Bhí an chois eile stalcach. Dar leat féin níor mhian léi luainn, fearacht is dhá mba fios rúin eicínt a bheadh aici a bhí ceilte ar an gcuid eile den cholainn. Ba sheo é an cineál duine a chuireadh fearg ar Thomás. B'fhurasta dhó a bheith mórfhoclach mór-mheanmnach. Bhí a choinsias ar a chomhairle féin aige, mórán ar an gcaoi chéanna a raibh na maidí croise aige agus na cóngaisí don chois éalannach a d'fhaigheadh sé in aisce ón Státchiste. Ba í an neamhfheidhmiúlacht féin in a cruth agus in a dealra é, an diabhal, len a spreangaidí stalcach agus a phéire maidí croise ar gheall le dhá leataobh teasctha mórshróine iad, ag balóireacht na guaise rompu go codramánta ach go cúramach.

Níor thaise leis an slua fre chéile é. Bhí Tomás dearfa gurbh é an t-údar a raibh sé ag dul chun na huaire móire orthu a fhios go barrainneach a bheith acu gurbh é iomlán a maith agus a maoine ar an láthair sin a bheith in a ngaotairí ardghlórach taobh amuigh d'áras bodhar cinniúinte, agus dhá réir sin nach raibh sa bhfearasbár deithide agus anró a bhí teagtha orthu ach cúitiú a bhíodar a dhéanamh leo féin in ómós a gcuid neamhfheidhme. Ní raibh aon ghoir acu a dhul cho fada leis an truán san uisce ach d'fhéad siad a bheith ag úmachan isteach agus amach eatarthu féin. Bhí cinnte orthu a gcuid lámha a leagan airsean ach ní chinnfeadh orthu iad a leagan ar an iomad rud eile, míotháin adhmaid ar an gcosán, ras-shail ar bhruach an uisce, fuíoll róideogaí uachtair, craicne oráistí, boscaí falamh toitíní nó cipíní, lámha buicéid, fás crannda a ropaidís amach as an mbruach: rudaí a raibh a mbá leo i ngan fhios dóibh ó bheith iad féin cho neamhfheidhmiúil gníomhuireasach leis na rudaí sin. Ligidís as greim go tarcaisneach iad an pointe céanna. Ní túisce rud ligthe uaidh ag duine ná é tóigthe ag duine eile . . .

Ba chuid suntais duine de na mná go mór mór. Bhí a glór cho caol, cho géar cho tollta is gurbh éigean do Thomás breathnú uirthi cupla uair le bheith cinnte gurbh as colainn duine a bhí an glór sin ag teacht. Amhail is dhá mba ghá don ghlór tíolacan eicínt bhí sí ag greada a bosa go fíochmhar gan a súile a chrapa as an áit i gciumhais an luifearnaigh a raibh an cluiche súilíneach ar siúl fós:

'Mo Leon! Mo Leon! M'aon leanbh! Mo lao beag! Ligí amach chuige mé! . . . Is cuma liom ar bá nó gan bá dhom . . .'

Bhraith Tomás nach raibh an choinneáil a bhí lámha na gcomharsan a dhéanamh uirthi ro-éigneach. Faoi cheann ala lig siad as greim uilig í, rud a shíl sé a rinne siad mar gur shantaíodar malairt saothair agus ceirde. An pointe céanna sin thit sí i meirfean.

Ba iad na mná go háirid a bhí ag dul as a gcranna cumhachta.

'A chladhaire! A ollamh bastaird!' arsa ceann geamchaoch acu le pontán meánaosta a bhí ar a bhord suas ón uisce chun tosaigh ar Thomás. Isteach thar bhord a chorróige i leith imlíne ghlanscoite a bhléine a bhí an mhéir iomardach dírithe. Ní raibh le tabhairt faoi ndeara ach an diuc a chuir sé siar agus aniar ar a ghualainn. Aibítir a bhí ansin adúirt nár bheag dhó a bhorú féin de chúram neamhcheanúil an tsaoil. Léigh sé dhi freisin é:

'Tá trí dhuine dhéag acu sa mbaile agam,' arsa seisean ag tabhairt cor faoi gcuairt ar an mbean, rud ab éigean do Thomás a dhéanamh freisin.

Chuala Tomás freagra míchéatach dhá thabhairt ar bháirseach eile. Ní fhaca sé an fear a thug, mar ba é déanamh a bhealaigh féin a aon aire, ach b'fhurasta dhó roic an éadain dhá bhfolca le meanga ghoirt, le gáire gangaideach, a shamhalú:

'An ngabhfadh seisean amach chugamsa dhá mba é a bheadh i mo bhrógasa agus mise a bheith amuigh ansin sa bpoll báite?'

Bhí ceann stoithneach roimhe ar a chosán a raibh spalpaire óg cúinneáilte aici agus i ag iarra turraic a chur ann síos go bruach:

'Ro-ollbhaileach ort féin agus ar do spaga móra.'

Ní raibh éidearbha ar bith cá raibh a láimh ag síne. Bhí meitheal eile ban in a timpeall a raibh a súile in a dtroilseáin iontais síos ar lorg na láimhe, amhail is dá mba ar luan laoch a bheadh an ghéag sin dírithe.

'Ní bhfuair mé buille maitheasa le déanamh le dhá bhliain,' arsa seisean, dhá réiteach féin uaithi, de chor nár fhága aon aimhreas má ba duine den bheirt acu a bhí ag dul san uisce gurbh ise an té sin. 'Agus ní dhéanfa mé aon bhuille inniu a bhean chóir, aon bhuille den tsórt sin, ar aon chor. An té a bhfuil spaga slána aige a bhean chóir, altaíodh sé iad: cé an só ná an bhráigill eile atá ag fear *dole*? An iomarca daoine atá gan bá . . . Oibrí foirgníocht é! Bail na codach sin – '

Níor chuala Tomás an chuid eile. Bhí bean dhá chrúbáil féin abhus agus thall. Nach diabhalaí an súnás a bhí orthu, mar mhná! In áiteachaí mar seo go mór mór, i lár contúirte agus anachain! Nó áit ar bith a raibh coga dhá ullmhúchán ann ba é a mbuac é! Chuimhnigh Tomás go raibh réasún leis: ba dhlúithe í an bhean don bheatha ná an fear. Bhí an bhean ar bhraighdeán ag an mbeatha. Ba é cuid an fhir gníomh galánta an tsaighdiúra, mar dhéanfadh sé gníomh gaisce ar bith eile. Ach ba ar an mbean a bheadh fanacht, faire, fuilingt, oiliúint agus sólás. Níorbh iontas gurbh é a dúchas a bheith in a hard-shagart i gcónaí ar fhód ar bith a mbeadh báire danra, cluiche diamhair an bháis agus na beatha, dhá chur . . .

'In onóir Dé agus Mhuire,' a bhí an bhean a sparra, ar nós dá mba thairní a caint, thrí Thomás. 'Ná heitigh Muire. Dhá mba é Íosa Críost a bheadh ann – cá bhfios duit nach é? Ní cheideoná go lá na leice gur thug tú cead báite dhó. Níl an áit sin domhain chor ar bith. Fear de t'airdesa shiúilfeadh sé é. Is fearrde thú an chuid eile de do shaol an ghuidhe a dhéanfas muid ar do shon. Gabhfa mé féin go Lourdes duit. Bior in aon tsúil é. Tá an dá chrann ar do bhois anois, mallacht baintrí nó beannacht baintrí. Ó seo! Dhá mba é do mhac féin é, t'inín féin, do bhean féin. Tá tú pósta. Tá súil le Dia agus Muire agam nach bhfaighe tú le léamh é – '

Ala an chloig chuala Tomás seabhrán moiglí na leathanach a raibh aingeal dhá n-iontú leis an dea-ghníomh a shaotharódh na Flaithis dhó a aimsiú i Leabhar an Chuntais! Ní raibh an gníomh sin sa gcroinice arb é féin í.

Bhí fear lena ais ag meabharú d'fhear eile gur mhaith an rud an paidrín páirteach a rá: 'Ná bac leis fós,' adúirt an fear eile. 'Beidh neart ama faoina chomhair ar ball.' B'ionann é agus a rá go raibh sé ag Dia nó ag dul aige ar ala na huaire. 'Níl sé báite fós agus is gaire cabhair Dé ná fiú paidrín.'

D'iontaigh Tomás thart go tobann. Ní shéanfadh sé an nóiméad sin gur thosaigh drithle dóchais ag fuadach as, in a fhear mar chách. D'aon iarra amháin ba é an focal rópa ba choitianta i gcanúint chois uisce. Ba mhó an dá shiolla sin in a lán béil de shólás ná gairm scoile agus ná rosc catha. Briochtfhocal a bhí ann a raibh daoine ag tosú ar é a rá go roighin, íseal, sollúnta cheana féin. Scaitheamh sul ar tháinig an ní féin i láthair bhí an focal ag luainn timpeall in a dhúil bheo, in a neach feartach, in a Chríostfhear dofheisceana so-fheisceana mar ab áil leis . . .

Ansin:

'Chugamsa anseo! Anseo, a Spigidí, a fhleascaigh!'

'Tá mé i n-ann é a chur cho fada leis ón áit seo a bhfuil mé i mo sheasamh, a Thuisbeola . . .'

'Ní mór meáchan eicínt ar a cheann le go ngabhfa sé faoi uisce.'

'Seo é aríst é! Ligfe sibh don fhear eile bá le bhur gcuid cipiléaracht . . .'

Dhíscaoil briocht an fhocail a thúisce is a tosaíodh ag láimhseáil an rópa le ceann téide a dhéanamh dhe. Shílfeá gur cearrbhachas danra – baca bambairneach freisin – a bhí ar siúl agus go mba bhráigill mhór é don té a bhéarfadh. Dhá réir sin b'imirt dhólámhach í. Ní hé amháin nach raibh beirt ar bith i gcomhar: ní raibh cois ná láimh leis an duine céanna d'aon leith. Níl a fhios cé an chaoi a ndeacha sé in aimhréidh faoi na glúine ag fear na maidí croise. Bhí na daoine ag brúsca timpeall air, i mbealach a chéile, ag cur tuille aimhréidh sa rópa, ag bagairt an uisce ar fhear na maidí, áit ar chóra dhó a bheith i leaba an cheann bocht a bhí ann, agus 'loirg diabhal na n-eachannaí uisce dhuit agus do dhá "mhac í Lupáin" de dhá chois ar fadó inniu a bhí iad a sháibhéaracht anuas dhíot ó pholl do thóna . . .'

Fear agus dréimire ag teacht aige aniar ar a ghualainn ba thúisce eile. Chraith Tomás a cheann go brónach. Geamaireacht, dar leis, a bhí ar siúl ar bruach faoi seo. An t-uisce géilliúnach, umhlóideach, sléachtanach seo, go bhfuilingeodh sé mar dhóigh dhe, nós a d'fhuilingeodh teach nó balla, an dréimire! Bhí sé cho samhaoineach dóibh a bheith ag rá Laoi na mBuaidheann, ar nós muintir na farraige!

'Seo!'

An chiotóg a chuir an forránach scolbánta d'óganach sin ar a ghualainn ba lór í le cor faoi gcuairt a bhaint as, nó go raibh a aghaidh aríst ar an uisce. Bhí an t-ógfhear ag strachailt an ionair dhe féin leis an láimh eile anseo amuigh ar an réiteach: 'Comrádaí bocht! Seo, a bhfuil scian agat? A chailleach má rinne tú deifir ariamh scoir an tsnaim agus anuas le mo chuid cuaráin . . .'

Rud a rinne Tomás ar íne reatha. Ansin thug a dhroim leis an óganach agus leis an uisce. Chuala sé, ámh, an slabar a rinne an craiceann maoth óg ag scoilte an uisce. B'fhearr leis a chomhaire gur dealán as ceárta shuáilcí na beatha an gháir mhaíte sin a bhí ag ardú chlár na spéire. Go cinnte ré achair a bhí inti agus cúitiú do lucht na neamhfheidhme. San uisce, i gcraiceann an óganaigh, a bhí chuile fhear acu ag déanamh gail agus gaisce sa gcraobhchluiche. Níor fhéad Tomás drioga beag lasánta a thosaigh ag spocha leis a chloí, ná fiú leagan fiosrach a cheilt ar a shúile: bhí céaslaíocht fhorránta an ógfhir adúirt gurbh ag fuascailt comrádaí ba mhian leis a dhul, ag snámh iontu. Ba mhó a bhí sé ag cloisteáil a macalla tuineanta ná urchair aithise na mban aniar ar a thí:

'Ní fhágfa sé seo suas a bhosáinín sceartánach ag aon phéist dhúlinne.'

'Beidh bosán Fhraoigh óghshlán ag dul abhaile.'

'Abhaile ag ainsín! Maolainsín! Maolainsín!'

'Chaithfeadh sé go bhfuil árachas in aghaidh fliucháin ag ainsín ar do spaga!'

'Cé an sórt búiriúch an diabhail atá ar an mbéinneach de bhráthair sin?' a bhí fear a rá agus chuile dhuine ina thost arīst. 'Ar scoláirí leis a bhí iontu seo amuigh?'

'Ar scoláirí leis na lachain? Raicleach eicínt a chuir láimh in a ghabhal nuair a bhí na daoine ag brú nóiméad ó shoin. Anois tá sé ag broimseáil agus shílfeá gur cead atá aige ó Chomhairle an Vatican a dhíocas a bhaint as chuile bhean dhá bhfuil i láthair.'

'Is mór an choir é sin, láimh a chur i ngabhal duine, go háirid duine de mhuintir Dé. Chua ceann ag carta i mo phlapasa freisin.'

'I do phlapasa! Chaithfeadh sé gur seandálaí í.'

Bhí a scalán spleodair téaltaithe. Ní raibh i chuile rud ach rópa in aimhréidh, sna daoine, in a nglóra, in a gcuid cainte, sna caora ordanáis aithise a loisc siad in a dhiaidh féin agus dhaoine eile. Níorbh í an aithis ba chuimhneach leis chor ar bith cheana féin ach a dtuine. Agus ní mar thuine as béal duine eile, as béal a chomharsan é, ach mar dhá choinneall ag iomaí, coinneall gheal le Dia agus ceann dorcha leis an diabhal, mar dhianaighneas idir solas agus scáile, idir dhá scáile dháiríre istigh ann féin. I gcruthúnas nach raibh aon idirdhealú fanta ar a chumas idir an chéad snámhóir agus an darna fear a chua san uisce. Dhá mba i ndán is go n-éileodh cúirt fianaise air i dtaobh a ndearna agus a bhfaca sé ó theacht ar an láthair seo dhó, ba rídhóigh nach bhféadfadh sé é a rá go dearfa, ná amháin a mhionnú gur mhoilligh sé ar a chéim aon uair ach an ala sin ar scoir sé iallachaí na mbróga. Nuair a bhí coinnlín as a pholláirí réitithe siar in a dhiaidh aige bhí a cheannaghaidh agus a leagan éadain cho comhdhéanta, cho soineanta sin, go dtiúrfadh aon duine an leabhar go mba é ba shoineanta méin ar shráideannaí freisin . . .

Ba ghearr, doilí, gurbh éigean dó an t-allas oiltiúil a speala anuas dhá éadan le súil a láimhe. Bhí sé faoi shile na ríchoinnle, mar bheadh práibeannaí anuas aisti ag tógáil spuaiceannaí goirte ar chúl a chinn, an cúl sin a bhí tugtha aige gan aimhreas ar bith ar uisce agus a ghairm, ar na daoine agus ar a ndaonnacht, má ba chaol adhaltrannaithe féin an striog dhi sin a bhí i gcumann len a bhfuil dhaonna. B'fhearr leis luath agus mall a dhul ag tarrtháil. Ní raibh leiscéal ar bith aige marar leiscéal é an neamhfhonn. Ba shnámhóir é. Ba shin é a smál, sile na ríchoinnle air. Ro-éasca a fuair sé ón a chlaonta ariamh a rá leis féin nach snámhóir sách maith a bhí ann agus dhá fhada go dtí é go gcluifeáilfeadh péist na dúlinne i bhfrithinn conaire é, leis an gcraobh chumhara. B'imeartha an dúil é an t-uisce. Ba é ba laige agus ba láidire. Bhí dea-chomharsanacht an bheo ar an marbh fuagraithe ar fad aige air le goirid. B'fhearr do dhuine in a chónaí i lár díthreabh, áit nár facthas aon deoir uisce ariamh. Is minic a chuimhnigh sé a dhul in a chónaí i mbaile mór eicínt eile. Dhéanfadh freisin, dhá mhéad dhá mbeadh sé síos leis ach níor fhéad sé smaoiniú ar aon áit nach raibh uisce. Fiú na sráidbhailte ab fhánaí bhuinní bhí sin iontu streancán eicínt uisce, go suimiúil rágach, bíodh sé beag mór . . .

Mar sin féin ní raibh faitíos ar bith air é féin a shamhalú ag snámh anonn an t-uisce, ag dul faoi, ag breith greim cúl cinn ar an donán sin agus dhá strachailt in aghaidh a chosa go bruach, áit a mbeadh a liacht sin láimh iomaíoch le é fhágáil fúthu. Gheofadh sé an Mhír Ghaisce. Ba bheag aige í. Ní saint a bhí aige i mbuíochas, i mbuíochas an té a bhí dhá bhá ach oiread le duine. An spóla úr te sin den bheatha a fheiceáil ar bruach agus an t-uisce ag sruthlú anuas, mar bheadh a námhaid ag boga a ghreim air! Ba bhreá, ba ríbhreá le Tomás an méid sin a chur i gcrích.

Ba í sin an imeacht ba mhó a bhí in a dúiseacht in intinn Thomáis ar scáth a ghairdeacht ó shoin agus a ghairdeacht ó láthair a bhí sí. Fiú féin níor dhóide go raibh sí thart fós agus má b'amhala, bhí súil le Dia aige go mba dea-chríoch a bhain di. Bhí sonraí, scannán reatha, na himeacht féin cuimlithe as a intinn. Ba é a raibh fanta meall ainriochtach, an bá mar eachtra theibí, mar bhás, an ghrua bheo luisneach in a spairt den chré dhubh, nó í ar iarra gan fáil uirthi agus gan le déanamh dhá réir sin, ach a hoidhe agus a cruth bháite a shamhalú, péiste isteach agus amach thríthi, bric ag sceithe inti . . . Bhí an aithis, a bhfuair sé gailleogaí cho fial sin di, fuaraithe ar fad faoin a chuisle. Istigh sa seanfháinne a bhí sé, fáinne an chomhraic aoinfhir. An phlubaíl, an snámhóir ag dul faoi, na súilíní, an méiscre ag imeacht den uachtar, an t-uisce ag dúna in a chéile cho neamh-antlásach, cho sáimh, cho síodúil le cat dhá shearra féin, tar éis lán a bhoilg d'iasc goirt broghach a ligean síos – cho coirbthe freisin le béal gáirsiúil le linn póige. Mhothaigh sé ansin aríst an meacan sa muineál, an cúlú tobann, an sú siar sin arb é bíoga cianaosta coise agus láimhe é, ar fhód corrach na contúirte dóibh, ar chiumhais réroilleacánach na haille, sa tséideog fhuar aníos as an duibheagán uaibhéalta . . .

Ainneoin sin, b'fhíor nach raibh an scaoll i ndiaidh a cleabhar a chur faoin eireaball aige an lá sin, ach oiread le lá. Deireadh sé leis féin nár chladhairiúla é ná duine eile. Ní raibh sé gan a chion féin den oiliúint agus den taithí a thugas teanntás do dhuine ar an nguais. Báireoir maith a bhí ann, chaith sé seal in a iascaire, seal ag obair ar thithe arda. Ní raibh aon chol áirid le uisce aige tharas mar bhíos ag fear folláin ar bith le dúil de dhúile Dé, go dtí an lá, an samhra seo caite, a bhfaca sé bean dhá bá i mbaile fámaireacht in iarthar tíre. Lá béalgharbh a bhí ann, a dhul rófhada amach di, nó gur baineadh í agus an tonn dhá scuaba léi: facthas do Thomás i gcónaí go raibh sé roshimplí uilig. Rud sollúnta ba chóir a bheith sa mbás. Ba dhual dó a bheith dothuigthe, dosheachanta, mall, deasghnách, ní hé amháin i ndluíú an anama agus an choirp, ach san imeacht fre chéile agus a mbainfeadh léi ó thús go deireadh. Bhí sé dochreidthe go dtiocfadh sé cho réidhchúiseach, gan buaileam sciath gan cóirí cath, gan stoc a shéide, ná cuaille comhraic a bhaint. Réidhchúiseach agus dochreidthe freisin a bhí na himeachtaí teagmhaiseach. Bhí mathshlua maith i láthair – a fear féin a buil siad. Ní dhearna siadsan ná eisean iarracht ar bith dháiríre le í a fhuascailt. Fear na bó faoin a heireaball adúirt duine eicínt ann go míchéatach. Ní móide go raibh aon chúis in a shnámhóir leis. Réir mar chonaic agus mar chuala sé ba é féin, Tomás, an snámhóir ab fhearr ar a raibh cruinn. Ní raibh an lá ro-gharbh ná an fharraige rochorraithe. Ba bheag caidéis a chuir Tomás fúithi ná cé hí. Máthair chlainne ba chosúil. Chonaic sé beirt ar aon chéill in éindí len a fear . . .

An lá sin agus inniu bhí drad na truaí in a bhéist dúlinne báite i dTomás. Ach ba mhó ná sin an bhuaire a bhí sé a chur air gur dhó féin a bhí sé ag coinneáil curamhír na truaí sin. Ba shaicriméid nua lánúineachais idir é féin agus a bhean Bríd, bá sin na mná eile. Thugadh sé rún freisin air, ach ó ba shin ainm a chuireadh náire agus fearg air d'athraíodh sé ar an toirt aríst é go rúndiamhair, go saicriméid, go spré a bhíodh dhá loisce beo beathach adeireadh sé leis féin. Ach ansin b'fheasach é freisin go mba claidheamh fuar sa leaba é ag roise brat neamhuamach a lánúineachais . . . A liacht uair a bhí an cheist sin curtha aige air féin: dhá mba í a Bhríd, a bhean ionúin féin, a bhí ar snámh an lá sin in iarthar tíre? Ba mhinic í ar snámh san áit chéanna an samhra sin. Laethantaí béalgharbh freisin – craosbhéal garbh isteach ar an muir mhór. Roimhe sin, b'aoibhinn leis, gan ceobáinín den imní thrín a chuid aoibhnis, a bheith ag féachaint na toinne dhá searra féin in a stua mhór bharrógach, in a hollchat síodúil, amhail is dhá mba neach a bheadh in a broinn ag iarra Bríd a shárú agus a fhuadach leis. Ba ghliondar leis í a fheiceáil ag ceansú na toinne cho cinnte is dhá mba srian a bheadh aici léi. A liacht sin lá ar sheas sé in a phleoitín ag déanamh aoibhnis ar an bhfód corrach sin a d'fhéadfadh fód báis a dhéanamh pointe ar bith . . .

Í a fheiceáil ag iarra fille. Ag caraíocht le tonn ó thír a bhainfeadh í. Mionóid i mbarr toinne. Na tonnta ag tolga agus ag madhma mar bheifí ag caitheamh na dtáinte lomraí olla lena plúcha. Í a scioba amach. A dhul faoi. Éiriú. Ansin a dhul faoi agus gan a theacht aníos níos mó . . .

Ní raibh a dhath aimhris ar Thomás faoin gcúrsa uilig. Réaba as lúdrachaí a phearsa, a bheo, a dhéanfadh sé, deile? Chaithfeadh daoine é a choinneáil. Bhéarfadh sé ar bhalla na trá agus bhainfeadh sé é féin as greim le teann fórsa. Bheadh spreaca féinne, riastra uilig an éadochais ann an nóiméad sin. Gan snáth a bhaint dhe ach i mbéal a chinn amach faoi thoiliúna Dé. Mhothódh sé an sáile fuar ag cur drithle in aghaidh stuif ann, ag cogarnaíl go plubach leis aníos ón a ghrinneall. Nós a bheadh craos úrdhúisithe na toinne ag breith air! Cá mbeadh Bríd faoi seo? . . . Ba mhinic ó shoin a mhúscail sé san oíche, é ag snámh go díbhirceach sa leaba, na lomraí sin dhá phlúcha féin agus gan amharc ar Bhríd . . .

B'fhíor é. Ní raibh a dhath aimhris ar Thomás – ar dtús. Ba shin ionann is bliain ó shoin. Ba léar dó anois nach mbeadh sa ngníomh a dhéanfadh sé, i gcás áirid, ach íbirt in aisce. Theagadh an t-éag sin cho tobann sin. Scail thoirní. Gluaisteán do-cheansuithe. Duine dhá fhuadach le aill. I gcás ar bith mar sin ní bheadh ionú faice a dhéanamh ar aon chor. Ach ba iad na hócáidí a mbeadh ionú gnímh, roghain na híbirte iontu, a bhíodh ag síorshnama intinne Thomáis in a snaim phéisteach doscaoilte: tarbh buile píosa uait treasna páirce, ag déanamh maolabhrach ar Bhríd; fear buile ag doirtim faoin a tuairim; í fanta gan fios na faille i do dhiaidh thuas sa staighre agus an teach in aon chaor thinte amháin . . . Bhí Tomás tar éis gach cás a chíora go mín. Ba mhinic dó ag breith go cróganta ar an adhairc: bhí sé ina fhaitíos air gur chuir an rinn chúbach, dírithe go dearbhchuspóireach, an teithe air. Bhain sé an tua den fhear buile sin. Scaití chromadh sé agus ligeadh thairis faoi cheilt aingeal sin an bháis. Níor chall dó baca le aon rása leis an lasair suas an staighre . . .

Cé mhéad uair ar rug sé ar an adhairc, ar bhain sé an tua den fhear buile? Rinne Tomás a liacht geamaireacht adhairce agus tua a thaibhiú ar an gcroich ab intinn dó an bhliain sin. Ach cá raibh a fhios aige go mbéarfadh sé ar adhairc ná ar thua, cá raibh a fhios nach teithe nó croma a dhéanfadh sé i gcónaí, d'uireasa a dhul sa gceann sin leis? Agus ní bheadh aon 'i gcónaí' ann dhá dteitheadh nó dhá gcromadh uair amháin . . . Bhí cás an bháite cho sáiteach ar a shlí inniu is dhá mba corp le scrúdú sa gcuisneán faoin a chomhair sa mbaile a bheadh ann. B'fhollasach go raibh fuílleach ionú ann le cinne a dhéanamh ón am ar léar go raibh an bhean i gcruachás an chéaduair, nó gur choinnigh an fharraige aici féin í faoi dheireadh thiar. Agus ba í a Bhríd féin a bhí sa gcuisneán . . .

Cho fada is chua a phlé le Bríd ba dhuine é ag dul timpeall le plá rúnda arbh ionann í a fhoilsiú agus ionad an anama ann, fios a shaoil. Ar nós gach plá rúin b'fhada leis go mbeadh sí spíonta amach as féin aige. Ba shin é a thugadh ag spaisteoireacht go haonraic é laethantaí mar seo i bPáirc an Fhionnuisce agus i gcorr áit mar é. Níor thaithnigh na geábhannaí uaigneach seo le Bríd. Thairg sí a dhul in éindí leis cupla uair. D'éalaigh sé i ngan fhios ón teach uirthi uair acu.

Lá eile lean sí i gcoisíseal é. Níor staon sí nó go bhfuair sí amharc i ngan fhios air ar bhóthairín cúlráideach sa bPáirc. Níor léar di, dar ndóigh, ach an t-oibriú forghnúiseach. Níorbh fheasach di céard leis a raibh sé ag spíona an fhuinnimh fhorghnúisigh sin a bhí mar bheadh sé tiomsaithe chun a cheannaghaidh aige as a cholainn fre chéile. Ní fhaca sí ariamh roimhe a cheannaghaidh i gcruthchlaochlú mar sin. Trácht ar na seanfhilí sna leabhara scoile a mheabharaigh sé di. Filíocht a thaibhsigh sí ar aon nós, arae ní raibh a fhios aici céard ba chor d'fhilíocht. Ag fille ó gheábh spaisteoireacht den tsórt sin a casadh ag an uisce anseo inniu é . . .

Tuine Bhríd leis a chuir chuig an gcomaoineach ar maidin é, inniu go háirid. 'Fáth eile nár chall dom a bheith i bhfaitíos roimh an uisce,' adúirt Tomás leis féin go neamhdheimhin agus dheifrigh leis. Nocht sé síos gach bréidín den cheirín, spíon sé amach gach cáithnín den ghearba. Shrian an sagart a gháire ach mar sin féin chaith a fhuaim phlúchta seal beag ag dordán ar nós liabóige leathair in áras an fhaoistin. Bhí cuach láidir caochshrónaíle ann:

'In aghaidh lom a tholach a scaras aon duine againn lena anam . . . Fiú is dearbhrún na híbirte a bheith ag duine. Is beag rud, má tá aon rud sa duine ná sa dúil bheo is coinneálaí greim ná is fréamhaithe ná frigh dhiamhair sin na beatha. Is fréamhaithe í ná an grá, grá clainne agus céile, ná an charthanacht ná an creideamh. Nó nár chuala tú faoi ghreim an fhir bháite? Dítheo duine an té is measa leis ná gealacán a shúl, dhá shábháil féin. Níl rud ar bith faoin gcruinne ché is measa ná is ansa le duine ná an sméaróidín bheatha arb é féin í . . . Daoine eile? "Dhá ghaireacht dhuit do chuid éadaigh is gaire ná sin duit do léine" . . . Mara bhfuil d'imní ort ach sin! Roscruballach atá tú . . . Deirim leat nach mbíonn neart ag duine ar an rud a dhéanas sé, nó nach ndéanann sé ar uair antoisceach na contúirte . . . Tá sé cho dona ar mhodh an iomarca buachailleacht a dhéanamh ar do choinsias le í a ligean le scoir. Tabhair scíth dhuit féin, a dhuine. Uair eicínt a mbeidh ionú agat buail isteach ag an Dochtúr Ó Muláin . . .'

An Dochtúr Ó Muláin! Leigheasadh sé é féin feiceamuist! Bhí cnap de bhean aige. Cá bhfios, ní ag amhdú an oilc ná dhá thuara dhó é, nach í a fheiceáil dhá bá a dhéanfadh sé lá eicínt? Ansin cáid le dhul a chuid buidéil bheaga drugaí ar dhíle uile-chathréimeach uisce? Ní raibh dochtúr ar bith i riocht a rá le Tomás nach raibh sé luath láidir ná cho staidéarach lena leithéid eile. Thairis sin shíl sé nár fhága an sagart fuíoll slánú inné air. Inniu, anois, bhí an chréacht cho dona is bhí ariamh. Bhí sé buíoch nach créacht ná plá a bhí inti, má ba thada í gurb anshocair spride í nár chall a dhéanamh ach a fad agus a leithead den aimsir a bhuala uirthi. Ach bhí a chois craptha suas faoi chrios agus boltaí luaí ar a láimh aici in éindí le teir cholúil a bheith clannaithe aici i leaba a bpósta . . . Mheabharaigh sé caint Chríost faoin té a thiúrfadh a bheatha ar shon a chomrádaí, don sagart. Ba réidh plásánta ón sagart an clár mín a chur air. Sé Críost é Críost, ach dúile bocht daonna, spólaí amha a bhfuil idir fheoil agus sprid thláth ionainn, atá sa gcuid eile againn. Sin é, mar dhóigh dhe, go raibh sé breá go leor ag Críost a bheith ag clabaireacht! Ba é an t-adhmad a bhí le baint as briathara sin Chríost a luadh sa tseanmóir an mhaidin sin féin, nach raibh duine ba mhó ag Dia ná an té a thiúrfadh a anam ar son a chomrádaí . . .

Ba mhaistín drad-nocht de cheist a shaghd an bhean sin ag an uisce ann: an ngabhfadh sé amach ag tarrtháil a mhná, ag tarrtháil Chríost? Cá raibh comrádaí ná caraid agat mar do bhean? Cheap Tomás go dtiocfadh Críost leis faoi sin. Agus faoi seo freisin: go mba ghaire dhuit do bhean le dhul dhá tarrtháil ná aon duine eile, fiú Críost féin agus é bheith ag slubarnaíl thíos sa tslaparnach bhréan sin, idir dhá uisce, i gcamhaoineach dheire anála agus anama . . . Bhí sí cho gar dhuit is bhí gar ann, cho gar leat féin. Nárbh í ceartleith t'anama í, deile? Chuimhnigh Tomás aríst eile ar an maidin fhuar Inide sin ar mhóidigh sé a chuid agus a mhaoin di. Dúirt sagart a bpósta gurbh aon fheoil, aon chorp, iad feasta. B'ionann is spóla dhe féin, láimh nó cois leis, ise a bheith dhá tuargaint i mbroinn toinne, nó í bheith dhá sclára ag craosbhreac, dí-aithnithear! . . .

Ach cén fáth a bheith ag glaoch ar an ngol, mar d'fhiafraigh an sagart dhe, mar d'fhiafraigh sé go minic dhe féin. B'fhéidir dhó gan a theacht in a líon go brách. Go dtuga Dia nach dtiocfa! Ach b'fhéidir eile go dtiocfadh! Ansin feiceamuist! Bheadh air cur ar a shon féin: dúléim a thabhairt sa dúlinn phéisteach, nó cothú ar bruach le bosán óghshlán agus le fomhar a chuid cladhairíocht féin a tharlú, 'na seacht ngrád cac faitís a bhreith', mar dúirt na mná ag an uisce. B'iontach leis go n-airíodh sé múisiam anshocrach sa bhfiodán, céalmhaine ba chosúil, leagan daonna ar bhoga na ngrianán gach uair dhá smaoiníodh sé air sin. Agus ní raibh uair dhá bhfeiceadh sé muir ná loch, cainéil, abhainn ná uisce nach smaoiníodh go hainneonach air. Lá béalgharbh a bhí ann anois agus anáil fhuaraithe an bheochan gaoithe aníos ar a chúl ón uisce. Bhí éanlaith – éanlaith ón bhfarraige, dar le Tomás – tar éis tuirlingt i ngairdín tosaigh tí ar a aghaidh. Ba ghlé a chuimhne i gcónaí ar an staighean scréachach úd isteach den fharraige a thuirling ar bhóthairín an chladaigh agus an bhean dhá bá . . . Arb amhala gurb éard a bhí sa lá inniu asna as an lá eile sin, mar Éabh as colainn Áimh? . . . Ní raibh aon oirille ag an anachain ar lá seachas a chéile. Thiocfadh d'aon lá gurb é an lá leoin é. Ach dhíbir Tomás an smaoine sin de shrónshnige céatach cranntseile siar ar a chúl. Ní duine pisreogach é. B'fheasach dó go dtiocfadh éanlaith ón bhfarraige laethanta béalgharbh go brách . . .

Ach cuimhníodh sé air sin nó ná cuimhníodh, ní raibh sé i riocht é féin a shaora den teaghrán a raibh sé air ag a cheisniú féin air féin. Cuirim i gcás gur thomhais sí go raibh aon bhraiteoireacht orm, aon thob ann agus as, gur ag sméaracht ar an gclochán báite idir an dá chomhairle a bhí mé, gur bhraith sí nach raibh mé iomlán, gur dhá leith mé – an leath bheag dhíom sa dúlinn phéisteach, an leath mhór . . . Tá an breathas ar na mná, adúirt Tomás, leagan ceanúil aige a bhí ar chuma eicínt ag daingniú a rúin chun fuascailt a fháil. Bhí rud eicínt braite aici siúráilte. Bhí buille faoi thuairim aige gur lean sí é geábh. Ba chuma: bhí sé cho glan le billeog as leabhar an Phápa ar an gcaoi sin. Ach an breathnú a thugadh sí air! Bhíodh póilíos na hÉireann uilig dhá cheisniú aisti amach. I leaba a chéile bhí sé éirithe as a dhul in a teannta chun na farraige, nó ag spaisteoireacht chois abhann. B'eolas dó go maith gur thuig sí gur bhréag dó a rá gur d'fhonn a cairde a sheachaint nach rachadh sé in áiteachaí den tsórt sin. Leiscéal a bhí ann di faitíos a fhuasaoid roimh strompa géaga, le gan a dhul ar snámh, ach b'fhurasta aithinte nach gcreideadh sí é agus é ag rá léi go raibh sé sa bhfolcán le linn di a bheith ar cuairt. Ar aon chor bhí a fhios aici go raibh col aige leis an uisce. Bean chabach dá cairde a tháinig chun an tí lá agus Bríd ar cuairt:

'Muise, mo chuimhne agus mo dhearmad, a Thomáis,' arsa sise gan frapa gan taca, 'an bhfuil col agat leis an uisce i gcónaí? Huga leat anois, nach cumasach an rud í an fhilíocht féin? Is mór an t-iona nach ligeann tú suas féasóg agus folt! Bhí col ag Muiréad se'againne leis an bhfarraige. Bhí a leainín! Dheamhán cois muis, dheamhan cois a chuirfeadh sí ar an mbád le dhul go Sasana ná go Meireacá! Ach diabhal blas filíocht a rinne sí ariamh. Dheamhan a bhit. Anois, a bhfuil biseach? . . .'

Ligeadh Bríd féin aige scaití. Aoine amháin: 'ba iad na cait a d'ith do chuid éisc arís inniu, a Thomáis.' Ceart go leor fuair Tomás an cat in a chruit mhór shíodúil len a bholg éisc ar na céimeannaí faoin ngréin agus tharraing sé a shean-chic air . . .

Níor chuir an méid sin feasa a bheith aici mórán múisiam ar Thomás. Col le uisce! Cé ar mheasa é ná col le féar úrbhainte, le cineálachaí bia, le bheith ag imeacht san aer . . . Ná níor lig sé dháiríre d'eolas léi faoi féin, ach mar thóigfeá teileafón do leannáin agus chloisfeá an dordán gafa sa gceann eile. Bheadh a fhios agat as sin go mbíodh daoine eile seachas thusa ag caint léi agus ba shin é an méid! Col le uisce! Ach dhá dtomhaiseadh sí a rún! Dhá n-éiríodh léi a crága a shíne isteach go dtí an fara uaigneach sin ann, an chréacht a shaibhsiú, féachaint a dhul dhá ligean! . . . Níor dhóide cleas a dhéanfadh sí ná í féin a thligean i nduibheagán sáile searbhrua lá fraochmhar. Dhéanfadh sí é – le é a fhéachaint! Agus chaillfeadh sí a hanam leis! Ba chuma léi. Dhéanfadh. Mar sin a bhí mná.

Taobh na honóra, an aireineach shlachtmhar a bhí sé a thaispeáint don saol. Ar nós duine a mbeadh a theach in a lán súl, ach a bheadh faoi fharaí cearca agus faoi leapachaí muca sa seomra collata in a thimpeall. An tsean-cheist a bhí ag cuislíocht thríd, ag éiliú freagra. Freagra iomlán, freagra ba chríoch . . .

Bhí Tomás ar creath, nós dhá mbeadh inneall ar siúl istigh ann. Sa gcás sin, sa gcás go dtligfeadh, céard a dhéanfadh sé féin, céard sin, céard? Dhá mbeadh a fhios aige féin sin! Dhá mbeadh a fhios aige go dearfa nach dtiocfadh sé dhá tarrtháil! Sa gcás sin d'fhéad sé a bheith cho drochmheasúil air féin is a thogair sé. B'fhéidir go mba shólás leis sin, cá bhfios – i ndiaidh a raibh céasta aige ag smeara gúscéimhe thar ghaimh ghránna a chnis. Ar aon nós bheadh an ainleog a bhí ag greamú anuas a intinne réabtha. Ní in a dhá leith bruínteach, in a luch agus in a cat, a bheadh sí feasta. Bíodh sí in a luchín cho faiteach is bhí ag Dia, ach ná bíodh sí ag déanamh cat di féin le cruthú nach raibh aon fhaitíos uirthi! D'fhéadfadh sé cogaí cathartha a spride, tormach an rúin ann gur dhá chluais chapaill a bhí ar Labhraidh Loingseach, a bhuala thall ar an gcéad chrann a theangmhódh dhó. An tormach, máthair an drochábhair a ligean: chneasódh an chréacht, cneasú buan-shlán. Ansin a ghabháil abhaile, a dhul isteach a dhoras féin ní b'éadroime cois agus croí ná a rinne sé le bliain. Agus ní bheadh faitíos air feasta mar bhí le bliain a dhul sa bhfolcán agus an screamhóg bhrocach a sciúra dhe féin. Bhreathnódh sé chomh dúshlánach uirthi is ba mhian leis. Len a coinneáil uaidh, deile? D'íocshlánaíodh sí a mhúisiam le flea póga! Ba in a bhfuafíona ar a bhéal a d'airigh sé anois iad. Rinne na póga sin cladhaire dhe: bhí siad dhá choinneáil ón bhfírinne a inseacht dise go brách, ná í a scilige amach leis féin féin. Dhá bhféadadh sé tormach a rúin a sceithe, an ghaoth ghlan a ligean isteach ar mhaith cearca agus muca. I leaba a ghrá cásmhar a dhearbhú aríst, a leabhar a thabhairt i mbréig aríst eile, dhéanfadh sé adhmad dreoite an chrainn arb ann a bhí a rún i dtaisce a thaispeáint di. Teacht chun réitigh dóibh, socrú fóinteach díbhlíonach, gan de shnaim ní ba spriodáilte oirirce a bheith eatarthu feasta ná conra comhsheilbhe: b'fhuascailt a bheadh ansin féin. B'fhuascailt rud ar bith a bhainfeadh an colg fuar as leaba an lánúineachais . . .

Ag dul chun fionnuartais a bhí an beochan gaoithe. Má ba ea féin bhí allas ar Thomás agus a láimh fliuch ó chrúbáil an naipcín póca. D'airigh sé lagar thiar ina ioscadaí. Bhí a chloigeann bodhar dall ag smaointe. Bhí siad i mullach a chéile agus ag sceaimhínteacht le chéile chomh tobann danra le madraí ag teacht ar chonablach. Ní raibh a fhios aige arbh ag dul abhaile nó nárbh ea a bhí sé anois, arae ní raibh a fhios aige an n-inseodh sé di é, nó nach n-inseodh! Ba é raibh a fhios aige dháiríre go raibh sé in a ghlafar cráite ar fud a intinne agus a anama agus gach glafar acu in a cheist antoisceach eile air. Ar mhó an leas dise dhá bhfágadh sé gan inseacht é? . . . Ní chreidfeadh sí é, ní chreidfeadh sí an fhírinne shearbh uaidh, i ndiaidh a ndearna sé de nathaíocht mhilis léi i gcaitheamh na mblianta anuas. Dearbhú go sollúnta dhi nach raibh ansin uilig ach nathaíocht, grá beag milis míochúise! B'éigean do Thomás a rá leis féin nach gcreidfeadh sí é, go ndéarfadh sí nach raibh sa méid sin féin freisin ach tuille dhá chuid nathaíocht! Sin caoi eile a raibh mná! Ní chreidfeadh sí go deo é, go dtí lá snámha eicínt, lá béalgharbh a mbainfí í, a mbéarfadh an tonn riastrach bháite in a barróg uirthi. Agus ba é an t-amharc deire a gheofadh sí air, é a fheiceáil ansin ag béal na taoille ar an trá, ag uallfairt, ag sraca a fhoilt, ina stáisiún comharthaíocht, ag roise an aeir lena láimh, nós aisteoir ag geáitseáil . . . rud ar bith ach a theacht dhá fuascailt . . .

Bhí Tomás tar éis a theacht go dtí uisce eile, ach rud ab annamh leis níor thug sé sin chun cruinnis. Ghluais sé anonn máimín géar radharc-cheilteach an droichid go neamh-airdiúil, cho neamhairdiúil le dhá mba sméaracht ar chích é a mbeifí ceasúil uirthi. Díocas ba ea a chuid smaointe agus ba gheall le drúisiúil an nós a raibh siad dhá spíona féin. Ba dhoiligh a rá faoi seo gur smaoiniú ná miúin aige é. Toirt chorpanta ba ea é, toirt a bhí ar ardán a intinne, carraig dhíleann ar shaothar earcalach dhó í a chur as radharc a shúl, ach mara i ndán is go ndéanfadh, a bhrónfháiscfeadh agus a phlúchfadh faoin a carraigeachas é ní ba chinnte bhailí ná dhéanfadh dúlinn bhéisteach fre chéile giorrú leis . . .

Ní fhaca an tiománaí é. Bhí a cheann sin folctha i ruafholt fhamainneach na mná. Ba leiscéal é an droinnín sa mbóthar. Nuair a chonaic féin ní raibh aon ghoir aige a mheas, de réir a mhionna in a dhiaidh sin, céard a bhí Tomás ag brath ar a dhéanamh. Ní chreidfeadh sé nach gcaithfeadh sé rud eicínt a dhéanamh, seachas fuiríocht in a choilgsheasamh leathbealaigh anall an droichead . . .

Fuíoll Fuine

Glór francaithe ba ea é ón gceann eile den teileafón, glór a deirfíre ón a theach:

'Níl náire ar bith ort a bheith amuigh agus do bhean básaithe.'

'Tá sí básaithe,' adúirt N. Ba é an t-aon rud é a chuimhnigh sé ar a rá. Ní fhéadfadh sé a rá léi agus státsheirbhísigh eile ag éisteacht go raibh an oiread sin ama caite as an oifig aige roimhe sin go raibh a phosta i nguais. D'inis sé a liacht uair dá deirfiúrachaí go raibh leidí faighte san oifig cheana féin aige, ach ba é arbh áil leis an mbeirt sin a ligean in a ngaire go raibh siléig déanta aige in a bhean . . .

'Básaithe faoi dheire,' adúirt sé, mar nár fhéad sé cuimhniú ar a dhath eile.

'Sea, faoi dheire,' adúirt an deirfiúr. 'Is cosúil gurbh fhada leat é. Básaithe faoi dheire! Breá nach dteagann tú abhaile? Tá chuile shórt le socrú . . .'

Thuig na státsheirbhísigh go raibh sí básaithe agus chásaigh siad a bhris leis:

'Sa mbaile a bhí agat fanacht inniu,' adúirt Ceann na hOifige. 'Níl muid cho géar sin sa gcleabhar. Dhéanfadh comhshnáth foirne, ó tá muid ar cheann den fhíorbheagán oifigí atá oscailte ar an Satharn . . .'

'Comhairle gan chaillteamas anois,' adúirt N. leis féin ag

dul síos an staighre. Ní ar an mbás a bhí sé ag smaoiniú ach ar an anlacan. Bhí sí le cur. Ba shólás dó an t-ullmhúchán, go raibh rudaí le déanamh. D'fhéadfadh sé a bheith scaití as radharc an bheirt deirfiúr, as réim an dá scardán nimhe sin a bheadh síor-dhírithe air. Ba mhór an fear sna gnathaí seo é Síomón. Bheadh sé i n-ann lascaine a fháil dó i dtaobh na conra agus na huaí. Ba shin é an sórt ceann é Síomón. Bhí eolas aige ar na daoine cearta. Ghlaoigh N. ar teileafón air. Cinnte: shílfeá gur ríméad a bhí ar Shíomón go raibh duine básaithe: d'fhéadfadh sé gar a dhéanamh dá chairde. I dteach ósta an tSnámhaí a rinne Síomón an coinne. An fhad is bhí N. ag fanacht leis ghlaoigh sé féin ar theach conraí nach raibh aithne ná eolas air ann. Nuair a d'inis Síomón dó cén lascaine a gheofadh sé féin tigh Lonagáin b'fheasach N. go mba dhaoire conra ansin ná san áit len a raibh sé féin ag caint. Cinnte bhí go leor cainte ag Síomón faoi dhair, faoi ornáidí, faoi óra. An iomarca b'fhéidir. Chuimhnigh N. go tobann go mb'fhéidir go mbeadh brabach eicínt ag Síomón as na cúrsaí freisin agus lig sé an scéal thar a chluais faoi láthair gan aon socrú cinnte a dhéanamh. Bhí Síomón ag súil le dhá ghairm eile teileafóin – fear cruógach a bhí ann – rud a ndearna N. leiscéal dhe len imeacht, gan aon eolas dearfa a thabhairt do Shíomón faoin a cheann scríbe. Bhí aimhreas teagtha air faoi . . .

Theastódh cupla buidéal fuisce. Bheadh na deirfiúrachaí ag iarra flaisc thairis sin a fheiceáil, ach ó ba é deire na seachtaine é agus an aimsir go breá bheadh na daoine imithe ó bhaile. Ní bheadh scéal ag mórán go mbeadh sé rodheireanach leis an teach a thaobhachtáil. Ba shaoire an t-ól a fháil ag eischeadúnas Uí Mhurchú. Má b'fhíor do Thomás é bhí sé i n-ann é a fháil ar hocht déag agus punt agus sé pínne ach deireadh Síomón gurb é seanmháistir Uí Mhurchú féin a bhíodh i leath an bhuidéil. Bhí barúil ag N. cá mbeadh Tomás an tráth sin ar an Satharn. Rug sé go tráthúil air ag dul síos an tsráid i leith an *Ghráinne Eorna*. B'aisteach an bealach a bhí leis mar Thomás. Duine lách gnaíúil, truaíoch a bhí ann. Dúirt sé ó tharla rudaí mar bhí, go bhfoire Dia orainn, nach n-ólfaidís ach an t-aon deoch. Bhí siad anois ag gabháil don tríú ceann agus gan Tomás, dar leat, ach ag cur éadain air . . .

Mheabharaigh N. go mbeadh an bhean gan leagan amach sa mbaile fós. Chuir Tomás ceist ar dhuine san ósta nach raibh aon aithne ag N. air. Labhair an duine ar bhanaltra in aice láthaireach agus mhol do N. glaoch uirthi. Ar a bhealach go dtí an teileafón chuimhnigh N. aríst nach raibh aon aithne aige ar an duine sin ná ag an duine air. B'aisteach leis fear nách raibh aon aithne aige air a bheith ag tuine leis cho tréan sin faoin mbanaltra. Ansin chuimhnigh sé ar rud eile. Chuala sé go ndéanadh Siúrachaí Beaga na mBocht é seo in aisce. Bheadh deirfiúrachaí na mná le cuthach. Banaltra thuata ghalánta a bheadh uathu, a mbeadh mála oirnise aici nach n-osclódh sí chor ar bith agus mála láimhe cho mór léi féin. Gheofaidís bala na déirce ar na Siúrachaí Beaga. Sin é adúirt siad nuair a shamhalaigh sé iarra orthu a theacht ag freastal ar an mbean agus ní ba mhó deis a fhágáil aige féin faoi dhul ag a chuid oibre. Ach dhá mba i ndán is go siúilfeadh beirt de na Siúrachaí isteach ní bheadh sé éasca rá leo imeacht . . .

B'fheasach N. nár bheag dhó a mbeadh len íoc aige. Tae, siúcra, itheachán, ól: ba mhór a chosnódh an méid sin ann féin agus gan ann ach an t-eireabaillín caol den chostas. Ba iad na deirfiúrachaí a shocródh an chuid ba mhó dhe sin dhá bhuíochas. Agus dar ndóigh ní fhágfaidís iad féin ar deire. Shamhalaigh sé iasc-bhéal mór an cheann ba shine dhá chur dhá bhá i gcáca milis a gcuirfeadh sí fios air go spisialta di féin. Ba chuma leo cén chaoi a mairfeadh seisean feasta – má ba mhaireachtáil nó gan mhaireachtáil dhó – ó bhí a ndeirfiúr féin imithe . . .

Mhoilligh N. sa bpasáiste. Ba ea freisin: scuabfadh agus

roinnfeadh na deirfiúrachaí éadaigh agus bróga a mhná. Gheofadh sé cnáimh le crinne as seo suas: níorbh fholáir dhó chuile phínn le maireachtáil. Bheadh alúntas na cána giorraithe go mór, mara mbeadh sí imithe ar fad. Bhí a fhios aige gurbh iondúil fadhbh marbháin, marbhán mná ar aon nós, a thabhairt do na boicht, do lucht déirce. Ach bhí sé cloiste aige san oifig go gceannódh Arm an tSlánaithe rudaí mar sin agus íoc go maith orthu. Dhá siúilidís isteach gan cuire gan iarra, mar dhóigh dhe! Bhí a fhios aige céard déarfadh an rúisc mhór de dheirfiúr: gan Críost fuaraithe agus crainnte dhá gcaitheamh ar a chuid éadaigh . . . Ach ó ba scéal é a bhí le réiteach b'fhearr é a réiteach as láimh . . .

Bhí fear roimhe istigh i mbosca an teileafóin. D'fhan N. tamall ag leadrán ach ní raibh aon chosúlacht críochnú ar mo dhuine. B'éigean dó deoch eile a sheasamh do Thomás a raibh leathchois aige in a chomhlódar féin agus leathchois i gcomhlódar eile. Le go seachnódh sé deoch a sheasamh do Labhrás a tháinig isteach ar ala na huaire a thug sé a aghaidh ar an bhfón aríst. Bhí an fear imithe ach bhí na Siúrachaí Beaga gaibhte agus gan fáir ná freagra ó Arm an tSlánaithe. Ní móide go raibh siad le fáil ar an Satharn . . .

Chuimhnigh sé ansin ar theach an phobail agus an sagart. Bhí a liacht sin rud ann. Slabhra a bhí ann agus chuile shine dhe le bealú le airgead. Ba é Labhrás a fhear foirne faoi an rud seo. Bailitheoir i séipéal an pharáiste a bhí ann. Ní rugthas air, fós ar aon nós, ag cluifeáil an airgid mar rugthas ar chuid eile acu. Bheadh sanas beag uaidh i gcluais na cléire chomh maith le sanas ón Spiorad Naomh. Déarfadh sé leis an sagart go mba fhear bocht é N., gurbh fhada a bhean i gclé na giollaíocht mar a bheadh a fhios aige cheana agus i ngeall ar a loighe fada gurbh iomaí dola eile a bheadh ar N. seachas an t-anlacan féin. Cinnte lagfadh an sagart, chaithfeadh sé lagan anuas . . .

Thus N. dol eile den tslabhra chun cruinnis. Nárbh fhearr

í a thabhairt chun an phobail anocht, tráthnóna? Choiscfeadh sin dosca ithe agus ól sa teach. Dar ndóigh labhairfeadh na deirfiúrachaí faoi fhuadach ghéar na cille agus go mba gheall le luch mharbh í a bheifí a chur as an tslí. Níorbh ise ach eisean a chaithfeadh maireachtáil anois agus an té a chaithfeadh maireachtáil níor mhór dhó pínneachaí beaga ar a chúl. Níor mhór deifiriú. Bhí an teileafón in a bhlao chluaise i gcónaí.

Ní raibh aon chuimhne fanta ag Labhrás ar lear N. scáth an t-achar a raibh sé imithe. Ag caint ar chuairt a thug sé ar maidin ar shiopa drámh-iarainn i Sráid Bhoidicín a thosaigh sé:

'Tá sé ag coinneáil an chlóscríobháin a bhí tú a iarra dhuit, a N. Is geall le ceann nua as an bpíosa é. Dúirt sé go raibh beirt nó triúr ag iarra air é a dhíol leo . . . Ach, a dhuine na páirte, ní clóscríobháin atá ag cur imní ort . . .'

Ba dheacair le N. a rá céard a bhí ag cur imní air nó cé mhéad imní a bhí air, bhí an oiread sin di air. Ó tugadh an clóscríobhán aniar as taisceán neamhghoilliúnach na díchuimhne d'fhanfadh sé feasta ar nós spuaice láimhe nó leona coise ag síoréiliú a airde. Níodh N. corr-gheábh oibre don Radio agus don Teilifís. Bhí *cachet*, mar deireadh lucht na hoifige, ar an gclóscríbhinn nach raibh ar an láimhscríbhinn. Nuair a d'fheiceadh N. scríbhinní an Radio agus an Rialtais ní fhéadadh gan a mheabharú dhó féin go mba bean a chur ó chrích ábhar gan a bheith clóscríofa. Ba ag iarra a bheith ag breaca nótaí faoi chomhair trácht Teilifíse ar bhilleog a raibh dréacht oifigiúil dhá ceilt a bhí N. nuair a tháinig scéala an bháis ar maidin. D'fhága sin uain ag an dála sin amháin ar smaointe N.: go raibh sé faoi chonra le dhul síos le meitheal Choilm den Teilifís go dtí portach i lár tíre an tráthnóna sin féin.

Bhí sé cupla mí ó shoin ó thug sé an geall sin. Ghlaodar air inné dhá mheabharú dhó. Cá raibh a fhios aige gurb é an lá sin seachas a raibh eile de laethantaí ag Dia a bhásódh a bhean? Chaithfeadh sí a dhul chun an phobail bun-luath go maith tráthnóna anocht. Ní fhéadfadh an Teilifís duine a chur ina áit ar íne reatha mar sin. Dhá loiceadh sé orthu le fuagra aibéil ní thiúrfaidís aon bhuille oibre dhó go brách arís. Ní raibh air ach glaoch ar Mhicil a bhí in aon oifig leis agus ba é a ghabhfadh in a áit in a sheanrith. Ach b'fhada an Micil céanna ag iarra bearna réidh a fháil ar a chúl féin le sciora isteach in a áit! Ní bheadh aon chiall dhó an t-airgead a ligean uaidh. Ba ghéire a theastódh sé uaidh anois ná ariamh. Ní dhéanfadh sé a dhath maitheasa di, inniu go mór mór, fanacht gan a dhul dó ar an móin. Ar a shon sin donacht air go cinnte a bheith ag leadrán timpeall an tí. Ba é buac a muintire é sin dar ndóigh. Ní hé amháin go mba dhá ghéire na sceana acu inniu ag dul in a éadan: ba chomh-neartú freisin ar a ngaimh a mbeadh caite acu de bhia agus de dheoch na sochraide. Mheabharaigh sé don dream eile go raibh air teachtaireacht dhlúsúil a dhéanamh, rud nárbh iona d'fhear a raibh cúram coirp roimhe.

Ba é a chosúlacht ag dul amach dhó nach mbainfeadh sé méir dhá shrón nó go mbeadh an teachtaireacht i gcrích. Taobh amuigh den doras, ámh, d'fhan sé gan a dhul deiseal ná tuaifeal. Go heagruthach féin ní raibh an teachtaireacht in a intinn ariamh. Bhí an tsráid ansin soir siar roimhe mar scian thrín a shaol, ag glan-dhluíú a chaite agus a fháistineach ó chéile. Chuir maothreacht lionnuibh ag aimsiú na gcúrsaí sin in a shaol láthaireach é a chuirfeadh ar a chumas díol truaí ar fad a dhéanamh dhe féin. Níl a fhios cáid a d'fhanfadh sé sa gcruth sin marach cairt íseal faoi sheantroscán agus earraí ciréimeach dhá mhacasamhail a tháinig an tsráid. Chuimhnigh N. ar an siopa mangarae agus thriall suas faoi chomhair Shráid Bhoidicín.

Ba bheag nár leag sé an Bhaintreach uí Shomacháin ag teacht amach di as an Stór Mór ag púnáil faoi oiread Chruaich Phádraig de mhaingíní. Le teann práinne as a ceannacht níor chuimhnigh sí a bhean a fhiafrú:

'Lascaine, a N.! Lascaine! An bhfeiceann tú an cloigeann muice sin?' Nocht sí siar binn den pháipéar donn, nó go mba léar cnap anshonraithe ar thuirling cuileog air láthaireach, le dhul ag diúl na fola téachtaithe.

'Bainfe mé cúnamh maith den tseachtain as, a N.! 'Bhfuil a fhios agat cén scéal é, a N., thiomsófá togha ábhar dinnéir istigh ansin ar hocht bpínn déag! Cén bhrí ach roinn an éadaigh agus na mbróga agus na gcomhneasa eile!' Tháinig sé go dtí bruach a bhéil ag N. fiafrú dhi an raibh aon chlóscríobhán ann.

'Ba shalann ar mhil dhom go raibh orm an Díolachán Mór sin a fhágáil anois, a N., ach beidh a shliocht air, Dé Luain aríst le cúnamh Dé agus Mhuire. Caithfe an bhaintreach bhocht . . .'

Rinne N. ceann ar aghaidh nó gur mheas sé go raibh an Somachánach bailithe léi. Iontú ar a sháil ansin an doras isteach. Níor chreid sé ón mbaintreach go mbeadh an oiread seo daoine sa Stór Mór. Níor chall dó a fhonn a bheith in a shlabhra dhá strachailt: thuig sé ar an gcéad amharc gurb é an áit sa Stór a raibh lucht siopadóireacht seo an tSathairn dlúthchruinnithe an dóigh lascaine ab fhearr. Ba chuimhneach leis misinéara a chloisteáil ag géaraíocht ar lucht lascaine. Ba chóir a chúitiú iomlán féin go dtí an uinge dheire a thabhairt don cheannaí ar a chuid. Ba léir ón Stór Mór nárbh é guth Dé guth an phobail. Bhí ceann fiodmhagúil san oifig a ligeadh air féin gur leabhara léannta a léadh sé i gcónaí. 'Téann N. i siopaí,' adúirt sé lá, 'gan aon phínn a chaitheamh, ionnúil is théas sé i dteach an chaca, slán gach duine dhá gcloisfe é, le gan aon chac a dhéanamh.' Ba shin é an fáth gurb éirim-chac amháin a níodh N. Níor chac sé a dhóthain ina ghasúr. Ba mhór leis an cac féin a ligean uaidh . . . Bhí N. dhá bhréagnú sin, ach i ngan fhios dó féin agus a thúisce a thug sé chun cruinnis a bheith dhá dhéanamh sin, den bhuíochas dó féin geall leis, a scaoil sé an chuachóg den sparán. Thosaigh airgead rua agus ansin airgead geal ag teacht ar aird go méirfhaiteach méirchráifeach. Iarmhais! A leainín b'ann a bhí a dtabhairt amach! Léinteachaí siopashalaithe nach raibh siad a iarra 'ach go n-ardódh duine eicínt as a mbealach iad!' An péire deireanach bróga den déanamh sin sa teach! Hoover ar ardú orm! Teasaire. Le dhul go bun an angair leis an mbuachaill dhéanfadh sé screamhóg eile a sceithe dhá luach. An gceannódh sé an teasaire? B'áilleacht sa teach é, geall le cho hálainn len a thoirt féin d'airgead geal! Ach dhá mhéad de shlat mharga é thiocfadh sé le gléas ní ba lú, ní ba réidhchúisí. D'iontaigh go dtí na boirdíní agus na cathaoireachaí. Diomallú airgid a bheadh iontu feasta. Feacha sin! Ní raibh na Siúrachaí Beaga faighte aige fós, ná an chonra, ná é socraithe faoi theach an phobail agus bhí beirt, mara raibh tuille, fágtha aige ag fanacht leis in óstaí!

Ba gheall le stocaire striapaí é an teasaire ar a chosán amach ón mbrú. An mhíshnú agus an tionsal céanna a bhí in a chuid gile. Ba chuma. Theastódh an teas uaidh. Cé a d'fhadódh tinte as seo suas? Tine an pharlúis, a sheomra leapan, tinte nach bhfadófaí go deo aríst b'fhéidir? Phréachfadh an áit d'uireasa teasa. Bhain sé an tsnaim den sparán. Bhioraigh sé a shúile a mhéid sin ag breathnú síos is dhá mba cró caol snáthaide a bheadh as a gcomhair. Chuir an t-airgead rua agus geal i bpóca a threabhsair le cóngar a dhéanamh dhó féin. Len a linn sin dhealaigh sé cupla nóta as a chéile cho cúramach, cho hómósach, le duine a mbeadh taisce rúin faighte aige agus a mbeadh scáth air dranna leis ach go mall sollúnta, ar fhaitíos dhó imeacht in a chríonach idir a mhéara. Bhí aithne aige ar chuile nóta dhá raibh ann. Fiú d'aithneodh iad ar chuimilt point na méire dhíobh. B'fheasach dhó go rímhaith cé mhéad a bhí ann. Ba é airgead na sochraide é a bhí faoi réir aige. Níor bhearnaigh sé aon nóta a chua ann ó dúirt an dochtúr leis faoi dheire agus faoi dhó go mba ghearr an seal a thiúrfadh sí féin. Chinntigh sé den uair dheire go raibh a dhóthain ann. Bhí. Bhí a dhóthain mhór ann le haghaidh an anshó. B'eolas dó anois nach mbeadh a chuid dola cho trom is a shíl sé. Níor mhiste ailp bheag a bhaint as. Ní ligfeadh sé uaidh an teasaire ainneoin nach raibh lascaine baol ar cho maith air leis an Hoover. Bhí an sparán amuigh aríst aige agus é dhá oscailt. Ba shin é an uair a tháinig an slibire óg de sciotán, a thug sé leis go baileach as greim a dhá láimh é agus a théaltaigh sé uaidh cho gasta is théaltódh eascann idir na clocha san abhainn . . . Bhí N. ag blaidhiriúch. Cheana féin bhí slua ina thimpeall dhá bhaca ó aon tóir rathúil a chur ar an rubálaí.

Bheadh a fhios ag fear adhartha dar ndóigh, nárbh shin é deire a scéil. Níor scéin sé cho mór is a shílfí. Tháinig meacan ann ach ba le bogúire caoine é agus le fonn truaí dhó féin. An raibh a fhios ag an ógánach, ag an ngadaí sin gur faoi chomhair anlacan a mhná é, gurb inniu féin a cailleadh í. Go bhfoire Dia orainn! Chuile shórt ag loighe ar an lagar! Go bhféacha Dia anuas inniu ar an gceann bocht a bhí ar lár sa mbaile! Ní raibh go dona ann ach an té a bhí fanta. Ba shin é an chaoi . . .

'A chladhaire go deo, do sparán scuabtha.' Bean a chuir a láimh domhain in a ascaill a thug ar a chóir féin é. Ba é an chéad rud a mheabharaigh preabarnach a láimhe dhó gurbh ag saibhseáil a bhí sí féachaint ar fhan aon sparán eile i ndiaidh an tsladaí. Bhí daoine ag fuagairt an sparáin, ach níorbh éasca sparán N. a scaga amach go glé as stoithne de sparáin, 'mo sparánsa, mo sparánsa, ó a Dheaidín, ó mo sparán,' de 'mhurdar,' de 'bhanéigean,' agus scréacha eile, ba lú gaol ná sin féin, dar leat, le scioba sparán N. I leaba a chéile shuaimhnigh na scréacha eile agus níor fhan ach sparán N. le gligear a choinneáil le cluasa a bhí faoi seo ag éiriú rospadánta, rodhéanta ar an seamsán.

Bhí súil ag N., súil gheal bhíogtha, nár fhága an gadaí láthair fós, rá is go raibh na daoine le pont a chéile sa siopa.

'Do sparán imithe,' arsa an bainisteoir agus diomú follasach in a ghlór gurbh éigean dó iompú anall ó phéacóg ardnósach a bhí ag láimhseáil an teasaire, le deachma dhá aird a thabhairt ar imeacht dálaigh mar sin. 'Bhí agat aire a thabhairt dhó thairis sin.'

Sciob fiche duine an freagra as béal N.:

'Dhá mbeadh chuile dhuine gan aon sparán a tharraingt amach, a Mhister, ach é a choinneáil teolaí san ascaill, ba ghearr a bheadh an Stór Mór oscailte.'

'Cér leis a bhfuil sibh ag súil? Go gcuirfinn chuile sparán dhá dteagann isteach sa Stór faoi árachas!'

Bhí na póilíos ar fáil agus na bólaí i bhfáinne acu sul arbh fheasach do N. céard a bhí ar siúl. Ní fhaca N. in aon oifig ariamh ceart-mhacasamhail an leabhairín a bhí ag an gCeannfort. Chuir ainm N. agus a sheola inti, éadáil an sparáin, a dhéanamh, a ábhar, a dhath, a phócaí, an dúna a bhí air. Leis an roinn seo den cheisniú a spara thug amach a cheann féin agus d'fhiafraigh de N. a raibh aon chosúlacht aige len a cheann-seisean. Ansin d'iarr ar chuid de na gardaí an cleas céanna a dhéanamh. Thosaigh sparáin dhá dtabhairt ar aird ag an slua mar chiarógaí ar urlár. 'Dhá mba ar ball a bheadh na sparáin seo amuigh,' adúirt N. 'ní dóigh gurb é mo cheannsa a bheadh imithe, go bhfoire Dia orainn!'

Thionscail an Ceannfort dreas eile ceisteannaí. Cén t-am ar tháinig N. go dtí an Stór? Cáid a bhí sé ann? Cé leis ar labhair sé? An raibh sé cinnte go raibh an sparán aige? – súile leata ar thug N. de fhreagra ar an gceist sin. Cén uair arbh fheasach é go cinnte nach raibh an sparán ní b'fhaide ar a sheilbh? Ansin: cén sórt duine a sciob an sparán? Óg nó aosta? Ard nó íseal? Dubh nó fionn? An raibh ball dóráin ar a ghrua dheas? Cláirfhiacail caillte aige? . . .

Bhí N. ag tosú ag cur spéise sna himeachtaí seo iontu féin. Bhí samhail i ndiaidh cruthú in a intinn, ball dóráin, cláirfhiacail, comhartha cluas, colm faoin ngiall le corr na léine . . . Ba iad na hairíona sin a bheadh ar fhear sciobtha sparán. Thosaigh sé ag smaoiniú air in a dhuine ar thaithneamh leis sparáin a bhailiú agus a gcoinneáil i dtaisce gan féachaint d'éadáil ar bith a theangmhódh a bheith iontu. Nach mbailíodh daoine leabhara, stampaí, sean-ghréithí? Tuige nach mbeadh daoine ann a bhaileodh sparáin agus a sciobfadh iad le saint iontu in a sparáin, d'uireasa éadáil ar bith? Ní mar shiocair, mar fheidhmitheoir a chaillteamais féin a bhí an duine seo as comhair a intinne anois. A airíona bhí siad tréigthe, gnúis fhear mar chách air, in a hearra chaighdeánta nárbh inaitheanta thar céad gnúis eile sa siopa sin agus arbh é a haon fhuíoll den cháilíocht dhaonna faoi seo an suaitheantas sainiúil a d'fhága slad sparán uirthi. Seomra faoi sheilpeannaí fada a bhí N. a shamhalú, na mílte sparán ar iolath, ar ilmhéid, ar iltéagar cóirithe ar a bhfad, ticéad ar gach ceann le ionad a ghoidthe nó a sciobtha a chur in iúl . . .

Ba dheacair a rá cáid eile a bheadh N. ag smaoiniú ar an gcnuasach íomháineach sin a raibh a sparán féin anois dhá thabhairt céim eile ní ba dhlúithe d'iomláine. Bhí an Ceannfort, ámh, ag iarra seoraithe i gcónaí. Cén chaoi ar tharla sé go raibh an oiread sin airgid aige? Níor mhórán é go deimhin ach mar sin féin do dhuine a bheith ag dul timpeall in a phóca leis! Shantaigh N. fiafrú dhe ar shíl sé gur goidthe aige a bhí sé. B'fhánach an chaoi, mar sin féin, a mbeadh caraid sa gcúirt ag diabhal mar sin. Sa Radio, nó sa Teilifís. Cé leis ar labhair N. ó fhágáil na hoifige dhó? Cé mhéad deoch a d'ól sé? An raibh sé sa leithreas? Ar thug sé ar aird sa leithreas é leis an airgead a chomhaire? Ar chreid an Ceannfort, nós an cheann fhiodmhagúil, gur le airgead a chomhaire a théadh N. sa leithreas, nó ar shíl sé freisin go raibh gaol ag airgead a chaomhúint le feidhmeannaí eile seachas a fheidhm phríomha dhlisteanach a bhaint as leithreas?

Ar thug N. ar aird é ag íoc deoch sa teach ósta? Má thug sé ar aird anseo sa Stór é cén chaoi a raibh a fhios aige gur chuir sé ar ais é? Ach, níor chuir, adúirt N. Fuadaíodh uaim é, sé sin an babhta deire ar thug mé ar aird é. Aríst agus aríst eile bhí ráite ag N. gurb anseo ar bhall na háite a scar an sparán uaidh. Ba dhomlas leis an gCeannfort, i gcosúlacht, an méid sin a ligean len a ais . . .

Ba mhinic N. ag cuimhniú ar scéal a bheatha a scríobh. Ach i gcónaí deireadh sé leis féin nár chuid aithris é a shaol. Bhí sé caite aige ag cipiléaracht le mionrudaí fánach, le brus, le na cuileogaí a ghreamaíos do rothaí móra an tsaoil, adeireadh sé leis féin. Chuir an ceisniú ag cuimhniú air as an nua é. Facthas dó gur anois a bhí scéal a bheatha ag tosú. Cá bhfaighfí tús ab fhearr ná bheith rubáilte? Na scéalta a léadh N. thosaigh siad ag dul siar agus aniar thrín a cheann. Níor fhéad sé scéal ar bith a thabhairt chun cruinnis ar rubáil a fhíorthús, rubáil an lá céanna freisin a n-imeodh bean duine. Chaithfeadh sé fasca a bheith ann, agus gan labhairt le duine ar bith faoi!

'Déanfa sin faoi láthair,' arsa an Ceannfort.

Chuimhnigh N. air féin: 'an bhfuil an sparán faighte?' adúirt sé.

'Tá na gardaí ag ceisniú agus ag cuartú daoine amuigh fós,' arsa an Ceannfort. 'Daoine ar díol aimhris linn iad, Glaoife muid ort sa mbaile. Bí buíoch má fhaightear.'

Geit ní ba mhó ná an chaint dheire sin níor baineadh as ó scioba an sparáin. Thug sé aniar de léim é as bogáin na scéalta draíocht ar chruán réalach an Stóir agus na trácht-cheannaíocht, conraí, uannaí, anlacanaithe agus an ghadharaíocht a bheadh roimhe sa mbaile.

Níor chuimhneach le N. tada ar fónamh a chaille ariamh

ach péire miotógaí i mbus. Tar éis gur thug trí chuairt ar Oifig na Maoine Caillte ní bhfuair iad. Nach mó saint a bheadh in a sparán? Má bhuail scáth an gadaí agus má lig uaidh ar an urlár é? Nárbh fhurasta do dhuine eicínt é a chur in a phóca, duine eicínt a bhí i láthair fós b'fhéidir, duine eicínt gan aon aimhreas ag póilíos air. Cén mhaith a chur i gcás gur chneasta duine ar bith ná an té ba charaid dhó mar dhóigh dhe, Síomón? Má bhí a bhrabach féin ag Síomón ar chonraí agus uannaí, ar bhéal na huaí agus na truaí, ar bhris a charad, choinneodh sé sparán a charad freisin. Cáid a bheadh sé ag déanamh an oiread le corrsceidín ar chonra agus ar uaigh is a dhéanfadh sé in aon láimh amháin ar sparán, ar nós ceann N.? Nárbh amhala ba dhóigh aríst do dhaoine eile a dhéanamh? Bainisteoir an Stóir anseo, cuir i gcás. É a fheiceáil faoi ar an urlár b'fhéidir agus a chois a chuir isteach leis faoi chuntar, le go mbeadh sé aige nuair a bhánódh na daoine. Cén chiall nach ndéanfadh? Nárbh í a cheird an rubáil? Agus dhá ndéanfadh an bainisteoir cén chiall nach ndéanfadh an póilí é? Sé a bheadh deas air, mo léan! Facthas do N. gur chuir an Ceannfort moill d'aon úim air le go mbeadh deis ag na gardaí an sparán a chluifeáil. Ba mhinic a chuala N. go gcluifeálfadh na póilíos féin rud ar bith a chasfaí in a líon. Dhá bhfaighidís an sparán féin cé mhéad duine acu a ngabhfadh sé thrín a lámha, ó d'fhágfadh sé an gadaí go sroichfeadh sé N.? An póilí a gheofadh é ní ligfeadh sé uaidh é gan ailp a bhaint as, is é sin dhá mbeadh aon cheo d'fhuílleach an ghadaí ann. Nárbh fhurasta dhó é a bhuala thall ar an ngadaí? Agus chuile phóilí as sin suas go barr! Agus ansin costais. Sparán sportha a bheadh ann nuair a shroichfeadh sé N. B'fhéidir gurbh fhearr dhó sneachta a chaitheamh ar a lorg anois féin. Ach bhí sé ag cur feirge ar N. nárbh fhéidir ceart ná cóir a fháil in áit ar bith. Thug sé a mhallacht, mallacht cruinn baileach, do Bhean uí Shomacháin agus a cuid saorgála. Ba léar dhó nach gcasfaí air í marach an té a chuir ag triall ar an siopa mangarae é agus bhrúsc lán a chárach amach airsean freisin. Ansin chuimhnigh sé marach a bhean a bheith básaithe nach mbeadh ócáide ar bith aige a dhul in a líon-seisean. Is ciotach an uair a bhásaigh sí, is ciotach é an bás, go bhfoire Dia orainn, arsa N.

Bhí N. ag déanamh truaí dhó féin gur casadh sa Stór Mór é agus ag déanamh truaí don bhean a bhí básaithe sa mbaile, ach gur facthas dó gur mhó an díol truaí é an duine beo anois ná an té nár chabhair di an truaí a thuille. Ach níor lig don sparán téaltú glan as a intinn. D'fhan súil Uí Dhúda aige leis. Chuala sé faoi sparáin agus airgead a fritheadh san andóigh ba mhó a d'fhéadfaí a shamhalú. Ní fhágfadh Dia an Stór Mór gan duine cneasta amháin a d'aimseodh san áit ab éadóigh é . . .

Bhí sé síos suas ar fud na ndaoine gan aird aige air féin ná ar aon duine eile. Ní raibh tada le goid uaidh anois. Má bhí an sparán le fáil go hantráthach mar seo d'uireasa a chúraim féin a gheofaí é. Ba riachtanas dhó a bheith ag corrú. Bhí sé ag buala faoi dhaoine agus iad dhá ghuailleáil. Sheas sé de leithead a choise ar spáig ar sheanbhean. 'Logainmneoir' a bhí inti mar deirtí san oifig aige. D'agair sí logannaí bréana na hÉireann agus a huiscí críche air in aice len a raibh de logannaí broghach faoi chríocha a phearsa féin. Eachtraí beaga mar sin agus iad sin amháin a bhí ag tabhairt dó a chúrsa a choinneáil sa gcaol cúng idir an bruach tubaisteach thall agus an fál go haer abhus arbh é an fáistineach aineoil é. Ní chreidfeadh an bainisteoir nach stalcántacht a bhí air. Níor thug N. a ghlór chun cruinnis go dtí gur labhair sé go borb, francaithe féin a bhí sé. 'Nach gcluin tú mé? Tá mé leathuair ag caint leat! Nach bhfeiceann tú go bhfuil na daoine díbrithe as an siopa agat? Téirigh abhaile, a dhuine chóir, agus cho luath in Éirinn is bheas scéala ag na gardaí glaoife siad ort.'

Bhí faoi an mbainisteoir é a chur chun siúil. D'fháisc sé a ingne isteach in a uillinn i riocht gur chuir sé pian air. Chuir ciúineas agus suaimhneas na sráide amuigh i gcion dháiríre air gur mar fhear neamhthuilleamach, mar fhear a raibh díol a fhreastail aige a chua sé thar an tairseach sin agus gur téirceán bacach a tháinig thairsti amach arís. Bhí na sráideannaí cho bánaithe len a phócaí féin. Ní bheadh deoraí timpeall marach an Stór Mór. Ní raibh ceol ná gleo ná torann ann le seachmall a chur ar a intinn. Bhain amach a naipcín póca len a cheannaghaidh a chuimilt. Ba mhian leis taise na n-anáileachaí comhdhlúite a bhaint dhe.

Shuigh ar shuíochán aonraic chois na sráide. Ba choilgní ná ceist conra agus uaigh an cheist a bhí le fuascailt aige, ceist nárbh fhéidir ceist ar bith eile a fhuascailt, d'uireasa fuascailt eicínt uirthi féin: céard a dhéanfadh sé gan a sparán, gan an t-airgead a bhí ann? Ceist chrosta le fuascailt, ach ceist a bhí cho simplí sin in a dhiaidh sin. Ní raibh i ndán maireachtála dhá bhean. Uime sin ba riachtanais conra agus uaigh. Ach ba mí-ádh mór, cinniúint, dúchinniúint, imeacht an sparáin. Ba ghné riachtanach dhá íomháineachas é an sparán. Ní raibh sé i n-ann eachtra ná imeacht in a shaol a shamhalú dhá uireasa. Ba bhall é a bhí cho snamtha le pearsa an duine leis na baill ionraic eile. Mara mbeadh ann ach sin ba mhór an tsuáilce thiar i t'ascaill é, ar nós láimh searcmhná isteach faoi do láimh féin, anuas ar do chroí. Agus nuair a leagfá féin do láimh as a chionn i siopa ba chomhneartú ar láimh, ar chois, ar shúil é, ba bhástbhalla don phearsantach fre chéile é, ba é Séala Mór na Ríocht ar mheanmna dhuine é! Chuimhnigh N. gur léigh sé é sin in áit eicínt agus é ag tóraíocht ábhair do chlár Radio. Cinnte labhairfeadh duine ní b'airde, ní ba shoiléire, ní ba dheimhní, ní ba ghalánta. Níor chall dhuit rud ar bith a cheannacht. Ba lór tuairisc a chur ach é bheith feiceálach go raibh an sparán ar an bhfód freisin. Chuir N. a chiotóg siar faoin ascaill. Ní raibh. A Mhuire nár 'ghearr ó inniu go dtí inné: nár ghearr a bhí an t-éag ag teacht?' Ba dhual don éag a theacht. Ach ní hé Dia a d'ordaigh go sciobfaí sparáin. A Mhuire is trua! Trua liom oidheadh Con Duibhe . . .

'Céard í Conduibhe ru? Céard deir tú faoi Chonduibhe. Dúisigh suas! Ar meisce atá tú, cho luath seo sa ló? . . .'

Ní raibh a fhios ag N. cáid ar an suíochán an ceann eile, camalóid mhór d'fhear a bhféadfadh a chuid éadaigh a bheith in a gculaith bráthair tráth agus a raibh a dhíol go maith comhairle aige do N. Ba ghearr chor ar bith go raibh scéal an bháis agus an sparáin blite aige as N.

'Anois,' arsa seisean, ag díriú a dhroim le slinneán an tsuíocháin, sa gcaoi go gceapfadh duine an meandar sin gur díreach ba dhual dó. 'Meabharaigh mo chomhairle istigh i do scairt. An gcluin tú? Ní áit buaile ná seanbhaile dhuit an áit seo agus do bhean gan cur. B'fhada go suífinnse ar an suíochán seo marach go bhfaca mé thú, gur ghlac mé truaí dhuit agus gur mheas mé gur den ghrá Dia comhairle a chur ort. Ní leiscéal dhuit do sparán a bheith goidthe. Is fada go mbeire sé ar an gcéad cheann a goideadh. Ná cuireadh airgead aon scóchas ort faoi rud a ordú nó a fháil. Íocfa tú iad feicfe tú féin air. Ní íocann duine ar bith dola sochraide nó go mbeidh an marbhán déanta, a bheag nó a mhór, ar a chonra agus ar a uaigh. Fear a bhfuil a bhean básaithe ní fhiafró aon duine dhe a bhfuil a sparán aige nó nach bhfuil. Coinnigh do bhéal leathair ar a chéile. Ná hól níos mó. Gabh abhaile. Faigh banaltra le freastal ar an gcorp. Ordaigh uaigh, conra . . .'

Bhí N. ar tí fiafrú dhe a mbeadh eolas aige ar áit ar bith a dtiúrfaí lascaine dhó, ach bhí focla fíréanta an duine dhá chaidhle cho fuar géar, míshocúil le tuairt shneachta a bheadh dhá chur anuas san éadan air. Gheall dó a dhul abhaile gan a thuille moille.

Thuas ag cúinne an áirse, áit a raibh buala maith daoine, bhí bean rialta ag cruinniú airgid le bosca. Gan féachaint faoin a tuairim scoth N. í, cho fada amach uaithi ar an gcosán is d'fhéad sé. Ba shin é a chleas i gcónaí. Ní fhéadfadh sé tosú ag inseacht don bhean rialta tuige nach raibh aon airgead aige. Ar éigin a thiúrfadh sí aon aird ar scéal cho dochreidthe, nó dhá dtugadh ba é a leagan féin air a chreidfeadh sí.

Ba ré an achair dhó seasamh ag féachaint ar fhuagraí lascaine i bhfuinneoig mhór Mhic Cába. Ní raibh sé dhá léamh, ná dhá bhfeiceáil amháin. Ag iarra réiteach a bhí sé céard ba chóir dhó a dhéanamh. D'fhiafraigh dhe féin céard a bhí sé a dhéanamh. Gheall sé don chamalóid gurbh ag dul abhaile bog te a bhí sé. Arbh ea? Ba é an bealach abhaile é go cinnte. Ach ba bhealach é a thiúrfadh go dtí a liacht áit eile é. Ar chuimhnigh sé, ag teacht anuas ón gcamalóid dhó, go dtiúrfadh sé ar a mhalairt é, gur go dtí áit seachas an baile a bhí sé ag dul? Deile cá mbeadh sé ag dul ach abhaile? Bhí air a dhul abhaile. Ar chuimhnigh sé luath ná mall gan a dhul abhaile? . . .

Buaileadh bosóg spleodarach aniar ar an slinneán air. É síúd a dtugaidís an tEach air a bhí ann agus a bhéal stuáilte mar ab iondúil le tuairisc ar lón dóchais, ar gheantraí d'aon chearrbhach í:

'Tá me ag dul abhaile go bhfaighe mé tuille airgid. Is beag liom a bhfuil ar iompar agam . . . An té nach bhfuil airgead aige rubáileadh sé beainc nó diabhal eicínt . . . Chuile chianóg ariamh ar Shodairlín! Chaith mé an oíche aréir le fear as Eachlann an Léana. Agus chaith mé an chuid eile den oíche ag brionglóidí go raibh mé i mo sheasamh ag an bposta agus ba shiúd isteach Sodairlín agus a deich fad féin de thosach aici ar aon chapall eile . . . Nach shin é a chomharthaíocht len a chois? Bhí sí dó dhéag ar a haon sa bpáipéar ar maidin agus níl sí ach cúig ar a haon sa tuairisc is deireanaí. Féach, ghnóthaigh sí . . .'

De cheathair nó cúig d'abairtí rosca file rásúil a lig sé uaidh i bhfuile faile rinne an tEach achomaireacht ar imeachtaí agus ar ghaisce Shodairlín le bliain anuas. Choinnigh N. ag breathnú in a dhiaidh, nó go ndeacha sciorta sliobarnach a chóta thar an gcoirnéal, mar ghabhfadh eireaball capaill as amharc i gcor de chúrsa an rása. Ba théad tíre do dhuine a bhí i gcontúirt a bháite mar N. buala leis an Each. Tháinig fonn air é a leanacht, fonn fanacht istigh i dtearmann a dhóchais agus a mhuiníne . . .

Bhí tionól ag an ngealloifig. Gan braiteoireacht sa gcois ná sa láimh, ná tionnabhra ceiste sa tsúil shiúil siad isteach agus an ga gréine a bhí ar fiar anonn an tsráid le nóiméad in a phabhsae thiar i mbeannaí a gcótaí. Chuala sé an rása dhá chíora, chuala sé rudaí nach raibh iontu ach barúlachaí dhá maíomh cho sollúnta is dhá mba iad béal dílis na cinniúinte féin iad. B'fhíor go raibh dlús plúchtach san aer. Má bhí an chinniúint ar cuairt anseo ámh, ba ar Shodairlín a bhí sí ar marcaíocht! Bhí leathchróin faoin a mhéir ag N. in a phóca. Shiúil féin isteach agus chuir. Gnóthachan dó bheadh punt aige mar bhí scéala ar fáil go raibh Sodairlín i ndiaidh ardú aríst. Rud eicínt in aisce a bheadh ann ach b'fhada go mbeireadh sé ar ar imigh. D'ardaigh sí deich, dó dhéag ar aon. Bhí daoine ag caint ar bhaislíní broghach an tSathairn, ar a léinteacha, a bhaint anuas agus a gcur! D'airigh N. a mhéara ag tochas in a phóca. Dhá mba ghnóthachan di ní bhéarfadh sé ar aiféala go deo nár chuir. Thug cróin, seacht scilleacha, trí déag agus sé pínne, idir phínneachaí agus eile as a phóca. Dhá ngnóthaíodh ní bheadh a dhá láimh cho fada le chéile ag dul abhaile. Agus ní feidheartha uilig a bheadh sé i siopaí ag ordú earraí sochraide. Dhá mbeadh sé romhall le dhul chun an phobail an oíche sin léi, bhéarfadh na pínneachaí beaga a bheadh de bhrabach air go mb'acmhainn dhó a rá go teann len a deirfiúrachaí, 'an dteastaíonn aon cheo eile a ordú anois,' agus greada leis ansin gan a thuille leiscéil le aonad na teilifíse go dtí an mhóin. Ní greim míoltóige as an lá a bheith na cupla uair sin imithe. Choinnigh sé siar leathcróin agus chuir aon déag. Ansin lig dhó féin a dhul as aithne san líon daoine sin a bhí taobh le aon mhéin, aon dóchas, aon anam agus aon bheatha, geall leis. Rinne puisbhean a raibh ribiúchaí liath ag geamharú thrín a dúfholt athinseacht ar éachta an tSodairlín. Ó bhí mar bhí ní romhór a thaithnigh le N. an bhean a bheith ag coinneáil a boimbiléad tóna cho ceachrach faoin bhfraigh aige, ach ansin phógfadh sé in a mhil dá béal a laoi molta ar Shodairlín. Chuir sé chuile rud, cuimhne an choirp a bhí ag fanacht leis agus eile, ar cairde nó go mbeadh buaite ag Sodairlín. Nár mhairg nach anseo a tháinig sé ar maidin in áit an aistir a thug chun an stóir mhóir é!'

Bhí an mathshlua cruinnithe ar fhuinneog a raibh an rása dhá chraobhscaoile aisti. 'Gnóthó sí . . . Gnóthó . . . Caithfe sí gnóthachtáil . . . Gnóthó sí fós . . .'

Ní raibh Sodairlín breá ach ar an tríú capall. Ba bheag an sólás do N. gurbh é a raibh fágtha anois, a fhearacht féin, den mhathshlua spleodarach sin an oiread seo corp nach raibh d'urlabhra iontu ach osnaí agus smugairlí déistin. Ba mheasa le N. an t-orlach sin a bheith imithe uaidh ná coinneall fhada a chuid tíomhais. Facthas dó gur dhuine é an tEach arbh é a bhuac daoine eile a mhealla agus a bhánú. Cá bhfios freisin nach raibh ailp aige as? Dúirt sé gur chaith sé an oíche aréir le fear as Eachlann an Léana. Síomóin uilig!

Le díláthairiú na haislinge sin níorbh fhéidir cúrsaí an choirp a chur ar cairde ní ba mhó. Níor ghlaoigh sé fós ar na Siúrachaí Beaga. Chuimhnigh sé ar an mbean rialta a chonaic sé ar áirse taobh thíos anois beag. Bhog sé ar ais féachaint a n-éireodh leis aon eolas a bhaint aisti faoi na Siúrachaí nó faoi rud ar bith. Thiúrfadh sé beagán eicínt di. Bhí cupla scilling aige fós. Ach ní raibh a duth ná a dath ag an áirse. Thóraigh sé na sráideannaí faoi gcuairt – in aisce. Chua sé isteach i sipín in aice láthaireach. Chonaic bean an tsiopa na suaitheantais a bhíodh sí a dhíol ach ní raibh a fhios aici céard ba chor don bhean rialta. Ba rídhóigh gur imithe ar fad a bhí sí. Théadh buala na ndaoine sna bólaí sin in ísle bhrí ón dó Dé Sathairn.

Ní thuillfeadh rud ar bith eile in a cheann chun tosaigh ar an ní, go raibh air glaoch ar na Siúrachaí. B'fhearr é a dhéanamh go deireanach féin ná gan é a dhéanamh go brách. Rachadh sé go dtí an teach ósta ar fhága sé Síomón ann. Bheadh sé ag leadrán ann fós. Ba shin é an sórt ceann é Síomón. Ba mhaith leis a chloisteáil céard déarfadh Síomón faoin a chuid cúrsaí anois. Nuair a chloisfeadh sé faoin a bhris thiocfadh boigeshíne ann agus gheofadh sé lascaine dhó gan a bheith ag súil le aon ailp dhó féin. D'imigh an diabhal dearg air dhá mbeadh . . .

Bhí beirt ag comhrá in aice le doras an ósta.

'Go réidh, a ghiolla an tairt, go dtí leathuair tar éis an trí,' adúirt duine acu le N. a bhí ag iarra an doras a chur dhe isteach. 'Ar gnóthachan ar an rása a rinne tú ná eile? Má rinne – '

Cheana féin bhí N. craptha leis. Bhailigh sé réal agus chua i mbosca teileafóin. D'ionsaigh air ag sméaracht sa leabhar le uimhir na Siúrachaí a fháil. Go tobann gheit sé ó thalamh. Ní féidir gur tite in a cholla a bheadh sé! Ghoin a aire é. B'amhala nach raibh an leathanach sin sa leabhar. Bhraith sé glaoch ar an malartán, ach gur cnagadh an doras ar a chúl. Triúr girseachaí a bhí ag fanacht agus a mífhoighid dhá foilsiú féin go follasach i bhfriochantacht a súile. Bhrú N. cnaipe, an cnaipe a dheimhneodh gurb í Oifig an Phosta a gheofadh an réal. Chuile chor ag dul in a aghaidh, mar bheadh air éisteacht le ginealach fine mallaithe arbh é a gceap sinsir an sparán.

Cá raibh a fhios nach mar ba dhona ab fhearr doilí? Bhí sé ag dul rofhada siar sa lá le glaoch ar na Siúrachaí. Níor dhóide cás dóibh anois ná siúl isteach agus an corp nite glanta cóirithe as cionn cláir cheana féin. Shílfidís gurb ag maga fúthu a bhí N. Cén mhaith, ach an oiread, a dhul i gcleithiúnas tuille feirge gan riachtanas a chur ar a deirfiúrachaí? Bheadh orthusan sa mbaile treoraíocht a dhéanamh ar a n-aghaidh féin, ó ba rud é nach raibh aon scéala uaidhsean ar an bhfad sin, ná fios aon áit acusan le glaoch air. Ba é an rud ba réasúnaí a chur i gcás anois go raibh an corp leagtha amach go hiomchuí ar clár le tamall. Ach a mbainfeadh sé an baile amach d'fhéadfadh N. é féin a shaora. Rá gur ghoill rud eicínt air, an bás deile, gur bhuail meirfean ar a bhealach abhaile é, gur thit ar an tsráid, nárbh fheasach dó arbh fhada gearr sínte é, gur tugadh isteach i dteach ósta é, gur cuireadh branda air, rud a d'fháisc néal meisce agus collata air. Le chuile údragáil, má ba ar an tsráid nó ar a cholla é, goideadh a sparán. Ba léar go gcaithfí inseacht faoin sparán. D'inseofaí é ar aon chor. B'fhearr dhó féin a bheith in a thús scéil leis. Bhí chuile alt ag freagairt dhá chéile go binn. Fhobair gurb í an phait seo a chreidfeadh sé féin! Déarfadh na deirfiúrachaí mo léan gur pótaire brocach a bhí ann! Gur mheasa leis a bhoilgín bréan a líona ná theacht abhaile le friotháil ar chorp a mhná. Ba chuma dea-leiscéal drochleiscéal aige, d'fheannfaí beo beathach é. Níorbh fholáir dhó leiscéal a bheith aige mar sin féin. Ba léar go raibh leiscéal cho riachtanach le ceachtar de riachtanais eile an anlacain . . .

Chuir sin an oiread ríméid air go raibh sé ag éiriú ó thalamh i ngan fhios dhó féin. Bhí a ghéaga cho haerach cho héadrom le sciathán éinín, i ndiaidh an méid sin geimhleachaí crapallach a bheith roiste anuas díobh. Ba bheag nach de shodar a bhí sé ag cur an bhealaigh dhe abhaile.

Dhá mhífhoighidí é b'éigean dó moilliú ag an gcrois arae bhí an solas in a aghaidh. Ceann de na carrannaí a chonaic sé ag dul thart, marbh-charr é, ceann falamh. Bhí sé cho sciúrtha snasta cíortha idir chrannach agus thiománaí go gcuimhneodh duine gurb ón bhfolcán a bhí sé ag teacht. Is dóigh go dtugtaí folca dhó gach uair tar éis duine a thabhairt go dtín a bhruín chré. Chuir sé lionnubh ar N. a shúile cinn a leagan ar an marbh-charr. Ba ghéag eile i nginealach a chuid mífhortún an aiseag bóthair sin a bheith uaidh cho míthráthúil. Marach sin bheadh sé ligthe leis féin gan suntas ar bith a thabhairt don mharbh-charr, ná ní bheadh conra, uaigh, pobal, anlacan in a bhfál go haer roimhe cho deacrach cho dosháraithe is bhí ariamh . . .

Ag dul maolabhrach ag iarra comhairle ar Shíomón a bhí sé tamaillín roimhe sin. Ag Dia amháin a bhí a fhios – má bhíonn a fhios ag Dia féin cá mbíonn daoine a bhfuil fíbín orthu ag iarra breith ar a n-aimhleas – cá raibh Síomón. D'fhéad sé glaoch ar a theach. Ach cén gar? B'ar N. a chuirfeadh a bhean chuile mhilleán gan Síomón a bheith sa mbaile, chuile mhilleán gurbh eisean féin a choinníodh ón a theach agus ón a chlann i gcónaí é. Ní raibh sé istigh le ceann a chur ar an bPaidrín Páirteach le leathbhliain. Ba bheag nárbh éard a dúirt sí le N. an babhta deire ar ghlaoigh sé gurbh eisean N. ba chiontaí nach raibh sí ag fáil a dliteanais céileachais mar ab iomchuí. Dhá mbeadh duine eicínt a cheadódh sé? Glaoch ar dhuine dhá chomhoibrithe oifige? Ghlaoifidís féin ar a chéile ar an toirt le rá 'ach níor mhaith liom a rá gur . . .' – le chéile, go gcaithfeadh sé gurb ar an drabhlás a bhí N. agus go raibh tnuthán acu nach ag titim faoi chosa daoine ag an tsochraide a bheadh sé, go mór mór ó ba dhóigh bó mhór nó beirt as Rannóg an Teaghlachais a bheith i láthair. Dar ndóigh ní dhéarfadh na comhoibrithe faoi N. gur duine mímhuiníneach é, nach bhféadfaí aon chúram Rialtais a fhágáil faoi. Ba shin é díreach an fáth a nglaoifidís, leis sin a mheabharú agus a léiriú dhá chéile. Bhí triúr acu ar a mine ghéire ag iarra é a chur as an tosaíocht a bhí aige ón a shinsireacht san oifig. Agus ba anois thara's ariamh a d'fhóinfeadh an t-airgead dó. Bhí sé buille mór le cupla duine sa Radio agus sa Teilifís, ach b'fhéidir gurb é an oiread truaí a dhéanfaidís dhó nach bhfaigheadh sé aon bhuille oibre uathu go ceann fada.

Ag dul thar shiopa dhó chonaic sé uaidh, ligthe amach ar an gcuntar, éadan fir, éadan cho ceansa is ba chuimhneach leis a fheiceáil. Ní fhéadfá a fháil ó dhuine len a mhacasamhail sin d'éadan ach comhairle do leasa, comhairle chúntach. Bhíodh an-fhairnis faoi chuile rud ag lucht siopaí, go háirid lucht siopaí beaga i mionshráideannaí. Cheannódh sé bosca cipíní agus d'fhéachfadh le seanchas a bhaint as. In áit na ceansacht ba é ar léar ar an bpointe bollóg bhonnscreamhach iontais, iontas go gcuirfí a leithéid de cheist air taobh istigh dhá bhallaí beannaithe féin. Chlaochlaigh sin láthaireach aríst in a haon ghné faitís.

'Cé tú féin? . . . Rún rubála atá agat . . . Rubáileadh fear sa Stór Mór ansin thíos inniu. Ar tú an rubálaí ru? . . . Is measa aríst é. Gealt thú! . . .'

Fear aitheantais dó a theacht faoin doras a thug do ghnúis an tsiopadóir fille ar ais in a plaic cheansa arbh é an chruth é ba ghnáth fhuagrán trácht di ba chosúil.

'Tuige ar fhága tú cho fada sin é?' adúirt an fear nua-theagtha le N. 'Ní bhfaighe tú aon anlacan anois go Luan. B'fhéidir go bhéadfá conra a fháil ach cén mhaith conra gan reilig len a cur . . . Sea, dar ndóigh, í a thabhairt chun an phobail. An méid sin féin? . . . Tá sé ceathrú tar éis a trí anois. Deir tú go gcaithfe sí a bheith i dteach an phobail ag leathuair tar éis a sé ar a dheireanaí. Níl mé ag rá nach féidir é a dhéanamh. Ach racha sé go snaim na stothaí leat. An mbeadh glaca ar bith le coirp i dtithe pobail go Luan? Tabhair faoi deara! Pé ar bith é má tá rún agat buala faoi, sa mbaile a bhí agat a bheith go beo as sin . . .'

Thíolac an fear amach é. Chuir sé ainm dhó ar anlacanaithe eicínt. Tar éis mí-ugach na cainte a bhí cloiste ag N. théaltaigh an t-ainm siar air i measc sprus a dhíchuimhne.

Faoi cheann meandair ní raibh sé ag féachaint amháin len a thabhairt chun cruinnis. Ach ba léar dhó go mba ag neartú a bhí bá an fhir leis.

'Seo,' arsa seisean, ag breith dhó ar ghualainn ar N. agus dhá threorú go dtí teach ósta i dtaobhshráid, ósta nach raibh ach ag athoscailt go díreach, 'is maith é an t-ól in a ócáide féin . . . Ólfa sé gloine fuisce a mheabharós suas é agus a thiúrfas ugach dhó a dhul abhaile, an áit is córa dhó a bheith.'

Mhínigh sé cás N. don óstóir.

'Sin é an ruifíneach atá ag scioba na málaí ó na mná timpeall anseo,' adúirt an t-óstóir agus líon taoscán eile amach. Dúirt an bheirt le N. nach in a chúrsaí thob ann agus thob as a d'fhéadfadh sé a bheith aige anois. Níor mhór dhó a dhul díreach abhaile. Thaispeáin an fear dhó an áit ba ghaire a bhfaigheadh sé bus.

Bhí smaoine nua tar éis geamharú in aigne N. Go fiú is dhá bhfaigheadh sé ann féin é ní bheadh sé i n-ann friotal a chur ar an smaoine uaigneach sin in iargúil a intinne. Dháiríre ní smaoine a bhí ann ach mothú agus ba mhó a bhí a bhaill bheatha dhá fhoilsiú ná meabhair a chinn. B'fhearr leis i gcuideachta na beirte seo tamall eile. B'fhearr sin ná caidreamh coirp. Níl déantús maitheasa ná oilc i gcorp. Ní raibh an corp seo aige féin ach ag fanacht go gcuirtí de leithrigh é mar bhruscar neamhfhóinteach, mar fhuíoll míthaithneamhach agus fiú díobhálach. Ba shin é an fáth a mbailíodh daoine beo ag corp an fhad is chaithfeadh sé a bheith gan cur. Níor dhual caidreamh an bheo agus an mhairbh. Ní caidreamh é ach fear ag iarra leabhar nach mbeadh inti ach billeogaí bána a léamh. Ar acmhainn dhaoine beo agus iad in a ndea-dhaoine a bhí sé daonnacht, grá dia, trócaire, truaí, críostaíocht a fhoilsiú. Ba shin iad na nithe a raibh sé féin in a ngéarchall ar ala na huaire. Ba bheag ab ionann an bheirt agus Síomón, ná lucht na hoifige, ná a deirfiúrachaí féin. Marach leithéidí na beirte seo níorbh fhiú bheith beo. Ba mhinic a chuala N. go raibh a fhios ag chuile dhuine cé hiad na drochdhaoine ach nár léar dhúinn na dea-dhaoine in ár dtimpeall. Deirtí go bhfeádfadh Mac Dé a bheith ag obair le t'ais in oifig nó ag ól in ósta agus nach n-aithneodh é ach an duine naofa. Is gearr ó chuala N. sagart ag dearbhú marach a raibh de na dea-dhaoine ann gur fadó a scríobfadh Dia an domhan dhá leabhar uilig, mar rinne le Sodom agus Gomorrah. Ní aithníonn an drochdhuine an dea-dhuine ach aithníonn an dea-dhuine a chéile. Chuala N. Síomón ag rá nach n-aithneodh sagart dea-dhuine go deo. 'Dar ndóigh, tá,' adúirt sé, 'nach ar na drochdhaoine atá sé ag maireachtáil?' 'Aithníonn sé na daoine a bhíos istigh ag an bPaidrín Páirteach,' adúirt Labhrás. 'Nuair a bhí sé ag caint ar an bPaidrín Dé Domhnaigh seo caite, níor bhain sé a shúil den suíochán a raibh Bléin Mhór ann. Ar tusa a chonaic mé freisin ann, nó arb ar mo shúile a bhí sé . . .' Ar aithin an dea-dhuine sin sa siopa gur dea-dhuine é féin, é N.? Ní mé, arsa N. leis féin? Ní fhéadfadh sé a rá go fírinneach gur dhrochdhuine críochnaithe é. Ní sciobadh sé sparáin. Ní fhaigheadh sé ailpeannaí dhó féin as conraí, as anlacain, ná as eachra. Ní raibh sé ag iarra tosaíocht a bhaint de dhuine ar bith san oifig, nó duine ar bith a chur ná a choinneáil as an Radio ná as an Teilifís. An méid a bhalaíodh sé ar Radio agus ar Theilifís shaotharaíodh sé é. Bhí sé ag íoc a chuid fiacha agus cánachaí, ach ba dhona a bhí aon bhreith agus dá roghain aige faoi na cánachaí. Céard eile a chaithfeadh sé a dhéanamh le bheith in a dhea dhuine, i ngach ionga agus orlach dhe dhá raibh cuid de spás Dé faoi? A dhul ag seasamh gloiniúchaí fuisce do strainséaraí a gheofadh sé ar an drabhlás? Ba dhaor an cheird í agus bhí a fhios ag N. nach mbeadh sé in a acmhainn sin a dhéanamh feasta thara's ariamh. Ach b'fhéidir gurbh iomaí cineál dea-dhuine ag Dia . . .

D'iontaigh N. ar a chois le labhairt leis an bhfear faoin mothú seo. Bhí sé imithe. Chuimhnigh N. ar an gcaoi a bhfoilsíodh Críost é féin scaití dhá dheisceabail sa soiscéal agus a mbíodh sé imithe as radharc cho haibéil céanna aríst. Dar ndóigh freisin ba pháirt de ghrá Dia Chríost ól a thabhairt do dhaoine ar a dtart . . .

Bhí gealla bainte ag an dea-dhuine sin as N. a dhul caol díreach abhaile. I leaba an bus a fháil ar cholbha na sráide ansin dúirt sé go ndéanfadh sé aicearra thríd an nGairdín Poiblí agus é a fháil dhá phínn níba shaoire taobh thall uaidh. Níorbh fholáir chuile phínn a choigilt feasta. Ní air sin a bhí sé ag smaoiniú ach oiread, ach sean-aicearraí an bhaile mhóir a bheith sean-daingnithe in a chois agus in a shúil. B'aoibhinn leis, ar aon nós, anáil ghlan, anáil bheo duilliúir agus féir agus uisce a ligean faoin a cholainn, sul a dtéadh sé i láthair coirp gan anáil ar bith. Ba íocshláinte dhó caint nach mbainfeadh leis a chloisteáil agus a thuiscint. Bhí scíth bheag uaidh roimh an gcomhrac. Iamh ní thiocfadh ar a deirfiúrachaí féin aríst nó go mbeadh sí curtha agus go bhféadfadh sé cúl a thabhairt dhá gcaidreamh ach ag puta a chroí len a mbadhb-chrága . . .

D'fhéach N. go grinn ar shlinneán an tsuíocháin. Shuigh síos agus dhúin a shúile in aghaidh na gréine. Bhí teas moiglí ann a chuir marbhántacht in a cheann, nós mar bhí sé sul ar chum sé an leiscéal faoin meirfean. Tá sé cho maith dhom mo leas a bhaint aisti an chailleachín, arsa N., is beag eile atá in aisce timpeall anseo. Chuala clog, rud a mheabharaigh dhó go mbeadh sé an ceathair a chlog nó tuille. Goideadh an lá uaim i dteannta mo sparáin, adúirt sé. An raibh chuile shórt fágtha romhall aige? B'fhada a gcuid foighide ídithe ag a deirfiúrachaí. Ghlaoigh siad ar a ndeartháir. Duine drochmhúinte ach ceann a raibh déantús maitheasa ann. Shocródh sé chuile rud agus cead díolaíocht a bheith ag N. Leagfadh sé air! Céard é an chéad rud a shocródh an deartháir? Bhí an ghrian ag oibriú na gceisteannaí in intinn N. Ansin mhothaigh sé na ceisteannaí seo nó cuid dhá raibh ceaptha aige ag sciora uaidh ar nós ainm an anlacanaí ó chianaibh. D'fhéach sé le greim a choinneáil orthu mar facthas dó, ach dhá lom ainneoin bhí siad ag sciora le fána, le fána síos i nduibheagán eicínt nach raibh i ndán tarrthála dóibh as. D'oscail sé a shúile aniar as an néal seo agus chonaic anáil mná in a puthannaí geala neamhchothram anall chuige ar a éadan.

'Bhí mé i mo cholla,' adúirt sé agus ar chuma eicínt ní raibh aon ghoir aige a shúile a bhaint as a súile-sise, súile móra rite ar nós súile éisc agus i ndáil le bheith ar a laghad fora freisin le súile éisc. Mar *décor* a bhí ann ar son na súile amháin a thug sé aon suntas don chuid eile den éadan, do na boghannaí dubha mar chac-lorg cuileoige móire faoi na súile, na cnapáin fhollasach púdair, rophinteáil agus rodheirge an bhéil. Ag cuimhniú a bhí sé gur amach as an láib ghrin, as an ramallae bunaidh, a bhí na súile sin ag airdeall air.

'Dhéanfadh néal collata maith dhuit, ach ní anseo é. B'fhéidir gurb é do chuid airgid a ghoidfí anseo': tharla brúsca eicínt in a héadan ach níor léar do N. gur gáire é. Dhá ndéanadh súile éisc gáire ba mar sin é, gáire a raibh a chuid urlínte réamhbheartaithe leis na cianta, a bhí go soiléar ag leanacht rian éabhlóide.

'Bhí tú ag ol?' arsa sise. Ach gan ionú a thabhairt dó freagairt: 'tá tú tuirseach.'

Go fánach, amhail is dá mba é an rud ba dhual thar chuile ní é d'ardaigh sí a raibh dhá gúna síos ar a lorga le féachaint ar a cois.

'Cois theann, téagar don té a mbeidh sí sínte suas leis,' arsa N. gan brath gur amach as ard a bhí sé ag caint.

'An gceapfá sin?' arsa sise.

Den chéad uair smear pléascántacht bheag dhaonna anonn ar an meanga a bhí go dtí sin ag dréim suas cho crua roighin le sreangannaí iarainn i gcruinniúchaí domhain-eitrithe a héadain.

B'éigean do N. 'cheapfainn' a rá. Dhá mbeadh breith ar a aiféala aige ní ligfeadh sé an focailín sin uaidh. Facthas dó go raibh an scéal seo a bhí thar a bheith simplí soréitithe as a thosach i gcontúirt snama freisin i ngabhal a chéile in a stoithne dúfhadhbannaí ionnúil is an scéal eile. Cén fáth go mbeadh seisean N. ag caint ar chois mná cuideáin i bpáirc phoiblí ionann is dhá mba fundúireacht phoiblí rátáilte cois mná cuideáin? Agus a bhean féin ar an gclár sa mbaile.

'Tá an-tuirse ort, a dhuine bhoicht,' adúirt sí agus shín anall bois spadghluaiste nó go raibh sí anuas as cionn na glúnach ar ghiodán maith mór den chois ba ghaire di le N.

'Má thograíonn tú é níl m'árasán ach treasna na sráide. Féadfa tú do scíth a ligean. Déanfa sé gaiscíoch fir aríst dhíot. Ólfa muid deoch in a dhiaidh sin.'

Níor eitigh N. an tairiscint gan níos mó a bheith in a thimpeall. Bheadh sé istigh de na sráideannaí ar aon chor. Níor dhóide beirthe é nó chuirfeadh na deirfiúrachaí scéala uafáis amach go raibh sé ar iarra. Ba shin é an sórt ceanna iad.

Ach ní raibh N. sásta go fóill na maidí a ligean le sruth. Bhí fonn air rud eicínt a dhéanamh faoi chúrsaí an bhaile. Dhá mbeadh a fhios aige cén rud? Níor inis aon duine dhó é ná dea-dhuine ach oiread le droch-dhuine. Níor thuig sé cén chaoi ar choinnigh sé gúim air féin, ar an gceartnóiméad a raibh sé ag dul dhá sceithe, ó chúrsaí mífhortúin a lae a ligean leis an mbean seo. Ach ar thuig sé cén chiall é a bheith ag caint chor ar bith léi, ná ag fanacht len a hais ar an suíochán? Dúirt N. nár thuig agus chuir roimhe a caidreamh a dhiúltú láthaireach:

'Tá gnathaí dlúsúil le déanamh agam.'

'Ach b'amhala ab fhearr a dhéanfá iad dhá ligteá do scíth ar dtús, thú féin a níochán . . .'

'Coinne é, coinne dlúsúil. Cá mbeidh tú . . . taca an hocht abair? . . . Anseo. Ar an suíochán seo . . . Beidh mé, go cinnte . . . Ní dhéanfadh gairm teileafóin. Sa gcás sin d'fhéachfadh an dream eile leis na gnathaí a phlé liom ar an teileafón agus b'fhearr liom é sin a dhéanamh in a láthair. Tá spros maith airgid idir chamánaí . . .'

Ar a sparán a bhí N. ag caint. Mheabharaigh an chaint seo dhó dhá thúisce dhá dtosaíodh sé ag glaoch gurbh amhala ba thúisce a chuirfeadh sé thart a chuid pioraíochaí. Bhí air glaoch. Ar na conraí? Ar an reilig? Ar theach pobail? Ar an mbaile. B'ar an mbaile ab fhusa glaoch agus ba é ba ghaire do leas. Ach ba shin áit nach bhféadfadh sé glaoch air gan a bheith i n-ann a rá go raibh téisclim eicínt déanta aige, bíodh an téisclim sin cheana déanta ag lucht an bhaile nó ná bíodh.

Bhí N. tar éis bosca an teileafóin ar an taobh thall den ghairdín a bhaint amach. Chúb sé é féin siar uaidh fearacht is dhá mba péist é a shloigfeadh é. Shuigh síos ar shuíochán ar cholbha an chasáin. D'fhéach sé ar gach roghain acu seo aríst ar a bhois. Níor thug sé faoi ndeara, nó go raibh a dhá dhorn iata curtha taobh thiar dhá dhroim aige, gurbh ag caitheamh crainnte a bhí sé mar dhóigh dhe! Dháiríre an raibh aon roghain ann? Ar roghaineannaí chor ar bith a bhí sna cúrsaí seo? Ba chosúla la slabhra réamhbheartaithe, fearacht gáire na mná sin, a bhí iontu, ach níor léar cá raibh sine thosaigh ná sine dheire an tslabhra. Facthas dhó gur do theach pobail a bhí tús a thabhairt, ach ní fhéadfaí í a thabhairt chun an phobail gan conra. Fiú dhá mbeadh conra ann níor mhór anlacanaí le í a thabhairt chun an phobail agus ba chosúil nach raibh aon anlacanaí le fáil. Ach sa gcás sin ní raibh a fhios ag N. a raibh conra ná teach pobail le fáil ach oiread. Ba gheall é le bheith ag féachaint le meascán uisce beatha agus uisce i soitheach a ól faoi ghné ar leith. An mheabhair chéanna aríst a bhain N. as an dreas smaointeachais seo: bhí sé rodheireanach: b'fhearr a chur i gcás go ndéanfadh – déanadh nó ná déanadh – an mhuintir sa mbaile a raibh riachtanach.

Bhí seanfhear agus seanbhean i ndiaidh suí len a ais. 'Bhí mé ag éisteacht leis an rása,' a bhí an seanfhear a rá. 'Ní raibh aon phínn le cur agam. Dhá mbeadh ba ar Shodairlín a ghabhfadh sé.'

'Chaill Caoimhin se'againne cupla punt uirthi. Dúirt sé go raibh an tír bánaithe aici . . . Nach huafásach an bás é sin a tharla don bheirt sin sa gcarr? . . . Níor chuala mé é sin . . . Huga leat! Fear a bhfuil a bhean básaithe agus gan tásc ná tuairisc air. Anseo sa mbaile mór seo! . . .'

'Cén fáth nach bhfuil aon tuairisc faoi?' adúirt N.

'Ag iarra tuairisc a bhí siad. Aon tuairisc a bheadh ag duine ar bith a thabhairt do na gardaí. Tá a gceart le déanamh ag na gardaí. Bhí fuagra uathu féin ag iarra ar aon duine a bhí sa Stór Mór nuair a rinneadh an rubáil ann . . .'

An pointe céanna chua buachaill thart agus fuagrán do pháipéir an tráthnóna aige:

'Scioba sparáin sa Stór Mór.'

Bhí N. cho scoite ón imeacht ar fad is bheadh sé ó scéal beatha dhuine cuideáin. Aon anbhá a bhí air – agus ní raibh sé gan corr drithlín ag snámh faoin a chuisle – ba é an cineál é a bhuaileadh é ag féachaint ar scannán eachtraí. Bhí sé sách gafa sa bpearsa sin le spéis a shúile, spéis a bhall, a chur ann, ach ní fhéadfadh sé a rá gurbh é féin agus an phearsa eile sin a chéile, le go mba é a ghol a ghol agus a gháire a gháire féin, gol agus gáire N. Ba sa bpearsa neamhpháirteach a thagair sé don scéal:

'An fear seo a bhfuil a bhean básaithe sé a rubáileadh sa Stór?'

'Cá bhfios duit?' arsa an seanfhear.

'Bhuel, níl a fhios, ach cuir i gcás gurb é agus cuir i gcás gurb é airgead a hanlacain a bhí aige sa sparán, agus cuir i gcás gur náire nó faitíos, nó náire agus faitíos i gcuideacht, atá air a dhul abhaile dhá uireasa . . .'

Glór tur docht, mar bheadh sé ag léamh teoragán céimseata amach as ard, a bhí ag N.

'Ní údar náire ná faitís ar bith é, má tugadh tur tirim aníos as a phóca nó amach as a ghlaic é, gan a chionta féin.'

'Ach cuir i gcás nach raibh d'airgead aige ach sin le aíbíd a cheannacht, conra . . .'

'Ach gheofadh sé cairde.'

'Cén áit?'

'Ó anlacanaí, deile? Níl tú ag ceapa gur go dtí siopa milseáin a bhí aige a dhul!'

'Ach cuir i gcás nach bhfuil aon eolas aige ar aon anlacanaí?'

'Óra, cuir i gcás, cuir i gcás, cuir i gcás! Tá Murcha Beag agus Murcha Mór déanta agat dhe. Cuir i gcás nach bhfuil eolas aige ar aon duine beo. Sa gcás sin cén chaoi ar thit dó eolas a chur ar a bhean? Ach cuir i gcás nach raibh aon eolas aige uirthi? Cuir i gcás nárbh í a bhean chor ar bith í. Cuir i gcás nach bhfuil a bhean básaithe chor ar bith. Cuir i gcás nach raibh an bhean ariamh ann. Cuir i gcás nach bhfuil tusa ná mise ná an bhean ghnaíúil seo . . . A phleoitín! Tá duine eicínt a thiúrfas comhairle dhó, a bhfuil eolas aige . . .'

'Ach dhá mba tráthnóna Sathairn é?'

'Céard ab áil leat? Go gcuirfí í tráthnóna Sathairn! Caithfe sé í a bhuachailleacht go dtí maidin Dé Luain . . . Siúráilte,' arsa an seanfhear agus N. ag boga leis . . . 'Ara deile? Ón tuaith chuile cheann ariamh acu sin a bhíos ag iarra coirp a chur tráthnóna Sathairn! Craiceálann lucht na tuaithe sin thíos sa mbaile, gan le clois-teáil acu ach préacháin ag grágaíl agus ansin aníos anseo go Baile Átha Cliath, ag ceapa go leigheasfaidís iad féin. Bhí mé uair thíos i gCill Choca . . .

Ó nach mairg nár chuimhnigh mé é a rá leis, mar cho cinnte is chac an meantán sa hata síoda tá fios eicínt ag an mbuachaill sin, de réir a ligean amach. A Mhister! Hóra, a Mhister! Gaibhtseo! Gaibhtseo! 'Bhfuil aon bhaint agat le aon chumann creidiúnachais? . . . Ara féach cumann creidiúnachais go bhfeice tú leat . . .'

Ní raibh baint ag N. féin le aon cheann. Bhí scanra ariamh air go gcluifeáladh buachaill báire eicínt an ciste agus go gcaillfeadh sé féin a chuid airgid. San am a raibh a bhean fós gan a bheith buailte síos ba mhinic a chaith N. oícheantaí i mbéal a chéile ag iarra cruthú di gur chneamhairí ar fad an dream a bhí as cionn na gcumann seo agus a cairde féin freisin a bhí ag iarra í a mhealla isteach i gCumann Chluais na hEasóige ar Bhóthar na Súgáin. D'éirigh leis í a choinneáil as cumann árachais anlacain, ach chua ag a cairde air faoi Chluais na hEasóige. Ba ghearr ó láthair Bóthar na Súgáin. Bhí buíochas aige ar an seanduine meirgeach a mheabharaigh an méid seo dhó. B'fheasach dó cá raibh an cumann. Thug sé cuairt an bealach seo roimhe sin le dearbhú go raibh an uimhir agus an cumann ann chor ar bith. Bhí doras an tí osclaithe agus seanbhean a raibh cloigeann ábhalmhór i gcosúlacht ar a caolmhuineál in a suí ar chathaoir mar bheadh sí ag glaca an aeir:

'Agus tá do bhean básaithe a N. Go ndéana Dia grásta uirthi! Taca maith don chumann. Caithfe muid rún comhbhróin a chur i bhfeidhm, é bheith sa bpáipéar tráthnóna Dé Máirt, b'fhéidir . . . Comhalta a bhí inti, cinnte.'

Shíl N. ón orlaíocht a rinne an tseanbhean ar gach siolla san abairt sin gurbh í an t-aon chomhalta í.

'. . . Cinnte tugann muid cabhair do chomhalta, ach ní comhalta thusa, a N . . . Is lá corr é an Satharn, an-chorr. Níl a fhios cáil an coiste inniu. Cuid acu atá ag na rástaí b'fhéidir . . . Cén fáth dhuit a bheith ag breathnú mar sin orm, a N.?

Is fíor dhom é. Ní bhéarfá ar chuid den dream aerach sin anois ní ba ghaire ná na rástaí. Ag Dia amháin atá a fhios cá mbéarfá orthu. Ach beidh siad ar ais faoi Dé Luain. Caithfe siad. Beidh cruinniú den choiste ann tráthnóna Dé Luain. Ach tá maoin do mhná anois faoi chuing dlí, a N., agus baineann dlí leis na cumainn creidiúnachais freisin . . .' Dar ndóin: bhí faitíos ar an mbean bhocht, faitíos . . . 'Ó crois Críost orainn, rubáil! . . . Is cóir adúirt mé ariamh féin gur ceart fanacht amach as na stóra móra sin. Níl ann ach dhá bhféadadh na cumainn se'againne a gcuid siopaí féin len a gcuid airgid féin a oscailt . . . Níl aon bheainc ná aon iasachtóir oscailte inniu muise. Ní fhágfa na húsairí beaga liobar leathair thuas ort agus thú a bhasca mara ndéana tú díolaíocht sheasta. Caithfe tú fanacht go Luan ar aon chor le haghaidh scéal eicínt . . .'

Fanacht go Luan, adúirt na busannaí, adúirt lucht póite as na tithe ósta, adúirt an Bhaintreach uí Shomacháin, adúirt róiléaraí na ngasúr as na taobh-shráideannaí. Arbh é Dia a d'ordaigh fanacht go Luan? Ba é a d'ordaigh an bás, ach níor choinnigh sé ar forbhás go Luan é. Bhí an-tsaint ag N. ar airgead na mná a bheith faighte aige as an gcumann sin. Níor thaithnigh áras an chumainn leis, pasáistí meadhdhorcha a raibh púir dheannaigh san aer iontu, ar nós áiteachaí a mbeifí ag stóráil ceirteachaí. Níor thaithnigh leis go mbeadh cúram airgid ar an tseanbhean. Bheadh chuile phínn sa teach sciobtha ag rubálaí baclámhach féin, sul a mbeadh a pastae mór de cheann dúisithe aníos as a corréisc muiníl. Níorbh áil leis ar dhúirt sí faoin dream aerach a bhí greadtha ag na rástaí. Níor dhóide cleas dóibh ná cuid d'airgead an chumainn a dhórta amach ar Shodairlín . . .

Bhí fear roimhe a bhí ag breathnú síos sa gcainéal. Níor léar do N. cé air go háirid a raibh sé ag féachaint, ach go raibh sé ag cur anró follasach ar an limistéar faoi chuairt de na súile le amharc ní ba ghrinne a fháil. Facthas do N. go mba ré an achair dhó ceist a dhul air a scoirfeadh an grinndhearca faoi láthair.

'Deile céard a dhéanfá?' adúirt sé gan féachaint aníos ón gcainéal ar N. 'Tú féin a thabhairt suas do na gardaí, deile a dhuine? Tá siad ar do thóir. Má choinníonn siad sa mbeairic thú ní bheidh aon neart agatsa ar gan a dhul abhaile agus má ligeann siad bóthar abhaile leat is le deonú na ngardaí in aice deonú Dé é sin agus ní bheidh aon mhilleán ag sroiche dhuit sa mbaile. Sa gcás sin bhí tú i gcrúba an dlí agus ní fhéadfá a bheith sa mbaile roimhe sin, is é sin roimh an am ar shroich tú an baile, le labhairt go coibhneasta dar ndóigh. Duine gan réasún, nó duine le cáil eile réasúin mar adéarfá, a ghabhfadh ag iomarda do chuid moille leat. Sa gcás go ligfí bóthar as an mbeairic leat agus nach ndeacha tú abhaile agus go ndeacha siad sa tóir ort agus go bhfuair siad thú ag fuaidre agus gur thug siad ar ais chun an bheairic aríst thú: anois is féidir a chur de chéadcheist faoin gcás seo, sa gcás go gcoinneo sé dhá athchruthú féin an mbéarfa an t-iomlán, is é sin a bheith sa mbeairic agus as, ar an bpáirt, is é sin a bheith as. Ar chuimhnigh tú ariamh an dtiocfadh an ghealach lán suas len a céadcheathrú féin? Mar an bhfeiceann tú séard a bheadh ann, len a rá go tuatúil: cúlú i leaba forás nó forchéimniú.'

'Ach nach cúlú a níos an ghealach, shíl mé?' adúirt N. a raibh a shúile feannta aige ar an ngiodán san uisce a bhí mo dhuine a grinndhearca.

'Thug tú éitheach,' arsa an ceann eile. 'Fiú má shamhalaíonn sé in a chúlú, in a imeacht as, in a thraotha toirte, in a dhul siar aríst ar aistear ar teagadh ar aghaidh air roimhe sin sa spás, is forás nó forchéimniú é sin féin Caithfear gan aon agó a chur ann: is forás, forchéimniú dul chun cinn nó ar aghaidh, méadú toirte nó méadú cainníocht nó méadú ar a ghabháil chuige atá faoin rud atá ag meath, ag maolú, ag searga, ag laghadú i dtoirt, i gcainníocht, i ngabháil chuige. Arae dháiríre níl ciall ar bith a rá gur mó an t-iomlán ná an pháirt. B'fhéidir gur mó i bhfairsinge, i dtoirt nó i gcainníocht, ach céard tá le rá faoi acmhainn nach intomhaiste i bhfairsinge, i dtoirt ná i gcainníocht? I do chás áiridsa anois is mó é acmhainn na páirte, acmhainn an chuid sin ó t'imeacht as an mbeairic go dtín a dhul ar ais dhuit arís ann, ná an t-iomlán, arae coiscfe an méid sin an t-iomlán ó é féin a chur i gcrích, é féin a fhoirbhiú, is é sin an t-aon staid a thiúrfadh de cheart dó iomlán a thabhairt air féin. Mar an bhfeiceann tú leat níl ann ach flosc, fuinneamh luainneach agus ní earmaise ar scíth, ní iomlán foirfe. Dháiríre ní iomlán agus páirt atá muid a chur i gcomórtas ach dhá pháirt . . .'

Lig N. osna scrúdach. Ní raibh mo dhuine cho forchéimnithe le osnaí fós:

'Ach ní foláir dhúinn a dhul siar go dtí an fíorthosach agus féachaint le foirmlí a aimsiú. Scaoilfear bóthar leat as an mbeairic: chuir muid é sin i gcás. Ach tiúrfar ar ais arís go dtí an beairic thú agus dá réir sin, imeacht cho daingean dochlaochlaithe le tuile agus trá. Caithfear a chur i gcás anois go mbeidh an imeacht sin dhá hiolrú féin *ad infinitum*. Fiú is triantán, *delta* comhshleasach é, nach léar ach amháin mar dhála staire cáil a thús ná a dheire. Is é sin le rá an áit a dtosaíonn tú ag dul siar go dtí a thosaí níl ann féin ach pointe a dtosaíonn tú ag dul ar aghaidh go dtí a dheire uaidh. Ach is de cheal uireasa téarmaí atá orainn labhairt mar seo, mar níl tosaí ná deire, dul ar aghaidh ná dul ar gcúl ann. Nó len a rá ar bhealach eile is féidir a chur i gcás gurb é an beairic an pointe is gaire do do theach féin a shroichfeas tú agus tú ar scor agus gurb ag an bpointe sin freisin a bheas tú agus thú gaibhte sa mbeairic.'

'Sa mbeairic? Ag mo theach féin?' D'fhairsingigh N. a ghéill suas in a méan ar lig sé cnap mór fuaime as nach bhféadfá caint a thabhairt uirthi ach sa méid go bhféadfá duine a thabhairt ar mharbhghin.

'Ar dhúirt tú a dhul abhaile, go dtí do theach? Ní racha tú cho fada le do theach go brách. Idir a bheith istigh sa mbeairic agus amuigh as a bheas tú. Ní féidir foirmlí ar bith eile a thoimhdean a d'fheilfeadh don chás. Agus mar tá cruthaithe agam duit ní bheidh a fhios cén uair gur sa mbeairic dhuit ná cén uair gurb as. Is é sin cho fada is bheas beairic agus gardaí ann. Dhá scoireadh beairic agus gardaí agus dar ndóigh is féidir a shamhalú le floscú an ama go scoirfeadh, ní scoirfeadh an cás seo. Más féidir a shamhalú nach mbeidh tusa scortha an uair sin beidh tú ag dul anonn agus anall ó dhá phointe choibhneasta ag freagairt don bheairic a bhí . . .'

'Ach arbh éard adeir tú nach bhféadfa mé a dhul abhaile go brách. Má thograím nach bhfuil saorthoil agam?'

'A Lóbasaigh mhóir a chuir do mheabhair ar gor faoi ghandal a d'fhága tú ag do bhean le cur i dtaisce dhuit go dtéiteá abhaile. Mar seo a bhíos do leithéidse ag caint. Bhí mise ag plé do cháis de réir rialachaí dochlaonta na matamataice, na fisice, na loighice, éargna nua an fhloisc organaigh agus ansin thosaigh tú ag caint faoi shaorthoil agus a dhul abhaile . . .'

'Sea, cén uair a gheofas mé mo sparán le go bhféadfa mé a dhul abhaile?'

'Cá bhfios domsa cén uair a gheofas tú do sparán! Go brách b'fhéidir. Dé Luain b'fhéidir. Má fhoighidíonn tú mionóid liom nó go riana mé na cásannaí toimhdeanach eile – '

'Donas deamhain fhiafraí ort,' arsa N. agus d'fhága é agus a chloigeann sáite aige i dtobar rialachaí dochlaonta sa gcainéal.

Ní raibh a fhios ag N. céard ab fhearr dhó a dhéanamh. Ba mhí-ugach dhó mo dhuine. Bhí an dáil sin cho haisteach agus gur thosaigh N. ag smaoiniú gur chéalmhaine eicínt í. An t-aon rud ab intuigthe ón duine gradha go raibh sé cinnte nach dtiocfadh N. abhaile go brách. Ba chuma céard a bhí le casa leis an duine gradha ach ní duine dímheabharach a bhí ann. B'aoibhinn le N. ar ala na huaire duine a chastáil air adéarfadh leis a dhul abhaile.

Bhí fear eile achairín as a chomhair in a shuí ar sconsa íseal an chainéil, a chosa ar sliobarna isteach uaidh, cloigeann píopa ceaptha go daingean i gcúl a ghlaice aige agus é ag féachaint faoi go soineanta. Pé ar bith áit a raibh sé ag féachaint má ba sa gcainéal, nó isteach i leith a phlapa, d'fhéach a shúil achar ó láthair cho socair neamhfhriochanta is dá mba mharbh di. Marach na pluimíní as an bpíopa a bhí ag sceithe amach go réidh socair san aer déarfadh duine gur cineál eicínt dealbh, dealbh uisce, é. Sin ceann a bheadh foistineach deachomhairleach, adúirt N. leis féin.

Ar nós go mbeadh neach aige dhá chur ar an eolas bhain sé an píopa as a bhéal, d'iontaigh amach an dá chois ar an gcosán agus b'shiúd leis chun siúil an bealach céanna a raibh N. ag dul. Ní chuimhneodh N. dar ndóigh gur dhocúl ar bith a theacht suas leis. Ach faoi cheann cupla nóiméad bhraith sé go raibh an t-achar idir é féin agus mo dhuine ag dul chun síne. De réir mar ghéaraigh N. ar a chois ghéaraigh an duine eile an oiread céanna. Facthas do N. dhá ritheadh sé le breith air go rithfeadh an ceann eile freisin. Chuimhnigh N. ar scéal a léigh nó a chuala sé i n-áit eicínt. Fear ar chuir an bás geall leis dhá mbeadh sé gan a bheith i riocht a theacht suas leis go bhfaigheadh an fear léas eile ar a shaol. Bhí an bás dhá fhiach, dhá fhiach, nó gur shíl sé go raibh sé i bhfastós aige thíos i dtóin méaracáin. Ach ba mhéaracán táilliúra é. Théadh an fear amach an tóin. Leanadh an bás é. Ba sheo isteach an fear arís an béal, amach an tóin . . . B'éigean don bhás a theacht chun réitigh leis sa deire.

Chuimhnigh N. go tobann gurbh é a fhearacht sin a bheadh ann aige féin dhá shaora as an mbeairic, na póilíos dhá fháil ar fuaidre, dhá thabhairt ar ais aríst go beairic agus dhá réir sin ar feadh na síoraíocht. Léigh N. *Dainty's Dream* uair i leabhar a fuair sé ón leabharlann, i dteannta cuid eile a d'fhónfadh dhó le clár a scríobh. Bhí chuile chineál pioraíochaí ag *Dainty* in ifreann ach ba shin ceann nach raibh aige. Nárbh í an phurgadóireacht í, a mhaighdean! Ar feadh na síoraíocht.

Dhá mhéad dhar smaoinigh N. air ní fhéadfadh sé a chur as a cheann nach taispeána a bhí sa duine grinn-bhreathnaíoch. Ba gheall le duine é a d'fheicfeadh ifreann uaidh síos agus a bheadh dhá léiriú le urlabhra arbh fhilíocht í a bheadh ar bhéal sciúrsóir agus é ag sroighle duine i bpurgadóir, mararbh in ifreann féin é. D'fhéach le cuid dá airíona a thabhairt chun cruinnis, ach níor tháinig leis ach an t-amharc sceirdiúil coilg-dhírithe agus an chaint sin a raibh sé cinnte anois gur sciúirse í. Chreath N. Arbh fhoilsiú é ar gach a raibh in áirid dó? D'fhéach ar ais ach ní raibh an fear sin le feiceáil abhus ná thall.

Bhí an fear eile ag déanamh sonda éagruthach nárbh inaitheanta amach agus amach ó thoirteannaí eile in a thimpeall é, achar ó láthair. Ach fós féin bhí sé ag meabharú duine eicínt do N. De sciotán chuimhnigh N. ar an dea-dhuine a thug an deoch dhó. Cá bhfios nárbh é é? Ní túisce a chúl iontaithe aige le N. ná d'aithin N. go bhfaca sé an gotha agus an leagan éadain sin roimhe sin. B'fhéidir gurbh ag seachaint N. a bhí sé anois, faoi gan é a dhul abhaile mar gheall sé dhó. Gheit N. ní ba mhó ná ar ball. Shíl sé gurbh é Mac Dé é, ag teithe uaidh, dhá thréigean, dhá fhágáil in a fháiteall ag lucht na sciúirse agus na bpioraíochaí . . .

Bhí an dá réim den chainéal ann mar bheadh an Mhaith agus an tOlc. B'fhearr le N. coinneáil ar an taobh sin, a ndeacha mar a shamhalaigh sé an dea-dhuine. Ar aon nós ní raibh sé ach ag iarra ré an achair le cinne céard ab fhearr dhó a dhéanamh anois, tar éis do na dála seo teangmháil dó. B'fhearr a bheith ag siúl. Ba lú suntas a thiúrfadh póilí don té a bheadh ag luainn. Dhá dteagadh na póilíos air ag fánaíocht b'fhéidir gurb é a choinneáil sa mbeairic leis an gcoir sin a thabhairt in a aghaidh a dhéanfaidís. Sin nó é a thíolacan abhaile. Agus b'ionann sin is go gcuirfeadh an mhuintir sa mbaile coir in a leith nach mbeadh déanta aige. B'fhearr leis a dhul abhaile as féin agus dhá dheoin féin. Chuirfeadh na comharsana cuilí mór cainte ag borra dhá bhfeicidís ag dul isteach in a theach é agus póilíos leis. Go raibh sé ag troid, ar meisce, ag comóra bás a mhná, ag rá amhráin ar an tairseach . . .

Sheas N. Pláta a chonaic sé ar theach: Sant Uinsean de Pól: Muintir Phroinsiais Assisi. Ba mhaith an dóigh é sin, beirt nár eitigh duine faoi ní ariamh. Fear a raibh bruachántacht mhaith aoise air, státsheirbhíseach ar a chuid éadaigh, a chaint, a iompar, a bhala féin, dar le N., a d'oscail dó. Ar dtús sheachain a shúile N. agus bhí gacha le cnag bheag mhífhoighide ag a dhá chois síos fúthu ar an urlár. Ach as a dheire lig sé isteach i seomra é:

'Is trua trua an scéal é,' adúirt sé le N., a fuair dar leis féin an bala beag áirid sin a shamhalaíodh sé le státsheirbhísigh, agus a ndeirtí faoi gur tús dreoite é. 'Is trua. Níl ann faraor ach ceann eile dhá liacht scéal trua a chloiseas muid anseo chuile lá.'

Ba bheag a thaithnigh le N. go ndéanfaí scéal beag coitianta, damhna deor ceallalóide mar na mílte eile, dhá scéal féin. Bhí N. toilteanach a shéana go raibh an oiread sin scéalta truaí dháiríre sa saol agus shéanfadh sé freisin gur chomhthruaí ná gur chomhionann iad, ach sa méid gur thréith choitianta do chuile bhás nach raibh dul ag aon duine uaidh. Dhá mb'fhíor gur scéalta truaí ar fad iad níorbh fhiú dósan, N., scéal a bheatha féin a scríobh . . .

'Tuige nach sa mbaile atá tú? Breá nach dtéann tú abhaile?'

'Bhí mé ag ceapa,' adúirt N., 'go bhfaighinn cúnamh, rud beag airgid, uaibhse, le haghaidh mo láimhe. Ansin ghabhfainn abhaile.'

'Cumann do na boicht, don lom agus don dólom í Cumann Uinsean de Pól.'

'Tá mise cho lom leis an tsaighead leathan ar chulaith an daoránaigh.'

'Bhí agat barrainn eicínt a chur ar do chuid airgid agus é agat. Ní bocht atá tusa.'

'Agus deile cé tá bocht?' adúirt N. arbh éigean dó greim a bhreith ar chorr an bhord leis an taghd a bhí teagtha ann a choinneáil srianta.

'Tá a fhios againne anseo cé atá bocht agus cé nach bhfuil. Nach státsheirbhíseach tusa? Tá an Rialtas, an tír, do t'íoc. Is furasta é a scaipe go fánach – '

'Fuagraím leabhara mór Dé i bhfianaise orm – '

'Éirigh as an gcaint sin . . . Ní dhéanann Cumann Uinsean de Pól rudaí mar sin . . . Céard a dhéanas muid, arsa tusa? Arbh shin é do chuid eolais? Grá dia, carthanacht, deile. Colainn Dé a éadú agus a bhiatú trí cholainneachaí a chuid clainne a éadú agus a bhiatú . . . Níl anseo ach mé féin. Tá an dream eile scaipthe, ag faoistean agus ag deabhóid. Anocht a chríochnós an misean i bParáiste an Chairn. Is mian leo críoch shlachtmhar a chur air. Ar aon chor is gnách le formhór comhaltaí an Chumainn seo oícheantaí Sathairn a ghlaca in a saoire, an t-aon oíche atá acu, agus na mná a thabhairt ag imirt *whist* . . . Ní bheidh aon chruinniú den choiste ann go dtí an oíche Dé Luain, ach sílim go gcaithfear do chás-sa a chur go dtí an Coiste Mór. Ar mhaith leat iarratas a scríobh amach agus cuirfe mé as comhair an choiste Dé Luain é?'

'Go mba é Luan an bhráth agus na bpioraíochaí dochlaonta ag cuid ar a chéile agaibh é!' arsa N. 'Má bhíonn aon bhrabach airgid orm go brách íocfa mé meitheal le sibh a rubáil agus tá mé cinnte go mbeidh an dea-dhuine buíoch dhíom.'

Dé Luain! Ba shin é a thiúrfadh sé air féin feasta. Ach ní raibh ionú aige cónú i gcionn an smaoine sin. Níor dhóide beirthe é nó chuirfeadh bodlamán fíréanta sin Uinsean de Pól na gardaí in a dhiaidh. Léim sé ar an mbus ba thúisce chuige, thug an eang leis dhá stad gan íoc agus nuair a thosaigh an stiúróir ag tabhairt ticéid uaidh théaltaigh N. leis. Ag doras séipéil a bhí an stad sin. Céalmhaine eile dar le N. Bhí Dia ina fhabhar: dhá sheola isteach díreach glan in áit a ndéanfadh sé a anam a bhí sé. Tháinig doilíos ar N. faoi rá is ligean don bhodlamán an dea-mhéin a spreag teangmhála an chainéil ann a dhíláthairiú. Bhí an domhanaíocht ag dul ar faoistean sa séipéal. An chéad rud ar chuimhnigh N. air gurb é an séipéal an áit dheire a dtiocfadh póilí ar lorg duine. Bhí coinnle lasta timpeall faoi shnoíteáin agus é buille beag dorcha ann i gcomórtas leis an ló mhór ar tháinig sé isteach as. Chuir an chamhaoineach bhog mhoiglí sin suaimhneas air. Ba gheall le culaith bhláfar í a chuirfeadh duine air tar éis amlú fíochmhar doininne agus báistí in éadaigh eile. Gothaí na háite féin agus na ndaoine chuirfidís fonn faoistin air. Ar bhealach eicínt facthas dó go gcealódh an faoistean a mhuirín cúram, go mbeadh misneach ann in a dhiaidh, go rachadh sé abhaile cho neamhscáfar is dhá mba reacht de reachta an Spiorad Naomh é . . .

Thug sé imeachtaí an lae chun cruinnis ó cheann go ceann. Bhí sé ag cinnt air a rá leis féin gurbh é a chiontsiocair féin gur rubáileadh é agus dar ndóigh b'as an rubáil a tháinig. Ba ar éigin a bhí duine dhar inis sé an scéal dó nár shamhalaigh, go glé nó go teimhealaithe, gurb é an chaoi ar iarr sé ar an rubálaí é a rubáil! Chaithfeadh sé an t-airgead a bheith ar iompar aige. Ba sa teach ba neamhshábháilte uilig é a bheith . . .

Bhraith sé sáinne dorcha uaidh. Bhí léas solais isteach uachtarach ann. Chuimhnigh N. go mbeadh brí íomháineach eicínt leis an léas sin ach bhí a intinn ro-thuirsithe le dhul ag seilg íomháineachais inti. Ba é ar chuimhnigh sé air *Lead Kindly Light*, geábh filíocht ón a chuid laethantaí scoile. Ach bhí sé cinnte gurbh é an sáinne sin séipéal na marbh. Go dtí sáinne mar sin a thiúrfaí a bhean féin. Déarfaí paidreachaí driopásach. Ghabhfadh chuile dhuine abhaile ansin. Ní abhaile a ghabhfadh seisean N. Dhá laghad srian dhá raibh corp i riocht a choinneáil ar a deirfiúrachaí d'imeoidis as a gcranna cumhachta uilig agus gan é sa teach. Ba bheag leo dual na droinne a bhuala air. Drochbhodach a bhí sa deartháir. Níor dhóide cleas dhó ná buille na speire a thabhairt dó féin. Sé a bheadh deas air dhá mbeadh ceapa ar bith aige nach n-éireodh aon cheo dhó féin dhá chionn. A dhul ar an móin leis an teilifís an dóigh ab fhearr do N. anocht.

Ag féachaint ar an gcúinne dorcha dhó d'airigh sé mar bheadh *Schlag* ann, dhá bhuala. Ní fhéadfadh sé a rá go mba thada é agus ina dhiaidh sin bhí anshocair in a cheann. Chua sé amach taobhdhoras. Chuir sé a chiotóg in aghaidh balla an chlóis, nó go n-imíodh an *Schlag*. Dar ndóigh ní raibh ann ach ala an chloig, má bhí sí luath nó mall air. Tháinig sagart chuige. D'aithin N. gurb é an t-ardshagart é, ar a aois, ar a bhearta mhoiglí dhó, ar a chaipín trí choc, ar ghotha eicínt soirbhe nó sáileacht a bhí sé a thabhairt thart in a ghluaiseacht mhaorga, mar bheadh sé tar éis a chion féin de bhrú an atmasféir anuas air a shiosca amach ón gcuid eile den atmasféar. Ag dul síos suas an clós ag léamh a phortuís a bhí sé. Dúirt N. leis go mbeadh sé ar a chóir féin faoi cheann meandair. Bhí cheana: ionú a bhí uaidh anois le cuimhniú cé an chaoi a mbogfadh sé an sagart. Thairg sé gloine uisce a thabhairt ag N. agus thug. Níor chuimhnigh N. gur theastaigh uisce uaidh, ach rinne sé maith dhó. An scéal nach ndéanfadh sé faoistean air d'inis sé sa gclós don sagart é. B'fhada leis go raibh sé ag a dheire le go bhfiafródh sé den sagart an nglacfadh sé an corp sa séipéal sin. Ní ghlacfadh: ag séipéal a pharáiste féin a chaithfeadh sí a dhul. Duine lách réasúnach é sagart paráiste N., duine a chuideodh le paráisteánach ar feadh a acmhainne. Ríméad a chuirfeadh sé air oibleagáid a dhéanamh do dhuine, go háirid d'fhear coirp . . . Ní fhéadfadh séipéal ar bith í a ghlaca anocht. Bhí sé rodheireanach. Chaithfeadh sé fanacht go Luan . . .

Dúirt sé rudaí eile le N., cuid acu sách míthaithneamhach. D'eitigh sé lom díreach é faoi airgead. Bheadh air cuntas a thabhairt ar chuile phínn don pharáiste agus don easpag. Duine cuntasach a bhí san easpag. Ach ní ar na rudaí sin a d'fhan cuimhne ag N. ag imeacht uaidh, ach gur luadh an Luan. Dhá lia uair a bhí sé cloiste aige ní raibh sé taithithe air fós. Ag cuimhniú a bhí sé anois nach mbeadh cumhachta ar bith ag Dia Dé Luain, go mbeadh a chumhacht ar fionraí mar deir béarla eagair na Státsheirbhíse, gurb ag beainceannaí, reiligeachaí, anlacanaithe, agus cineálachaí aisteach mar sin a bheadh sé. Ní bheadh aon mhaith Dia a ghuidhe Dé Luain. Na cineálachaí aisteach sin a chaithfí a ghuidhe . . .

Níor fhan aon fhonn faoistin ar N. Rinne sé a fhaoistean len a liacht duine ó mhaidin. Ba éard ab fhonn leo fre chéile a rá leis gurbh é a chiontsiocair féin é. Diabhal aithne a bhí orthu nárbh é a chiontsiocair seisean é a bheith de bheith ar an bpóilí nach mbeadh sé choíchin sa ngairdín in aon tráth le fear na foghala. Níor thug maiteanas do N. ach an t-aon duine, duine a chuir grá Dia na dí in a ghaimbín len a mhaiteanas. Uisce beatha a thug se dhó: uisce poill an sagart. An rud ba theannach leis an gcuid eile a rá, go raibh sé ro-tháir ro-chiontach le go n-iarrfadh sé maiteanas ar Dhia, ná go dtiúrfadh Dia aon aird ar a iarratas. An té a mhaith dhó níor lig sé amach go raibh baint aige le eaglais ná le grá Dia oifigiúil. Bhíodh Críost i gcónaí ag séana na n-eaglaisí foirmiúil, na seasc-spriodáilteach. Ní bheadh Críost choíchin in a oifigeach i gcumann creidiúnais, i gCumann Uinsean de Pól . . . ná in a shagart . . .

Bhí mathshlua daoine timpeall an droichid. Cuid acu a bhí ar a mbealach amach as teach ósta agus cuid eile a bhí ar a mbealach isteach ann. Má b'fhada gearr sin mhoillídís uilig le ioma a bhí ar siúl ag Arm an tSlánaithe taobh thall a chloisteáil. Rinne N. faoin a ndéint. Chuimhnigh sé go raibh sé le glaoch orthu faoi éadach a mhná roimhe sin sa ló. Thug fear an Airm an-chluais dhá scéal agus bhí sé an-bháúil. Thairg dídean na hoíche agus óstachas do N. Maidir le cúnamh airgid ní raibh a fhios aige go cinnte. Ní fhéadfadh sé féin a rá. Dúirt sé gur fear ab airde ná é féin a chinnfeadh é sin, ach go gcaithfí é a chur ar cairde go dtí tús na seachtaine seo chugainn.

'Go Luan!' adúirt N., nár fhan sa bhfoighid ar oil an státsheirbhís a cion féin di ann, ach comhla lagbhríoch roimh an tuile. 'Ach tuige an Luan?'

'Anocht an oíche Dé Sathairn agus amáireach an tSabóid.'

'Ach an raibh aon tSabóid ag Críost? Leigheas sé daoine ar an tSabóid. Rinne sé dea-oibreachaí eile ar an tSabóid. Thug sé na seacht ndiabhail le n-ithe do lucht na críonchráifeacht a níodh leiscéal i gcónaí den tSabóid. Cé an chall atá dhuit a bheith i dtuilleamaí t'uachtaráin? Más críostaí cho maith thú le do ligean amach nach bhféadfá do láimh a chur i do phóca féin . . .'

'Agus thiocfadh sí aníos falamh arís. Níl aon neart agamsa air, a dhuine chroí. Níl mé ach ag ceartú an cháis duit. Ní féidir liom é a athrú. Sé dán doiligh an tsaoil é.'

Bhí na daoine ag brú isteach, ag cur spéis in aighneas na beirte. Ní ar a shuaimhneas a bhí fear an tSlánaithe agus chrap leis ar an gcéad deis a fuair sé gan an iomarca de chosúlacht theite a fhágáil ar a imeacht. Rugthas greim mainille ar N. De bharr a raibh de dhaoine brúite isteach in a mhullach ní raibh d'fheiceáil shoiléar aige ar an bhfear ach a dhá shúil.

'Ó nach é an trua Mhuire é,' arsa seisean le N. 'Agus rinne mé d'fhear eile inniu é. Rinne mé. Dhá mbeadh a fhios agam é dhá uair ó shoin . . . Ghabhfadh sí chun an phobail agus eile anocht . . . Ó níl a fhios agam. Tá sé rodheireanach anois . . .'

Bhreathnaigh ar a uaireadóir amhail is dá mba ag cur agó a bheadh sé sa rud a bhí ráite anois díreach aige féin.

'A, tá sé. Dhá mbeadh a fhios agam uair an chloig ó shoin féin é! Breá nár tháinig tú chugam? . . . Ní raibh a fhios agat fúm. A, muise sé an feall go deo é! Bheadh sí go sásta faoi seo sa séipéal agus tusa ar do shuaimhneas sa mbaile agat féin. Má bhíonn aon chruóg mar seo go brách ort ná déan dearmad orm. Seo í m'uimhir dhuit . . .'

Chóns a bhí N. ag breathnú ar an uimhir bhailigh an fear leis. Shiúil N. go beo scafánta sa leith a shíl sé a thug an fear air féin agus sna sráideannaí faoi gcuairt, ach a dhuth ná a dhath ní raibh le feiceáil. Bhreathnaigh sé sa teach ósta. Chuir sé a thuairisc. Ba ansin a chuimhnigh nach bhfaca sé dháiríre ach a shúile. Ba shúile áirid iad. Bhí siad caoin báúil, ach ar nós clocha bua ba dhrithle mhalairteach mar bheidís ag ceilt rún a bhí iontu ó sméide go sméide. Pé acu sin é bhí na súile féin ceilte air ag fear arbh é a chúl a bhí leis. Facthas do N. gur bhailigh sé uaidh cho driopásach céanna leis an té a d'imigh leis an gcainéal ar ball. B'éadáil eile aige é a sciobadh uaidh ar bhealach diamhair eicínt. Bhí an oiread sin rudaí ab áil le N. a fhiafrú dhe. D'inseodh sé dhó cén chaoi len a chuid cúrsaí ciotach a chur in alt anseo ar an toirt. Níor chuimhneach le N. ach a leagan súl. Ainneoin sin ba ghléchruthaí a d'fhan sé in intinn N. ná an dea-dhuine agus ná an té a scior leis chois an chainéil. Ba é an chéad duine inniu é a raibh a fhios aige cén chaoi le N. a fhuascailt as a chruachás. Neach a bhí ann, neach soilíosach na seanscéalta a d'inseodh dhuit, a chuideodh leat le na gaistí agus na geasa uilig go léir a shárú. Ba é an t-ionchollú gan easpa gan fuíoll den dea-dhuine é. Ní theangmhódh go mbeadh a leithéid sin le fáil aríst. In imeacht ala an chloig bhí scáth ar N. gur chuala an iomarca de na daoine seo a scéal agus go háirid le linn dó a bheith ag caint leis an neach soilíosach. Ba é a ghnás ar feadh an lae gan é a inseacht ach do dhuine san iarra, duine a mheasadh sé a bheith muiníneach. Ach bhí rud eicínt nárbh eolas dó dhá chur i gcion go treascarach, go hiomlán, air nár chuala, dhá liacht cluais bhioraithe ansin é, ach cluais an duine sin amháin.

Ag sméaracht go giongach ar an bpísín páipéir dó chinn N. glaoch ar an uimhir. Ní móide go mbeadh an baile sroichte aige fós. Thriall N. ar an séipéal arais. B'ann ba shábháilte dhó. Ba mhairg go mbéarfaí air anois agus fuascailt ar ghort an bhaile b'fhéidir. Bhí a fhios ag N. go raibh sé buille pisreogach ariamh. In a chreach gan roinnt a theagadh chuile rud air, idir ádh agus mí-ádh.

B'aisteach leis an rún faoistin a bhí aige ar ball roimhe sin, ar scáth a raibh sé i riocht a aimsiú de shiocair faoistin. Tuille dhá chuid pisreogaí ba dhóigh. Ní raibh bealach ar bith ba réidhe le do chuid snaimeanna a scaoile ná iad a shíne anonn idir méara dofheisceana Dé. Agus in a dhiaidh sin féin cho simplí is bhí sé rudaí a dhéanamh ar chothram talún, ar chomh-airde an duine! Ba ar an gcothram sin a bhí fear na huimhreach, an neach soilíosach ag dul ag feidhmiú. Ghreamaigh cairt dheilíní d'intinn N. Deireadh a bhean leis nach raibh de phaidir aige ach na deilíní sin arbh iad amháin, adeireadh sí, ba bhunúdar dhá chuid gníomha. Tuille de shíolrach a chuid pisreogaí a bhí iontu, dar le N. Níorbh é an méid ab eolas duit ach an té ab eolas duit! Is féidir rud ar bith a fháil déanta ach aithne a bheith agat ar an duine ceart a mbeidh aithne aige féin ar na daoine cearta! Féach sin: níor dhúirt fear na huimhreach smid faoi Dé Luain!

Chaith N. trí ceathrúnaí uaire ag smaoiniú ar an acmhainn dhoilfe a bhí sa duine ceart, ar an gcaoi a bhféadfadh sé neamh a thabhairt anuas ar an talamh agus an talamh a ardú ar aon chothram le neamh, i riocht go mba neamh é an talamh aige agus go mba talamh neamh! I gceartlár an smaointeachais iomchuí seo scior deilín neamhiomchuí isteach ar chaoi eicínt, as áit eicínt, *there is a divinity that shapes our ends*. B'fhéidir go mba cheann de lucht na hoifige faoi deara sin. B'aisteach le fear sin na státsheirbhíse go gcaithfeadh Dia an oiread sin dúthracht le bundún duine ná go dtiúrfadh sé an oiread sin tosaíocht do bhall a samhalófá nach gcruthódh Dia chor ar bith í, marach gan aon déanamh d'uireasa scéithphíopa a bheith san inneall. Ansin bhaineadh craithe brónach as a chloigeann: 'ach an oiread le chuile bhiúrocrasaí is cosúil go bhfuil an bhiúrocrasaí thuas buille éidearfa freisin! . . .'

Chua N. go dtí teileafón. Chaith an uimhir seal fada ag cnagairt ach ní raibh d'fháir ná de fhreagra ach sin. Chaith leathuair ag leadrán agus ghlaoigh aríst. An cás céanna. Ní raibh N. i n-ann a rá leis féin anois gur chuir sin mórán diomua air. Smaoinigh sé dhá mbeadh uimhir Dé sna flaithis ag duine go bhfanfadh sé mar sin ag buala ar feadh na síoraíocht gan aon fhreagra, ach oiread. Ba taispeána dhó é nach raibh rud ar bith anois a d'fhéadfadh sé a dhéanamh. Bhí an téad tíre dheire scortha . . .

Chuimhnigh N. glaoch aríst ar an teilifís le meabharú dóibh go mbeadh sé ag tráchtaireacht leo an tráthnóna sin. B'fhéidir gurb é an SOS a bheadh cloiste ag Colm. Sa gcás sin déarfadh N. leis dhá mhéad dhá fhonn a bhí air féin fanacht sa mbaile nach bhfanfadh, i ngeall ar chonra a bheith sínithe aige. Chasfadh sé leo ar a n-aistear amach as an mbaile mór ag an tSlat chois an Droichid. Ag an teach ósta sin a bhí socraithe buala leis. Dúirt Colm anois go mbeadh sé cho fusa dhó a dhul ag a theach féin in a choinne agus gan an tSlat a thaobhachtáil chor ar bith. Bhí coinne eile ag N. ag an tSlat agus bheadh air a dhul ann, pé ar bith é.

Thuig N. ar an bpointe nár chuala Colm an SOS. Ba mar sin ab fhearr é. Bhí N. meadhchinnte go leor nár chuala aon duine eile acu é, ach oiread leis. Thug sé chúig nóiméad ag aithris deilín eile: níor chuala ná ní fhaca aon oibrí teilifíse a dhath teilifíse ariamh ach a chlár féin agus a chuid féin den chlár sin féin. B'ait le N. cuairt a thabhairt ar bhearbóir le go mbearrfaí agus go nglanfaí é, ach níor shíl sé go raibh a dhíol airgid aige. Má bhí sin riachtanach thuairteálfadh Colm isteach ag bearbóir é roimh an baile mór a fhágáil dóibh agus ghabhfadh sé síos ar an mbille . . .

Aicearra na gcúlshráideannaí a chua N. chun na Slaite. Thara's ariamh níor mhian leis go mbéarfaí air anois roimh an trácht a dhéanamh. Bhí an tSlat slán go leor ach a bheith cho fada léi . . .

Dubhoidhir as gaoth anoir adua a bhí i gColm anocht adúirt an Fáiscín Fionn, a rúnaí, i gcogar le N. agus é dhá theáltú féin taobh thiar sa gcarr mór fairsing. Ó fhód meara go chéile dhó ó mhaidin: cheal airgid, faitíos, anshocair comhairle, éadóchas: gach beach acu ag cur a ga féin soir siar ann, nó go raibh sé dhá shamhalú féin sáinnithe istigh i gconra a bhí ag síorchúngú air agus é ag cinnt air dréim aisti aníos. D'inseodh N. faoi áirge an chairr dhá chomhoibrithe agus dhá chomharsana, d'fhonn éad a chur orthu, mara mbeadh a athrú ann. Ba ghradam ann féin, gradam nach mbeadh aon fháil acu siúd air, suí sa só agus sa bhfairsinge sin. Níorbh fhearr a bhí sé ag Aire, ag Aire a roinne féin. Shamhalaíodh N. é in a thomhas eile ar a phearsantacht féin, mar bheadh dúblú ball nó séansaí, mar bheadh suaitheantas Gaile nó craobh oilimpeach ar a bhrollach. Shantaigh sé rud mar sin a rá uair san oifig agus ba dhona leis anois gur choinnigh an státsheirbhíseach fiodmhagúil in a thost é faoi ó shoin: 'le gan aon bhlas den tsó sín a ligean amú, a N., níorbh fholáir dhuit dhá bhundún a fhás asat féin.'

Theagadh scáth míréasúnach ar N. uaireantaí sa gcarr seo agus in a mhacasamhail. Ba scáth é go dtosódh an carr ag traoithe ar nós tuarastal cháinchiorrbhaithe, nó nach mbeadh ann thar bhlaosc sheilmide, blaosc bhriosc mhallghluaiste sheilmide, nó blaosc chonra a samhalaíodh sé nach mbeadh ifreann, ifreann *Dainty* ná aon ifreann eile, inchinnte uirthi mar phioraíochaí ach í a bheith ag cúngú ar feadh na síoraíocht ar dhuine. Ach ba nimhe neánta ná sin a scáth scaití, ag cuimhniú dhó go scoirfeadh an ghné shaoil seo, go scoirfeadh an ghné go tobann b'fhéidir, agus gurbh é an dorchadas im-eachtrach a theálta ansin. B'ionann sin le cois, nó láimh, nó súil, a chaille . . .

Bhí an scáth sin go treascarach air anocht. B'fhíor é: dúluachair cheart ba ea méin Choilm. Bhí sé ag brúsca droch-chainte as mar chláir ag teacht as muileann sáibhéaracht. Ní bhfaigheadh duine ar bith eile ann féin labhairt . . .

'An múnlach bréan móna seo,' arsa seisean. 'Caithfe muid a dhul síos inti an tráth seo de ló i ngeall ar shúgán buinní de theachta dála a bheith dhár n-iarra agus gurb é seo an t-aon tráth atá ag feiliúint dhó féin agus dhá phruibí bréan de dháilcheantar.'

'Siúráilte,' adúirt N. a raibh só spadánta a chuid ball ag sméide ar a intinn iad a leanacht anonn freisin an caol cúng sin idir an dúiseacht chorrach agus an colla iomlán. 'Is mór atá an duine ceart i n-ann a dhéanamh,' arsa seisean, gan ball ag gabháil leis cés moite dhá theanga agus dhá bhéal, a dhúiseacht.

'Cén sórt giolcaireacht ghligearam atá ortsa? Is beag a bhéarfadh orm thú a chaitheamh amach nó go bhfuasclófá dhuit féin cé is fearr a bheith ag snámh i linn bhuinní nó ag strapadóireacht ar chaisleán caca.'

Dhuisigh N., chuile mhíle ball dhe. Ba é an t-aon rud amháin a choinnigh gail bheag theasa ann an nóiméad sin gur ghlac an Fáiscín Fionn a chrobh in a crobh féin.

Bhí an Teachta ó Boitealla rompu, ag scarta in a bhiorán nua glan, mar deireadh sé féin faoi chuile ráiteachas poilitíocht dhá gcastaí in a bhéal.

'Is mór an t-ardú meanmna do na diabhail bhochta seo go bhfeicfe siad iad féin ar TV,' arsa seisean.

'Agus do dhaoine thartu,' arsa Colm, agus ba lú beann é ag caitheamh uaidh tóin ídithe a thoitín ná an t-éan beag scinnéideach a ligfeadh scuaid anuas ar hata breá gnaíúil.

'Taispeáinfear uilig le chéile ar dtús iad,' arsa an Boiteallach.

'Glacaim pardún agat, a Theachta uí Bhoitealla,' adúirt Colm, 'ní pictiúr paipéar áitiúil de na hoibrithe toghacháin é seo. Mise atá i mbun an phictiúir seo. Taispeáinfear réim an phortaigh, a fhairsingeacht, a fhad agus a leithead ar dtús. Agus a dhoimhne bhréine é freisin ach is dona liom a rá nach bhfuil an tomhas deireanach ar acmhainn aon cheamara dhá bhfuil ann fós. Nuair a fhionnfar ceamara den tsórt sin is rídhóigh gurb é Teach Laighean a chéad mhuráite agus é seo an t-athmhuráite. Ní féidir thar aicidí an phortaigh a ghabháil faoi láthair. Caithfe an eisinn fanacht, cé go mb'fhéidir go n-éireodh roinnt dhi linn ar an drompla:' bhí sé ag féachaint go tarcaisneach ar an mBoiteallach: 'tús cainte ansin ag N.'

'Shíl mé féin,' adúirt an Boiteallach, 'go mb'fhearr – '

'Mise adéarfas céard is fearr ná nach fearr, a Theachta uí Bhoitealla.'

Ní mórán a thaithnigh danracht Choilm le N. Bhí faitíos air go raibh sé de chumhachta ag an mBoiteallach é a bhrise, nó ar a laghad ar bith é a athrú nó é a ísliú uaireantaí. Duine aithiseach a bhí ann le cách, mar Cholm. Ach bhí sé dea-chroíúil. Ba rídhóigh dhá mbaintí aon iontú as gur scuaba nua ar fad a bheadh ón a chomharba agus nach bhfaigheadh aon duine sealadach pont le déanamh ní ba mhó . . .

'An ceamara anseo . . . Agus anseo . . . Agus anseo . . . Anois, a N., cupla abairt ag an bpointe seo. Faoi leas a bheith dhá bhaint as móin in Éirinn ariamh agus go mbeidh léas nua ratha seachas ariamh i ndán di feasta . . . Tá tú faoi réir . . . Oibrigh ort go bhfeice mé . . .'

'Bhí móin dhá baint in Éirinn ariamh go dtí an lá atá ínniu ann.' Ní raibh faice neamhghnách sa méid sin, ach rinne N. cónú cinnte ar an bhfocal *inniu*, rud a thug don ghlór a bheith céalmhaineach, amhail is dhá mba duine eile a bhí ag boga a theanga agus ag luasca a bhéil: 'ach ní bhainfear aon fhód aríst go Luan.'

'Go Luan, adúirt tú, nó go luath? Ach cén chiall go ndéarfá ceachtar acu? . . . Go Luan adúirt tú . . . Bhuel is fíor dhuit ní bhainfear. Nár bhaintear ná go Luan an bhrátha! Mar sin féin . . .'

Chua N. ar aghaidh, faoi threoir Choilm, leis an trácht, gan tuisle ar bith eile éiriú dhó. Bhí sé ag caint ar na hinnill mhóra a thaispeáinfí sa bpictiúr agus iad ar siúl, marach gan iad a bheith ar siúl ar ala na huaire:

'Ná ní bheidh aríst go Luan,' adúirt N. dá ghlór céalmhaineach.

'Ag an diabhal go raibh na madraí, mar scéal! Cén mallacht sinsir a chua fút le do Luan abhus agus thall. Cén chiall an Luan a bheith ag dul idir thú agus colla na hoíche? Mar sin féin is fíor dhuit é. Dé Luain nó lá mar é a bhí again a theacht anseo má ba linn a theacht chor ar bith. Ach ní fhéadfadh naoscannaí portaigh an Bhoitealla uair a spáráil ó shaotharú na buinní bréine sin, nuair nach é an portach go hoifigiúil a bheadh ag déanamh an chláir. Ní shílim go bhféadfá féin a bheith anseo Dé Luain ach oiread, a N.'

Ba bheag a labhair Colm ar an aistir abhaile.

'Ní dhéanfa muid aon smeach aríst go Luan,' adúirt sé babhta amháin le straois chráite a ghoillfeadh freisin ar an té a d'fheicfeadh ná a chloisfeadh í. 'Rinne mé puiteach bhréan, claise fhada chaochta, den phictiúr. Ní thiúrfainn an oiread dhá chroí don Bhoiteallach, an brogús caca. Pógadh sé mo thóin, tóin d'oirshliocht álainn ársaidh Chobhthaigh Chaoilmbreagh agus b'fhéidir go mbeadh dearglaoch ag fás aisti anois i ndiaidh an mhóinteáin . . .'

Ghoill an ghráiscínteacht ar N. Thiúrfadh duine eicínt nach raibh ar mhaith le Colm ar ais ag an mBoiteallach í, nó dhéanfadh sí imirce ó bhéal cabach go chéile nó go mbainfeadh sí an ceann cúrsa céanna amach. Facthas do N. gur chóir, de ghrá an réitigh agus d'fhonn chuile dhuine a choinneáil leat féin, slán a fhágáil ag an mBoiteallach freisin. Nuair a shamhalaigh sé sin le Colm agus iad ar thí imeacht den mhóin ba fhrancaithe a d'fhéach sé air:

'Ní fhágfainn an ghail a éiríos de mo chac aige, fiú, marar chomaoin ar bith air é agus a liachtaí cuisne gail bhréan anseo cheana aige. Dar ndóigh níl air an chomaoin sin a iarra ar aon duine, níl call dó a dhul thar chríocha a phearsa cacbhláfar féin . . .'

Lig Colm Fáiscín anuas ag a doras agus bhí ar tí bailiú leis aríst nó gur bhrath sé go raibh spochadóireacht eicínt ag N. le láimh an dorais.

'Ar amuigh nó istigh atá tú ag iarra a bheith?' arsa seisean cho hanglánta is a chuala N. ariamh é. 'Amuigh! Bhuel bí amuigh! . . .' Thug sé isteach an doras d'aon fhothramán amháin a mhothaigh N. ag dul thrín a chnámha, ar aithin sé gur séana iomlán é air féin agus ar le meabharú dó a bhí go raibh sé amuigh as an gcarr sin 'len a loiseag aríst' mar dúirt N. in a intinn féin é.

Tháinig an-fhonn caointe ar N. Cén fáth dhó gan rud eicínt

a dhéanamh ar feadh an lae? Ba dhuine anonn agus anall é, mar bheadh sé in áit spalptha ag tóraíocht baslach uisce, ach ansin nuair a d'aimsigh sé an t-uisce gur thug sé faoi ndeara go raibh a lámha fágtha in a dhiaidh aige in áit eicínt nár chuimhneach leis.

'Tá mo bhean básaithe,' arsa seisean d'aon phlub amháin cainte le Fáiscín. Ach ansin ba léar dhó go raibh air é a rá.

'N. bocht,' arsa sise ag oscailt an dorais agus dhá fhágáil ar fhaonoscailt in a diaidh. Ansin de bhord amach aríst ar N.:

'Ná déan aon torann ar an staighre . . . An bhfuil do chroí briste, a N?' arsa sise, ag sméaracht faoi dhéint slaidín an tsolais ag doras an tseomra, ach gan fanacht le freagra: 'is dóigh nár ith tú aon ghreim ó mhaidin, ná nár ól – mórán ar aon nós. B'fhurasta aithinte ort é anocht. Bhí truaí agam duit, a N. Ní chreideann tú sin. Bhí do dhá shúil sloigthe siar i do cheann agus maidir le do ghlór, ba gheall thú le duine ag aithris ar dhaoine eile. Bhí Colm in a mhuicín agus ina chollachín in éindigh. Ar thug sé mac na móna, nó rud eicínt ríchosúil leis ar an mBoiteallach? Beidh air é sin a bhaint as an gclár. Is deacair milleán a thabhairt dó. Tá an-fhonn maitheasa air agus ní luar leis an sioc ná aineolaithe a bheith ag cur a ladar in a chuid cúrsaí. Nóiméad anois agus beidh greim agam.'

Bhí cual ceapairí ag carnú ón a scian agus a farc.

'Seo,' arsa sise, ag tarraingt amach as almóir buidéal a raibh ginéibh go gualainn ann, 'líon amach taoscán dhomsa freisin. Is túisce deoch ná bia féin. Níl sa teach ach buidéilín gágach amháin *tonic*, ach cuirfe muid thríd an tae é.

'Ní raibh tú ariamh gan an choinneall nó a hábhar,' adúirt N., ar facthas dó go raibh air rud eicínt a rá, agus casadh an deilín seo in a bhéal. Ar baillín scaoil ál eile de na deilíní uaidh as sámhas an bhia agus an óil.

'Tá mé i mo bhithin óg aríst, go raibh maith agatsa as a ucht.'

'Ainneoin í féin a bheith ar lár,' adúirt Fáiscín.

Bhí N. roshách, robhogtha le dhul ag caraíocht le cruacheist den tsórt seo. Ba lór í mar cheist le é chur siar aríst ar dhán dhoiligh a lae, ach go raibh sé sách grinn san airdeall gan smid a rá a bhféadfadh sí é a bhaint d'adhmad as go raibh sé ag tnuthán le aon airgead uaithise. Mar bhí a fhios aige go mba tnuthán dó, agus nach mba fáil. Ba éard adeireadh Colm go mba síorsheic réamhdhátáilte í Fáiscín, gan aici ó 'bhó' go 'bó' ach mar bhlíodh sí oifigigh caidrimh phoiblí, teilifíseoirí freisceanach agus an aicme sin ar fada leo go bhfaighe siad duine a ólfas deochannaí uathu, aicme atá ag dul i ngainne in aghaidh an lae, is baolach. Bhíodh ar N. féin stiall mhaith a sceithe anuas dá chuid táillí le í a chosaint ar thiarna an tí a raibh síorfhuagra seachtaine as an seomra seo aici uaidh. Chuimhnigh N. ar scéal a bheatha. Thaithneodh an t-eolas sin le léitheoirí. Ach a bhféadfadh sé é a fhoilsiú? Níor dhóide beirthe é ná go bhfáiscfeadh deirfiúrachaí na mná dlí air agus iad féin cho maith leis-sean a náiriú, ag iarra costais idirscartha iar-ré a bhaint dhe. Ba ghearr gur aithin sé go raibh a súile neamh-bhíogúil, níorbh ionann is a ngnáth-leagan. Ní raibh gan ídiú den *tonic* anois ach bloigimín, níor bhac siad le tae a réiteach agus bhí an ginéibh ar a aghaidh ag goilliúint ar Fháiscín. Sa deire rug sí ar bhunrí air, le cur faoi deara dhó an ghloine a choinneáil suas len a liopaí agus a súile dúinte ar fad aici faoi seo. D'éirigh sí go tobann, bhain di balcais shlaodach a bhíodh uirthi sa teach i gcónaí, ar 'sciath' ainm N. uirthi, cheal a mhalairt sin d'ainm a chloisteáil uirthi. 'Níl a fhios agam cén fáth sciath,' adeireadh sé. 'Sciath í le do chuid éadaigh a choinneáil glan agus ansin tá sí sách dúshlánach i gcosúlacht le bheith in a crios gheanmnaíocht, is é sin mararb í an fheidhm chéanna í.'

Chroch sí éadaigh na leapan, rop dhi síos a *sleaiceannaí* gorma ar a glúine ardaithe agus shín siar. Shuigh N. ar colbha agus líon amach taoscán eile a chuir ag puthaíl chasacht í nuair a choinnigh sé suas len a béal é. Ba ghearr go raibh ligean a hanála go réidh socair. Tháinig a láimh i leith, ag sméaracht ar thóir raca, adúirt sí, ach ba ar láimh N. a rug sí.

Rinne intinn chollatach leath-bhrionglóideach N. Venice, cathair uisceach chainéalach a raibh dea-dhuine faoi ilchineálachaí bréigriocht ag imeacht inti. Ba é Columbus é ag iarra mairnéalach le dhul ar thóir Oileáin Úir. Ansin ar chaoi eicínt rinne sé *Ancient Mariner* nach raibh N. i riocht a thabhairt de shonraíocht air ach gur bhrilleog léin é ag glafarnach aníos as an uisce: 'deile céard a dhéanfá ach thú féin a thabhairt suas do na gardaí . . .' Ach tháinig sé as an tromásc sin in a loingseach ar iomra arbh é an chéad duine ariamh é a bhí air. Chaithfeadh N. é sin a scríobh sa scéal. Tháinig sé go dtí oileán uaigneach. Ar a chosa a chur i dtír ann d'athraigh sé cruth – d'athraigh sé in a fhear ghlas! Ach tháinig athrú eile air an tráth céanna. Ba é féin, N., a bhí ann, ar feadh na faide. Eisean, N., N. na sainte, an tnúth, an chraois, na leisce, na feirge agus na drúise, ba é féin an dea-dhuine! Agus an t-oileán faoi féin! Agus gan aon soitheach peacaí daonna ann le cathú a chur air, len a neamhchiontacht a choille. Gan ar a aire ach ag smaoiniú ar a dhea-dhaonnacht agus ag baint taithnimh shíoraí as an smaoine sin! Ní raibh airgead ná ól ná údar feirge ná drúise le cur isteach ar a dhea-smaointe. Ach ná raibh ann mara dtuirsíonn sé díobh! Agus b'fhearr leis in a dhrochdhuine, imithe den oileán naofa, ar mhuir mhór an tsaoil pheacúil, ar ais in oileán peacúil na saoithe . . .

Bhí sé ar ais ag féachaint thrí ros sámh órga ar an long a bhfuair sé iomlacht inti:

Tháinig long ó Valparaiso
Scaoileadh téad a seol sa chuan . . .

Ní raibh a fhios ag N. cén chaoi a ndearna a intinn féin uisce ar fad mar sin. Pioraíochaí b'fhéidir a chuir *Dainty* air faoin oileán naofa a thréigean. Uisce, linn uisce, agus an long ag seola anonn agus anall ann. Bhí rud eicínt i bhfastós in a cholainn: mar bheadh géaga: téada, slata agus seolta na loinge, deile?

Ghluais an long thar linntibh mara
Fad ó shoin agus a crann mar ór
Scríobh a scéal ar phár na hoíche,
Ard i rian na réaltan mór.

Scríobhfadh. I scéal a bheatha. Don Radio, don Teilifís. Dar a shon nach scríobhfadh. Nár thaithneamhaí é ná bréanmhóin, ná poill bhundúin na hÉireann. Bhí sé go díreach ag dul dhá léamh san am ar rugthas i ngreim cúl cinn air – an Boiteallach, an Boiteallach, Frag bhreán na Móna – agus cuireadh bróig go feirc in a thóin, amach síos as an Radio! Fuch! Fuch thú, a Bhoiteallaigh! Clogad leonta ar do ghléas, a Bhoiteallaigh! Fuch! . . .

Dhúisigh N. Ní raibh aige ach cuimhne mhaoilscríobach faoin mbrionglóid ach b'fheasach é go raibh Valparaiso inti agus é ar a dhícheall ag solár dréacht Radio faoi ar dhúiseacht dó. In a dhúiseacht dhó níor shíl sé gurbh olc an t-ábhar dréacht chor ar bith é an Valparaiso céanna. Níor mhór cuimhniú ar bhearta nua dhá mba i ndán is go gcuirfeadh an Boiteallach breá toirmeasc teilifíse orthu. Ag iarra a shamhalú cén cur síos a dhéanfadh sé ar 'chathair scáfar glé mar sheod' – cathair sciobadóirí sparán, deile – a bhí N. nuair a dhúin an t-athcholla anuas air . . .

Ach ba chorrach an colla é. Bhí sé ag dearca síos sa gcainéal ag tóraíocht rud eicínt, agus é ag cinnt air a shúile a ardú aníos. I lár caochphoill agus cíocraí a fuair N. é féin ansin. Ní raibh a fhios aige cén fáth é a chasa in áit cho héadóigh. Ag scaoile cnaipe b'fhéidir. Ach in a leaba sin fachtas dó gurb ar a mhine ghéire dhá choinneáil a bhí sé. Bhí fear, fear nár neamhchosúil leis an mBoiteallach, as a chionn, ag bagairt air, ar a anam gan scaoile uaidh. Pé ar bith cé an chaoi ar casadh ann é b'ann a bhí sé agus é ag gabháil rite leis a theacht as. A thúisce is a tharraingíodh sé cois bheadh an chois eile go dúid. Ba ghearr gur chinn air leathchois a bhréaga as caochpholl. Thairg sé luach saothair don fhear ach é a thabhairt aníos slán as an bpoll móna. Bhí a sparán amuigh ag N. le maith a dhéanamh dhá ghealltúint. Sciobann an fear an sparán agus a raibh ann agus as go brách leis! D'airigh N. é féin ag sciora le fána tuille sa bpoll, ag sciora síos, síos i gconra. Bean a bhí sínte sa gconra, puisbhean a raibh liathachan in a folt agus boimbiléad áibhéil tóna uirthi. Bhí N. ar thob síne síos le hais sliasaid nach maithfeadh tada den tóin suas uaithi i dtaobh téagair. An nóiméad sin rinne an tsliasaid fear bríomhar dorcha ba chosúil le fear Chumann Uinsean de Pól ach nárbh é. Thrí cheo caoch an phortaigh d'aithin N. an sagart. D'fhuagair go francaithe ar N. a fhaoistean agus a anam a dhéanamh gur ghearr an t-ionú a bhí aige. Cinnte go leor ba sheo é isteach anois ina phóilí é agus boltaí láimhe aige . . .

Gheit N. in a dhúiseacht. Bhí an Fáiscín in a dúiseacht freisin: 'Níl aon dán dhá raibh i mo chuid leabhara scoile nach bhfuil ráite agat, a N . . . Agus is mór a thiúrfadh Colm ar t'acmhainn droch-chainte . . . Ó, níl a fhios agam. Ná fiafraigh dhíom, a N . . . Ar chuile shórt cho maith leis an mBoiteallach. Ar chumann Uinsean de Pól, ar Arm an tSlánaithe, ar shagairt, ar chapaill . . .'

Níor mhór seisiún fada de bhéal tais Fháiscín len a shuaimhniú chun suain aríst.

An ceann 'págánaigh' a bhí air a dhúisigh in a dhiaidh sin é. Bhí aithne i gcúinní an tseomra go raibh an solas ag sárú an dorchadais. Níor chorraigh N. nó go raibh smeara solais ar fud an tseomra uilig. D'ardaigh sé an t-éadach leapan anonn thar chosa Fháiscín, dhá chois fhada a raibh mar bheadh go leor lochíní aisce déanta acu agus a raibh an réim a bhí leis díobh beagnach do-aitheanta ón mbráillín i solas mílíoch an mhainneachain. Chuir siad N. ag smaoiniú ar rudaí míthaithneamhach, an teasaire sa Stór Mór ar mhíthaithneamhach leis a ghile anois, míshnú miosarún púca, dhá choinneal i dtaisce ar feadh i bhfad, faoi chomhair coirp b'fhéidir, dhá chlár a mbeadh min fanta orthu ó úrshnoíochan. Ba léar nach bia ro-oiliúnach a bhí Fáiscín a chaitheamh. Céard a bhí sí a dhéanamh len a tuarastal? Ní raibh sí ag íoc tiarna an tí, ná na siopaí. Ní ar éadach a bhí sí dhá chaitheamh, mar bhíodh sí leathfheidheartha. Ná ar ól. Bhí sí ag ól, ach ba bheag dhá caillteamas féin a bhí leis.

Níor fhéad N. cuimhne na gclár a chuir as a chloigeann. Bhí cuimhne dhoiléar aige faoi chonra a bheith ina bhrionglóidí aréir. Chuir sin scáth air agus shocraigh sé an t-éadach ar ais gan Fáiscín a dhúiseacht. D'ól sé blogam d'fhuílleach an ghinéibh a chuir a choimpléasc ag drioga, fearacht is dá mba shreanga dealgach a bheadh i ndiaidh a dhul in a bholg. Réitigh sé scalach tae láidir dhó féin a d'ól sé d'aon ghailleog, agus nár fhan ar a ghoile ach feadh an chéad smeámh den aer úr a dhul faoi. Bhí fonn air breathnú ar ais ar an leaba, leaba fhairsing shóúil a bhfuair sé dea-óstachas na hoíche inti ainneoin chuile rud. Ní raibh a fhios aige cén t-údar nach raibh fonn ar bith air breathnú ar Fháiscín. Ba é dreach an chláir, dreach an chláir bháin thuartha faoin smeara dearg ealaíonach a bhí uirthi, cé nár thug sé chun suntais ariamh é roimh an mainneachan sin. An ginéibh ba chiontaí, adúirt sé leis féin: an ginéibh a bhí ag cur a chinn ag damhsa ar a cholainn. Rinne se a bhealach go socair síos an staighre agus ba réidh an dúna a thug sé ar an doras in a dhiaidh . . .

Shéalaigh an t-aer amh líofa an spaid as a chuid póite.

Amuigh dhó ar bhóthar chiúin an bhruachbhaile ba léar dhó nach raibh aige seomra an Fháiscín a fhágáil, nó go n-ársaíodh an mhaidin, nó go mbeadh an oiread daoine ar a gcois is nár chuid mhór suntais é féin. Ní bheadh aon fhaitíos air, mórán, faoi phóilí ar a fhálróid a chastáil dhó. Thuigfeadh an póilí gur fear tuirseach ar a shlí abhaile a bhí ann tar éis oíche dhrabhláis. Éad ba dhóigh don phóilí a theacht air: d'fhéad chuile dhiabhal a bheith ag rúsca in a scioból teolaí ach é féin. Faoin tráth seo bheadh an póilí féin buille tuirseach le araoid a chur ar aon duine, mara mbeadh ceann ann a gheofadh sé ag dianchoiriú go doshéanta, ag iarra fuinneog tí a chomhéigniú cuir i gcás, nó ag plubairt fhuail nó chaca in aghaidh doras clochair. Sa gcás deire sin níor dhóide beirthe é nó ligfeadh sé leis i ndiaidh an tuar a thiomáint siar aríst ann le bróig agus bata.

Ba iad póilíos na gcarrannaí an chontúirt. Ar éigin ba chall dóibh corrú dhá dtóin sa gcarr le duine a cheisniú agus a thabhairt go beairic. Chaithfidís cruthú go raibh siad ag obair. Mar ba chinnte go mbeadh dúnmharú rubáil, troid nó banéigniú in a limistéar ba cheart dóibh a fheiceáil agus nach bhfacadar. Ba deire oíche mar sin ba mheasa iad: bheidís ag iarra líon áirid a bheith gaibhte acu de bharr na hoíche.

Na pasannaí cúnga, na lánaí beaga nach raibh inneolta ag carrannaí a chua N., cho fada is ab fhéidir leis. Chuir sin ceann cúrsa, má b'éagruthach féin é, in áirid dhá chuid siúil. Níor mhoilligh ná níor dheirfirigh romhór, agus sheachain chuile ghotha ar leiscéal é go gcuirfí araoid air. Ba mheasa dhó breith air inniu agus é a thabhairt abhaile ná inné féin. Peacaí aon lae a raibh le cur in a leith inné: peacaí lá go n-oíche inniu. Ná níor mhothaigh sé é féin neamhchiontach mar mhothaigh inné . . .

Bhí a cheann cúrsa dhá shonrú féin as caoladóireacht dhlúthfhite lánaí, bóthairíní agus cúlbhealaigh. An neach soilíosach, ba shin é a chuspóir. Bhí sé sin ann i gcónaí, in áit eicínt, ach duine dhá fháil amach. Dhá gcastaí dhó in am inné é, tharrthálfadh sé é. Cá bhfios nach mbeadh an báire leis inniu? Cá bhfios nach raibh beart eicínt a d'fhéadfadh sé a chur in a shuí inniu nach raibh sé i riocht inné? Nuair a chabhaireodh Dia leat ní fhanfadh fuíoll béime ar do láimh.

Rinne N. gníomh croíbhrú le Dia faoin a aois díofaill. Ach bhí sé muiníneach go bhféadfadh a chionta a bheith i bhfad ní ba mhó. Dhá mba sparán a sciobfadh sé cuir i gcás ó dhuine arbh é a chuid den tsaol é. Gheall Dia díoltas ar leith don dream a dhéanfadh leatrom ar bhaintreachaí . . . Ba í Fáiscín féin adúirt go dtuigfeadh Dia, gur thúisce a thuigfeadh Dia ná duine saolta ar bith. Bhí peacaí áirid ann nach dtugadh Dia d'aird orthu thar mar thiúrfá ar fhuagrán teilifíse, ach a thúisce do chuid eile a theacht ar Teilí na bhFlaitheas ba shin é ina dhúiseacht suas é, cluais air, súil air, bruas air, srón air . . . Ba chosúil go raibh comhthuiscint mhaith idir Fáiscín agus Dia. Ach níor chóir aon ghéille a thabhairt di. Ba chol le N. mar d'óladh sí ginéibh. Ba mhaith dhó aige aréir í, doilí. Thug sí bia, deoch agus dídean dó. Dhá huireasa bheadh sé i ngreim ag na gardaí.

Bhí sé ag cinnt air aon mhionbhealaigh a fháil ní ba mhó. Bóthairí carrannaí iad seo. D'fhiafraigh N. go tobann dhe féin tuige a raibh sé dhá chur féin i gcontúirt gardaí ar an gcaoi seo? An cúntóir soilíosach. Ba éard a bhí go héadearfa in a intinn glaoch air sin, a dhul go dtí áit a nglaoifeadh sé air sin. Ní robharrainneach ba léar dhó féin gur chuig an droichead a raibh sé tráthnóna inné a bhí sé ag triall, an áit ar casadh an Neach Soilíosach in a dháil. Ach níor dheirge an leaba ag an Neach Soilíosach in áit thar a chéile:

Bhí sé ar buis agus ar bais
Agus ar bharr an chuaille ghlais.
Théadh sé anonn go Tír na Long
Agus d'fhilleadh ar ais go treorach deas.

D'fhéadfaí é a fháil nó glaoch air as áit ar bith.

Ba é rún N. glaoch ní ba dheireanaí air, ach gan é a fhágáil cho deireanach is go mbeadh sé imithe amach. Thóraigh sé a phócaí ach chinn air a uimhir teileafón a fháil. Ba éard a mhaolaigh a dhiomú smaoiniú go mb'fhéidir gur titim as a phóca tí Fháiscín a rinne sé. Ba í an Fáiscín céanna, idir a cuid ginéibh agus a cuid méiseála, a leannán peaca, a lá leoin. Ach ansin d'aon iarra smaoinigh sé nár dhóigh go raibh baint ar bith ag tigh Fháiscín ná ag aon áit eile leis. Ba mar bhí ba dhual. Níor chóir go mbeadh an uimhir sin le fáil i mboc boise, cho meicniúil is gheofá siopadóir nó dochtúr nó anlacanaí, neach diamhair mar é. Níor lag misneach N. luath ná mall. An Dia garúil a chuir an dea-dhuine, an Neach Soilíosach, fiú Fáiscín féin, in a bhealach, b'fhurasta dhó tuille acu a sheola chuige freisin. Níor chall a dhul dhá dtóraíocht. Go deimhin ní bheadh aon mhaith a dhul dhá dtóraíocht. Chaithfeadh sé stuaim a choinneáil ar an bhfoighid nó go seolfadh Dia duine in a dháil a d'inseodh dhó céard ba chóir a dhéanamh, le go bhféadfadh sé a dhul abhaile agus a chuid cúrsaí a chur in alt. Dhá dtéadh sé chuige sin b'fhurasta an leiscéal a bhí cumtha aige mar mhíniú ar a chuid moille inné a chur i bhfeiliúint don lá inniu freisin.

Tháinig sé amach ar bhóthar nár aithin sé, bóthar ní ba mhó ná chonaic sé fós inniu. Ar an taobh thall uaidh bhí páirc bhreá a raibh teach áirgiúil fada thíos ag a híochtar, achar isteach ón mbóthar. Bhí an pháirc faoi chrainnte, tomachaí agus fálta de chuile chineál. Chuimhnigh N. go mba an-dóigh í ag a leithéid féin, le dhul i bhfalach i dtom nó faoi sceach inti agus fanacht ansin nó go n-éiríodh an baile mór as éadan an mhaidin Domhnaigh sin. B'fhada fós é i gcosúlacht.

Shiúil faoi gcuairt leis an sconsa nó go bhfuair áit a raibh sé sách íseal le dhul thairis isteach i gcois dá leith. Níor bhreathnaigh sé ro-ghrinn ar an tom. B'fheasach dó í bheith cairithe foltach díonmhar agus nár dhóigh go bhfeicfí ón mbóthar inti é, ná ón teach mór ach oiread. Ní raibh sé in a cheithearnach coille go dtí anois! Céard déarfaí san oifig? Bheadh cuid acu ag tnuthán go mbrisfí é. Ar aon nós ba sheo é a raibh le déanamh aige: Dhá dheasú féin isteach faoin tom dhó chuir an drúcht, gaimhín na maidine agus an talamh spaidiúil nach ligeadh an tom dhlúth mórán de theas na gréine in a ghaire drioga fuaicht ann. Ba é a cheann a bhí amach aige leis an gciumhais. Bheadh súil bhláfar na gréine anoir air nuair a d'éireodh sí.

Ba ghearr gur théaltaigh a fhuacht agus a imní. Mhothaigh sé an tsábháilteacht in a crotal air, ag tál ola chineálta ar a ghéaga a bhí spadánta go leor. Ní dhearna sé aon suaimhneas ceart aréir idir Fháiscín agus tábhaistí a chuid suain. Thosaigh sé ag iarra an bhrionglóid sin a raibh sé de rún aige dréacht a cheapa in a taobh a athchruthú. Níor mhór dó cuimhne a choinneáil uirthi, nó go mbeadh faill aige í a chur i scríbhinn. Chaith sé seal dhá shuan ar long a bhí ag dul go Valparaiso nó ag fille as. Faraor ghéar nárbh fhíor é! Réiteodh sin chuile shórt. Ach bhí a donas féin sa long sin freisin. Casadh i muir théigle í. Bhí an téigle cho spadánta, cho marbhánta sin, gur bhuail suanaíl dochloíte chuile dhuine. Níor shuan suaimhneach é. D'airigh N. an láimh fhada chrágach mar shínfí anuas an simléar í, faoi thuairim a sparáin. Bhí N. i n-ann an saothar scéine a bhí ann féin a chloisteáil thrín a shuan. Ní raibh ann ach Fáiscín dhá ghreamú ní ba dhlúithe chuici féin. Ansin chonaic sé leaba agus marbhán fillte ar a chéile inti. Ar éigin ba léar do N. súile an mharbháin. Ach ba léar dhó an t-éadan a raibh neamhshnú ghainimh thais teagtha air. Le leagan a shúile thosaigh snú cinnte ag teacht ar an ngainimh, d'iontaigh sé dubh. Bhí cupla bean in a seasamh timpeall. Bhí méir le duine acu dírithe ar na súile sa leaba. Anois ba léar dhó iad, ní ba mhó ná bhíodar ariamh beo facthas dó. Súile beaga a bhí iontu agus í beo.

'Ní dhúinfe siad go brach anois,' adúirt an mhéir iomardach, 'faoi nár dúineadh in a dtráth cuí iad. Ná ní shínfe a corp. Tá sí stromptha. Cén chaoi a gcuirfear i gconra í? . . . Ní mór conra spisialta a dhéanamh anois. Ach ní fhéadfaí conra a dhéanamh a dtuillfeadh a corp inti san ainriocht sheactha a bhfuil sé anois.'

'Ord agus orlaí maith,' adúirt an bhean eile agus lig reacht geiltghlinneach gáire ag féachaint ar N. di. 'Bruscar mion a dhéanamh dhá cnámha agus ansin is féidir iad a chur in a gcuaillín i mbosca ar bith.'

Chonaic N. ord ag snámh i leith faoin a choinne. Chúlaigh siar le é a sheachaint.

'Chuala muid,' arsa an chéad duine, 'faoin mac dochomhairleach a d'iarr a chuid ar a athair agus a ghread leis le dosca a dhéanamh. Ach ar a laghad ar bith ní hé an lá ar bhásaigh a bhean a thug sé roghain ar a dhul i ndiaidh ban coitianta.'

Dhúisigh N. aníos de gheit ó thaobh Fháiscín a shíl sé ar dtús – ó bhun na sceiche i súil na gréine a bhí dhá dhalla. Bhí súil dhíbirceach eile anuas air freisin, súil, ó chuirfeá in aon áireamh léi an bata ramhar ag giongaíl fúithi thíos sa láimh, nár mhórán tomhais ba ghá le tuiscint go mba le fear faire í.

'Ní thiúrfa tú suas do na póilíos mé?' adúirt N. agus chuir stró in aisce air féin le greim an fhir eile ar a ghualainn a bhoga.

'Céard tá tú ag iarra a dhéanamh?'

'Imeacht ó na póilíos.'

'Céard tá déanta as bealach agat?'

'Céard tá déanta as bealach agam?'

'Deile? Céard tá déanta as bealach agat? Is furasta aithinte ort é. Do phlapa mór osclaithe suas go dtí do bhéal!'

Bhí. Níor chuimhnigh N. a threabhsar a dhúna ag imeacht as tigh Fháiscín. 'D'éireodh sé do shagart an phobail, a dhuine chroí . . .'

Lig an fear faire grúis nach mbeadh a fhios ag duine arbh aontú easontú í, ach níor dhúirt sé tada.

'Is fíor dhom é, a dhuine chóir, níl rud ar bith déanta as bealach agam. Rudaí a rinneadh as bealach orm. Mé a rubáil inné.'

'Cén chiall mar sin go bhfuil tú ar do chaomhúint ar phóilíos?'

'Tá, a dhuine chóir. SOS atá amuigh . . .'

'Chuala mé inné é. Fear a bhfuil a bhean básaithe.'

'Agus tá na póilíos ar mo thóir le mé a thabhairt abhaile.'

Agus d'fhéach sé len a scéal a inseacht don fhear faire, ainneoin go raibh an imní agus an túnáiste géaga dhá chiorrbha air agus gurbh é an dual ba thábhachtaí ann faoi seo é bheith ag tóraíocht gadhair gan fios a dhath.

'Bhuel,' arsa an fear faire, 'ní fhéadfa tú fanacht anseo. Óstán do mhná óga atá ag obair ar fud an bhaile mhóir é an áit seo, an teach mór sin thall. Ba deas an féirín do cheann acu féachaint amach thrín a fuinneog le breathnú isteach i do phlapa mór osclaithesa le héirí gréine . . . Ó, a chloiginn – ná ceap gur tú an chéad duine ar rug mé anseo air. Ach ní hiondúil gur in a gcolla a bheirim ar an gcuid eile. Tá óstallán ag mac-chléirigh ar chúla an tí, thiar ansin. Tá geata beag amach ar chúla na háite seo ag béal an óstalláin. Sé an chéad mhaith a dhéanaim tús oíche ar m'fhaire an geata beag sin a chur faoi ghlas, ach tá aibhirseoir eicínt ar chinn sé orm breith air a bhaineas an glas, is cuma cén cur a bhíos air. Tá ealaín ag na cathaíodóirí mná seo anseo le sméide leis na soilse as na fuinneogaí cúil anonn ar na mic-chléirigh. Is minic a rug mé ar dhuine de na scaibhtéaraí thall ag dul isteach sna fuinneogaí anseo. Barr ar an dathúlacht is eiricigh agus eiricigh dubha cuid de na mná atá anseo. Seachtain ó shoin rug mé ar mhac-chléireach a bhí istigh síos go dtín a ghabhal i bhfuinneog. Strachail mé amach é. Diabhal blas a rinne sé ach greim muiníl a fháil orm! Ba mhaith an píosa buachaill mé tamall, ní as ucht mise dhá rá é. Bhí craobh an airm agam. Bhíos agus doscúch. Bhí chuile fhocal de *Chúirt an Mheán Oíche* ar bharr mo theanga agam . . .'

'Muise le hanam do mharbh, an raibh sé sin agat?' adúirt N. nach raibh a fhíos aige céard é féin ach a shíl go gcaithfeadh sé go mba rí-dhrochrud é.

'Bhí muis,' adúirt an fear faire. 'Is minic a bhí mná anseo ag stróca liom ag iarra é a rá dóibh, é a scríobh amach dóibh, ach ó chuir Dia an cúram seo orm . . .'

'Thug tú bata don mhac-chléireach,' adúirt N., 'agus ba é a thuill sé.'

'Ní chreidfeá é, a dhuine chroí, ná aon duine, ná mé féin marach go ndearna sé é. Meas tú nár chuir sé taobh na bpoll as mo chionn! Nár fhága mé seo. Isteach an fhuinneog leis, tarraingíonn anuas í agus an lúbán a chur uirthi taobh istigh. Bhí mé idir ord agus inneoin ar féadh na hoíche, é a fhuagairt nó gan fhuagairt. Ba é an scéal é bheadh sé in a Laoi Chab ar Dosán dhá bhfuagraínn. "Ara bíodh aige," arsa mise. "Sé an dá mhar a chéile é. Gabhfa mé anonn go dtín a uachtarán féin amáireach agus fuagród . . ." Diabhal mé gurbh aisteach liom in a dhiaidh sin go raibh sé i n-ann talamh a thabhairt dom. Thosaigh sórt scáth ag teacht orm faoi. Mara bua eicínt a bhí ó Dhia aige le gur fhéad sé é a dhéanamh liom! Ar maidin chua mé anonn gur bhuail mé ar an bhfuinneog a ndeacha sé isteach inti aréir roimhe sin:

'"Tá sé in am agat a bheith sách den scioból agus den easair sin feasta," arsa mise. Seo amach é chugam. Bhain mé cratha as. Níor mhíne an t-uan féin ná é. Anonn abhaile leis cho cloite le mada báite. "Dar fiagai tá lán do ghoile den Chúirt agatsa, a bhuachaill, go ceann scaithimh," adeirimse. Go sábhála Mac Dé sinn, go ligfí dhá leithéid sin a dhul in a shagart ag Dia! Daighean a fhios agam. Chuimhnigh mé ansin gur amach sna tíreannaí coimhthíocha a bheadh sé ag dul agus go ndéanfadh sé cúis sách maith do na daoine dubha sin. Is iomaí naomh mór nach é a chaith a shaol ag déanamh aithrí as ucht a bháire baoise. Agus cá bhfios nach raibh rud maith fágtha in a dhiaidh aige – bhí sé sách fada leis ar chaoi ar bith – údar eile sagairt . . . Ach déarfa mé an méid seo. Níl a fhios agam ar cor é atá ag teacht ar an saol nó nach ea. Nár agraí Dia orm é! Déarfainn go mba chóir cead pósta a bheith ag sagairt. Níl aon suaimneas i ndán d'fhir faire nó go mbeidh. Sin nó an choillteoireacht a theacht de dhlí amach . . . chuile ghinealach go tóin acu. Nár agraí Dia orm é! Sílim nach bhfuil an Pápa féin le trust tar éis a bhfuil d'fhaire air . . .'

Ba gheall le gur athraigh scoilte na cainte seo inti féin méin an fhir fhaire faoi N. Bhí sé tar éis teantás agus boigeshíne a thabhairt ar iarann fuar dobhogtha an dualgais. Thug sé N. isteach in a lóiste faire agus réitigh béile maith oiliúnach dó. Ba léar do N. gur dea-dhuine eile é agus go raibh Dia anois ag oscailt chuile bhearna roimhe. Bhí N. tar éis tuairisc bhaileach a thabhairt ar a chuid cúrsaí dhó cés moite den eachtra le Fáiscín. Mheas sé nach bhfeilfeadh sé é sin a inseacht do Chomh-Aidiúnóir le Dia mar é. B'ionann comhairle a fháil uaidh agus ón Neach Soilíosach féin.

'Tuigeann tú mo chúrsaí anois cho maith is a thuigim féin iad,' adúirt N. leis. 'Is fada liom ná fios mo shaoil nó go mbeidh mé sa mbaile. Céard is cóir dhom a dhéanamh le dhul abhaile go gnaíúil?'

'Níl a fhios agam,' adúirt an fear faire, 'níl a fhios chor ar bith. Go gcuire Dia ar do leas thú! Mar adúirt tusa, ó chua sé cho fada seo, b'fhéidir gurbh fhearr an fille abhaile a chur ar cairde go dtí amáireach. Déanfa siad féin sa mbaile treoraíocht. Caithfe siad. Séard a mholfainn dhuit a dhul ag an aifreann agus iarra ar Dhia thú chur ar do leas. Más abhaile ab fhearr leis thú a dhul cuirfe sé aingeal rót amach le eolas a dhéanamh. An gcreidfeá é gur minic a bhí mé i mo shuí ansin sa lóiste seo amach san oíche nuair a d'fheicfinn an t-aingeal ag an doras, gan orm ach é a leanacht go dtí an fhuinneog – agus a liachtaí fuinneog ann, a thiarna! – thall sa teach mór agus breith ar ioscadaí ar mhac-chléireach agus é tharraingt amach in aghaidh a chosa as seomra bean, as seomra eiricigh eicínt. Agus an bhfeiceann tú anois gur chuir mé suntas ann nach aingeal ar bith a bhí ag déanamh eolais dom, gur de mhaol mo mhainge féin a chua mé anonn, an oíche ar dhúirt mé leat ar rug mé ar an léighnidh beag. Agus dhá chomharthaíocht sin féin dúirt mé gurbh fhéidir nárbh í toil Dé go bhfuagróinn é. Bhuel siúráilte is ceird faoi leith í mo cheirdsa anseo. Mara mbreathnaí Dia i ndiaidh a mhuintir féin cé a bhreathnós in a ndiaidh? Ach, a N., má tá tú ag súil nach dtiúrfa na póilíos aon suntas duit, b'fhearr dhuit thú féin a níochán agus a bhearra. Tá áit anseo . . .'

Ag dul síos chun an phobail dhó ní raibh aon fhaitíos fanta ar N. roimh na póilíos. Bhí sé ag cur aithne ar dhea-dhaoine. Pé ar bith céard a dhéanfadh sé ba é toil Dé é. Ba chosúil go raibh aingle soilíosach freisin ag dul thart i ngach áit dhá bhféadfadh duine iad a fheiceáil. Chuimhnigh sé gurb aingeal ionchollaithe a casadh air féin an trathnóna roimhe sin. Ba mhinic a chuala N. go raibh rudaí nach raibh aingle i n-ann a dhéanamh, ach ba mhór ab fhiú do dhuine leis iad.

Ba léar gur bhuií Dia don fhear faire ná do mhórán. Ba dhual sin: bhí feidhmeannaí agus mór-mhortabháil nasctha air i ngeall ar mhuintir Dé. D'ordaigh cinnire cúnamh dar ndóigh, agus chúiteodh sé i gcónaí an té a dhéanfadh comhar leis. Ba mhór an luaíocht i bhFlaitheas Dé don fhear faire an bhreicneáil bhuailte a thugadh sé do mhic-chléirigh a mbeireadh sé orthu i mbradaíl. Ach ní mé a sciordadh an fear faire féin isteach sna fuinneogaí ar chúla téarmaí corruair? Ní bheadh sé d'fhoighid aige a bheith ag siúl timpeall ar ghraigh ban mar sin, eiricigh freisin, ó oíche go maidin agus gan air ach cnag bheag a thabhairt don fhuinneog. Ara muise nach bhfuil a fhios go gcoinníonn a leithéid sin braonachaí ginéibh in a gcuid seomraí. Fear airm freisin. Gaiscíoch nirt. Fear a raibh an *Chúirt* aige. Fear bláfar, fear séasúrach. Lámha móra géagánach, cosa móra scolbánta, gabhal mór gabhálach. Ba lámha cosa agus gabhal uilig é. M'anam go bhfuil a fhios freisin go ndeireadh sé an *Chúirt* sin do na mná. Ní raibh gaisce ar a chuid cainte thairis sin. Bhí aimhreas ar a shúil ag N. Cá bhfios nach anall ó bhean a bhí sé ag teacht san am ar rug sé ar N.? Diabhal is móide do na mic-chléirigh a bheith leath cho dona. Cá bhfios nach é féin a bhí dhá mealla anall agus isteach sna seomraí ar chomaoin? Nó cá bhfios arbh iad na mic-chléirigh chor ar bith a bhí ag déanamh an chasán dearg sin, ach strainséaraí a bhí sé a ligean isteach ar chomaoin? Cá bhfios a raibh sa ngnaíúlacht uilig a chaith sé leis féin ach tothlú lé tabhairt air fille tráth eile, é a chur isteach ag bean agus é a bhánú? Ba é cré Shíomóin é. Marach cho hard géagánach is bhí an fear faire ní aithneofaí an cúpla ó chéile. Bhí a dhá dhíol glagaireacht aige faoi aingle i ngach áit dhá leagadh sé a chois. Ach ainneoin a raibh de thimireacht aingle ann, de naomhghaoithe, de mheanmnaí ó Dhia, bhí sé ag cinnt air a fháil amach cé a bhaineadh an glas. Má bhí sé ag cinnt air rud cho simplí sin a fháil amach a raibh sé i riocht aon chabhair rathúil, ná comhairle a leasa, a thabhairt do N.?

'Go maithe Dia dhom é!' adúirt N., 'óstachas a thabhairt do smaointe gránna mar sin i dtaobh duine atá tar éis an oiread sin comaoin a chur orm.'

Ach ní fhéadfadh N. a chuid míshuaimhnis ar fad a chur as a choimpléasc. Cinnte ba mhionleagan, leagan achoimrithe den fhear faire é Síomón. Ní aithneodh aon duine beo nach bhfeicfeadh ach a dhá gceannaghaidh thar a chéile iad.

Ba chomaoin ar leith ag an bhfear faire ar N. cur faoi deara dhó é féin a bhearra agus deis a dhéanta a sholár. Bhí aeríl, aeríl nár thaithnigh leis ar mhodh faoi rás an ócáide a bhí ann, ag luaimniú thrín a chuid baill bheatha. Ar éigin a ligfeadh sé in a ghaire anois gurbh é an té é a chodail le Fáiscín aréir agus arbh fhobair dá cosa míshnúúil fonn múisc a chur air ar maidin. Ba léar dhó anois nach ar chosa Fháiscín a bhí an drámh chor ar bith ach gur bhreoiteacht é a bhí in a intinn féin. Chuimhnigh nach breoiteacht a thionscail san intinn mar chuid de dhualchas na hintinne a bhí ann, ach gur bhreoiteacht í, ó chruth ghlonnmhar a cholla féin, a thál isteach in a intinn. Deireadh ceann san oifig nach raibh i ngné neamhdhamhnach an duine ach forás damhna agus an t-eagar áirid sin ba cholainn curtha air. Má b'fhíor sin dar a shon nach súifeadh salachar corpanta an damhna isteach san intinn. Tar éis an tsaoil cá raibh a fhios go raibh intinn an duine cho ciontach chor ar bith faoi dhrochsmaointe is adeirtí. I leaba a bheith ag rith ag guidhe, ar faoistean, ag misin, ag léigiúin, le cúl a chur ar líméar ramhar a chuid drochsmaointe b'fhéidir gurbh fhearr do dhuine a bheith ag dul ar snámh nó ag folca, dhá bhearra féin, ag sciúra a chuid fiacla, ag féachaint le oibriú agus dhá ghlana féin go cúramach in a dhiaidh. Chuala N. gur lú de na drochsmaointe a bhíodh ag mná ná ag fir agus gurb ag mná rialta ba lú ar fad a bhídís. Bhíodh na mná rialta pioctha sciúrtha. M'anam go mbíonn siad ag na scrománaigh móra de bhráthaire sin nach mbíonn leathghlana ná leathbhearra orthu leath na gcuarta! B'fhéidir gur mhó an aird a bhí ag mná ná ag fir ar ghlaineacht cholla. Ba chuma le fir é. Dhoirtfidís pórtar nó diabhal ar bith ar a gcolainn, nó chuirfidís amach uirthi. Facthas do N. anois go deimhneach dhá bhféadfadh duine, le dianfhriochnamh, a cholainn a choinneáil ó chuile dhúradán salachair, ar feadh a shaoil, gurbh amhala ba dhlúithe a bheadh sé leis an neamhurchóid bhunaidh. Ach nár dheacra é seo a dhéanamh ná coinneáil ón bpeaca féin? Thiúrfadh sé deis bhreá d'fhear oifige. B'fhusa do N. é féin a choinneáil ó shalachar colla ná do dhugaera.

Ach cheap N. aríst nach bhféadfadh sé seo a bheith ceart. B'aisteach leis, is a laghad achair ó shoin ó chuir sé baslach air féin, go mbeadh smaointe cho danra sin aige faoin bhfear faire. Má ba drochduine é an fear faire ba é a chosúlacht go gcoinníodh sé é féin ríghlan . . .

Níor léar aon áit sa séipéal ach istigh le balla ar chúl an dorais. Cárbh fhearr beirthe é? Ba shin áit nach dtiúrfaí suntas ar bith dhó ann. Bhí a smaointe féin in a muirín cho mór sin air i dtosach is nár aithin N. an séipéal ná an sagart. Ba é an séipéal é a raibh sé aréir ann agus ba é an sagart adúirt an t-aifreann a bhí ag caint leis freisin. Rinne sé an-spalpa seanmóireacht. Bhí N. ag tnuthán go bhfaigheadh sé taispeána dhá neamhshonraí, treoir eicínt, meanmna cho mín leis an bhféar ag fás. Chuir an fear faire i gcás go mb'fhéidir nach mar sin a bheadh. Mar sin féin ba chosúil gur bhuíí a bhí Dia don fhear faire ná do mhórán. Bíodh duine buíoch faoin meanmna ba ghainne ghortaí. Ba é an rud ba mheasa faoi na meanmnaí seo, dar le N., go dtiocfadh dóibh a bheith míthreorach cho maith le dea-threorach, go raibh sé cho dóigh dhuit a dhul i mbarróg an phóilí nó an státsheirbhísigh ón meabhair scagach ab inbhainte astu. Chastaí le N. dar ndóigh, go raibh sé pisreogach. Dúirt meanmna acu seo leis, tamall ó shoin, gur go dtí Fáiscín ceann ar aghaidh a ghabhfadh sé. Go dtí gad maoil agus boilg na Baintrí uí Shomacháin a thug sé é. Sa gcás sin déarfadh an fear faire nach ó Dhia chor ar bith an mheanmna sin, nár thug N. aon aird ar an gceann a chuir sé chuige. Ach an mheanmna fheoilmhéith i dtaobh na baintrí ach an oiread le grás-mheanmna scagtha an fhir faire ní raibh dhá gcasa in a leith . . .

B'fhéidir nár thug N. ionú dhó féin len a spéis sa tseanmóir.

Dúirt an sagart dhá scriostá an chruinne ché, ach carthanacht agus grá Dia a bheith ionat, go maithfí duit. 'Má chreachann tú bocht agus nocht, saibhir agus daibhir, maithfe Dia dhuit, ach é a thabhairt in a dhéirce aríst.' Ach cá raibh a fhios ag an sagart breá, a bhí N. a fhiafrú dhe féin, gurb é conablach an chirt, ní áirím lom an chirt, a dhéanfaí mar sin? B'fhéidir go bhfágfaí duine a creachadh gan a chuid féin a fháil ar ais agus é in a chall. Léigh N. gur bhealach ag an duine le é féin a fhoirbhiú agus a chomhlíona í an mhaoin. Ba fhorás ar a phearsantacht chuile bhiseach ar a mhaoin. Ba chuma arbh fheabhas nó arbh ainriocht ar a phearsa an forás sin. Ba forás é sa méid gur ghluais sé an phearsa i leith eicínt seachas mar bhí sí. Ba urú, cúngú, mí-ord, riastra ar an bpearsa nach dtiocfaí suas go brách leis chuile chreacha, fiú dhá ndéantaí leorghníomh iomlán inti. Ní thiocfadh seisean N. go deo suas cinnte le scioba a sparáin, dá mbeadh i ndán féin is go bhfaigheadh sé ar ais go cruinn baileach é. Ní bheadh a fhios aige go brách cén leona ar a phearsa, cén ciorrbha uirthi an dá lá seo caite. Bhí sé dearfa dhá n-insítí choíchin é gur teideal mar seo ba dhual dó: 'an dá lá a dhíláthairigh mo phearsa.' Rud a meabharaigh scéal a bheatha as an nua dhó . . .

Ach bhí an sagart ag dul idir é agus chuile rud. Breá nach í an chreacha féin a dhaor an sagart ar an gcéad ásc dhe? An fear a sciob a sparán cá raibh a fhios nach in a dhéirce a thiúrfadh sé an t-airgead uilig? É a roinnt amach ar fhámairí coirnéil, b'fhéidir, ar lucht *dole*, ar mhná coitianta, gan pínn ná bonn dhe ag sroiche cho fada leis féin, an t-úinéara, N. Bhí cead ag duine a rogha roinnt a thabhairt ar dhéirce. Shílfeá go mbeadh coibhneas i sagart agus go ngoinfeadh a aire é faoin rud a bheadh sé a rá . . .

Bhí sé ag losca leis: 'An sean-fhocal, comhar na gcomharsan, níor sáraíodh ariamh é. Ní sárú air an sean-fhocal eile, d'fhuilingeodh fuil fuil i ngorta. Peaca in aghaidh an ghrá Dia é sin. Ná fuiling do chomharsa in ocras ná in angar. Tabhair deoch dhó ar a thart, greim ar a chuid ocrais, láimh an chúnta an lá a mbeidh bris ná bás ar a urlár. Is minic leis an mbás a theacht mar ghadaí san oíche . . . Is cuma leis a mbeidh luach an anlacain, dola na sochraide, ag muintir an mharbháin . . .'

'An bastard,' adúirt N. Tháinig liag mhór de mheacan a raibh a phíobán rochúng aici ag brúsca aníos in N. Déarfadh sé amach leis an bpobal nach raibh de théagar grá Dia in a chroí féin is go dtiúrfadh sé pinse snaoisín ná ionga tobac in aisce do chorp . . .

'Agus cuimhnígí gurb iad an chléir bhur gcomharsa freisin. Ná fágaí ocras ná cheal orthu ach oiread is d'fhágfadh sibh ar chomharsa ar bith eile. Ach ní ocras a fhágáil ar chách ocras a fhágáil ar an gcléir. Is ionann ocras a fhágáil ar an gcléir le ocras agus anshó a fhágáil ar Chorp Críost, ar an gCorp Misticiúil . . .'

'Ó an dearg-bhastard!' adúirt N. ag sníomh a cholla suas nó go raibh a neart agus a brí ar fad, shílfeá, carnaithe amuigh in a liopaí. Rinne an teanga lapadaíl fhorránta sa mbéal. Ach chlaon sí láthaireach. I bpáipéar tráthnóna a d'fhreagródh sé é. Chuirfí isteach an leitir. *Sagart a Rún,* nó *Catholic and Proud of it,* nó iad féin agus a leithéidí eile a thiúrfadh sé air féin i sraith leitreachaí. Gheofadh sé amach cén leasainm a bhí ar an sagart anseo sa bparáiste. Dhá gcuireadh sé é sin go himeartha sa leitir is cinnte nach mbraithfeadh lucht an pháipéir é. Go cinnte freisin bhí leasainm air, Tomsy, Johanny an Bhracháin, Micilín Búrlamán, Peige Dhubh, an tOirmhinneach Tabh'r'om Tabh'r'om, Cod the Parish, Slick Synnott . . . Ní fheilfeadh é a fhreagairt ar bhall na háite. Bhí an státsheirbhís ann agus an Teilifís . . .

Chonaic sé tine shionnaigh ar chlár sa mbruth faoi thír fadó in a ghasúr bheag. Ba dheacair leis é sin a thabhairt chun cruinnis faoi seo agus b'fhéidir gur ghuagach go leor an radharc é an oíche úd féin. Ní raibh a fhios aige cárb as ar tháinig an chuimhne sin, ach dhírigh sí a shúil ar an nga gréine a bhí isteach fuinneog theach an phobail, ga beag neamhchonórach, doghafa, ach go raibh sé dearfach sonraithe, dhá chur féin in iúl mar chuid ionraic, cuid riachtanach den chruthaíocht. Dhúisigh a dhé beag smalta dóchais in N. D'fhan sé le linn an chéad aifreann eile agus an ceann eile in a dhiaidh sin arbh é an t-aifreann deire é. Ach b'fhadó a d'éirigh sé as féachaint le aon aird a bheith aige ar an rud a bhí ar siúl. Bhí íomhánnaí ag madhma isteach air, aniar as annála beaga bearnaithe den chuimhne ar bheag é a spéis iontu cheana ariamh. Lá breá gréine a bhfaca sé seacht nó hocht de cheanna beithíoch, beithígh bhuí agus sceadannaí bána in a gcloigne, in a loighe ar chnocán ar aghaidh na gréine, pus chaon phéire acu suas le hais a chéile agus iad ag cangailt a gcíre. Níorbh fhéidir le N. a bharraíocht cén fáth gurbh iontach an radharc leis é le chuimhniú air. Bhí bó mór. Thóigfeadh sí a cheithre oiread talún, in a seasamh di, le duine. B'fhéidir gur mar gheall ar a bheith mór mar sin dóibh a bhí siad suaimhneach sásta. Ba dhoiligh a dhéanamh amach céard a bhíodh ar siúl in intinn bó, siar ar chúla na súile rite neamhurchóideach. Theangmhódh nach mbíodh tada, theangmhódh sin. Ach theangmhódh freisin go raibh siad cho hurchóideach céanna ar chúla na súile tláth sin le mangaire an ghrá Dia a raibh a chuid goití sochma réidhchúiseach ar an altóir, svíomh liosta a ghéaga, an searra beag a bhaineadh sé as féin dhá chur go mór i gcosúlacht le bó ag éiriú in a seasamh le dhul ag tomsacht . . .

D'airigh N. an láimh ag breith ar a ghualainn, an glór ag teacht anuas, nós trapa ag dúna air:

'Níl aon chead a bheith i do cholla sa séipéal . . .'

Ba é an sagart a bhí ann. Ar an dá luath is ar fhéach sé ní

ba ghrinne ar N. tháinig athrú ann. Chuimhnigh N. ar éadach a n-imeodh an eascaoine, an bhruth ribeach as. Nuair a fuair N. é féin deis breathnú suas paiste gile, gile spaidiúil, a chonaic sé a raibh an fhaonthaithneamh choitianta neamh-spleodarach chéanna dhá ligean uaithi aici is bhíos ag go leor rudaí geala, ag éadaigh sácráilte easpaig, meanga éiginnte póilí, plaiteannaí lucht léinn, cosa puismhná nite i mbéal na taoille . . .

'Anseo a bhí tú aréir?' adúirt an sagart. 'Nach leatsa a bhí mé ag caint amuigh ansin tráthnóna inné? . . . Labhair mé in a dhiaidh sin ar an teileafón le do shagart paráiste, an tAthair Maitiú. Fear comharsanúil. Dúirt sé go raibh daoine go dtí é faoi anlacan . . . Dé Luain is cosúil . . . Sé an t-adhmad a bhain mise as go raibh chuile shórt faoi réir. Féadfa tú a dhul abhaile gan cás gan náire, mara raibh tú sa mbaile fós. Fág seo anois . . .'

Dhá chur amach as teach an phobail mar chuir an bainisteoir as an Stór Mór inné é! Níor neamhchosúil ach an oiread leis an bhfear gaimbín eile é. Chuir N. a strainc air féin, an t-aon Gha Bolga a bhí in a armlann. Bhí leathleiceann leis ag meangaíl go lách carthanach leis an sagart, le linn don leiceann eile a bheith in a choire coipeach tharcaisne agus fheirge:

'Racha mé abhaile. Racha go siúráilte. An dtiúrfá iasacht dhom ar ghaimbín dhá fhicead faoin gcéad, nó as a chionn. Is fearr liom an brabach ag an gCorp Misticiúil, ná ag eiriceach d'iasachtóir eicínt. Ní maith liom angar a fheiceáil ar an gCorp Misticiúil.'

'Crap leat abhaile anois go beo mar dhéanfadh críostaí sul a dtugtar abhaile thú ar bhealach a bhfanfa chuimhne agat air. Ní cuí do státsheirbhíseach a bheith ag dul thart ag maslú daoine agus ag iarra scléipe ar na sráideannaí agus a bhean . . .' Bhí an eascaoine in a guairí toirc bhinnbhulbanaigh aniar thrín a ghlór anois. Ba léar do N. go gcuirfeadh sé a bhagairt i gcrích . . .

Ag dul thart dhó leis an teach ósta d'fhéach N. i ngach áit ach ní raibh tuairisc ná fairnis ar an Neach Soilíosach. Shiúil N. i ngan fhios dó féin i ndiaidh a chinn roimhe ar fud lánaí agus cúl-shráideannaí. Ba ghéire a theastaigh a chabhair ná ariamh, mar Neach Soilíosach. Ní raibh fadhbannaí N. ach ag tosú, dhá mb'fhéidir sin. B'fhearr leis nach mbeadh rud ar bith socraithe sa mbaile agus go mbeadh airsean, ar N., fuascailt eicínt, bíodh sin in a shop in áit scuaibe féin, a fháil. Dhá mbeadh gan aon déanamh dhá uireasa sa mbaile chaithfí cur suas leis ar fhille dhó ann, glaca leis mar bhí, mar N., é a fhuilingt, má ba le doicheall féin é, fiú an choiriúint air a choinneáil maolaithe. De réir an Choirp Mhisticiúil bhí cúrsaí áirid socraithe. Níor dhóide beirthe é ná bhí chuile shórt socraithe ar an gcaoi chéanna. Ní bheadh ann féin anois ach an chomharsa mhainneachtach a tháinig agus an bhó tóigthe as an bpoll le fada roimhe sin . . .

Bheifí dhá cur Dé Luain nó Dé Máirt. Bheadh a fhios ag a lucht aitheantais sa státsheirbhís é, an chuid nach raibh a fhios acu roimhe sin é. Thiocfaidís ar an tsochraide. Ní raibh guth ar bith aige orthu. Stalcáiníní maith a bhí sna státsheirbhísigh céanna. B'fhurasta leo rud a ghabháil in a aithis dóibh féin. Bhí córas in a shuí acu len a ndáilfidis cainníocht, cáilíocht agus mailís aithise de réir eineachlann an státsheirbhísigh, is é sin de réir a thuarastail, maille le suim iomlán a chuid alúntas agus a thánaisteacht d'ardú céime. Síleadh gurbh sheo é an t-aon fhuíoll den Ghaelachas a bhí sa státsheirbhís. I ngeall ar dhleachta na Cána Aithise seo a bheidís ar an tsochraide. Ba í an aithis ba mhó a d'fhéadfadh sé a thabhairt dóibh gan é féin a bheith ar an tsochraide rá is gur tháinig siad in aon turas le ómós dó. Ba mhillteach an rud Uachtarán sa státsheirbhís a bheith ag siúl timpeall ar ócáide den tsórt sin agus gan mion-státsheirbhíseach a bheith in a leannán aige, i dtearmann a scáile.

Bhí cliú N. san oifig faoi phoill dhóite agus loiscthe cheana féin. Bhí an-chás orthu, mar dhóigh dhe, faoi imeacht a mhná, ach sách dórainneach, sách neamúch a bhídís nuair a d'fhanadh sé amuigh aon phíosa de lá ag tabhairt aire dhi. Ba mhinic dó amuigh ó bhuail an donacht mhór í. Romhinic b'fhéidir. Ní bheadh a fhios é nó go mbeadh ardú céime ar na boird.

Bhí laethanta saoire ag dul dó as ucht a báis. Go hoifigiúil ní bheadh air a mhíniú san oifig céard a bhain dó, faoi gan a bheith sa mbaile, ná gan a bheith ar an tsochraide. Ach bhí dlí neamhscríofa ann arbh fhasaigh uilig a fhúinniméad. Mheasfaí gurb aithis, de réir eineachlann an té a d'fhiafródh dhe é, do N. gan inseacht go barrainneach céard a bhain dó. Fiú níorbh fholáir é a inseacht ní ba bharrainní – chuile sheoraí mionchruinn cuí a bheith ann – ná a d'éirigh sé dhó, má ba leis a chliú a bheith glan. Dhá mba i ndán is nach n-inseodh sé gan doicheall é, nó eiteachtáil é a inseacht, ba mhó de choir sin ná rud ar bith a d'fhéadfadh a bheith in a aghaidh. B'amhala ba mheasa a d'áireofaí mar choir é, é bheith in a rud neamhoifigiúil nár bhain leis mar státsheirbhíseach chor ar bith. Arae, de réir sainmhíniú ba státsheirbhíseach é an fear fre chéile. Ní raibh cuid ar bith dhe fanta in a chineál ar bith eile pearsa, ach sa méid go gceadófaí in a phribhléad agus ar son cóngair, rud áirid a dhéanamh mar phearsa eile, pearsa neamh-státsheirbhíse. Sa méid gur státsheirbhíseach duine ba dúil oifigiúil é agus ba é eisinn a bheatha bunreacht agus rialachaí na státsheirbhíse. Sa gcás sin b'fhéidir a chur san áireamh go mbrisfí na rialachaí, go ndéanfaí iad a sheachaint, iad a iomghabháil, iad a chlaona, iad a fheaca, iad a chur de dhroim seoil dhá n-éiríodh leat. Féach féin gurb ionmholta sin laistigh de theoranna áirithe aitheanta, mar deirtí sa tseirbhís. Ach ní raibh rialachaí ar bith scríofa don phearsa chiumhaiseach, don státsheirbhíseach a raibh cead aige tráthannaí áirid, in áiteacha áirid, ar son críocha áirid feidhmiú mar phearsa arbh ionann is nár státsheirbhíseach é an tráth sin, san áit sin, *chun na críche sin, de thuras na huaire*. Ba ghéire, státsheirbhisiúla, oifigiúla a bhítí faoi limistéar ciumhaiseach, faoi ghlasoileán den tsórt sin ar neamhoifigiúil a thugtaí air, ná faoi na limistéir ar státsheirbhísiúil iad go smior agus go smaois. B'fheasach N. go mbeadh air cuntas a thabhairt in a mhaoirseacht i dtaobh na limistéar sin uair ar bith. Ní hé amháin gur choir in aghaidh na státsheirbhíse gníomh nó faillí ar bith in aghaidh dlí na tíre. B'ionann sin dar ndóigh, is nach bhféadfadh an státsheirbhíseach na rialachaí a rinne sé féin a bhrise go poiblí. Ba choir freisin na mílte rud nár choir iad in aghaidh dlí na tíre. Go deimhin féin, níorbh fheasach d'aon duine céard ba choir, nó nárbh ea, sa limistéar glasoileánach sin. Ní raibh a fhios dháiríre céard í coir nó go mbeadh sí déanta. Ba ansin a mheastaí gníomh mar choir. D'fhéadfadh N. an lá a chaitheamh san oifig ag rásáil ordóige timpeall na hordóige eile. Dhá seasadh sé in imeacht leathuaire ar choirnéal sráide ag déanamh an rud céanna agus fios a bheith go hoifigiúil air sin, ní bhfaigheadh sé aon ardú céime go brách. Go deimhin ba mhór ba dhóigh gur ísliú a bheadh i ndán dó, nó é a dhroimeáil amach as an tseirbhis ar theirgéis eicínt pinsean, na blianta roimh an am. Bhí aithne ag N. ar an bhfear a chaith dhá fhichead bliain in oifig státsheirbhíse gan a dhéanamh ar an bhfad sin ach ag scríoba a mhullaigh. Léadh sé na páipéir chuile mhaidin. Ansin ghlanadh barr a phinn agus leagadh uaidh san áit cheanann chéanna i gcónaí é, le tosú ag scríoba. Rug uachtarán státsheirbhíse air in am lóin lá, i bpáirc phoiblí, in aice láthaireach agus é ar an gceird chéanna. Thug sé treoir an iarnóin sín fios a chur air:

'Cén chiall dhuit a bheith ag scríoba do mhullaigh ar shuíochán poiblí i bpáirc phoiblí?'

'Bhuel is faisean é atá agam san oifig le dhá fhichead bliain,' adúirt an státsheirbhíseach. 'Tá go leor fadhbannaí i mo chuid oibre státsheirbhíse nach mbíonn aon fhuascailt orthu, láthaireach ar aon nós. Facthas dom gur istigh faoi bhlaoisc mo chinn, mar mhíolfairt, a bhí siad agus go mb'fhéidir dhá n-aclaínn an bhlaoisc go ndúiseodh sin agus go gcuirfeadh sé ag gluaiseacht iad. Mar is léar duit, a dhuine uasail, is fadó chuile liobar foilt scríobtha agam de mo mhullach agus tá an bhlaoisc féin tanaí go maith faoi seo, riocht is nach call dom anró mór na mblianta tosaigh a chur orm anois leis an scríoba féin. Fágann sin gur mó am agus spiona mé i gcomhair machnaimh ar obair na seirbhíse.'

'Is ionmholta do chaondúthracht i dtaobh do dhualgais san oifig,' adúirt an tUachtarán, 'agus tá súil agam nach ligfe tú as, ach ní féidir an chomharthaíocht sheachtarach seo air a léiriú in áiteachaí poiblí. Arae ní féidir a amhdachtáil go mbeadh fadhb ag an státsheirbhís nach mbeadh fuasclaithe cheana féin. Agus dar ndóigh fadhb atá fuasclaithe ní fadhb a thuille í. De bhrí go mbíonn na fadhbannaí fuasclaithe i gcónaí san am a luaitear iad ní féidir le fadhb a bheith choíchin sa státsheirbhís. Tharla rud mar seo cheana, a ghiolla an scríoba. Bhí an coirí i bhfoisceacht bliain dhá dhul ar pinsean. Scríobh an tAire chuige. Cruthú anmhaith dar ndóigh, an tAire scríobh, nár chuala an tAire smid ariamh faoin gcás. Chuir an tAire i bhfios dó gur dheimhin leis an Aire go dtiocfadh iompar eachtarmhúrach den tsórt seo go mór chun aimhleas do chúrsaí riaracháin sa Státa agus dhá dtarlaíodh sé aríst nach bhféadfadh an tAire gan féachaint go tromchúiseach ar an gcás.'

B'eolas do N. go bhféadfaí féachaint i bhfad ní ba thromchúisí ar a chás féin agus go háirid ó nár shárú ar riail oifigiúil ar bith é an rud a bheadh déanta aige. Níor mhór dó scéal eicínt a chuma. Dhá shimplí an scéal, dhá chosúla le craiceann na fírinne an dreach a bheadh air, b'amhala ab fhearr é, B'fhearr aon scéal amháin, aithris chomhaontaithe, i gcomhair chuile dhream agus chuile dhuine. Chuimhnigh sé ar an leiscéal ar son a chuid moille a chum sé faoi chomhair deirfiúrachaí na mná inné. Dhéanfadh sé sin cúis don oifig freisin, ach gur chuir sé d'agús ann gur carr a bhuail é agus gur bhain díth chuimhne dhó dá chionn. Níor mhór a chur ann freisin gur i ndiaidh é a rubáil a tharla sin. Bhíodh caidreamh ag an oifig leis na póilíos agus gheofaidís fios faoin rubáil pé ar bith é. Chuirfeadh sin smeara eile de chraiceann na fírinne ar an scéal. Ní bheadh sé ar a mheabhair féin i ndiaidh na rubála. Dream caidéiseach ba ea státsheirbhísigh, scamall mór aimhris eadaruasach, ar Shinai na bhfeithideach daonna. Chaithfeadh sé an t-ospidéal a raibh sé ann a inseacht agus ní chónóidís, le teann an aimhris ba dhual dóibh mar chonfairt airdill an státa, nó go nglaoifidís ar an áit sin. Bheidís ag fiafrú cén uair a bheadh cúis a thimpiste sna cúirteannaí. Dhá ndeireadh sé gur shocraigh sé go príobháideach leis an gcoirí ba theannach leo a fháil amach cé mhéad a fuair sé agus bheidís fiú ag tnuthán go ndéanfadh sé fiúntas leo. Chloisfeadh duine eicínt a thrácht ar an móin an tráthnóna Sathairn sin. D'fhéadfadh sé a chur i bhfios gur tinn sa mbaile a bhí sé, nó treascaraithe ag ruaig lagar spride in ospidéal, nó i dteach altranais. Rachadh ceann eicínt acu dhá thóraíocht, nó go bhfeiceadh é, go bhféadadh méir thadhall a leagan air, é a shonrú in a airde, in a mheáchan, in a ghannmheabhair len a ais féin, agus a bheith i n-ann a rá ansin: 'Sé an státsheirbhíseach N. é, in ionad sonrach sa spás, san am agus in a cháilíocht.' Arae b'ionann is failliú dualgais ag státsheirbhíseach agus go cinnte failliú in a leas féin, ciumhais rúndiamharach ar bith de chomh-státsheirbhíseach a fhágáil gan fiosrú, ceo draíocht ar bith in a thimpeall a fhágáil gan a bhealach a sméaracht thríd. Ba ghuais phearsanta i gcónaí doilfeacht den tsórt sin sa gceann eile: an ceann eile a bheith in a réalta scuab ar fud na spéire anaithnide agus gan a fhios nárbh éard ba dheire dhó, é féin a ghróige in a thoirt thuinithe ar an dréimire rót thuas . . .

Thosaigh N. fiche scéal gan a bheith i riocht an clár mín a chur ar cheann ar bith acu agus b'éigean dó ligean dóibh, tar éis a intinn a thuirsiú leo. Dhá gcasadh duine de na státsheirbhísigh seo ar an tsráid leis agus fiafrú dhe faoin SOS? Ba léar go raibh an SOS sin in a chat crochta roimhe an chuid eile dhá shaol oifigiúil. An fhad is d'fhanfadh sé gan míniú fiosrú tromchúiseach dlúsúil sa státsheirbhís a bheadh ann. Fiosrú a bhí i ngach rud a bhain leis an státsheirbhís, gach ceann acu in a fhiosrú cho tromchúiseach, cho dlúsúil le chéile, agus leas láthaireach an státa, fiú marthainn féin an státa i dtuilleamaí freagra sásúil ar gach ceann acu ar íne reatha. Ba léar do N. gur chogal a bhí ann sa gcruithneacht bharr-throm. An chiontaíl a mhothaigh sé ag snámh thríd chuir sí go hainneonach é isteach den tsráid in oscailt chúng a raibh cheithre gharáiste inti istigh.

Bhí a fhios ag N. gur fear i dteannta é. D'fhéadfadh a chinniúint – ceist shíodúil as béal soidcharad – preaba chuige ó phointe ar bith. Cá raibh tearmann? Chuimhnigh sé ar Fháiscín. Glaoch uirthi? Ní bheadh sí in a suí fós. Ní chloisfeadh sí é. Bhíodh suan trom ar maidin uírthi. Ní raibh a huimhir aige. Chuir an seachmall ar fad as a cheann é. Bhí sé sa gculaith eile aige sa mbaile. Ní raibh sí sa leabhar ach bhí sí ag leath an bhaile mhóir. Ar aon chor níor ghar é. Bhain sí gaisneas na hoíche aréir as. Bheadh fear eile aici inniu.

Chuir sin brón ar N. B'éigean dó a amhdachtáil dó féin gur brón teibí, brón meitifisiciúil a bhí ann. Ní fhéadfadh brón ceart a bheith ann, nó ní fhéadfadh sé a bheith ann ach go teoiriciúil. Chaithfeadh sé a thoimhdean go ndéanfadh an rud céanna a bhacfadh í ó dhul le fir eile í a bhaca freisin ó dhul in éindigh leis féin. Páirt de thaithneamh, de chluain áirid Fháiscín, go dtéadh sí in éindigh le chuile fhear, gan droichead a dhéanamh d'fhear seachas a chéile. Mar sin bhíodh a taithí ar na táinte le cur de chomaoin aici ar an duine ar a ndéanfadh sí roghain aon uair ar leith. Ní í féin amháin, Fáiscín, a bhíodh sí a thabhairt don duine sin ach na fir sin uilig a raibh cuid de na giodáin ab uaigní in a gcroí aici. Ní thugadh Colm saol fata i mbéal muice di uaireantaí. Ach ba chosúil gur thaithnigh an obair léi. Níor bheag dá loighe leis an obair sin go bhféadadh sí dhá barr fear nua a gheafáil chuile oíche . . .

Lig éan de spuaic garáiste scuaid anuas ar dhroim N., ach níor airigh sé é. Bhí sé ag iarra cuimhniú ar áiteachaí dídin eile. Puisbhean na gealloifige inné? Caith sneachta ar a lorg. Striapach na páirce poiblí? Caith sneachta ar a lorg. Baintreach mhór uí Shomacháin? Ceann a mh'anam a bhí cho gafach le barróg fir le aon bhean ar shlata an bhaile mhóir! Ba chuíúil an áit le dhul é. Thosaigh N. ag smaoiniú ar rudaí ar thúisce leis barróg a fháisce orthu. Almóir athcheannaithe, teasaire a bheadh faighte agat cuid mhaith faoin a luach! Ba dhóigh go bhfeicfeadh sí an bás ar an bpáipéar ar maidin. Ansin thiocfadh sí chun an tí. 'Mar d'imigh mo Sheán féin, go díreach,' adéarfadh sí. 'Scior mé anuas sa gcisteanach le dhá bhlogam tae a réiteach. Nóiméad an chloig! Ní raibh mé ach ar ais nuair a lig sé snug bheag agus *haway* leis, *haway* leis, a stór, gan focal gan smid, gan slán gan beannacht . . .'

Dhá dtéadh sé chun an tí chuici bheadh dualgas ar N. í a láimhseáil. Bheadh bala trom scalliún ar a hanáil, í cho mealltach, adharcánach, puchóideach, i chuile mhíle ball di, is dhá mba chloigne muice a bhí stuáilte faoin a cuid éadaigh, í ag sníomh as a bharróg de bharr a slipéire tí a bheith ag síorthitim di. Agus na liodáin chéanna, '*haway* leis, a stór, *haway* leis . . .'

Fuair N. é féin aríst go hainneonach ar chosán dearg a sheansmaointe. Cé acu ba thúisce, ba dhlúsúla, de na rudaí a bhí le déanamh? An uaigh, an chonra, an t-anlacanaí a chur i bhfocal? Ní theastódh an uaigh gan conra a bheith le cur inti.

Ní theastódh conra gan corp. Má bhí corp le cur de láimh theastaigh anlacanaí. Nó arbh ar a mhalairt sin de chuma ba chóir smaoiniú. Ní bheadh aon ghnatha d'anlacanaí gan corp. Ba shin é ar an gcuma sin, an t-ord: anlacanaí, corp, conra, uaigh. Níorbh é: corp, anlacanaí, conra, uaigh.

Shamhalaigh N. na cheithre gharáiste in a gcearnóg agus bhaist sé de réir an oird seo iad: an corp ar thaobh na ciotóige le íochtar, ansin suas timpeall de réir imeacht an chloig, go dtí an t-anlacanaí, an chonra agus síos go dtí an uaigh. Shásaigh an cóiriú seo, ó chorp go hanlacanaí, go conra, go huaigh, réasún N. Facthas dó gur ord riachtanach é, cóiriú a bhí ann ó tháinig an bás féin i gcrannchur an duine. Ba é a chosúlacht go mbeifeá ag leona bun-dlí na beatha le dhul ar a mhalairt, ó chorp go huaigh go conra go hanlacanaí, ainneoin go bhféadfaí a dhul ó chorp go huaigh nó ó anlacanaí go corp. Nó d'fhéadfaí na cúinní a athrú timpeall agus a dhul an cúrsa céanna i gcónaí. Facthas do N. go tobann nár éirigh leis a dhéanamh as an gcipiléaracht fre chéile ach poll cearnach d'uaigh a raibh contúirt air féin titim síos ann, dhá mbeadh sé i bhfad eile ag féachaint air . . .

Ach mar sin féin bhí an uaigh ansin, nó mara raibh ba chóir go mbeadh. Ní raibh ann ach modh oibre nó nós imeacht cén chaoi a dtiúrfaí ann í. Chaithfí cur faoi deara go mbeadh sin ann ó bhí corp ann. Má bhí rud ar bith cinnte ann ba é an corp é, an corp sin arbh é máthair na himní agus an chúraim fre chéile é. Ba dhoiligh a chreidiúint go bhféadfadh rud cho spaidiúil, cho neamothaíoch séansmhúchta le corp guairneán imní mar sin a chruthú, duine beo a shnama i bpaintéar lánghafach mortabhála. Bhí an corp ann: níorbh fhéidir sin a shéana. Ach nach minic cheana a bhí corp ann, gan na sceartáin fhorlíontach seo eile, anlacanaí, conra, uaigh. Ba bhreá gnaíúil an ball corp. Ach na seadáin eile seo a bhí ag diúl air in a muirín mortabhála? Nár chóir gur iarmhairt, má ba riachtanach sin ar chorp a bheith ann, iarmhairt a thiúrfadh an corp féin i gcrích go huathfheidhmeach, na nithe eile seo? Sa gcás seo ba mhó ba chosúla an corp in a iarmhairt, in a thora teagmhaiseach ar na nithe eile sin, ná é féin a bheith ar an rud ab fhúinniméadaí riachtanaí sa scéal go hiomlán. Theangmhaigh innleog chiotach eicínt san inneall . . .

B'fhurast aithinte nach raibh sa réim sin smaointeachais ach póirse caoch eile, a raibh balla mearbhaill in a thóin. I leaba tosú ag a thús leis an amh-ábhar, an corp, b'fhéidir gurbh bhfearr é a aisriana ón aige chríochnaithe, ón earra dheire. Tosú leis an reilig, leis an uaigh. Nó é féin a shíne chun tosaigh san am agus tosú leis an tuamba. Ón uaigh, uaigh dhúinte a tháinig an tuamba. Ón uaigh osclaithe a tháinig an uaigh dhúinte. Osclaithe a bhí an uaigh, arae bhí conra le dhul inti. Bhí conra le dhul inti de bhrí go raibh corp, le cur sa gconra, sul a ndúintí í, le conra dhúinte a dhéanamh de chonra osclaithe agus í a chur san uaigh. Bhí corp ann, arbh fhuíoll dhuine bheo é agus an duine beo . . . Ghoin a aire N. Ba é scéal leanbaí Mhruchín agus Mhanachín a bhí sé a athchéadal aríst eile. Ba leorghníomh aisteach dó ar a neamhfheidhmiúlacht féin an chipiléaracht sheadaithe seo. Thiocfadh leagan eile a chur ar an athchéadal. Bhí rudaí eile a d'fhéadfaí a dhéanamh le corp seachas é a chur i gconra agus rudaí a d'fhéadfaí a dhéanamh le conra féin seachas í a chur in uaigh. Í a ligean le sruth cuir i gcás. Í a fhágáil thar oíche ag doras iata eaglaise, nó i ngairdín poiblí, ar bharr gharáiste Shíomóin, nó ag béal dorais dhuine a bheadh ag iarra tosaíocht a bhaint díot faoi ardú céime. Ní áirím gurbh fhéidir í a chur amach sa mbin, nó í a dhó as láimh sa ngairdín cúil. Bhí sé in éadan na n-aitheanta sóisialta agus aitheanta na béasaíocht go dteangmhódh conra in aon áit gan corp le cur inti a bheith in a cosamar. Dhá dtarlaíodh rud gan fasach mar sin ba é a raibh d'fhuascailt air corp a sholár, nó a dhéanamh, faoi chomhair na conra. Níor chuala aon duine ariamh caint ar chonra fhalamh a bheith ag boga timpeall ní b'fhaide ná trí nó ceathair de laethantaí. Bhí obair agus posta i gcónaí in áirid do chonra. Ba rud é a mhalairt a bheadh ar chomhchéim uafáis leis an gcóiste bodhar, an cholainn gan cheann, nó an cróchar sí. Chuimhnigh N. dhá dtarlaíodh sin gur dóigh go gcuirfí lá náisiúnta urnaí ar siúl . . .

Ba shin é an chéad ásc: corp a fháil le cur sa gconra; ansin eadarghabháil na ngnathaí a thaobhú le anlacanaí a thiúrfadh go reilig í, a thiomnódh a chuid feidhmeannaí féin d'fhir bardais agus a hanlacan a thaobhú leo. Mar de réir rialachaí agus fasach níl sé ceadaithe ag sainshine ar bith sa slabhra seo an fheidhm atá ag an sine roimpi amach a ghabháil uirthi féin. Tiomnaíonn tú t'fheidhmeannaí rót ar aghaidh go sainiúil sollúnta mar is cuí do shaothar shollúnta. Ní fhéadfadh anlacanaí ná giolla marbhchóiste go brách breith ar shluasaid, le uaigh a dhéanamh ná a dhúna . . .

Ba shású intinne le N. a rá go mba shin é uilig anois é, ó bhall go posta, nó ó phosta go ball. Ón a chur i gcás go raibh tuamba agus uaigh ann bhí sé tar éis a chruthú go dúshlánach go gcaithfeadh sé go raibh corp ann freisin! . . .

D'aon iarra thuirling púir mhór aimhris ar nós badhbh dhubh ón spéir ar N. An raibh corp ann? Cá raibh a fhios aige dháiríre go raibh corp ann? Nárbh fhurasta do na deirfiúrachaí an scéal sin a chur amach agus a chur chuigesan, d'fhonn a scuillí air a thabhairt faoi ndeara. D'fhéadfaidís a rá in a dhiaidh sin gur shíl siad go raibh sí básaithe. Agus cá mbeadh a fhios acusan nach raibh. Ní raibh aon socrú laethúil aige le aon dochtúr faoi theacht dhá féachaint. Ba mhór leis an costas!

Go cinnte d'inis an Corp Misticiúil dhó faoin rud adúirt a shagart paráiste féin, nó a bhí sé in ainm is a rá. In a ainm dar ndóigh, cé nár chuimhnigh N. faoi láthair nárbh é lom an chirt é. Cá raibh a fhios nach corp eicínt eile, comhshloinneach b'fhéidir, a bhí i gceist ag a shagart paráiste? Nó cá raibh a fhios nárbh ar shúile an tsagairt pharáiste a bhí sé, súile a bhí taithithe le coirp a fheiceáil ag teacht chuige chuile ré solais agus a raibh a dtnuthán go mór leo. Níor chuimhneach le N. gur inis sé a shloinne don Chorp Misticiúil. Paráiste daonmhar ba ea a pharáiste féin. Bhíodh sochraidí cho hiomadúil, cho seasta ann, le tonnta ar thrá. Thiocfadh gur ar shochraide ar bith acu a bhí an sagart paráiste ag caint. Bodharán a bhí ann, ach amháin ag comhaire airgid. Chaithfeadh N. páipéar nuaíocht a fháil . . .

Ba shin fuascailt ar chuile rud gan aon chorp a bheith ann, í bheith beo fós. Go mb'amhala di, adúirt sé. Má bhí an corp leáite chun siúil ba shin í an chonra, an t-anlacanaí, an uaigh, beanna reoite a chuid mortabhála uilig go léir, amhala freisin, agus an talamh úr moiglí aríst i ndiaidh an scaoilteog cheangailteach sin a bheith bainte dhe . . .

Bhí fear ar shlat an droichid ag léamh páipéir. D'iarr N. iasacht bhilleog na mbás air. Dá mbeadh breith ar aiféala aige ní iarrfadh. B'fhearr péist mhór an aimhris a fhuilingt do do chnaoi ná an fios barrainneach, an fios treascarach. Bhí creatha do-cheansaithe in a lámha. Dhá mbeadh corp ann? . . . Ach ansin mara mbeadh? Bhí a shúile cuartach ainshrianta. Sháraigh siad gach céadfa, gach réasún, gach uamhan, idir láimh, cheann agus chroí.

'Céard tá ort?' adúirt fear an pháipéir ag sá a láimhe faoin a thuairim.

'An corp,' arsa N. go néamhaí.

'An corp!' adúirt an fear.

'Sé,' adúirt N. 'Beidh sé ag dul chun an phobail tráthnóna agus anlacan i gCill na Manach ag an dó dhéag. Tá corp ann tar éis an tsaoil . . .'

Lig an fear uaidh é faoi iona. Choinnigh N. greim ar sconsa an droichid. Ba shin í an mhortabháil aríst cho huafar le blaoscannaí marbha a spréifí aníos as a chomhair. Níor thráth dhá fhaillí é agus an chairde cho gearr. Dhá mbeadh duine staidéarach ann a thiocfadh in éindigh leis go teach dhéanfadh a leithéid eadarascán, mhaolódh nó choiscfeadh sé na buillí ba mheasa dhe. Chuimhnigh sé aríst ar Shíomón agus ar chuid eile a raibh sé in a mbuil sna tithe ósta inné. Bhí eolas aige cá raibh a gcónaí agus fios uimhreachaí na ndaoine a raibh teileafóin acu. Ach bhí a gcuid ban le sárú. Ro-dhúlaí a bhíodh mná leis an milleán a bhuala ar leithéidí N. a bhíodh ar iarra, gan cuimhniú chor ar bith cén fáth go mbeadh sé ar iarra. Bhí mná i gcónaí aimhreasach faoi fhir. Ba é a gcreidiúint dhaingean gur mná eile a choinníodh amuigh ón bpaidirín iad. Agus b'aoibhinn leo i gcónaí a cheapa go raibh a gcuid fear féin ar fheabhas an domhain, marach droch-chomhairle agus droch-shampla leithéidí N . . .

Bhí an iomarca eolais ag N. ar na fir féin. Thiúrfadh adhastar sneachta chun an tí in a chuideachta iad. Chuideoidís leis agus ba ghearr orthu go sládrúsach chuile dhuine a chur in a thost. Ba shin é an uair a d'athróidís port, ar nós réim de bhóthar bhreá a chuimhneodh nach raibh sé ag dul in áit ar bith agus a d'iompódh go tobann in a réidhchosán fealltach. I modh maga a bheidís, dar ndóigh. Ba mhó na bréaga a bhí siad i riocht a dhéanamh le drantán an mhaga ná d'fhéadfadh daoine eile a dhéanamh le lomchlár fírinne an leabhair. Chuirfidís scéalta, bréaga easaontach freisin, i mbéal N., rudaí a bhí in ainm is tarlú dhó:

'Bhí N. ag dul ag iarra lascaine ar an gconra tigh Lonagáin. Ansin rubáileadh é. Tháinig bean anuas cúlshráid agus rubáil sí N . . . Thairg bean a casadh ar N. i bpóirse na Gailleoige é chur in aithne d'anlacanaí saor a thiúrfadh abhaile in aisce anseo freisin é. Leag láimh' – de thimpiste adúirt ceann eile – 'ar a bholgán béice agus sin é *Dainty's Dream* . . .'

Lán a mboilg de gháire a dhéanfaidís faoi N. ag bréagnú na scéalta seo dhó:

'Shílfeá ón reacht atá ort, a N., gur muide do dhearg-námhaide . . . An bhfuil tú ag séana, a N., go bhfuil bolgán béice agat? . . . Ní leithne an t-aer ná an timpiste a mhic ó. D'éireodh timpiste do shagart an pharáiste, cé nár chuala mé faoi aon sagart ar éirigh sé dhó i bpóirse na Gailleoige . . .'

Ba shin é an sórt dream iad. Ní raibh aon neart acu air. Thaithneodh sé len a gcuid ban a chreidiúint – b'fheasach dóibhsean go dtaithneodh – go raibh daoine ann ba mheasa ná a gcuid fear féin. Le linn na haithrise bheadh pus na mban fuinte suas in a sodógaí déistin ag breathnú ar N. Le fuile faile ag bréagnú na bhfear sin bhréagnódh N. é féin. Ba náirí go mór leis a bheadh an bréagnú seo ná dhá mbeadh sé gan cur ar a shon féin chor ar bith. Bheadh duine eicínt i láthair a mbuailfeadh an oiread náire agus feirge é go dtiúrfadh sé leadóg sa smut do N., nó b'fhéidir é a leathmharú féin . . .

Faoi dheire agus faoi dhó bhí sé gaibhte i gcion ar N. gur in a mhada baoth ag tafann ar a scáile féin sa linn a bhí sé. Is fearr dháiríre, arsa seisean leis féin agus ba é a dhóchas gur den uair dheire é, is fearr an t-anlacan a fhágáil faoin dream sa mbaile a bhfuil an socrú faoin a chomhair déanta cheana féin acu, i gcosúlacht. Is acu is fearr a fhios. Tá an marbh in a láthair mar bheadh próis dhlúsúil fiacha ann. Déanfa siad an t-anlacan, ar aon nós. Ní bheadh a dhul abhaile dhomsa anois, ach dhá gcur dhá dtreoir. Bhí N. barúlach gur maiste a bheadh ann i mbarrach feirge nár ghá ach an ghaoth ba lú len a chur thrí lasa. Cá bhfios nach in a chiontsiocair a bheadh sé le corp eile a fhágáil ar a lámha? . . .

Dhúisigh an smaoine seo mothú úr fuascailteach ann. Bhí an tairne bainte as an mbeo aige! Chuimhnigh sé ar na míannaí deire seo a bhí céasta aige, an bhorú imní agus bheophiantacht a bhuail siad thiar ar a dhromán. Ag iarra míniú don státsheirbhís tuige a mbíodh sé as láthair. Ag iarra an fhírinne a ghléas suas in a leiscéal milis ionghafa. Saothar in aisce, deile?

Ba thúisce a chreidfí leiscéal agus a thóin amh leis, pait de bhréag fhollasach a d'fhéadfá a éigniú isteach i ngréasán riail agus fasaigh, ná an fhírinne, lom glan díreach as béal Dé . . .

Ní raibh N. ach meandar fuasclaithe den chliath fhuiriste a raibh sé sínte uirthi le míannaí agus go háirid le cupla lá anuas. Cheana féin bhí sé ag tosú ag baint aoibhneas as an lá. Bhí sé ar a chomhairle féin gan aon rud le déanamh aige, gan aon ní ar a aire. Chuirfí a bhean dhá uireasa, d'uireasa a chabhair, ná deachma a dheor. Ba shólás dhá ghaolta gan é a bheith ann. Go dearfa ní go síochánta go socair a chuirfí í le a dhul ann dhó go hantráthach mar seo. Údar cointinne ba ea a bheadh ann. Fiú mararbh ea féin ní bheadh ann do N. ach cuid an daimh den eadra . . .

Amhail is dá mba ag profa na fuascailte in a ghéaga a bheadh sé shiúil N. amach de chéim dhearfa, céim phreabúil mar bheadh óglachas ar rince muintire agus shuigh ar shuíochán ar an mbáinseog le hais an chainéil. Mhothaigh sé a intinn agus a theanga cho fuasclaithe len a ghéaga. Dhá gcastaí aon státsheirbhíseach caidéiseach air bhí a fhios aige céard adéarfadh sé leis:

Anlacanaí *plus* conra is ionann is uaigh. Anlacanaí *plus* conra *plus* uaigh *minus* corp sin cainníocht anaithnid. Cainníocht anaithnid a chearnú sin an-ord, aindlí, brollach an Bhreithiúnais Mhóir. Tá an tAinchríost luaite le Báinríon na mBailéad. Bailéad nua a chuir an chluain ainchríostaí uirthi . . .

Ba shin barr fuascailte do N. Choinneodh sé ag aithris na cainte sin in imeacht an lae, ach gan smid eile in a ceann. A chead agus a mhíle cead a bheith ag an státsheirbhíseach a mheas gur saochan céille a bhí air. Fiús an gheamaireacht obhlórach ba státsheirbhís ba bheag an brabach a d'fhéadfadh sí a fháil ar fhear a raibh a bhean básaithe, a rubáileadh agus a raibh seachmall mar seo air, seachmall a bheadh sé i n-ann a ghiorrú a mhéid is a thogródh sé féin . . .

Ba lú ná sin a bhí gardaí ag cur mairge air. Déarfadh sé leo nach raibh sé ag iarra a dhul abhaile, nach rachadh sé abhaile, nach raibh binn sa dlí aige ar aon duine i dtaobh é a chur abhaile, go mba é a mháistir féin é, go raibh a fhios aige céard a bhí sé a dhéanamh, go raibh fios a bhealaigh agus fios a labhartha aige, fear a labhaireadh le muintir na hÉireann uair sa tseachtain scaití. Má bhí rud as bealach déanta aige an dlí a chur air agus é a chiontú. Ba shin é ba chuí . . .

Scairt an lá. Bhí féileacáin gháifeach ag babhtáil idir an t-uisce agus an féar ar a bhruach. Shuigh beirt mhairnéalach as an long Mheireacánach a bhí sa gcala le laethantaí síos ar shuíochán in aice leis. Sciotraíl ard bheirt chailíní a bhí in a suí ansin cheana thug dóibh sin a dhéanamh. Ní raibh cuibheas ar bith i gcuid de na daoine. Ach ní móide gur cúrsaí cuibhis é. Theastaigh fir uathu agus ba chosúil nach raibh acu ach malairt. Na fir ghriandhóite seo a sheol as Meireacá, as Valparaiso b'fhéidir, a scaoil a gcuid seolta sa gcuan seo, a thug gile na gréine agus an El Dorado i mbeanna a gcuid ionar gorm isteach ar shráidcannaí modartha an bhaile mhóir seo, cáil an bhean – cáil an fear a b'fhobair dó a rá? – nach gcuirfidís ciméar uirthi?

Thug N. néal fada collata leis. Ar bhíoga aniar dó thug mairnéalach eile de na Meireacánaigh faoi ndeara ar cheann an tsuíocháin se'aige féin. An gotha ar a éadan ba bhrat fáilte seasta é, a aon-dhindiúir taidhleora chuig cách agus chuig cumhacht strainséara a thimpill. Bhí a dhreach in a ór agus mar bheadh réalta ag gleora in a shúile. Ní raibh sé ag cangailt ná ag síor-fhalamhú a bhéil in a smugairlí, mar bhí an bheirt eile.

'Ag tabhairt tionnabhra leat,' arsa seisean le N. de ghlór a ceapadh, dar le N., in a leathchúpla do ghotha an éadain. 'Níor chodail tú aréir?'

'Eadra anonn agus anall.'

'M'fhearacht féin, a mhac, m'fhearacht féin. In a dhiaidh

sin féin ba cholla in antráth agam é . . . Bean a rubáil mé, chuile dhiabhal thiomanta *cent* ar m'fháltas. Is cosúil gur fear foirne a bhí aici a scuab an bríste a raibh mo chuid airgid ann . . . A bheith ro-óltach len a aireachtáil, a mhac. Tuille ghéar den diabhal agam agus ag fear mo scéil go brách! Póit míol mór orm inniu agus dhá leigheasfadh *cent* é gan an *cent* agam. Chuile fhear agus a bhean aige,' arsa seisean ag sméide anonn ar an suíochán eile, 'ach níl go dona ann ach an té atá gan sciúrtóg rua, gan bríste. Tá glonn orm ó mhná aréir. D'ólfainn an ceann caol den abhainn inniu . . .'

Ag éisteacht dó leis an mairnéalach ag stealla amach scéal a mhífhortúin ní chuimhníodh N. scaití nach é féin a bhí ag caint agus d'áitigh ag forlíona scéal an mhairnéalaigh le geanntrachaí d'adhmad a mhífhortúin féin. Níorbh fhada go raibh fios an bháis agus fios faoi Fháiscín ag an mairnéalach.

'Mac doscúch eile! Sea, muis, a chomrádaí:' scairt éadan an mhairnéalaigh mar dhaba mór den ór bhuí anall ar N.

Thaithnigh le N. é bheith ag tabhairt chomrádaí air. Ba ghearr go raibh N. ag cúitiú na comaoine sin leis. Bhí ligthe len ais ag N. gur comrádaí dáiríre a bhí ann, níorbh ionann is iad seo a raibh caidreamh aige leo inné, níorbh ionann is lucht na teilifíse ná Fáiscín, ná an fear faire, ná duine ar bith cés moite den Neach Soilíosach. D'inis N. don mhairnéalach faoi sin.

'Tuigim,' arsa an mairnéalach, 'go bhfuil a liacht sin rud neamhghnách sa tír seo, leipreacháin a mbíonn sparáin óir le fáil uathu. Nach mairg nach gcastar ceann acu i mo líonsa inniu! Bhainfinn ceol as clár tabhairne! Bíonn m'athair agus Uncail Peadar agus Aint Bríd agus Éireannaigh Bhoston fre chéile ag cur dhíobh mar sin.'

'As Boston thú?' adúirt N. agus a shuim sa duine ag borra aníos in a díle dochuimsithe –

'As Boston agus gabhfa muid ar ais ann anois caol díreach.'

'Tá beirt dearthár agus deirfiúr agus triúr uncaileachaí liomsa i mBoston.'

'Cér díobh iad? . . . Cén áit ann? . . . Níl aon eolas agam orthu. Ach dar a shon go mbeadh. Is mó Éireannaigh é Boston ná an baile mór seo anseo . . .'

Rinne síad seanchas fada le chéile. Len a linn ba dheacair le N. na mear-smaointe a bhí ag drioga aníos go hanróiteach as bréidíní báite, as camhaoineach cheilte a intinne a chur i ndiaidh a chéile. Le daoirse N. a bhain Fáiscín, an striapach agus puisbhean an bhoimbiléid thóna, Síomón agus an chuid eile acu. Ba chomharthaíocht ar a fhuascailt an duine seo, duine mar bheifí tar éis é a chruthú, a chuma go spisialta i gcomhair na hócáide seo, é cho nua, cho glan le boinn airgid amach ón múnla, nó culaith éadaigh ón táilliúr. Ba léar do N. gur duine é nár chall duit choíchin aon tórainn a chur leis an mbá a nochtfá ag plé leis, níorbh é sin dá lucht aitheantais eile é. Dhá laghad achair in éindigh leis é bhí sé tar éis faonoscailt a thabhairt do N. ar limistéar den daonnacht agus den chairdeas, ar shíl N. nach raibh sé ann taobh amuigh den fhinnscéalaíocht. Dhúisigh boigeshíne ab annamh leis in N. féin. Níor chuimhnigh sé gurb í an fhuascailt a thug sé air féin ag cinne dhó gan dul abhaile ba chiontaí leis sin. Láíocht agus daonnacht an mhairnéalaigh leis faoi deara é, dar leis féin. Thairg sé deoch don Mheireacánach. Thairg go meicniúil mar éigeantas a dhea-mhéine air, gan cuimhniú faoi láthair an raibh a luach aige nó nach raibh. Ar aon chor síos go teach ósta Uí Shuibhne a ghabhfadh sé, áit a raibh aithne air agus a bhfaigheadh sé cairde. B'eolas don Suibhneach go mbíodh sé ar Radio agus ar Teilifís. Níor dhóide beirthe é nó bheadh fuagra an bháis feicthe ag an Suibhneach. Lá iona ní chuirfeadh sé ar lucht ósta muintir marbháin a bheith ag fáil óil ar cairde. Bhí fonn óil ar N.

'Déarfa muid sa teach seo,' arsa N. leis an mairnéalach,

'gur daoine muintireach muid agus gur ar cuairt agam a tháinig tú. Tabhair N. orm. T'ainm féin? . . . Ar fheabhas, Ed!'

Níor airigh N. é féin cho saor seo ariamh, in a dhuine iomlán chomhlíonta, duine a bhí comhthórainneach ar fad le críocha a phearsa feiceálach corpanta. Ba leis féin é féin ar fad, chuile mhír meacan dhe! Ní raibh sé ag mothú tada de dhuiniúlacht dhaoine eile, cairde, cliamhaineachaí, comhoibrithe, ag dul i bhfoghail air, in a shioc ag smúitiú agus ag fuarú a phearsantacht, dhá thruisleáil sa réim ab áil leis a ligean leis féin. Ní fhéadfadh Síomón ná Labhrás deoch a chríochnú gan a bheith ag fiodmhaga. Bhí Colm ceart go leor nuair a gheofá leat é. Mar phictiúr, ámh, ba léar dhó daoine i gcónaí. Ba é an ghaireacht ba mhó a théadh sé don daonnacht inti féin pictiúr a fheiceáil in a dhuine, in imeacht an méid achair ba chall dó len a fheidhm shealadach mar dhuine a chur i gcrích. Ansin d'fhillfeadh sé ar an staid sheasta ba dhual dó, a staid dhílis féin, staid an phictiúir. Mar fhasaigh reacht-bhalsamaithe ba léar don státsheirbhís daoine. Bhraith N. gur léar do Ed daoine in a ndaoine agus ní in a nithe. Ba é féin a shlat tomhais ar dhaoine, rud a rinne slat dhraíocht den tslat agus comhdhaoine ar chomhthomhais leis féin de chách. I riocht is gur fhéad N. a bheith cumannach leis agus neamh-spleách air san am céanna. Bhí a dhreach coimhthíoch, a shiúl ligthe, a chomhrá caoin cineálta ag síormheabharú gur chúntóir soilíosach é, cúntóir soilíosach na hoíche aréir ar ais aríst, i riocht eile. Dúil ilriochtach ba ea an cúntóir sin, dar le N. agus ní raibh aon ghoir aige ligean as a cheann nach bhfillfeadh sé.

Bhí N. cheana féin ag smaoiniú nárbh as Boston, ná as Meireacá, ná as áit ar bith é Ed. Níorbh as áit ar bith ar leith cúntóir soilíosach. Ach ar an méid a bhí ráite ag Ed faoi Bhoston a thabhairt chun cruinnis thosaigh sé dhá fheiceáil do N. go raibh gaol eatarthu dháiríre, gurb é an smál céanna, mallacht fine, a thug é féin agus Ed le mná aréir, a-thug cho maith gur rubáileadh iad beirt. Ba ghearr nach raibh sé ro-éasca aige a shaol féin a riana ní b'fhaide siar ná an pointe ar casadh Ed air. A shaol féin agus saol an té seo ó ríocht na gréine, ó thír na mbua, ba dhá scáile iad ar scair ar a chéile, scáilí a chéile. Ba chomhchúiteach iad. Níorbh iomlán duine gan an duine eile d'fhorlíona air. Bhí siad ag cur grian, neart, sáile, cuideánachas, tíriúlacht, pléascántacht, dorchacht méine, fáilte, de chomaoin, iad féin ar a chéile, leith ar leith. Ba chéalmhaine a bhí sa long ó Valparaiso aréir. Bheadh biseach anois le dhul ar an dréacht a bhí beartaithe aige fúithi. Tosú in áit eile agus ar chaoi eile: tosú leis an mairnéalach amhra seo ar shráideannaí an bhaile mhóir. Leanfadh sé síos é go dtí an cala, cala amhra na n-iomramh, síos go dtí long amhra . . . Scéal amhra a bheadh i scéal a bheatha freisin . . .

Bhí íomháineas N., nó cuid an íomháinis de N., pé ar bith é, cho preabúil le each rása, faoin am ar shroich sé an teach ósta. B'fhearr leis dháiríre tosú ag scríobh ná a dhul ag ól. B'fheasach don Suibhneach go raibh a bhean ar lár. Chásaigh sé leis í. D'fhiafraigh dhe céard a bhí uaidh. Cinnte, gheofadh sé aon rud ar cairde. D'fhéadfaí é a shocrú aríst. Mheabharaigh sin go hathghointeach do N. an rubáil a rinneadh air, ach níor dhúirt sé aon cheo faoi leis an Suibhneach.

Sceitheadh an chaint ar an mairnéalach amach in a geáitsí cianshearrtha géaga agus cinn, gach uair a bhféachadh sé len a bhuíochas a chur in iúl sách barrainneach do N.

'Beidh lá eile ann, sa mbaile mór seo féin,' arsa seisean len a dhá mhodh coimeasctha urlabhara a aistriú go dtí aon mhodh, 'ach gurb i mBoston ab fhearr liom é! Mise i mbannaí nach rubáilfear ansin muid.'

Bhí ar N. corrmhéir dhiongbhálta phearúil a laisteáil suas

ar a bhéal leis. An chéad mhaith a dhéanfadh Ed i ndiaidh a dhul chun tíre triall ar mhuintir N. i mBoston agus a rá leo go bhfaca sé N. an chroí mhóir se'acusan in Éirinn, gur chuir sé lán a chroí, oiread na hÉireann, de bheannacht anall ag chuile dhuine acu agus go mbeadh corp an duine uasail féin anall sna sála ag an dea-mhéin gan mhoill.

'Dheamhans móide go mbeadh sé i bhfad,' adúirt N. 'abair le m'uncail Liam . . .'

'Tuige a mbeadh sé i bhfad? Céard a mhoilleodh thú? . . . Easpa airgid. Ní dúil atá agat a bheith ag maga fúm! . . . Ba é an bealach ab fhearr leis an airgead a fuadaíodh uait a shlánú cuairt a dhéanamh go Meireacá. Gheofa tú deich ndalar ó chuile dhuine a chasfar ort. Ní bheidh tú pínn uireasach faoi cheann seachtaine . . . Nach ndeirim leat nach mbeadh ? Ó a mhac go deo, siad sagairt do thíre atá ag creacha Mheireacá! Rite anonn le chuile dheis agus chuile leiscéal dhá bhfaighe siad. Damhsaí dhá gcur suas dóibh. Chuirfí damhsaí ar siúl dhuitse freisin. Chuile fhear ag síne isteach a leitir ag an doras agus iad torach le dalair faoi do chomhair. Gan pínn lag labhartha as deich ndalar fhichead an ceann a chomrádaí! . . . Sagairt? Deile ru, ach síos in a bpóca féin. A bpócaí mar bheidís le haghaidh cuain ag teacht abhaile. Séard deirtear thall gurb éard a dhéanas chuile shagart acu leis an airgead a dhearth____ a fheistiú suas i dteach óil abhus le fuisce a dhíol ar a dhá luach le Meireacánaigh sa samhra . . . Ach céard a mhoilleodh thú, a N.? . . . Ní theastaíonn aon airgead. Beidh mise ag seola anonn díreach as seo deire oíche anocht agus tiúrfa mé anonn thú saor slán . . . Dlí? Shíl mé nach raibh faitíos ar aon Éireannach roimh an dlí. Caitheann siad a saol dhá bhríbeáil i Meireacá . . . Má thosaíonn tú ag samhalú púcaí breilleach mar sin is cinnte go mbéarfar ort. Tá aithne agamsa ar Éireannaigh atá i Meireacá le dhá fhichead bliain arb as Canada a chua siad isteach ann an chéad lá go neamhdhlisteanach agus nár rugthas fós ariamh orthu. Anois, an bhfuil biseach agat, a chomrádaí? A dhuine chroí na páirte nach ag do mhuintir féin a bhéas tú? An síleann tú go ndíolfa do mhuintir thú? . . . Ara tá caoi ann leis an bpóilí a cheannacht!'

'Nach mé nach bhfuil a fhios agam é?' adúirt N. nach raibh aimhreas ar bith ag fanacht air gurbh é an cúntóir soilíosach é seo. Gach smid dhar dhúirt sé ní raibh iontu ach dearbhú ar rudaí a bhí seanchloiste ag N. Chonaic sé daoine ag fille i ndiaidh cuairt ghearr ar dhaoine muintireach i Meireacá agus chuile phóca leo ag gligearnaíl le airgead. Bhí an tsaint ag borra ann ar nós lánmhara. Ba mhór aige go dtiúrfaí anonn saor slán féin é. In a cheann sin bhí imní dhá bhuala. Ba ghearr go mbeadh a raibh d'ól dhá dhéanamh aige féin agus ag Ed gaibhte chun suime. Ba é seo eochair osclaithe a phríosúin. A bheith imithe tamall, nó go sílfí go raibh sé básaithe, gur thit sé san abhainn le linn éag na mná, gurbh é an corp do-aithnithe é a fritheadh, gur bhá sé é féin na laethantaí sin! Dhéanfaí dearmad air éasca go leor. Ba ghearr nach mbeadh léas cuimhne gur chuir a leithéid aghaidh le aer ariamh. Idir dhá am bheadh saoire chumasach aige, a mhuintir ag tabhairt fuíoll na bhfuíoll dó agus ag coinneáil óil leis, ag stuáil a phócaí le dalair. Ba mhaith an rud a chreidiúint go bhféadfadh cuid dhe féin a bheith fíor! . . .

Ar fhille dhó chreidfí an luaidreán a chuirfeadh sé amach gur díth cuimhne a bhain dó. Bheadh leisce ar dhuine ar bith a dhul rodhian air, ná fiacha a éiliú air, faitíos dá threall fille. Bheadh an bás, an corp, an chonra, an uaigh, dealaithe as a shaol in a ngail soip. Ba shin é an cealú orthu! . . .

Shíl N. go mb'fhéidir go mbraithfeadh an t-óstóir rud eicínt dhá ndéanadh sé féin an iomarca leadráin ansin agus corp sa mbaile. Bhí sé ag éiriú deireanach. Thóig sé dhá bhuidéal fuisce le haghaidh na sochraide. Bhí an dá bhuidéal sín in a gcuid de bhráitír a intinne ó inné. Anois féin níor mhór láimh threorach an mhairnéalaigh in a ascaill le deimhniú dhó nach ar an tsochraide a bhí na buidéil sin ag dul . . .

Ag siúl síos na sráideannaí dóibh bhí rosca file shean-dráma a ardscoile ar an mairnéalach, ag inseacht do N. faoi na háiteachaí iontach – amhra, adeireadh N. leo – a shiúil sé ar fud na cruinne: na ríochta gréine, na tíreannaí bua, na cathaireacha glé mar sheod a chonaic sé; na mná caol ard, na mná íseal *petite*, na dubha móra cliabhthéagarach, tóinthéagarach; na mná buí . . . amhail is dá mba dhraíodóir a sciobfadh lán a ladharachaí de ghaethe ón ngrian, le pabhsaethe gréine a chuma astu agus anáil na beatha a shéide fúthu in a dhiaidh sin. Ba thúisce don fhoirm ná don bheatha féin. Bhí neart, teas agus bisiúlacht na gréine sna mná buí sin . . .

'Cosa mílítheach Fháiscín,' arsa N. agus tháinig criothnú ann.

'. . . Gan rud ar bith i n-ann iad a chloí ach fuacht, fuacht na haimsire, méin fhuar an duine . . .'

'Dar ndóigh níl mná mar iad sin i mBoston?' adúirt N. nach bhféadfadh ionad talamhaí a mbeadh a ghaolta agus a lucht aitheantais féin ag saotharú annála a n-allais tháir air, a shamhalú in a dhuanaire maisithe arbh iad gach dath mná a chuid duanta.

'Ó go deimhin tá! Tá chuile chineál bean faoin mbogha bán i mBoston. D'fheicfeá cuid de na mná is breácha i Meireacá ann, de shliocht Éireannach, Gearmánach, Ginίos, Sínigh. Nach mé eallach an diabhail críochnaithe nár fhan go dtéinn ar ais ann. An t-ól chreidim . . .'

'Is olc é an t-ól siúráilte,' adúirt N. 'Má théimse choíchin go Meireacá, dheamhan an snig féin . . .'

'Ara tuige nach n-ólfá nuair a gheofas tú é, ionlaois dhe, in aisce.'

B'ardú meanmna le N. an leagan féin, 'rudaí a fháil in aisce.' Rinne an leagan é féin a athchruthú in a fhoracún mór bronntanas Nollag agus na haislingí is iomchuí dóibh. Ba léar do N. an cúntóir soilíosach, San Nioclás ollmhór ag seachada airgid uaidh gan fiús é iarra air, lón, buidéil uisce beatha, conraí, marbhchóiste . . . Bhí siopaí, stóra, beainceannaí, tithe óil osclaithe suas as a chomhair, gan cumhdach gan airdeall agus iad líonta go fiacail le chuile chineál iarmhaisí ollmhaitheasach. Ní raibh rubáil ar bith ann: níor chall é. Ba é Meireacá an t-aon áit a raibh comhlíona na haislinge sin. Ní raibh aon aimhreas ar N. faoi rudaí áirid a bheith le fáil in aisce – ag daoine ar aon nós – i Meireacá. Rinne an smaoine sin, go raibh áit ann a raibh rudaí le fáil in aisce ann, fairsingiú ar mhuinín, ar dhaonnacht agus ar phearsantacht N. fre chéile. Ba chealú faoi dheire thiar é ar an mbrachmheall lionnuibh a d'fhága anlacanaithe, uannaí, conraí agus coirp in a ndiaidh . . .

'. . . Nuair a bheadh do dhóthain ar bord agat a dhul síos léi ar an trá, ina carr-sise dar ndóigh – tá carr ag chuile dhuine i Meireacá – í a shíne ó chluais go heireaball i gclaise den ghaineamh te . . . I do chraiceann a bheas tú. Ní bheidh fuilingt ar aon éadach agat, mara mbeadh oiread stampa de bhalcais ann go díreach . . . Ara bíodh unsa céille agat! Cé rubáilfeadh tú? Tá neart póilíos i Meireacá ní hé fearacht na háite seo é. Beidh póilí in a sheasamh ansin leis an gcluais agat.'

'Ag breathnú ar an mbeirt againn,' adúirt N. 'Agus muid in ár gcraiceann dearg. Diabhal a dtaithneodh sin liom. An mbeidh sé féin in a chraiceann freisin?'

'Ara cén ag breathnú ort? Is beag an baol. Beidh sé ag tabhairt aire dhá ghnathaí féin. Ara céard a bhéarfadh do phóilí a bheith in a chraiceann? Cén chomharthaíocht atá ar phóilí gur póilí é ach a chuid éadaigh? Más fearr leat istigh faoi dhíon tí . . . Fear cho tuisceanach leat is diabhalaí an faitíos atá ort faoi rubáil. Ní fhaca mise áit ar bith faoin saol a n-ardófaí do threabhsar uait ach anseo . . . Tá neart ban i Meireacá, creid mé dhuit ann. Is beag Meireacánach gan beirt nó triúr . . .'

'Diabhal an dtaithneodh an chaoi sin liom ach oiread. Sin í ceird Fháiscín. Ní riarfadh arm an *dole* í, an diabhal!'

Ach ainneoin nár thaithnigh rudaí áirid leis faoi Mheireacá ba é an t-aon áit é a raibh aon deimhniú aige go raibh rudaí le fáil in aisce ann.

Shú siad iad féin isteach faoi scáth balla ar an gcéibh isteach ó chuaille lampa a raibh a sholas míshnúúil nós cosa Fháiscín. Scuab an mairnéalach an láimh uaidh de gheáitse seanchleachtha:

'Ná bíodh faitíos ort a N. Breathnó mise i do dhiaidh. Ba chomaoin dom.'

Ba é dúna an gheáitse gur thug an láimh agus an buidéal inti go dtí an béal le súmóg fhada a bhaint as. Ba léar gur shúmóg fhada í leis an achar a bhí sí ag glugarnaíl in a phíobán. Bhí an bheirt ag goid an bhealaigh síos leis an sconsa nó go raibh siad ag éadan na céibhe.

'Sin í anois í,' adúirt an mairnéalach agus meacan beag ag teacht in a ghlór a mhúch oiread na fríde a urlabhara.

'Na Riabha agus na Réalta atá uirthi,' arsa N.: ba bheag nár shnag a bhí in a ghlór-seisean.

Ba dhoiligh a rá cé mar bhraith sé na riabha agus na réalta, mararbh den tsamhalaíocht chéanna é a thug an tsnagaíl in a ghlór. Arae bhí an soitheach ro-neamhshonraithe. Ní raibh inti ach sonda freacnairceas diúltachais ar dhílseacht den oíche é, den éagmaise gealaí a bhí ag líona na hoíche go béal. Níorbh fhurasta a rá ar mhór nó beag dháiríre í, nua nó sean, pinteáilte nó gan a bheith. D'fhéach N. le í a bharraíocht ní ba ghrinne. Níor fhéad sé a rá fúithi ach cupla ceann de na deilíní a bhí spíonta aige i gcomhthéacsannaí eile: ba thoirt í ar bheag nárbh inráite fúithi gur thoirt gan tomhaiseannaí gan airíona í taobh amuigh díobh seo a bhain go dílis leis an oíche. Ach ansin smaoinigh sé nach toirt chor ar bith rud mar sin agus thug deilín eile chun tíre: ba thaibhse í, san áit cheart, an tráth ceart, le draíocht agus rómánsaíocht a chur i gcéill. Ar nós ban-aisteoir, arsa seisean ag cuimhniú ar cheann eile, ban-aisteoir dubh-éadaigh ar ardán dorchaithe gan inti ach geáitse a d'fhágfaí neamhchríochnaithe . . .

Bhí breacachan beag óir fanta ar an spéir thiar san áit a ndeacha an ghrian faoi. Ní raibh N. ámh, ag tabhairt suntas do thada ach dá raibh sa dlúththimpeall. Bhí an t-uisce dhá shuaimhniú. Leis an oíche ní bheadh a fhios nár dhúil eile é, seachas mar ab intsamhalta ar feadh an lae. Ní raibh le brath ach fann-ghothaí le cur i bhfios go raibh sé ann chor ar bith. Bhí tonnaíl bheag aige in aghaidh na céibhe agus é ag glagaíl beagán i bpoill agus i gcuasa in a héadan. Bhí boga aige freisin in aghaidh taobh na loinge de réir chosúlacht. Ní orthu sin ná ar aon dath ná déanamh, ní áirim ar an éagruth fhairsing ar mhó a bhí sí le mothú ná le grinniú, a bhí len aithneachtáil go raibh an t-uisce ann. Ach bhí sé ansin, in a rud idirdhealaithe ó chuile ní eile mar sin féin, in a rud gan gaol le sráid ná siopa, le oifig ná cloch ná crann, ná go fiú le uisce locha ná abhann. Na rudaí talamhaí sin ar fad agus an talamh féin, bhí an duine i riocht iad a dhéanamh, a athrú, a mhúnlú ar bhealaigh ab áil leis féin. D'fhéadfaí a rá gur chuid, gur dhílseacht, den duine iad sin. Ach níorbh é an duine a chuir comaoin ar bith ar an sáile, a chuir agus a choinnigh ag gluaiseacht é, a cheap réim agus críocha dhó. Dúil inti féin agus ar a haghaidh féin a bhí sa bhfarraige. Saothar dúiliún ba ea í, saothar Dé. Bhí anam aici, anam nárbh fhéidir a chloí. Má bhí anam ar leith ag Dia b'inchreidthe gurbh í é. Arbh í an comhanam, an t-anam iomlán ar fad í? Nó cá liacht anam? . . .

Bhain N. streancán eile as a mbuidéal. Bhí sé cho gafa ag an ragús machnaimh seo agus a bhí roimhe sin ag an anlacan . . . Arbh sa bhfarraige a chua, ar sáile a rinne, anamnachaí an tsaoil fre chéile? Arbh ann a théidís ag scara as an gcolainn dóibh? Bhí sé ag loighe le réasún. I gcré na talún a théadh an cholainn féin agus cré a níodh sé. Ba é an sáile an t-aon ní gan athrú, gan claochlú, gan truailliú, gan feo – fearacht an anama féin. Agus giongach luainneach freisin mar intinn, mar anam . . . B'fhíor gurb iomaí salachar sa sáile. Bhí an sáile glan mar sin féin ar chaoi nach raibh talamh ná cré glan, ná uisce talúna, ná súile na striapaí inné, ná cosa Fháiscín, ná liopaí claonluascach an Choirp Mhisticiúil . . .

Shá N. a shúil go géar thrí chairt dhubh na hoíche amach ar an uisce. Níorbh iona leis dhá bhfeiceadh sé Críost ag siúl ansin. Ba é an sáile aon bhóthar íon diongbhála a chosa . . .

'. . . Tá sin rí-éasca,' a bhí an mairnéalach a rá agus a chuid geáitsí anois ag dúna in a ngreim docht ar ghualainn N. 'Scloig eile as an mbuidéal má sé do thoil é. Tá nathaireachaí nimhe póite ionam fós. Ná corraigh as seo. Ná fág thú féin suntasach ag súile aon duine ag dul ar an soitheach sin, ná ag teacht di . . . Tiocfa mise ar ais agus inseo mé dhuit céard nach mór dhuit a dhéanamh. Dá mbeadh i ndán is go mbéarfaí ar bord ort – ar éigin éigin é ach níl mé ach ag cur aithne ort, arae déarfadh Éireannaigh Mheireacá nach leithne an t-aer ná an timpiste – ná labhair ormsa, ná go raibh baint ná páirt agam leat. Ní beag duine againn a láimh a bheith i mbéal an mhada. Ar a bhfaca tú ariamh ná bíodh aon fhaitíos ort agus ná tit ar meisce. Sílim gur ceart dhom na buidéil a iarra ort – an buidéal lán ar aon chor. Seo é eachtra mór do shaoil . . .'

'Scéal mo bheatha,' arsa N. agus é ag iarra éagruth sála Ed, ag feithiú uaidh, a choinneáil idirdhealaithe an fhads b'fhéidir, ón dorchadas uile-chuimsíoch. D'fhéach N. le áit a shúile a dhéanamh san uisce aríst agus a mhachnamh bearnaithe a athshnama in a chéile. Bhí an draíocht sin a raibh sé ar a chiumhais dhá chur chun súgaíle ar nós biotáille. Ba í an draíocht í! Fallaing dhraíocht a chuir Dia thar a chruthaíocht féin, an chuid sin dá chruthaíocht a bhí sé a choinneáil faoi rún. Ní bheadh ar N. ach a chois a bhrú roimhe cupla troigh agus bheadh sé istigh ann. Siar ar a chúl bhí sráideannaí, bóthairí, oifigí, reiligeachaí, coirp, conraí, púnaiste an ghnáth, spailpínteacht fhánach an uile lá, an fearas-mar-chách. Roimhe ansin an bhruín shíor-úr nár fhéad fáidh ná file a shamhalú i gceart, nach raibh leath a rúin ag an eolaí, ar gheall le fearann boird Dé féin í. Bhí a chúl séanta ag N. A shúile profach a bhí ar aghaidh aige, a shúile daonna ar dhual dóibh a bheith dall ar an dúil dhiamhair a bhí tar éis a theacht go tobann in a shaol . . .

Bhí a leathláimh ag luasca an bhuidéil fhalamhaithe. Bhí gaol gar ar chaoi eicínt le cumhacht an tsáile ag cumhacht an bhuidéil, cumhacht an uisce bheatha. Chaithfeadh sé gurb as an sáile freisin a tháinig sí mar tháinig an bheatha, an duine féin, má b'fhíor. Ba í splanc na beatha a bhí inti freisin.

Lig N. an buidéal falamh le fána san uisce, síos sa bhfarraige dhiamhair, sa bhfarraige cheilteach. Bheadh sin in a chomharthaíocht ar a raibh thart agus ar an eachtra do-thargairithe, má b'fhuascailteach féin, a bhí roimhe. D'ardaigh a shúile siar ar an spéir, san áit a raibh an breacachan óir, an fuíoll fuine . . .